Müller

Europäische Betriebsräte-Gesetz (EBRG)

Kohlhammer

Europäische Betriebsräte-Gesetz (EBRG)

Kommentar

Erläutert von

Dr. iur. Christopher Müller

Regierungsdirektor im
Bundesministerium für Arbeit
und Sozialordnung

1997

Verlag W. Kohlhammer
Stuttgart Berlin Köln

Die Deutsche Bibliothek – CIP-Einheitsaufnahme

Müller, Christopher
Europäische Betriebsräte-Gesetz : (EBRG) ; Kommentar / erl. von
Christopher Müller. – Stuttgart ; Berlin ; Köln : Kohlhammer, 1997
ISBN 3-17-014816-8

Stuttgart Berlin Köln
Verlagsort: Stuttgart
Gesamtherstellung:
W. Kohlhammer Druckerei GmbH & Co. Stuttgart
Printed in Germany

Vorwort

Durch das am 1. November 1996 in Kraft getretene Gesetz über Europäische Betriebsräte (EBRG) werden in der Bundesrepublik Deutschland die gesetzlichen Voraussetzungen dafür geschaffen, daß in ca. 270 größeren gemeinschaftsweit tätigen Unternehmen und Konzernen mit Sitz im Inland eine Unterrichtung und Anhörung der Arbeitnehmer über die nationalen Grenzen hinweg gewährleistet wird. Mit dem EBRG ist die EU-Richtlinie 94/45/EG des Rates umgesetzt worden, die am 22. September 1994 unter deutscher Präsidentschaft verabschiedet werden konnte. Die Richtlinie über die Einsetzung Europäischer Betriebsräte schafft die rechtliche Grundlage dafür, daß angesichts zunehmender Unternehmenszusammenschlüsse und Betriebsstättenverlagerungen im europäischen Binnenmarkt den Arbeitnehmern ein grenzübergreifender Dialog mit den Entscheidungsträgern in den Unternehmen ermöglicht wird. Das EBRG ergänzt insoweit das Betriebsverfassungsgesetz, dessen Geltungsbereich an den deutschen Grenzen endet. Es kommt vor allem den Arbeitnehmern zugute, die nicht im Inland beschäftigt sind.

Die Kommentierung legt ihren Schwerpunkt auf die gesetzlich gewährleistete Gestaltungsfreiheit der Parteien. Die grenzübergreifende Unterrichtung und Anhörung der Arbeitnehmer soll vorrangig durch eine Vereinbarung zwischen Management und einem besonderen Verhandlungsgremium europäischer Arbeitnehmervertreter geregelt werden, und zwar entweder in Form eines Europäischen Betriebsrats als zentrales Gremium oder durch ein dezentrales Unterrichtungs- und Anhörungsverfahren. Die Gestaltungsmöglichkeiten der Verhandlungspartner werden eingehend und praxisnah dargestellt. Erst bei Nichtzustandekommen einer Vereinbarungslösung ist kraft Gesetzes ein Europäischer Betriebsrat auf der Ebene der Unternehmens- oder Konzernleitung zu errichten. Organisation, Zuständigkeit und Beteiligungsrechte dieses Europäischen Betriebsrats bilden einen weiteren Schwerpunkt der Erläuterungen. Besondere Beachtung erfahren auch sog. freiwillige Vereinbarungen gemäß § 41 EBRG, in denen bereits vor dem 22. September 1996 eine grenzübergreifende Unterrichtung und Anhörung der Arbeitnehmer vereinbart worden ist. Diese Vereinbarungen verdrängen weitgehend die Bestimmungen des EBRG, wenn sie die dort genannten Voraussetzungen erfüllen.

Frau Marga Seuling danke ich für die sorgfältige und zügige Bearbeitung des Manuskripts. Herrn Dr. Gerd Engels und Herrn Georg Kleinsorge danke ich für zahlreiche fruchtbare Diskussionen und förderliche Hinweise.

Rechtsprechung und Literatur habe ich bis einschließlich August 1997 berücksichtigen können.

Bonn, im September 1997 — Christopher Müller

Inhaltsverzeichnis

Seite

Dritter Teil
Vereinbarungen über grenzübergreifende Unterrichtung und Anhörung

Vierter Teil
Europäischer Betriebsrat kraft Gesetzes
Erster Abschnitt. Errichtung des Europäischen Betriebsrats

Zweiter Abschnitt. Geschäftsführung des Europäischen Betriebsrats

Dritter Abschnitt. Zuständigkeit und Mitwirkungsrechte

Vierter Abschnitt.
Änderung der Zusammensetzung, Übergang zu einer Vereinbarung

Seite

Fünfter Teil
Grundsätze der Zusammenarbeit und Schutzbestimmungen

Sechster Teil
Bestehende Vereinbarungen

Siebter Teil
Besondere Vorschriften; Straf- und Bußgeldvorschriften

Artikel 2
Änderung des Arbeitsgerichtsgesetzes

Artikel 3
Inkrafttreten

Anhang

Verzeichnis der Abkürzungen und der abgekürzt zitierten Literatur

a. A.	anderer Ansicht
a. a. O.	am angegebenen Ort
ABl.	Amtsblatt
Abs.	Absatz
AG	Aktiengesellschaft; Die Aktiengesellschaft (Zeitschrift)
AiB	Arbeitsrecht im Betrieb (Zeitschrift)
AktG	Aktiengesetz
AN	Arbeitnehmer
Anh.	Anhang
Anm.	Anmerkung
AP	Arbeitsrechtliche Praxis
ArbG	Arbeitsgericht
ArbGG	Arbeitsgerichtsgesetz
arg.	argumentum aus
ArbuR	Arbeit und Recht (Zeitschrift)
Art.	Artikel
Ausschußdrucks.	Ausschußdrucksache
AuA	Arbeit und Arbeitsrecht (Zeitschrift)
BAG	Bundesarbeitsgericht
BAGV-Chemie	Bundesarbeitgeberverband Chemie e. V.
BB	Der Betriebs-Berater (Zeitschrift)
BDA	Bundesvereinigung der Deutschen Arbeitgeberverbände
BDZV	Bundesverband Deutscher Zeitungsverleger e. V.
Beil.	Beilage
Benelux	Belgien, Niederlande, Luxemburg
BGB	Bürgerliches Gesetzbuch
BetrVG	Betriebsverfassungsgesetz (1972)
BGBl.	Bundesgesetzblatt
BR-Drucks.	Drucksache des Deutschen Bundesrates
BT-Drucks.	Drucksache des Deutschen Bundestages
Buchst.	Buchstabe
BVerfG	Bundesverfassungsgericht
BVG	besonderes Verhandlungsgremium der Arbeitnehmer
bzw.	beziehungsweise
ca.	circa
CDU/CSU	Christlich Demokratische Union/Christlich Soziale Union
CGB	Christlicher Gewerkschaftsbund Deutschlands
D	Deutschland
DAG	Deutsche Angestellten-Gewerkschaft
DB	Der Betrieb (Zeitschrift)
DGB	Deutscher Gewerkschaftsbund
d. h.	das heißt

DKK	Däubler/Kittner/Klebe (Hrsg.), Betriebsverfassungsgesetz mit Wahlordnung, Kommentar für die Praxis, 5. Auflage, Köln 1996
DR	Dietz/Richardi, Betriebsverfassungsgesetz, Kommentar, Band 1: §§ 1–73 mit Wahlordnung, 6. Auflage, München 1981; Band 2: §§ 74 – Schluß mit Betriebsverfassungsgesetz 1952, 6. Auflage, München 1982
Drucks.	Drucksache
EBR	Europäischer Betriebsrat
EBRG	Gesetz über Europäische Betriebsräte
EBRGE	Entwurf eines Gesetzes über Europäische Betriebsräte
EFTA	European Free Trade Association (Europäische Freihandelszone)
EG	Europäische Gemeinschaft
EGB	Europäischer Gewerkschaftsbund
EGBGB	Einführungsgesetz zum Bürgerlichen Gesetzbuch
EGI	Europäisches Gewerkschaftsinstitut, Inventar der von der Europäischen Richtlinie Nr. 94/95 (richtig: 94/45) vom 22. September 1994 betroffenen Unternehmen
Einl.	Einleitung
EP	Europäisches Parlament
Erl.	Erläuterungen
EU	Europäische Union
EuGH	Europäischer Gerichtshof
EuroAS	Europäisches Arbeits- und Sozialrecht (Zeitschrift)
EuZW	Europäische Zeitschrift für Wirtschaftsrecht
evtl.	eventuell
EWR	Europäischer Wirtschaftsraum
f.	folgend(e)
F.D.P.	Freie Demokratische Partei
ff.	folgende
FKHE	Fitting/Kaiser/Heither/Engels, Betriebsverfassungsgesetz, Handkommentar, 18. Auflage, München 1996
Fn.	Fußnote(n)
FS	Festschrift
GG	Grundgesetz
ggf.	gegebenenfalls
GK	Gemeinschaftskommentar zum Betriebsverfassungsgesetz (Bearbeiter: Fabricius, Kraft, Wiese, Kreutz), Band I, 5. Auflage, Neuwied, Kriftel, Berlin 1994 Band II, 5. Auflage, Neuwied, Kriftel, Berlin 1995
GL	Galperin/Löwisch, Kommentar zum Betriebsverfassungsgesetz, Band I und II, 6. Auflage, Heidelberg 1982
GmbH	Gesellschaft mit beschränkter Haftung
h.L.	herrschende Lehre
h.M.	herrschende Meinung
Hrsg.	Herausgeber
Hs.	Halbsatz
HSG	Hess/Schlochauer/Glaubitz, Kommentar zum Betriebsverfassungsgesetz, 4. Auflage, Neuwied, Kriftel, Berlin 1993
IG	Industriegewerkschaft
ILO	International Labour Organization (Internationale Arbeitsorganisation)

i.S.d.	im Sinne des
i.V.m.	in Verbindung mit
JZ	Juristenzeitung
KG	Kommanditgesellschaft
KSchG	Kündigungsschutzgesetz
Lit.	Literatur
mind.	mindestens
MitbestG	Gesetz über die Mitbestimmung der Arbeitnehmer (Mitbestimmungsgesetz)
MS	Mitgliedstaat(en)
Multi	multinationales Unternehmen; multinationale Unternehmensgruppe
m.w.N.	mit weiteren Nachweisen
NJW	Neue Juristische Wochenschrift
Nr.	Nummer(n)
NZA	Neue Zeitschrift für Arbeits- und Sozialrecht
OHG	Offene Handelsgesellschaft
OWiG	Gesetz über Ordnungswidrigkeiten
Ratsdok.	Ratsdokument
RdA	Recht der Arbeit (Zeitschrift)
RL	Richtlinie
Rn.	Randnummer(n)
Rs.	Rechtssache
Rspr.	Rechtsprechung
S.	Seite
schriftl.	schriftlich
SE	Societas Europaea (Europäische Gesellschaft)
Slg.	Sammlung der Entscheidungen des Gerichtshofs
sog.	sogenannt
SprAuG	Gesetz über Sprecherausschüsse der leitenden Angestellten (Sprecherausschußgesetz)
StGB	Strafgesetzbuch
StPO	Strafprozeßordnung
SW	Stege/Weinspach, Betriebsverfassungsgesetz, Handkommentar, 7. Auflage, Köln 1994
TVG	Tarifvertragsgesetz
u.a.	unter anderem
UG	Unternehmensgruppe
ULA	Union der Leitenden Angestellten
UNICE	Union der Industrien der Europäischen Gemeinschaft (Europäischer Arbeitgeberverband)
USA	United States of America = Vereinigte Staaten von Amerika
v.	vom
Vereinbg.	Vereinbarung(en)
vgl.	vergleiche

WW	Weiss/Weyand, Betriebsverfassungsgesetz, 3. Auflage, Baden-Baden 1994
z. B.	zum Beispiel
ZfA	Zeitschrift für Arbeitsrecht
ZPO	Zivilprozeßordnung

Literaturverzeichnis

Asshoff/Bachner/Kunz, Europäisches Arbeitsrecht im Betrieb, Ein praktischer Ratgeber, Köln 1996

Bachner/Kunz, Gesetz über Europäische Betriebsräte (EBRG) – der Entwurf zur Umsetzung der Europäischen Richtlinie, ArbuR 1996, S. 81 ff.

Bachner/Nielebock, Ausgewählte Aspekte des Gesetzes über Europäische Betriebsräte (EBRG), ArbuR 1997, S. 129 ff.

Berger-Delhey, Anmerkung zu Arbeitsgericht Frankfurt a.M. vom 26. 9. 1995 – 8 BVGa 60/95, BB 1996, S. 1064 f.

Birk, Europäisches Arbeitsrecht, München 1990

Blank/Geissler/Jaeger, Euro-Betriebsräte, Grundlagen – Praxisbeispiele – Mustervereinbarungen, Köln 1996

Blanke, Europäischer Betriebsrat und Tendenzbestimmung, AiB 1996, S. 204 ff.

Blanpain/Windey, The European Directive (94/45/EEC) of September 22, 1994, European Works Councils, Leuven 1994

Bobke, Information und Konsultation in grenzüberschreitend tätigen Unternehmen, AiB 1993, S. 355 ff.

Buschak, EU-Richtlinie zum Europäischen Betriebsrat, Stand der Umsetzung und Kommentar, AiB 1996, S. 208 ff.

Däubler, Die Richtlinie über Europäische Betriebsräte, AuA 1995, S. 153 ff.

Däubler, Europäischer Betriebsrat und Rechte der Gewerkschaften, ArbuR 1996, S. 303 ff.

Däubler/Kittner/Lörcher, Internationale Arbeits- und Sozialordnung, 2. Auflage, Köln 1994

Däubler/Klebe, Der Euro-Betriebsrat, AiB 1995, S. 557 ff.

Ehrich, Einstweilige Verfügung gegen betriebsbedingte Kündigungen, BB 1993, S. 356 ff.

Engelen-Kefer, Auf dem Weg: Eurobetriebsräte, AiB 1996, S. 137 ff.

Engels/Müller, Regierungsentwurf eines Gesetzes über Europäische Betriebsräte, DB 1996, S. 981 ff.

Europäische Betriebsräte, Ein Beitrag zum sozialen Europa, Hans-Böckler-Stiftung, 5. Auflage, Düsseldorf 1994

Fiedler, Der Europäische Betriebsrat in der Unternehmensgruppe, ArbuR 1996, S. 180 ff.

Fitting/Wlotzke/Wißmann, Mitbestimmungsgesetz mit Wahlordnungen, Kommentar, 2. Auflage, München 1978

Gaul, Das neue Gesetz über die Europäischen Betriebsräte, NJW 1996, S. 3378 ff.

Gaul, Die Einrichtung Europäischer Betriebsräte, NJW 1995, S. 228 ff.

Goos, Kommt der Europäische Betriebsrat?, NZA 1994, S. 776 ff.

Hanau, Nationale Regelungen für internationale (europäische) Betriebsräte, S. 319 ff., in: Festschrift für Ralf Vieregge zum 70. Geburtstag (Hrsg.: Baur, Jacobs, Lieb, Müller-Graff), Berlin, New York 1995

Hanau/Ulmer, Mitbestimmungsgesetz, Kommentar, München 1981

Heinze, Der Europäische Betriebsrat, Die Richtlinie und ihre Alternativen, AG 1995, S. 385 ff.
Hohenstatt, Der Europäische Betriebsrat und seine Alternativen, EuZW 1995, S. 169 ff.
Hornung-Draus, EBR-Richtlinie: Umsetzung stellt Gesetzgeber vor neue Aufgaben, EuroAS 1996, S. 49 f.
Hornung-Draus, Gestaltungsspielräume nutzen, Arbeitgeber 1994, S. 759 ff.
Hromadka, Rechtsfragen zum Eurobetriebsrat, DB 1995, S. 1125 ff.
Hueck, A./Hueck, G./von Hoyningen-Huene, Kündigungsschutzgesetz, Kommentar, 11. Auflage, München 1992
Hüffer, Aktiengesetz, Kommentar, 2. Auflage, München 1995

Junker, Der »Europäische Betriebsrat« in rechtsvergleichender Perspektive, JZ 1992, S. 1100 ff.

Klebe, Euro-Betriebsrat, AiB 1994, S. 514 ff.
Klinkhammer/Welslau, Auf der Zielgeraden: Der Europäische Betriebsrat, ArbuR 1994, S. 326 ff.
Klinkhammer/Welslau, Der Europäische Betriebsrat, AG 1994, S. 488 ff.
Köstler, Euro-Betriebsräte zügig bilden – Die Richtlinie bald umsetzen!, AiB 1995, S. 73 ff.
Kolvenbach, Die Europäische Gemeinschaft und die deutsche Mitbestimmung (I), DB 1986, S. 1973 ff.
Kolvenbach, Die Europäische Gemeinschaft und die deutsche Mitbestimmung (II), DB 1986, S. 2023 ff.
Kolvenbach, EG-Richtlinie über die Information und Konsultation der Arbeitnehmer (Vredeling-Initiative), DB 1982, S. 1457 ff.
Kolvenbach, Vom »Europäischen Betriebsrat« zum »Europäischen Ausschuß«, RdA 1994, S. 279 ff.
Koppensteiner, in: Kölner Kommentar zum Aktiengesetz, Band 1, §§ 1–75 AktG, Zweite Auflage, Köln-Berlin-Bonn-München 1988
Kothe, Thema: Regierungsentwurf zum Europäischen Betriebsräte-Gesetz, Zum Entwurf eines Gesetzes über Europäische Betriebsräte (I), EuroAS 1996, S. 115 ff.
Kunz, Der Entwurf zum Gesetz über Europäische Betriebsräte aus Sicht der IG-Metall, EuroAS 1996, S. 50 f.

Le Friant, Die Tarifverhandlungen in grenzüberschreitenden Unternehmen, NZA 1994, S. 158 ff.
Lörcher, Anforderungen, Defizite und Durchsetzungsmöglichkeiten bei der Umsetzung der Euro-Betriebsräterichtlinie 94/45/EG in innerstaatliches Recht, ArbuR 1996, S. 297 ff.
Löwisch, Kommentar zum Sprecherausschußgesetz, 2. Auflage, Heidelberg 1994
Löwisch, Taschenkommentar zum Betriebsverfassungsgesetz, 4. Auflage, Heidelberg 1996

Mozet, Vereinbarungen über Europäische Betriebsräte, DB 1997, S. 477 ff.
Müller, Europäische Betriebsverfassung, BAG-Handelsmagazin 12/92, S. 24 f.

Rademacher, Der Europäische Betriebsrat, Die Richtlinie 94/45/EG des Rates vom 22. 9. 1994 und ihre Umsetzung in nationales Recht, Baden-Baden 1996
Ramme, Leitende Angestellte im Europäischen Betriebsrat – Information und Konsultation für alle Arbeitnehmer, DB 1995, S. 2066 ff.

Schmidt, Der Europäische Betriebsrat, NZA 1997, S. 180 ff.
Soziales Europa (Hrsg.: Europäische Kommission, Generaldirektion Beschäftigung, Arbeitsbeziehungen und soziale Angelegenheiten), Vereinbarungen über Unterrichtung und Anhörung in europäischen multinationalen Unternehmen, Beiheft 5/95, Brüssel, Luxemburg 1996

Weiss, Arbeitnehmermitwirkung in der europäischen Gemeinschaft, S. 657 ff., in: Festschrift zum 70. Geburtstag von Eugen Stahlhacke (Hrsg.: Farthmann, Hanau, Isenhardt, Preis), Neuwied, Kriftel, Berlin 1995

Weiss, Die Umsetzung der Richtlinie über Europäische Betriebsräte, ArbuR 1995, S. 438 ff.

Wienke, Thema: Regierungsentwurf zum Europäischen Betriebsräte-Gesetz, Zum Entwurf eines Gesetzes über Europäische Betriebsräte (II), EuroAS 1996, S. 120 ff.

Willemsen, Arbeitsrecht im Umwandlungsgesetz – Zehn Fragen aus der Sicht der Praxis, NZA 1996, S. 791 ff.

Willemsen/Hohenstatt, Chancen und Risiken von Vereinbarungen gemäß Artikel 13 der »Euro-Betriebsrat«-Richtlinie, NZA 1995, S. 399 ff.

Windbichler, Unternehmerisches Zusammenwirken von Arbeitgebern als arbeitsrechtliches Problem, ZfA 1996, S. 1 ff.

Wirmer, Die Richtlinie Europäische Betriebsräte – Ein zentraler Baustein europäischer Sozialpolitik, DB 1994, S. 2134 ff.

Wirmer/Heilmann, Europäische Betriebsräte: Politische Illusion oder zukünftige Wirklichkeit?, S. 85 ff., in: Deppe (Hrsg.), Euro-Betriebsräte, Internationale Mitbestimmung, Konsequenzen für Unternehmen und Gewerkschaften, Wiesbaden 1992

Wißmann, Die Mitbestimmung der Arbeitnehmer in der Europäischen Aktiengesellschaft (SE), RdA 1992, S. 320 ff.

Wlotzke, Betriebsverfassungsgesetz, 2. Auflage, München 1992

Wunsch-Semmler, Entwicklungslinien einer europäischen Arbeitnehmermitwirkung, Baden-Baden 1996

Wuttke, Europäische Betriebsräte – Zeitliche Zwänge und Chancen, DB 1995, S. 774 ff.

Zügel, Mitwirkung der Arbeitnehmer nach der EU-Richtlinie über die Einsetzung eines Europäischen Betriebsrats, Frankfurt am Main 1995 (Studien zum europäischen und internationalen Wirtschaftsrecht, Band 3)

Gesetz über Europäische Betriebsräte (Europäische Betriebsräte-Gesetz – EBRG)[1]

Vom 28. Oktober 1996, BGBl. I S. 1548, berichtigt S. 2022

Artikel 1 Gesetz über Europäische Betriebsräte (Europäische Betriebsräte-Gesetz – EBRG)

Erster Teil Allgemeine Vorschriften

§ 1 Grenzübergreifende Unterrichtung und Anhörung

(1) Zur Stärkung des Rechts auf grenzübergreifende Unterrichtung und Anhörung der Arbeitnehmer in gemeinschaftsweit tätigen Unternehmen und Unternehmensgruppen werden Europäische Betriebsräte oder Verfahren zur Unterrichtung und Anhörung der Arbeitnehmer vereinbart. Kommt es nicht zu einer Vereinbarung, wird ein Europäischer Betriebsrat kraft Gesetzes errichtet.

(2) Die grenzübergreifende Unterrichtung und Anhörung der Arbeitnehmer erstreckt sich in einem Unternehmen auf alle in einem Mitgliedstaat liegenden Betriebe sowie in einer Unternehmensgruppe auf alle Unternehmen, die ihren Sitz in einem Mitgliedstaat haben, soweit kein größerer Geltungsbereich vereinbart wird.

(3) Zentrale Leitung im Sinne dieses Gesetzes ist ein gemeinschaftsweit tätiges Unternehmen oder das herrschende Unternehmen einer gemeinschaftsweit tätigen Unternehmensgruppe.

(4) Anhörung im Sinne dieses Gesetzes bezeichnet den Meinungsaustausch und die Einrichtung eines Dialogs zwischen den Arbeitnehmervertretern und der zentralen Leitung oder einer anderen geeigneten Leitungsebene.

§ 2 Geltungsbereich

(1) Dieses Gesetz gilt für gemeinschaftsweit tätige Unternehmen mit Sitz im Inland und für gemeinschaftsweit tätige Unternehmensgruppen mit Sitz des herrschenden Unternehmens im Inland.

(2) Liegt die zentrale Leitung nicht in einem Mitgliedstaat, besteht jedoch eine nachgeordnete Leitung für in Mitgliedstaaten liegende Betriebe oder Unternehmen, findet dieses Gesetz Anwendung, wenn die nachgeordnete Leitung im Inland liegt. Gibt es keine nachgeordnete Leitung, findet das Gesetz Anwendung, wenn die zentrale Leitung einen Betrieb oder ein Unternehmen im Inland als ihren Vertreter benennt. Wird kein Vertreter benannt, findet das Gesetz Anwendung, wenn der Betrieb oder das Unternehmen im Inland liegt, in dem verglichen mit anderen in den Mitgliedstaaten liegenden Betrieben des Unternehmens oder Unternehmen der Unternehmensgruppe die meisten Arbeitnehmer beschäftigt sind. Die vorgenannten Stellen gelten als zentrale Leitung.

(3) Mitgliedstaaten im Sinne dieses Gesetzes sind die Mitgliedstaaten der Europäischen Union, auf die das Abkommen über die Sozialpolitik im Anhang des Vertrages

---

1 Dieses Gesetz dient der Umsetzung der Richtlinie 94/45/EG des Rates vom 22. September 1994 über die Einsetzung eines Europäischen Betriebsrats oder die Schaffung eines Verfahrens zur Unterrichtung und Anhörung der Arbeitnehmer in gemeinschaftsweit operierenden Unternehmen und Unternehmensgruppen (ABl. EG Nr. L 254 S. 64).

zur Gründung der Europäischen Gemeinschaft Anwendung findet, sowie die anderen Vertragsstaaten des Abkommens über den Europäischen Wirtschaftsraum.

(4) Für die Berechnung der Anzahl der im Inland beschäftigten Arbeitnehmer (§ 4), den Auskunftsanspruch (§ 5 Abs. 2), die Bestimmung des herrschenden Unternehmens (§ 6), die Weiterleitung des Antrags (§ 9 Abs. 2 Satz 3), die gesamtschuldnerische Haftung des Arbeitgebers (§ 16 Abs. 2), die Bestellung der auf das Inland entfallenden Arbeitnehmervertreter (§§ 11, 23 Abs. 1 bis 5 und § 18 Abs. 2 in Verbindung mit § 23) und die für sie geltenden Schutzbestimmungen (§ 40) sowie für den Bericht gegenüber den örtlichen Arbeitnehmervertretungen im Inland (§ 35 Abs. 2) gilt dieses Gesetz auch dann, wenn die zentrale Leitung nicht im Inland liegt.

§ 3 Gemeinschaftsweite Tätigkeit

(1) Ein Unternehmen ist gemeinschaftsweit tätig, wenn es mindestens 1000 Arbeitnehmer in den Mitgliedstaaten und davon jeweils mindestens 150 Arbeitnehmer in mindestens zwei Mitgliedstaaten beschäftigt.

(2) Eine Unternehmensgruppe ist gemeinschaftsweit tätig, wenn sie mindestens 1000 Arbeitnehmer in den Mitgliedstaaten beschäftigt und ihr mindestens zwei Unternehmen mit Sitz in verschiedenen Mitgliedstaaten angehören, die jeweils mindestens je 150 Arbeitnehmer in verschiedenen Mitgliedstaaten beschäftigen.

§ 4 Berechnung der Arbeitnehmerzahlen

In Betrieben und Unternehmen des Inlands errechnen sich die im Rahmen des § 3 zu berücksichtigenden Arbeitnehmerzahlen nach der Anzahl der im Durchschnitt während der letzten zwei Jahre beschäftigten Arbeitnehmer im Sinne des § 5 Abs. 1 des Betriebsverfassungsgesetzes. Maßgebend für den Beginn der Frist nach Satz 1 ist der Zeitpunkt, in dem die zentrale Leitung die Initiative zur Bildung des besonderen Verhandlungsgremiums ergreift oder der zentralen Leitung ein den Voraussetzungen des § 9 Abs. 2 entsprechender Antrag der Arbeitnehmer oder ihrer Vertreter zugeht.

§ 5 Auskunftsanspruch

(1) Die zentrale Leitung hat einer Arbeitnehmervertretung auf Verlangen Auskünfte über die durchschnittliche Gesamtzahl der Arbeitnehmer und ihre Verteilung auf die Mitgliedstaaten, die Unternehmen und Betriebe sowie über die Struktur des Unternehmens oder der Unternehmensgruppe zu erteilen.

(2) Ein Betriebsrat oder ein Gesamtbetriebsrat kann den Anspruch nach Absatz 1 gegenüber der örtlichen Betriebs- oder Unternehmensleitung geltend machen; diese ist verpflichtet, die für die Auskünfte erforderlichen Informationen und Unterlagen bei der zentralen Leitung einzuholen.

§ 6 Herrschendes Unternehmen

(1) Ein Unternehmen, das zu einer gemeinschaftsweit tätigen Unternehmensgruppe gehört, ist herrschendes Unternehmen, wenn es unmittelbar oder mittelbar einen beherrschenden Einfluß auf ein anderes Unternehmen derselben Gruppe (abhängiges Unternehmen) ausüben kann.

(2) Ein beherrschender Einfluß wird vermutet, wenn ein Unternehmen in bezug auf ein anderes Unternehmen unmittelbar oder mittelbar
1. mehr als die Hälfte der Mitglieder des Verwaltungs-, Leitungs- oder Aufsichtsorgans des anderen Unternehmens bestellen kann oder
2. über die Mehrheit der mit den Anteilen am anderen Unternehmen verbundenen Stimmrechte verfügt oder

3. die Mehrheit des gezeichneten Kapitals dieses Unternehmens besitzt.

Erfüllen mehrere Unternehmen eines der in Satz 1 Nr. 1 bis 3 genannten Kriterien, bestimmt sich das herrschende Unternehmen nach Maßgabe der dort bestimmten Rangfolge.

(3) Bei der Anwendung des Absatzes 2 müssen den Stimm- und Ernennungsrechten eines Unternehmens die Rechte aller von ihm abhängigen Unternehmen sowie aller natürlichen oder juristischen Personen, die zwar im eigenen Namen, aber für Rechnung des Unternehmens oder eines von ihm abhängigen Unternehmens handeln, hinzugerechnet werden.

(4) Investment- und Beteiligungsgesellschaften im Sinne des Artikels 3 Abs. 5 Buchstabe a) oder c) der Verordnung (EWG) Nr. 4064/89 des Rates vom 21. Dezember 1989 über die Kontrolle von Unternehmenszusammenschlüssen (ABl. EG Nr. L 395 S. 1) gelten nicht als herrschendes Unternehmen gegenüber einem anderen Unternehmen, an dem sie Anteile halten, an dessen Leitung sie jedoch nicht beteiligt sind.

§ 7 Europäischer Betriebsrat in Unternehmensgruppen

Gehören einer gemeinschaftsweit tätigen Unternehmensgruppe ein oder mehrere gemeinschaftsweit tätige Unternehmen an, wird ein Europäischer Betriebsrat nur bei dem herrschenden Unternehmen errichtet, sofern nichts anderes vereinbart wird.

Zweiter Teil **Besonderes Verhandlungsgremium**

§ 8 Aufgabe

(1) Das besondere Verhandlungsgremium hat die Aufgabe, mit der zentralen Leitung eine Vereinbarung über eine grenzübergreifende Unterrichtung und Anhörung der Arbeitnehmer abzuschließen.

(2) Die zentrale Leitung hat dem besonderen Verhandlungsgremium rechtzeitig alle zur Durchführung seiner Aufgaben erforderlichen Auskünfte zu erteilen und die erforderlichen Unterlagen zur Verfügung zu stellen.

(3) Die zentrale Leitung und das besondere Verhandlungsgremium arbeiten vertrauensvoll zusammen. Zeitpunkt, Häufigkeit und Ort der Verhandlungen werden zwischen der zentralen Leitung und dem besonderen Verhandlungsgremium einvernehmlich festgelegt.

§ 9 Bildung

(1) Die Bildung des besonderen Verhandlungsgremiums ist von den Arbeitnehmern oder ihren Vertretern schriftlich bei der zentralen Leitung zu beantragen oder erfolgt auf Initiative der zentralen Leitung.

(2) Der Antrag ist wirksam gestellt, wenn er von mindestens 100 Arbeitnehmern oder ihren Vertretern aus mindestens zwei Betrieben oder Unternehmen, die in verschiedenen Mitgliedstaaten liegen, unterzeichnet ist und der zentralen Leitung zugeht. Werden mehrere Anträge gestellt, sind die Unterschriften zusammenzuzählen. Wird ein Antrag bei einer im Inland liegenden Betriebs- oder Unternehmensleitung eingereicht, hat diese den Antrag unverzüglich an die zentrale Leitung weiterzuleiten und die Antragsteller darüber zu unterrichten.

(3) Die zentrale Leitung hat die Antragsteller, die örtlichen Betriebs- oder Unternehmensleitungen, die dort bestehenden Arbeitnehmervertretungen sowie die in inländischen Betrieben vertretenen Gewerkschaften über die Bildung eines besonderen Verhandlungsgremiums und seine Zusammensetzung zu unterrichten.

§ 10 Zusammensetzung

(1) Aus jedem Mitgliedstaat, in dem das Unternehmen oder die Unternehmensgruppe einen Betrieb hat, wird ein Arbeitnehmervertreter in das besondere Verhandlungsgremium entsandt.

(2) Aus Mitgliedstaaten, in denen mindestens 25 vom Hundert der Arbeitnehmer des Unternehmens oder der Unternehmensgruppe beschäftigt sind, wird ein zusätzlicher Vertreter entsandt. Aus Mitgliedstaaten, in denen mindestens 50 vom Hundert der Arbeitnehmer beschäftigt sind, werden zwei zusätzliche Vertreter, aus einem Mitgliedstaat, in dem mindestens 75 vom Hundert der Arbeitnehmer beschäftigt sind, werden drei zusätzliche Vertreter entsandt.

(3) Es können Ersatzmitglieder bestellt werden.

§ 11 Bestellung inländischer Arbeitnehmervertreter

(1) Die nach diesem Gesetz oder dem Gesetz eines anderen Mitgliedstaates auf die im Inland beschäftigten Arbeitnehmer entfallenden Mitglieder des besonderen Verhandlungsgremiums werden in gemeinschaftsweit tätigen Unternehmen vom Gesamtbetriebsrat (§ 47 des Betriebsverfassungsgesetzes) bestellt. Besteht nur ein Betriebsrat, so bestellt dieser die Mitglieder des besonderen Verhandlungsgremiums.

(2) Die in Absatz 1 Satz 1 genannten Mitglieder des besonderen Verhandlungsgremiums werden in gemeinschaftsweit tätigen Unternehmensgruppen vom Konzernbetriebsrat (§ 54 des Betriebsverfassungsgesetzes) bestellt. Besteht neben dem Konzernbetriebsrat noch ein in ihm nicht vertretener Gesamtbetriebsrat oder Betriebsrat, ist der Konzernbetriebsrat um deren Vorsitzende und um deren Stellvertreter zu erweitern; die Vorsitzenden und ihre Stellvertreter gelten insoweit als Konzernbetriebsratsmitglieder.

(3) Besteht kein Konzernbetriebsrat, werden die in Absatz 1 Satz 1 genannten Mitglieder des besonderen Verhandlungsgremiums wie folgt bestellt:

a) Bestehen mehrere Gesamtbetriebsräte, werden die Mitglieder des besonderen Verhandlungsgremiums auf einer gemeinsamen Sitzung der Gesamtbetriebsräte bestellt, zu welcher der Gesamtbetriebsratsvorsitzende des nach der Zahl der wahlberechtigten Arbeitnehmer größten inländischen Unternehmens einzuladen hat. Besteht daneben noch mindestens ein in den Gesamtbetriebsräten nicht vertretener Betriebsrat, sind der Betriebsratsvorsitzende und dessen Stellvertreter zu dieser Sitzung einzuladen; sie gelten insoweit als Gesamtbetriebsratsmitglieder.
b) Besteht neben einem Gesamtbetriebsrat noch mindestens ein in ihm nicht vertretener Betriebsrat, ist der Gesamtbetriebsrat um den Vorsitzenden des Betriebsrats und dessen Stellvertreter zu erweitern; der Betriebsratsvorsitzende und sein Stellvertreter gelten insoweit als Gesamtbetriebsratsmitglieder. Der Gesamtbetriebsrat bestellt die Mitglieder des besonderen Verhandlungsgremiums. Besteht nur ein Gesamtbetriebsrat, so hat dieser die Mitglieder des besonderen Verhandlungsgremiums zu bestellen.
c) Bestehen mehrere Betriebsräte, werden die Mitglieder des besonderen Verhandlungsgremiums auf einer gemeinsamen Sitzung bestellt, zu welcher der Betriebsratsvorsitzende des nach der Zahl der wahlberechtigten Arbeitnehmer größten inländischen Betriebs einzuladen hat. Zur Teilnahme an dieser Sitzung sind die

Betriebsratsvorsitzenden und deren Stellvertreter berechtigt; § 47 Abs. 7 des Betriebsverfassungsgesetzes gilt entsprechend.

d) Besteht nur ein Betriebsrat, so hat dieser die Mitglieder des besonderen Verhandlungsgremiums zu bestellen.

(4) Zu Mitgliedern des besonderen Verhandlungsgremiums können auch die in § 5 Abs. 3 des Betriebsverfassungsgesetzes genannten Angestellten bestellt werden.

(5) Frauen und Männer sollen entsprechend ihrem zahlenmäßigen Verhältnis bestellt werden.

§ 12 Unterrichtung über die Mitglieder des besonderen Verhandlungsgremiums

Der zentralen Leitung sind unverzüglich die Namen der Mitglieder des besonderen Verhandlungsgremiums, ihre Anschriften sowie die jeweilige Betriebszugehörigkeit mitzuteilen. Die zentrale Leitung hat die örtlichen Betriebs- oder Unternehmensleitungen, die dort bestehenden Arbeitnehmervertretungen sowie die in inländischen Betrieben vertretenen Gewerkschaften über diese Angaben zu unterrichten.

§ 13 Sitzungen, Geschäftsordnung, Sachverständige

(1) Die zentrale Leitung lädt unverzüglich nach Benennung der Mitglieder zur konstituierenden Sitzung des besonderen Verhandlungsgremiums ein und unterrichtet die örtlichen Betriebs- oder Unternehmensleitungen. Das besondere Verhandlungsgremium wählt aus seiner Mitte einen Vorsitzenden und kann sich eine Geschäftsordnung geben.

(2) Vor jeder Verhandlung mit der zentralen Leitung hat das besondere Verhandlungsgremium das Recht, eine Sitzung durchzuführen und zu dieser einzuladen; § 8 Abs. 3 Satz 2 gilt entsprechend.

(3) Beschlüsse des besonderen Verhandlungsgremiums werden, soweit in diesem Gesetz nichts anderes bestimmt ist, mit der Mehrheit der Stimmen seiner Mitglieder gefaßt.

(4) Das besondere Verhandlungsgremium kann sich durch Sachverständige seiner Wahl unterstützen lassen, soweit dies zur ordnungsgemäßen Erfüllung seiner Aufgaben erforderlich ist. Sachverständige können auch Beauftragte von Gewerkschaften sein.

§ 14 Einbeziehung von Arbeitnehmervertretern aus Drittstaaten

Kommen die zentrale Leitung und das besondere Verhandlungsgremium überein, die nach § 17 auszuhandelnde Vereinbarung auf nicht in einem Mitgliedstaat (Drittstaat) liegende Betriebe oder Unternehmen zu erstrecken, können sie vereinbaren, Arbeitnehmervertreter aus diesen Staaten in das besondere Verhandlungsgremium einzubeziehen und die Anzahl der auf den jeweiligen Drittstaat entfallenden Mitglieder sowie deren Rechtsstellung festlegen.

§ 15 Beschluß über Beendigung der Verhandlungen

(1) Das besondere Verhandlungsgremium kann mit mindestens zwei Dritteln der Stimmen seiner Mitglieder beschließen, keine Verhandlungen aufzunehmen oder diese zu beenden. Der Beschluß und das Abstimmungsergebnis sind in eine Niederschrift aufzunehmen, die vom Vorsitzenden und einem weiteren Mitglied zu unterzeichnen ist. Eine Abschrift der Niederschrift ist der zentralen Leitung zuzuleiten.

(2) Ein neuer Antrag auf Bildung eines besonderen Verhandlungsgremiums (§ 9) kann frühestens zwei Jahre nach dem Beschluß gemäß Absatz 1 gestellt werden, sofern das besondere Verhandlungsgremium und die zentrale Leitung nicht schriftlich eine kürzere Frist festlegen.

§ 16 Kosten und Sachaufwand

(1) Die durch die Bildung und Tätigkeit des besonderen Verhandlungsgremiums entstehenden Kosten trägt die zentrale Leitung. Werden Sachverständige nach § 13 Abs. 4 hinzugezogen, beschränkt sich die Kostentragungspflicht auf einen Sachverständigen. Die zentrale Leitung hat für die Sitzungen in erforderlichem Umfang Räume, sachliche Mittel, Dolmetscher und Büropersonal zur Verfügung zu stellen sowie die erforderlichen Reise- und Aufenthaltskosten der Mitglieder des besonderen Verhandlungsgremiums zu tragen.

(2) Der Arbeitgeber eines aus dem Inland entsandten Mitglieds des besonderen Verhandlungsgremiums haftet neben der zentralen Leitung für dessen Anspruch auf Kostenerstattung als Gesamtschuldner.

Dritter Teil Vereinbarungen über grenzübergreifende Unterrichtung und Anhörung

§ 17 Gestaltungsfreiheit

Die zentrale Leitung und das besondere Verhandlungsgremium können frei vereinbaren, wie die grenzübergreifende Unterrichtung und Anhörung der Arbeitnehmer ausgestaltet wird; sie sind nicht an die Bestimmungen des Vierten Teils dieses Gesetzes gebunden. Die Vereinbarung muß sich auf alle in den Mitgliedstaaten beschäftigten Arbeitnehmer erstrecken, in denen das Unternehmen oder die Unternehmensgruppe einen Betrieb hat. Die Parteien verständigen sich darauf, ob die grenzübergreifende Unterrichtung und Anhörung durch die Errichtung eines Europäischen Betriebsrats oder mehrerer Europäischer Betriebsräte nach § 18 oder durch ein Verfahren zur Unterrichtung und Anhörung der Arbeitnehmer nach § 19 erfolgen soll.

§ 18 Europäischer Betriebsrat kraft Vereinbarung

(1) Soll ein Europäischer Betriebsrat errichtet werden, ist schriftlich zu vereinbaren, wie dieser ausgestaltet werden soll. Dabei soll insbesondere folgendes geregelt werden:

1. Bezeichnung der erfaßten Betriebe und Unternehmen, einschließlich der außerhalb des Hoheitsgebietes der Mitgliedstaaten liegenden Niederlassungen, sofern diese in den Geltungsbereich einbezogen werden,
2. Zusammensetzung des Europäischen Betriebsrats, Anzahl der Mitglieder, Ersatzmitglieder, Sitzverteilung und Mandatsdauer,
3. Zuständigkeit und Aufgaben des Europäischen Betriebsrats sowie das Verfahren zu seiner Unterrichtung und Anhörung,
4. Ort, Häufigkeit und Dauer der Sitzungen,
5. die für den Europäischen Betriebsrat zur Verfügung zu stellenden finanziellen und sachlichen Mittel,
6. Klausel zur Anpassung der Vereinbarung an Strukturänderungen, die Geltungsdauer der Vereinbarung und das bei ihrer Neuverhandlung anzuwendende Verfahren, einschließlich einer Übergangsregelung.

(2) § 23 gilt entsprechend.

§ 19 Verfahren zur Unterrichtung und Anhörung

Soll ein Verfahren zur Unterrichtung und Anhörung der Arbeitnehmer eingeführt werden, ist schriftlich zu vereinbaren, unter welchen Voraussetzungen die Arbeitnehmervertreter das Recht haben, die ihnen übermittelten Informationen gemeinsam zu beraten und wie sie ihre Vorschläge oder Bedenken mit der zentralen Leitung oder einer anderen geeigneten Leitungsebene erörtern können. Die Unterrichtung muß sich insbesondere auf grenzübergreifende Angelegenheiten erstrecken, die erhebliche Auswirkungen auf die Interessen der Arbeitnehmer haben.

§ 20 Übergangsbestimmung

Eine nach § 18 oder 19 bestehende Vereinbarung gilt fort, wenn vor ihrer Beendigung das Antrags- oder Initiativrecht nach § 9 Abs. 1 ausgeübt worden ist. Das Antragsrecht kann auch ein auf Grund einer Vereinbarung bestehendes Arbeitnehmervertretungsgremium ausüben. Die Fortgeltung endet, wenn die Vereinbarung durch eine neue Vereinbarung ersetzt oder ein Europäischer Betriebsrat kraft Gesetzes errichtet worden ist. Die Fortgeltung endet auch dann, wenn das besondere Verhandlungsgremium einen Beschluß nach § 15 Abs. 1 faßt; § 15 Abs. 2 gilt entsprechend. Die Sätze 1 bis 4 finden keine Anwendung, wenn in der bestehenden Vereinbarung eine Übergangsregelung enthalten ist.

Vierter Teil **Europäischer Betriebsrat kraft Gesetzes**

Erster Abschnitt **Errichtung des Europäischen Betriebsrats**

§ 21 Voraussetzungen

(1) Verweigert die zentrale Leitung die Aufnahme von Verhandlungen innerhalb von sechs Monaten nach Antragstellung (§ 9), ist ein Europäischer Betriebsrat gemäß den § 22 und 23 zu errichten. Das gleiche gilt, wenn innerhalb von drei Jahren nach Antragstellung keine Vereinbarung nach § 18 oder 19 zustande kommt oder die zentrale Leitung und das besondere Verhandlungsgremium das vorzeitige Scheitern der Verhandlungen erklären. Die Sätze 1 und 2 gelten entsprechend, wenn die Bildung des besonderen Verhandlungsgremiums auf Initiative der zentralen Leitung erfolgt.

(2) Ein Europäischer Betriebsrat ist nicht zu errichten, wenn das besondere Verhandlungsgremium vor Ablauf der in Absatz 1 genannten Fristen einen Beschluß nach § 15 Abs. 1 faßt.

§ 22 Zusammensetzung des Europäischen Betriebsrats

(1) Der Europäische Betriebsrat setzt sich aus Arbeitnehmern des gemeinschaftsweit tätigen Unternehmens oder der gemeinschaftsweit tätigen Unternehmensgruppe zusammen; er besteht aus höchstens dreißig Mitgliedern. Es können Ersatzmitglieder bestellt werden.

(2) Aus jedem Mitgliedstaat, in dem das Unternehmen oder die Unternehmensgruppe einen Betrieb hat, wird ein Arbeitnehmervertreter in den Europäischen Betriebsrat entsandt.

(3) Hat das Unternehmen oder die Unternehmensgruppe insgesamt bis zu 10000 Arbeitnehmer innerhalb der Mitgliedstaaten, wird aus Mitgliedstaaten, in denen mindestens 20 vom Hundert der Arbeitnehmer beschäftigt sind, ein zusätzlicher Vertreter entsandt. Aus Mitgliedstaaten, in denen mindestens 30 vom Hundert der Arbeitnehmer

beschäftigt sind, werden zwei zusätzliche Vertreter, mindestens 40 vom Hundert der Arbeitnehmer beschäftigt sind, werden drei zusätzliche Vertreter, mindestens 50 vom Hundert der Arbeitnehmer beschäftigt sind, werden vier zusätzliche Vertreter entsandt. Aus einem Mitgliedstaat, in dem mindestens 60 vom Hundert der Arbeitnehmer beschäftigt sind, werden fünf zusätzliche Vertreter, mindestens 70 vom Hundert der Arbeitnehmer beschäftigt sind, werden sechs zusätzliche Vertreter, mindestens 80 vom Hundert der Arbeitnehmer beschäftigt sind, werden sieben zusätzliche Vertreter entsandt.

(4) Hat das Unternehmen oder die Unternehmensgruppe insgesamt mehr als 10000 Arbeitnehmer innerhalb der Mitgliedstaaten, wird aus Mitgliedstaaten, in denen mindestens 20 vom Hundert der Arbeitnehmer beschäftigt sind, ein zusätzlicher Vertreter entsandt. Aus Mitgliedstaaten, in denen mindestens 30 vom Hundert der Arbeitnehmer beschäftigt sind, werden drei zusätzliche Vertreter, mindestens 40 vom Hundert der Arbeitnehmer beschäftigt sind, werden fünf zusätzliche Vertreter, mindestens 50 vom Hundert der Arbeitnehmer beschäftigt sind, werden sieben zusätzliche Vertreter entsandt. Aus einem Mitgliedstaat, in dem mindestens 60 vom Hundert der Arbeitnehmer beschäftigt sind, werden neun zusätzliche Vertreter, mindestens 70 vom Hundert der Arbeitnehmer beschäftigt sind, werden elf zusätzliche Vertreter, mindestens 80 vom Hundert der Arbeitnehmer beschäftigt sind, werden dreizehn zusätzliche Vertreter entsandt.

§ 23 Bestellung inländischer Arbeitnehmervertreter

(1) Die nach diesem Gesetz oder dem Gesetz eines anderen Mitgliedstaates auf die im Inland beschäftigten Arbeitnehmer entfallenden Mitglieder des Europäischen Betriebsrats werden in gemeinschaftsweit tätigen Unternehmen vom Gesamtbetriebsrat (§ 47 des Betriebsverfassungsgesetzes) bestellt. Besteht nur ein Betriebsrat, so bestellt dieser die Mitglieder des Europäischen Betriebsrats.

(2) Die in Absatz 1 Satz 1 genannten Mitglieder des Europäischen Betriebsrats werden in gemeinschaftsweit tätigen Unternehmensgruppen vom Konzernbetriebsrat (§ 54 des Betriebsverfassungsgesetzes) bestellt. Besteht neben dem Konzernbetriebsrat noch ein in ihm nicht vertretener Gesamtbetriebsrat oder Betriebsrat, ist der Konzernbetriebsrat um deren Vorsitzende und um deren Stellvertreter zu erweitern; die Vorsitzenden und ihre Stellvertreter gelten insoweit als Konzernbetriebsratsmitglieder.

(3) Besteht kein Konzernbetriebsrat, werden die in Absatz 1 Satz 1 genannten Mitglieder des Europäischen Betriebsrats wie folgt bestellt:

a) Bestehen mehrere Gesamtbetriebsräte, werden die Mitglieder des Europäischen Betriebsrats auf einer gemeinsamen Sitzung der Gesamtbetriebsräte bestellt, zu welcher der Gesamtbetriebsratsvorsitzende des nach der Zahl der wahlberechtigten Arbeitnehmer größten inländischen Unternehmens einzuladen hat. Besteht daneben noch mindestens ein in den Gesamtbetriebsräten nicht vertretener Betriebsrat, sind der Betriebsratsvorsitzende und dessen Stellvertreter zu dieser Sitzung einzuladen; sie gelten insoweit als Gesamtbetriebsratsmitglieder.
b) Besteht neben einem Gesamtbetriebsrat noch mindestens ein in ihm nicht vertretener Betriebsrat, ist der Gesamtbetriebsrat um den Vorsitzenden des Betriebsrats und dessen Stellvertreter zu erweitern; der Betriebsratsvorsitzende und sein Stellvertreter gelten insoweit als Gesamtbetriebsratsmitglieder. Der Gesamtbetriebsrat bestellt die Mitglieder des Europäischen Betriebsrats. Besteht nur ein Gesamtbetriebsrat, so hat dieser die Mitglieder des Europäischen Betriebsrats zu bestellen.
c) Bestehen mehrere Betriebsräte, werden die Mitglieder des Europäischen Betriebsrats auf einer gemeinsamen Sitzung bestellt, zu welcher der Betriebsratsvorsitzende des nach der Zahl der wahlberechtigten Arbeitnehmer größten inländischen Betriebs einzuladen hat. Zur Teilnahme an dieser Sitzung sind die Betriebsratsvor-

sitzenden und deren Stellvertreter berechtigt; § 47 Abs. 7 des Betriebsverfassungsgesetzes gilt entsprechend.

d) Besteht nur ein Betriebsrat, so hat dieser die Mitglieder des Europäischen Betriebsrats zu bestellen.

(4) Die Absätze 1 bis 3 gelten entsprechend für die Abberufung.

(5) Frauen und Männer sollen entsprechend ihrem zahlenmäßigen Verhältnis bestellt werden.

(6) Das zuständige Sprecherausschußgremium eines gemeinschaftsweit tätigen Unternehmens oder einer gemeinschaftsweit tätigen Unternehmensgruppe mit Sitz der zentralen Leitung im Inland kann einen der in § 5 Abs. 3 des Betriebsverfassungsgesetzes genannten Angestellten bestimmen, der mit Rederecht an den Sitzungen zur Unterrichtung und Anhörung des Europäischen Betriebsrats teilnimmt, sofern nach § 22 Abs. 2 bis 4 mindestens fünf inländische Vertreter entsandt werden. Die §§ 30 und 39 Abs. 2 gelten entsprechend.

§ 24 Unterrichtung über die Mitglieder des Europäischen Betriebsrats

Der zentralen Leitung sind unverzüglich die Namen der Mitglieder des Europäischen Betriebsrats, ihre Anschriften sowie die jeweilige Betriebszugehörigkeit mitzuteilen. Die zentrale Leitung hat die örtlichen Betriebs- oder Unternehmensleitungen, die dort bestehenden Arbeitnehmervertretungen sowie die in inländischen Betrieben vertretenen Gewerkschaften über diese Angaben zu unterrichten.

Zweiter Abschnitt **Geschäftsführung des Europäischen Betriebsrats**

§ 25 Konstituierende Sitzung, Vorsitzender

(1) Die zentrale Leitung lädt unverzüglich nach Benennung der Mitglieder zur konstituierenden Sitzung des Europäischen Betriebsrats ein. Der Europäische Betriebsrat wählt aus seiner Mitte einen Vorsitzenden und dessen Stellvertreter.

(2) Der Vorsitzende des Europäischen Betriebsrats oder im Falle seiner Verhinderung der Stellvertreter vertritt den Europäischen Betriebsrat im Rahmen der von ihm gefaßten Beschlüsse. Zur Entgegennahme von Erklärungen, die dem Europäischen Betriebsrat gegenüber abzugeben sind, ist der Vorsitzende oder im Falle seiner Verhinderung der Stellvertreter berechtigt.

§ 26 Ausschuß

(1) Besteht der Europäische Betriebsrat aus neun oder mehr Mitgliedern, bildet er aus seiner Mitte einen Ausschuß von drei Mitgliedern, dem neben dem Vorsitzenden zwei weitere zu wählende Mitglieder angehören. Die Mitglieder des Ausschusses sollen in verschiedenen Mitgliedstaaten beschäftigt sein. Der Ausschuß führt die laufenden Geschäfte des Europäischen Betriebsrats.

(2) Ein Europäischer Betriebsrat mit weniger als neun Mitgliedern kann die Führung der laufenden Geschäfte auf den Vorsitzenden oder ein anderes Mitglied des Europäischen Betriebsrats übertragen.

§ 27 Sitzungen

(1) Der Europäische Betriebsrat hat das Recht, im Zusammenhang mit der Unterrichtung durch die zentrale Leitung nach § 32 eine Sitzung durchzuführen und zu dieser einzuladen. Das gleiche gilt bei einer Unterrichtung über außergewöhnliche Umstände

nach § 33. Der Zeitpunkt und der Ort der Sitzungen sind mit der zentralen Leitung abzustimmen. Mit Einverständnis der zentralen Leitung kann der Europäische Betriebsrat weitere Sitzungen durchführen. Die Sitzungen des Europäischen Betriebsrats sind nicht öffentlich.

(2) Absatz 1 gilt entsprechend für die Wahrnehmung der Mitwirkungsrechte des Europäischen Betriebsrats durch den Ausschuß nach § 26 Abs. 1.

§ 28 Beschlüsse, Geschäftsordnung

Die Beschlüsse des Europäischen Betriebsrats werden, soweit in diesem Gesetz nichts anderes bestimmt ist, mit der Mehrheit der Stimmen der anwesenden Mitglieder gefaßt. Sonstige Bestimmungen über die Geschäftsführung sollen in einer schriftlichen Geschäftsordnung getroffen werden, die der Europäische Betriebsrat mit der Mehrheit der Stimmen seiner Mitglieder beschließt.

§ 29 Sachverständige

Der Europäische Betriebsrat und der Ausschuß können sich durch Sachverständige ihrer Wahl unterstützen lassen, soweit dies zur ordnungsgemäßen Erfüllung ihrer Aufgaben erforderlich ist. Sachverständige können auch Beauftragte von Gewerkschaften sein.

§ 30 Kosten und Sachaufwand

Die durch die Bildung und Tätigkeit des Europäischen Betriebsrats und des Ausschusses (§ 26 Abs. 1) entstehenden Kosten trägt die zentrale Leitung. Werden Sachverständige nach § 29 hinzugezogen, beschränkt sich die Kostentragungspflicht auf einen Sachverständigen. Die zentrale Leitung hat insbesondere für die Sitzungen und die laufende Geschäftsführung in erforderlichem Umfang Räume, sachliche Mittel und Büropersonal, für die Sitzungen außerdem Dolmetscher zur Verfügung zu stellen. Sie trägt die erforderlichen Reise- und Aufenthaltskosten der Mitglieder des Europäischen Betriebsrats und des Ausschusses. § 16 Abs. 2 gilt entsprechend.

Dritter Abschnitt **Zuständigkeit und Mitwirkungsrechte**

§ 31 Grenzübergreifende Angelegenheiten

(1) Der Europäische Betriebsrat ist zuständig in Angelegenheiten der §§ 32 und 33, die mindestens zwei Betriebe oder zwei Unternehmen in verschiedenen Mitgliedstaaten betreffen.

(2) Bei Unternehmen und Unternehmensgruppen nach § 2 Abs. 2 ist der Europäische Betriebsrat nur in solchen Angelegenheiten zuständig, die sich auf das Hoheitsgebiet der Mitgliedstaaten erstrecken und mindestens zwei Betriebe oder zwei Unternehmen in verschiedenen Mitgliedstaaten betreffen.

§ 32 Jährliche Unterrichtung und Anhörung

(1) Die zentrale Leitung hat den Europäischen Betriebsrat einmal im Kalenderjahr über die Entwicklung der Geschäftslage und die Perspektiven des gemeinschaftsweit tätigen Unternehmens oder der gemeinschaftsweit tätigen Unternehmensgruppe unter rechtzeitiger Vorlage der erforderlichen Unterlagen zu unterrichten und ihn anzuhören.

(2) Zu der Entwicklung der Geschäftslage und den Perspektiven im Sinne des Absatzes 1 gehören insbesondere

1. Struktur des Unternehmens oder der Unternehmensgruppe sowie die wirtschaftliche und finanzielle Lage,
2. die voraussichtliche Entwicklung der Geschäfts-, Produktions- und Absatzlage,
3. die Beschäftigungslage und ihre voraussichtliche Entwicklung,
4. Investitionen (Investitionsprogramme),
5. grundlegende Änderungen der Organisation,
6. die Einführung neuer Arbeits- und Fertigungsverfahren,
7. die Verlegung von Unternehmen, Betrieben oder wesentlichen Betriebsteilen sowie Verlagerungen der Produktion,
8. Zusammenschlüsse oder Spaltungen von Unternehmen oder Betrieben,
9. die Einschränkung oder Stillegung von Unternehmen, Betrieben oder wesentlichen Betriebsteilen,
10. Massenentlassungen.

§ 33 Unterrichtung und Anhörung

(1) Über außergewöhnliche Umstände, die erhebliche Auswirkungen auf die Interessen der Arbeitnehmer haben, hat die zentrale Leitung den Europäischen Betriebsrat rechtzeitig unter Vorlage der erforderlichen Unterlagen zu unterrichten und auf Verlangen anzuhören. Als außergewöhnliche Umstände gelten insbesondere

1. die Verlegung von Unternehmen, Betrieben oder wesentlichen Betriebsteilen,
2. die Stillegung von Unternehmen, Betrieben oder wesentlichen Betriebsteilen,
3. Massenentlassungen.

(2) Besteht ein Ausschuß nach § 26 Abs. 1, so ist dieser anstelle des Europäischen Betriebsrats nach Absatz 1 Satz 1 zu beteiligen. § 27 Abs. 1 Satz 2 bis 5 gilt entsprechend. Zu den Sitzungen des Ausschusses sind auch diejenigen Mitglieder des Europäischen Betriebsrats zu laden, die für die Betriebe oder Unternehmen bestellt worden sind, die unmittelbar von den geplanten Maßnahmen betroffen sind; sie gelten insoweit als Ausschußmitglieder.

§ 34 Tendenzunternehmen

Auf Unternehmen und herrschende Unternehmen von Unternehmensgruppen, die unmittelbar und überwiegend den in § 118 Abs. 1 Satz 1 Nr. 1 und 2 des Betriebsverfassungsgesetzes genannten Bestimmungen oder Zwecken dienen, finden nur § 32 Abs. 2 Nr. 5 bis 10 und § 33 Anwendung mit der Maßgabe, daß eine Unterrichtung und Anhörung nur über den Ausgleich oder die Milderung der wirtschaftlichen Nachteile erfolgen muß, die den Arbeitnehmern infolge der Unternehmens- oder Betriebsänderungen entstehen.

§ 35 Unterrichtung der örtlichen Arbeitnehmervertreter

(1) Der Europäische Betriebsrat oder der Ausschuß (§ 33 Abs. 2) berichtet den örtlichen Arbeitnehmervertretern oder, wenn es diese nicht gibt, den Arbeitnehmern der Betriebe oder Unternehmen über die Unterrichtung und Anhörung.

(2) Das Mitglied des Europäischen Betriebsrats oder des Ausschusses, das den örtlichen Arbeitnehmervertretungen im Inland berichtet, hat den Bericht in Betrieben und Unternehmen, in denen Sprecherausschüsse der leitenden Angestellten bestehen, auf einer gemeinsamen Sitzung im Sinne des § 2 Abs. 2 des Sprecherausschußgesetzes zu erstatten. Dies gilt nicht, wenn ein nach § 23 Abs. 6 bestimmter Angestellter an der Sitzung zur Unterrichtung und Anhörung des Europäischen Betriebsrats teilgenommen hat. Wird der Bericht nach Absatz 1 nur schriftlich erstattet, ist er auch dem zuständigen Sprecherausschuß zuzuleiten.

Vierter Abschnitt Änderung der Zusammensetzung, Übergang zu einer Vereinbarung

§ 36 Dauer der Mitgliedschaft, Neubestellung von Mitgliedern

(1) Die Dauer der Mitgliedschaft im Europäischen Betriebsrat beträgt vier Jahre, wenn sie nicht durch Abberufung oder aus anderen Gründen vorzeitig endet. Die Mitgliedschaft beginnt mit der Bestellung.

(2) Alle zwei Jahre, vom Tage der konstituierenden Sitzung des Europäischen Betriebsrats (§ 25 Abs. 1) an gerechnet, hat die zentrale Leitung zu prüfen, ob sich die Arbeitnehmerzahlen in den einzelnen Mitgliedstaaten derart geändert haben, daß sich eine andere Zusammensetzung des Europäischen Betriebsrats nach § 22 Abs. 2 bis 4 errechnet. Sie hat das Ergebnis dem Europäischen Betriebsrat mitzuteilen. Ist danach eine andere Zusammensetzung des Europäischen Betriebsrats erforderlich, veranlaßt dieser bei den zuständigen Stellen, daß die Mitglieder des Europäischen Betriebsrats in den Mitgliedstaaten neu bestellt werden, in denen sich eine gegenüber dem vorhergehenden Zeitraum abweichende Anzahl der Arbeitnehmervertreter ergibt; mit der Neubestellung endet die Mitgliedschaft der bisher aus diesen Mitgliedstaaten stammenden Arbeitnehmervertreter im Europäischen Betriebsrat. Die Sätze 1 bis 3 gelten entsprechend bei Berücksichtigung eines bisher im Europäischen Betriebsrat nicht vertretenen Mitgliedstaats.

§ 37 Aufnahme von Verhandlungen

Vier Jahre nach der konstituierenden Sitzung (§ 25 Abs. 1) hat der Europäische Betriebsrat mit der Mehrheit der Stimmen seiner Mitglieder einen Beschluß darüber zu fassen, ob mit der zentralen Leitung eine Vereinbarung nach § 17 ausgehandelt werden soll. Beschließt der Europäische Betriebsrat die Aufnahme von Verhandlungen, hat er die Rechte und Pflichten des besonderen Verhandlungsgremiums; die §§ 8, 13, 14 und 15 Abs. 1 sowie die §§ 16 bis 19 gelten entsprechend. Das Amt des Europäischen Betriebsrats endet, wenn eine Vereinbarung nach § 17 geschlossen worden ist.

Fünfter Teil Grundsätze der Zusammenarbeit und Schutzbestimmungen

§ 38 Vertrauensvolle Zusammenarbeit

Zentrale Leitung und Europäischer Betriebsrat arbeiten vertrauensvoll zum Wohl der Arbeitnehmer und des Unternehmens oder der Unternehmensgruppe zusammen. Satz 1 gilt entsprechend für die Zusammenarbeit zwischen zentraler Leitung und Arbeitnehmervertretern im Rahmen eines Verfahrens zur Unterrichtung und Anhörung.

§ 39 Geheimhaltung, Vertraulichkeit

(1) Die Pflicht der zentralen Leitung, über die im Rahmen der §§ 18 und 19 vereinbarten oder die sich aus den §§ 32 und 33 Abs. 1 ergebenden Angelegenheiten zu unterrichten, besteht nur, soweit dadurch nicht Betriebs- oder Geschäftsgeheimnisse des Unternehmens oder der Unternehmensgruppe gefährdet werden.

(2) Die Mitglieder und Ersatzmitglieder eines Europäischen Betriebsrats sind verpflichtet, Betriebs- oder Geschäftsgeheimnisse, die ihnen wegen ihrer Zugehörigkeit zum

Europäischen Betriebsrat bekannt geworden und von der zentralen Leitung ausdrücklich als geheimhaltungsbedürftig bezeichnet worden sind, nicht zu offenbaren und nicht zu verwerten. Dies gilt auch nach dem Ausscheiden aus dem Europäischen Betriebsrat. Die Verpflichtung gilt nicht gegenüber Mitgliedern eines Europäischen Betriebsrats. Sie gilt ferner nicht gegenüber den örtlichen Arbeitnehmervertretern der Betriebe oder Unternehmen, wenn diese auf Grund einer Vereinbarung nach § 18 oder nach § 35 über den Inhalt der Unterrichtungen und die Ergebnisse der Anhörungen zu unterrichten sind, den Arbeitnehmervertretern im Aufsichtsrat sowie gegenüber Dolmetschern und Sachverständigen, die zur Unterstützung herangezogen werden.

(3) Die Pflicht zur Vertraulichkeit nach Absatz 2 Satz 1 und 2 gilt entsprechend für
1. die Mitglieder und Ersatzmitglieder des besonderen Verhandlungsgremiums,
2. die Arbeitnehmervertreter im Rahmen eines Verfahrens zur Unterrichtung und Anhörung (§ 19),
3. die Sachverständigen und Dolmetscher sowie
4. die örtlichen Arbeitnehmervertreter.

(4) Die Ausnahmen von der Pflicht zur Vertraulichkeit nach Absatz 2 Satz 3 und 4 gelten entsprechend für
1. das besondere Verhandlungsgremium gegenüber Sachverständigen und Dolmetschern,
2. die Arbeitnehmervertreter im Rahmen eines Verfahrens zur Unterrichtung und Anhörung gegenüber Dolmetschern und Sachverständigen, die vereinbarungsgemäß zur Unterstützung herangezogen werden und gegenüber örtlichen Arbeitnehmervertretern, sofern diese nach der Vereinbarung (§ 19) über die Inhalte der Unterrichtungen und die Ergebnisse der Anhörungen zu unterrichten sind.

§ 40 Schutz inländischer Arbeitnehmervertreter

(1) Für die Mitglieder eines Europäischen Betriebsrats, die im Inland beschäftigt sind, gelten § 37 Abs. 1 bis 5 und die §§ 78 und 103 des Betriebsverfassungsgesetzes sowie § 15 Abs. 1 und 3 bis 5 des Kündigungsschutzgesetzes entsprechend.

(2) Absatz 1 gilt entsprechend für die Mitglieder des besonderen Verhandlungsgremiums und die Arbeitnehmervertreter im Rahmen eines Verfahrens zur Unterrichtung und Anhörung.

Sechster Teil **Bestehende Vereinbarungen**

§ 41 Fortgeltung

(1) Auf die in den §§ 2 und 3 genannten Unternehmen und Unternehmensgruppen, in denen vor dem 22. September 1996 eine Vereinbarung über grenzübergreifende Unterrichtung und Anhörung besteht, sind die Bestimmungen dieses Gesetzes nicht anwendbar, solange die Vereinbarung wirksam ist. Die Vereinbarung muß sich auf alle in den Mitgliedstaaten beschäftigten Arbeitnehmer erstrecken und den Arbeitnehmern aus denjenigen Mitgliedstaaten eine angemessene Beteiligung an der Unterrichtung und Anhörung ermöglichen, in denen das Unternehmen oder die Unternehmensgruppe einen Betrieb hat.

(2) Der Anwendung des Absatzes 1 steht nicht entgegen, daß die Vereinbarung auf seiten der Arbeitnehmer nur von einer im Betriebsverfassungsgesetz vorgesehenen Arbeitnehmervertretung geschlossen worden ist. Das gleiche gilt, wenn für ein Unternehmen oder eine Unternehmensgruppe anstelle einer Vereinbarung mehrere Vereinbarungen geschlossen worden sind.

(3) Sind die Voraussetzungen des Absatzes 1 deshalb nicht erfüllt, weil die an dem in Absatz 1 Satz 1 genannten Stichtag bestehende Vereinbarung nicht alle Arbeitnehmer erfaßt, können die Parteien deren Einbeziehung innerhalb einer Frist von sechs Monaten nachholen.

(4) Bestehende Vereinbarungen können auch nach dem in Absatz 1 Satz 1 genannten Stichtag an Änderungen der Struktur des Unternehmens oder der Unternehmensgruppe sowie der Zahl der beschäftigten Arbeitnehmer angepaßt werden.

(5) Ist eine Vereinbarung befristet geschlossen worden, können die Parteien ihre Fortgeltung unter Berücksichtigung der Absätze 1, 3 und 4 beschließen.

(6) Eine Vereinbarung gilt fort, wenn vor ihrer Beendigung das Antrags- oder Initiativrecht nach § 9 Abs. 1 ausgeübt worden ist. Das Antragsrecht kann auch ein auf Grund der Vereinbarung bestehendes Arbeitnehmervertretungsgremium ausüben. Die Fortgeltung endet, wenn die Vereinbarung durch eine grenzübergreifende Unterrichtung und Anhörung nach § 18 oder 19 ersetzt oder ein Europäischer Betriebsrat kraft Gesetzes errichtet worden ist. Die Fortgeltung endet auch dann, wenn das besondere Verhandlungsgremium einen Beschluß nach § 15 Abs. 1 faßt; § 15 Abs. 2 gilt entsprechend.

Siebter Teil **Besondere Vorschriften; Straf- und Bußgeldvorschriften**

§ 42 Errichtungs- und Tätigkeitsschutz

Niemand darf
1. die Bildung des besonderen Verhandlungsgremiums (§ 9) oder die Errichtung eines Europäischen Betriebsrats (§§ 18, 21 Abs. 1) oder die Einführung eines Verfahrens zur Unterrichtung und Anhörung (§ 19) behindern oder durch Zufügung oder Androhung von Nachteilen oder durch Gewährung oder Versprechen von Vorteilen beeinflussen,
2. die Tätigkeit des besonderen Verhandlungsgremiums, eines Europäischen Betriebsrats oder der Arbeitnehmervertreter im Rahmen eines Verfahrens zur Unterrichtung und Anhörung behindern oder stören oder
3. ein Mitglied oder Ersatzmitglied des besonderen Verhandlungsgremiums oder eines Europäischen Betriebsrats oder einen Arbeitnehmervertreter im Rahmen eines Verfahrens zur Unterrichtung und Anhörung um seiner Tätigkeit willen benachteiligen oder begünstigen.

§ 43 Strafvorschriften

(1) Mit Freiheitsstrafe bis zu zwei Jahren oder mit Geldstrafe wird bestraft, wer entgegen § 39 Abs. 2 Satz 1 oder 2, jeweils auch in Verbindung mit Absatz 3, ein Betriebs- oder Geschäftsgeheimnis verwertet.

(2) Die Tat wird nur auf Antrag verfolgt.

§ 44 Strafvorschriften

(1) Mit Freiheitsstrafe bis zu einem Jahr oder mit Geldstrafe wird bestraft, wer
1. entgegen § 39 Abs. 2 Satz 1 oder 2, jeweils auch in Verbindung mit Absatz 3, ein Betriebs- oder Geschäftsgeheimnis offenbart oder
2. einer Vorschrift des § 42 über die Errichtung der dort genannten Gremien oder die Einführung des dort genannten Verfahrens, die Tätigkeit der dort genannten Gremien oder der Arbeitnehmervertreter oder über die Benachteiligung oder Begünsti-

gung eines Mitglieds oder Ersatzmitglieds der dort genannten Gremien oder eines Arbeitnehmervertreters zuwiderhandelt.

(2) Handelt der Täter in den Fällen des Absatzes 1 Nr. 1 gegen Entgelt oder in der Absicht, sich oder einen anderen zu bereichern oder einen anderen zu schädigen, so ist die Strafe Freiheitsstrafe bis zu zwei Jahren oder Geldstrafe.

(3) Die Tat wird nur auf Antrag verfolgt. In den Fällen des Absatzes 1 Nr. 2 sind das besondere Verhandlungsgremium, der Europäische Betriebsrat, die Mehrheit der Arbeitnehmervertreter im Rahmen eines Verfahrens zur Unterrichtung und Anhörung, die zentrale Leitung oder eine im Betrieb vertretene Gewerkschaft antragsberechtigt.

§ 45 Bußgeldvorschriften

(1) Ordnungswidrig handelt, wer
1. entgegen § 5 Abs. 1 eine Auskunft nicht, nicht richtig, nicht vollständig oder nicht rechtzeitig erteilt oder
2. entgegen § 32 Abs. 1 oder § 33 Abs. 1 Satz 1 oder Abs. 2 Satz 1 den Europäischen Betriebsrat oder den Ausschuß nach § 26 Abs. 1 nicht, nicht richtig, nicht vollständig, nicht in der vorgeschriebenen Weise oder nicht rechtzeitig unterrichtet.

(2) Die Ordnungswidrigkeit kann mit einer Geldbuße bis zu dreißigtausend Deutsche Mark geahndet werden.

Artikel 2 **Änderung des Arbeitsgerichtsgesetzes**

Das Arbeitsgerichtsgesetz in der Fassung der Bekanntmachung vom 2. Juli 1979 (BGBl. I S. 853, 1036), zuletzt geändert durch Artikel 3 Abs. 12 des Gesetzes vom 28. Oktober 1996 (BGBl. I S. 1546), wird wie folgt geändert:
1. In § 2a Abs. 1 wird nach Nummer 3a folgende Nummer 3b eingefügt:
   »3b. Angelegenheiten aus dem Gesetz über Europäische Betriebsräte, soweit nicht für Maßnahmen nach seinen §§ 43 bis 45 die Zuständigkeit eines anderen Gerichts gegeben ist;«.
2. § 10 wird wie folgt geändert:
   a) Die Angabe »3a« wird durch die Angabe »3b« ersetzt.
   b) Nach dem Wort »Rechtsverordnungen« werden die Wörter »sowie dem Gesetz über Europäische Betriebsräte« eingefügt.
3. In § 82 werden nach Satz 3 folgende Sätze 4 und 5 angefügt:
   »In Angelegenheiten eines Europäischen Betriebsrats, im Rahmen eines Verfahrens zur Unterrichtung und Anhörung oder des besonderen Verhandlungsgremiums ist das Arbeitsgericht zuständig, in dessen Bezirk das Unternehmen oder das herrschende Unternehmen nach § 2 des Gesetzes über Europäische Betriebsräte seinen Sitz hat. Bei einer Vereinbarung nach § 41 des Gesetzes über Europäische Betriebsräte ist der Sitz des vertragschließenden Unternehmens maßgebend.«
4. In § 83 Abs. 3 werden nach dem Wort »Rechtsverordnungen« die Wörter »sowie dem Gesetz über Europäische Betriebsräte« eingefügt.

Artikel 3 **Inkrafttreten**

Dieses Gesetz tritt am Tage nach der Verkündung in Kraft.[2]

2 Das Gesetz wurde am 31. 10. 1996 verkündet.

Einleitung

ÜBERSICHT

A. Geschichtliche Entwicklung der Richtlinie »Europäische Betriebsräte«

Seit mehr als 20 Jahren sind in der Europäischen Gemeinschaft zahlreiche Initiativen ergriffen worden, um insbesondere in europaweit tätigen Unternehmen und Konzernen eine grenzübergreifende Unterrichtung und Anhörung der Arbeitnehmer verbindlich zu regeln. Die EG-Kommission hat erstmals mit dem am 30. 6. 1970 vorgelegten **Statut für Europäische Aktiengesellschaften** (SE) mit Betriebsstätten in mehreren MS die Bildung eines EBR vorgeschlagen (ABl. EG Nr. C 124 v.10. 10. 1970, S. 1 ff.), der für solche Angelegenheiten zuständig sein sollte, welche die SE insgesamt oder mehrere ihrer Betriebsstätten betreffen. Daneben war eine Beteiligung der Arbeitnehmer im Aufsichtsrat der SE vorgesehen, die ein Drittel seiner Mitglieder wählen sollten (vgl. Kolvenbach DB 1986, 2023). Der mehrfach geänderte Entwurf (vgl. Zügel, S. 129 ff.) ist vom Rat der Arbeits- und Sozialminister der Europäischen Union (EU) bis heute nicht angenommen worden, weil insbesondere über die Frage der Mitbestimmung der Arbeitnehmer im Aufsichtsrat der SE und die Gleichwertigkeit alternativer Beteiligungsmodelle keine Einigung erzielt werden konnte (vgl. Wißmann RdA 1992, 320 [329 f.] m. w. N. bei Fn. 42). 1

Auf Initiative des damaligen niederländischen EG-Kommissars Henk Vredeling hat die Kommission am 24. 10. 1980 eine »Richtlinie über die Unterrichtung und Anhörung der Arbeitnehmer von Unternehmen mit komplexer, insbesondere transnationaler Struktur« vorgelegt (sog. **Vredeling-Richtlinie**, ABl. EG Nr. C 297 v.15. 11. 1980, S. 3 ff.). Ziel des Entwurfs war es, angesichts der wirtschaftlichen Verflechtungen in einem Gemeinsamen Markt und den immer komplexer werdenden Unternehmensstrukturen für die Arbeitnehmer ein einheitliches Unterrichtungs- und Anhörungsverfahren zu schaffen. Dieses sollte insbesondere auch in den Fällen greifen, in denen Entscheidungen auf einer »höheren Ebene« geplant werden, die auch für die Arbeitnehmer einer lokalen Einheit von Bedeutung sind und über den Rah- 2 men der dort bestehenden Informations- und Konsultationsmöglichkeiten hinausgehen (vgl. Kolvenbach DB 1982, 1457). Der Geltungsbereich des Vorschlags, der aufgrund zahlreicher Änderungswünsche des EP am 13. 7. 1983 geändert wurde (ABl. EG Nr. C 217 v.12. 8. 1983, S. 33 ff.), erstreckte sich auf sämtliche Unternehmen oder Unternehmensgruppen mit mindestens einem Betrieb oder Tochterunternehmen und insgesamt mindestens 1000 Arbeitnehmern in der Gemeinschaft. Für die Wahrung der Interessen der Arbeitnehmer war im Richtlinienentwurf kein EBR als zentrales europäisches Arbeitnehmervertretungsgremium vorgesehen. Statt dessen sollten die bestehenden nationalen Arbeitnehmervertretungen durch das örtliche Management über wirtschaftliche Angelegenheiten nach den in dem jeweiligen MS geltenden Rechtsvorschriften oder Gepflogenheiten unterrichtet und angehört werden (vgl. Weiss, in: FS Stahlhacke, 657 [666]). Der Anwendungsbereich des Richtlinienentwurfs erstreckte sich aber nicht nur auf gemeinschaftsweit tätige Unternehmen und Unternehmensgruppen, sondern auch auf nationale Unternehmen mit komplexer Struktur. Insoweit enthielt der Entwurf auch eine Harmonisierung der nationalen Rechtssysteme auf dem Gebiet der betrieblichen Arbeitnehmervertretung (Wirmer DB 1994, 2134 [2135]; vgl. auch Junker JZ 1992, 1100). Gerade auch wegen dieser weitreichenden Zielsetzung stießen die Vorschläge bei der Wirtschaft auf heftige Kritik und fanden trotz langwieriger Diskussion nicht die erforderliche Unterstützung seitens der MS. In einer Entschließung vom 21. 7. 1986 konnte der Rat lediglich die politische und ökonomische Bedeutung einer Information und Konsultation der Arbeitnehmer sowie die Notwendigkeit einer Angleichung der nationalen Gesetzgebungen unterstreichen (ABl. EG Nr. C 203 v.12. 8. 1986, S. 1; vgl. dazu Kolvenbach DB 1986, 1973 [1978]). Die Beratungen mußten aber unterbrochen werden, weil eine Einigung auf der Grundlage der Vredeling-Vorschläge nicht zu erreichen war.

3 Ein erfolgversprechender neuer Anlauf konnte erst unternommen werden, nachdem es auf der Grundlage der Einheitlichen Europäischen Akte (ABl. EG Nr. L 169 v.29. 6. 1987, S. 1 ff.) im Jahre 1988 unter deutscher Präsidentschaft gelang, einen politischen Konsens über die Gleichgewichtigkeit von wirtschaftlicher und sozialer Dimension des europäischen Binnenmarktes herzustellen (vgl. Wirmer DB 1994, 2134 [2135]). Hilfreich war dabei insbesondere die **Gemeinschaftscharta der sozialen Grundrechte der Arbeitnehmer** vom 9. 12. 1989 (abgedruckt bei Birk, S. 43 ff.), die unter Nr. 17 vorsieht, daß u. a. »Unterrichtung, Anhörung und Mitwirkung der Arbeitnehmer in geeigneter Weise, unter Berücksichtigung der in den einzelnen MS herrschenden Gepflogenheiten, weiterentwickelt werden. Dies gilt insbesondere für Unternehmen und Unternehmensgruppen mit Betriebsstätten bzw. Unternehmen in mehreren MS.« Der Wirtschafts- und Sozialausschuß des EP hatte bereits in seiner Stellungnahme vom 18. 10. 1989 zu den sozialen Folgen grenzüberschreitender Fusionen die Notwendigkeit von Informations- und Beteiligungsrechten der betrieblichen Arbeitnehmervertreter angesichts grenzüberschreitender Unternehmenszusammenschlüsse betont und hierfür die Schaffung eines gemeinschaftlichen Rahmens gefordert (ABl. EG Nr. C 329 v.30. 12. 1989, S. 35 ff.). Dieser müsse auf den nationalen Regelungen des Arbeitnehmervertretungsrechts aufbauen und durch die Errichtung eines »Europäischen Beratenden Ausschusses« auf der Ebene der Konzern- oder Unternehmensleitungen eine regelmäßige Information und Beratung der Arbeitnehmervertreter gewährleisten. Die Kommission hat in ihrem Aktionsprogramm zur Umsetzung der Sozialcharta (abgedruckt bei Birk, S. 51 ff.) diese Forderung aufgegriffen, in dem explizit ein Gemeinschaftsinstrument vorgesehen wird, um dem Mangel abzuhelfen, daß Unterrichtung und Anhörung nicht der komplexen Struktur der Unternehmungen entsprechen, »die in mehreren MS Betriebsstätten haben oder einer in mindestens zwei MS tätigen Unternehmensgruppe angehören«.

Auf der Grundlage des Art. 100 EWG-Vertrag hat die Kommission am 12. 12. 1990 ihren ersten »**Vorschlag für eine Richtlinie des Rates über die Einsetzung Europäischer Betriebsräte** zur Information und Konsultation der Arbeitnehmer in gemeinschaftsweit operierenden Unternehmen und Unternehmensgruppen« vorgelegt (ABl. EG Nr. C 39 v.15. 2. 1991, S. 10 ff.). Die Konzeption dieses Richtlinienvorschlags unterschied sich gegenüber den früheren »Vredeling-Entwürfen« vor allem dadurch, daß die Informations- und Konsultationsrechte der Arbeitnehmer auf der Ebene des Entscheidungszentrums von einem neu zu schaffenden Gremium, dem EBR, ausgeübt werden sollten (Weiss, in: FS Stahlhacke, 557 [668]; Zügel, S. 108). Die in den MS geltenden Rechtsvorschriften und Praktiken hinsichtlich der Unterrichtung und Anhörung der Arbeitnehmer auf der Ebene der Unternehmensgruppe, des Unternehmens und des Betriebs sollten nach Art. 11 Abs. 2 des Entwurfs ausdrücklich unberührt bleiben. Die vorgesehene Information und Konsultation der Beschäftigten sollte ausschließlich auf solche Unternehmen und Unternehmensgruppen Anwendung finden, die »gemeinschaftsweit operieren«, d.h. mindestens 1000 Beschäftigte insgesamt und mindestens zwei Betriebe oder Unternehmen in verschiedenen MS mit jeweils mindestens 100 Beschäftigten in der Gemeinschaft haben. Mehr Transparenz unternehmerischer Entscheidungen sollte vor allem auch dort erreicht werden, wo Arbeitnehmer von Unternehmensentscheidungen betroffen sein können, die außerhalb des MS ergehen, in dem sie beschäftigt sind. Dabei sollte es zunächst der Autonomie der Sozialpartner überlassen werden, wie sie den EBR, insbesondere seine Aufgaben und Befugnisse sowie das Verfahren zu seiner Unterrichtung und Anhörung ausgestalten. Nur im Fall des Nichtzustandekommens einer Vereinbarung sollte die Errichtung eines EBR durch bestimmte Mindestvorschriften sichergestellt werden. 4

Im Anschluß an die Stellungnahme des EP und des Wirtschafts- und Sozialausschusses sowie aufgrund der von den MS beanstandeten technischen und inhaltlichen Mängel hat die Kommission am 20. 9. 1991 eine **überarbeitete Fassung des Richtlinienentwurfs** vorgelegt (ABl. EG Nr. C 336 v. 31. 12. 1991, S. 11 ff.). Der geänderte Entwurf stellte u.a. klar, daß im Rahmen der EBR-Vereinbarung je nach Struktur oder Spartenvielfalt eines Unternehmens oder einer Unternehmensgruppe auch mehrere EBR errichtet werden können. Die Handlungsfähigkeit des BVG der Arbeitnehmer und des EBR sollte dadurch sichergestellt werden, daß die Anzahl der Mitglieder auf höchstens 17 (BVG) bzw. höchstens 30 (EBR) begrenzt wurde. Außerdem wurde eine nicht abschließende Liste der Maßnahmen der Unternehmensleitung eingefügt, die schwerwiegende Folgen für die Belange der Arbeitnehmer haben können und deshalb Informations- und Konsultationsrechte des nach den Mindestvorschriften des Anhangs der Richtlinie errichteten EBR auslösen sollten (z.B. Verlegung, Einschränkung oder Stillegung von Betrieben, Ände- 5 rungen der Organisation sowie Einführung neuer Arbeitsmethoden und Fertigungsverfahren). Der modifizierte Vorschlag hat an den Stellungnahmen der beteiligten Verbände nichts wesentliches geändert (vgl. C. Müller BAG-Handelsmagazin 1992, S. 24 f.): Die Gewerkschaften begrüßten den Richtlinienentwurf als einen Schritt in die richtige Richtung, kritisierten aber zugleich, daß dem EBR keine echten Mitbestimmungsrechte eingeräumt werden sollten und nicht einmal ein zeitlich befristetes Vetorecht vorgesehen war. Die Arbeitgeberverbände lehnten den Entwurf ab, da mit ihm ein zusätzliches Gremium geschaffen werde, das im Widerspruch zur deutschen Betriebsverfassung stehe. Während dort die Arbeitnehmervertretungen zunächst auf betrieblicher Ebene gebildet würden, solle der EBR auf der Ebene der zentralen Unternehmensleitung errichtet werden. Hier sei – wie bei den Vredeling-Vorschlägen – ein dezentraler Ansatz geboten, der die Verpflichtung des Managements zur Unterrichtung der örtlichen Betriebsleitungen vorsehe, die ihrerseits verpflichtet werden sollten, diese Informationen an die örtlichen Arbeitnehmervertreter weiterzuleiten. Die Arbeitgeberverbände befürchteten eine Verzögerung notwendiger Unternehmensentscheidungen, eine Internationalisierung der Interessenkonflikte und kritisierten die Regelungen des Richtlinienentwurfs als zu starr und perfektionistisch.

6 Während der **dänischen und der belgischen Präsidentschaft** konnten 1993 bei den Beratungen wichtige Fortschritte erzielt werden, die insbesondere eine flexiblere Gestaltung der grenzübergreifenden Information und Konsultation der Arbeitnehmer ermöglichten: Erstmals wurde vorgeschlagen, daß anstelle eines oder mehrerer zentraler EBR auch ein dezentral strukturiertes Unterrichtungs- und Anhörungsverfahren eingeführt werden kann. Im Zeitpunkt der Annahme der Richtlinie bereits vereinbarte Informations- und Konsultationsverfahren sollten auch nach Inkrafttreten der nationalen Umsetzungsgesetze – für eine Übergangszeit – in Kraft bleiben können. Auf der Tagung des Ministerrates vom 12. 10. 1993 wurde jedoch schnell deutlich, daß zwar 11 MS dem von der belgischen Präsidentschaft vorgelegten Text grundsätzlich positiv gegenüberstanden, aber mit einer Zustimmung des Vereinigten Königreichs nicht zu rechnen war (vgl. Wirmer DB 1994, 2134 [2135]). Die nach der Rechtsgrundlage des Art. 100 EWG-Vertrag erforderliche einstimmige Annahme des Richtlinienentwurfs konnte nicht erreicht werden.

7 Die Kommission hat daraufhin unmittelbar nach dem **Inkrafttreten des Vertrags von Maastricht**, am 1. 11. 1993 (BGBl. 1992 II, 1253 [1314]; 1993 II, 1947), von den Möglichkeiten nach dem Abkommen über die Sozialpolitik Gebrauch gemacht und nach Art. 3 dieses Abkommens den **sozialen Dialog** mit der Anhörung der Sozialpartner auf Gemeinschaftsebene eingeleitet. Den europäischen Sozialpartnern ist es jedoch später nicht gelungen, das in Art. 4 des Abkommens über die Sozialpolitik vorgesehene Verfahren einzuleiten und eine eigene Vereinbarung über eine grenzübergreifende Unterrichtung und Anhörung der Arbeitnehmer in gemeinschaftsweit tätigen Unternehmen und Unternehmensgruppen abzuschließen (vgl. Kolvenbach RdA 1994, 279 [281]). Die Verhandlungen zwischen der UNICE und dem EGB scheiterten insbesondere an den Fragen der »zentralen Information und Konsultation« und der »Errichtung einer transnationalen Arbeitnehmervertretung als Gremium«.

Auf der Grundlage des Art. 2 Abs. 2 des Abkommens über die Sozialpolitik hat die Kommission am 27. 4. 1994 erneut den **Weg der Legislative** beschritten. Sie hat dem Rat einen geänderten Entwurf zur Unterrichtung und Anhörung der Arbeitnehmer vorgelegt (ABl. EG Nr. C 135, S. 8 ff.), der inhaltlich an die Aufzeichnungen der belgischen Präsidentschaft anknüpfte (vgl. Kolvenbach RdA 1994, 279 [281]). Damit war der Weg geebnet, um auf dem Gebiet der »Unterrichtung und Anhörung der Arbeitnehmer« (vgl. Art. 2 Abs. 1 des Sozialprotokolls) bereits mit qualifizierter Mehrheit eine Beschlußfassung des Rates herbeiführen zu können, die freilich zunächst nur für die 11 Unterzeichnerstaaten des Sozialprotokolls – ohne das Vereinigte Königreich – bindend sein würde (vgl. Wirmer DB 1994, 2134 [2135]). Am 22. 6. 1994 hat der Rat der Arbeits- und Sozialminister der EU unter griechischer Präsidentschaft einstimmig – bei Enthaltung Portugals – einen **Gemeinsamen Standpunkt** zum Richtlinienentwurf »Europäische Betriebsräte« angenommen (ABl. EG Nr. C 244 v.31. 8. 1994, S. 37 ff.) und damit einen historischen Durchbruch erzielt. 8

Verglichen mit den ursprünglichen Kommissionsentwürfen aus den Jahren 1990/91 ist der **Richtlinienvorschlag insgesamt flexibler und praxistauglicher** geworden: Kernstück ist der Vorrang praxisnaher Verhandlungslösungen der direkt Beteiligten, denen es jetzt auch ermöglicht worden ist, anstelle eines oder mehrerer zentraler EBR auch ein dezentrales Unterrichtungs- und Anhörungsverfahren zu vereinbaren. Die Verhandlungspartner können sich somit auf ein Konzept einigen, das zur jeweiligen Konzern- oder Unternehmensstruktur am besten paßt (Weiss, in: FS Stahlhacke, 657 [671]) und die Besonderheiten des jeweiligen nationalen Arbeitnehmervertretungsrechts berücksichtigt. Bereits bestehende Vereinbarungen sollen auch nach der Umsetzung der Richtlinie in nationales Recht bis auf weiteres in Kraft bleiben, sofern in ihnen eine grenzübergreifende Unterrichtung und Anhörung für alle Arbeitnehmer vorgesehen ist. Erst bei Nichtzustandekommen einer Vereinbarung ist ein EBR nach den subsidiären Vorschriften des Anhangs der Richtlinie zu errichten, die durch verbindliche Regelungen bestimmte Mindestrechte der Unterrichtung und Anhörung gewährleisten. Dieser »Mindest-EBR« hat das Recht auf ein jährliches, regelmäßiges Unterrichtungs- und Anhörungstreffen mit der Unternehmensleitung. Außer diesem turnusmäßigen Treffen ist der EBR über außerordentliche grenzübergreifende Maßnahmen zu unterrichten und auf Verlangen anzuhören, welche die Interessen der Arbeitnehmer erheblich berühren, wie etwa bei Betriebsstättenverlagerungen, Unternehmensschließungen oder Massenentlassungen. Aber auch hier weist bereits der Gemeinsame Standpunkt flexible, praxisnahe Elemente auf: So ist in einem EBR mit einer größeren Anzahl von Mitgliedern ein Ausschuß mit maximal drei Mitgliedern zu bilden, der anstelle des Gesamtgremiums bei den außerordentlichen Maßnahmen der Unternehmensleitung zu beteiligen ist. Sofern dieser Ausschuß die Unterrichtungs- und Anhörungstreffen wahrnimmt, sollen auch diejenigen Mitglieder des EBR ein Recht zur Teilnahme haben, die in den Betrieben oder Unternehmen gewählt worden sind, die von der in Frage stehenden Maßnahme unmittelbar betroffen sind. Darüber hinaus konnten spezielle Anliegen der Bundesregierung berücksichtigt werden: Hierzu zählt die Verankerung des Grundsatzes der vertrauensvollen Zusammenarbeit, der sowohl für die Verhandlungspartner als auch im Verhältnis der Unternehmensleitung zum EBR oder zu den europäischen 9

Arbeitnehmervertretern gilt, die in ein dezentrales Verfahren zur Unterrichtung und Anhörung einbezogen sind. Außerdem konnte die Möglichkeit eines angemessenen Tendenzschutzes, insbesondere für Presseunternehmen, in den Gemeinsamen Standpunkt aufgenommen werden.

10 Am 22. 9. 1994 konnte dann das seit Jahren angestrebte Ziel verwirklicht werden, in größeren gemeinschaftsweit operierenden Unternehmen und Konzernen eine grenzübergreifende Unterrichtung und Anhörung der Arbeitnehmer verbindlich zu regeln. Unter deutscher Präsidentschaft hat der Rat der Arbeits- und Sozialminister der EU einstimmig – bei neuerlicher Enthaltung Portugals – die **Richtlinie über die Einsetzung Europäischer Betriebsräte verabschiedet** (Richtlinie 94/45 EG des Rates v. 22. 9. 1994, ABl. EG Nr. L 254, S. 64 ff.). Der Geltungsbereich umfaßt Unternehmen und Konzerne in den MS mit mindestens 1000 Beschäftigten insgesamt davon jeweils 150 Arbeitnehmer (150 Arbeitnehmer pro Konzernunternehmen) in mindestens zwei MS. Das Petitum des EP, diese Schwellenwerte auf 500 Beschäftigte insgesamt und jeweils 100 Arbeitnehmer in mindestens zwei MS zu senken, wurde im Rat einhellig abgelehnt. Gegenüber dem Gemeinsamen Standpunkt sind aufgrund der Änderungsvorschläge des EP nur wenige, in der Sache eher marginale Veränderungen des Richtlinientextes – zum Teil in modifizierter Form – vorgenommen worden (zu Einzelheiten vgl. Wirmer DB 1994, 2134). Auch aus den Beratungen des Ministerrates sind keine nennenswerten Änderungen mehr hervorgegangen.

11 Mit der Verabschiedung der Richtlinie konnte die rechtliche Grundlage dafür geschaffen werden, daß angesichts zunehmender Unternehmenszusammenschlüsse und Betriebsstättenverlagerungen im europäischen Binnenmarkt für mehr Transparenz unternehmerischer Entscheidungen und dafür gesorgt wird, daß für die europäischen Arbeitnehmer ein **grenzübergreifender Dialog** möglich wird. Die nationalen Grenzen werden sich künftig nicht mehr als Kontaktsperren für die Arbeitnehmer erweisen (vgl. Wirmer/Heilmann, in: Deppe, S. 85 ff.). Die Verabschiedung der Richtlinie ist vor allem deshalb längst überfällig gewesen, weil strategische Unternehmensentscheidungen heute durch EDV-Einsatz schnell und »geräuschlos« getroffen werden können. Von diesen, für die Arbeitnehmer oft folgenschweren Entscheidungen (Schließung; Verlegung von Produktionsstandorten; Änderungen der Produktionspalette; konzernweiter Personalabbau) wurden die nationalen Arbeitnehmervertretungen von Tochterunternehmen und Betrieben bisher oft »kalt erwischt«, wenn sie in einem anderen MS als der Entscheidungsträger ansässig waren (vgl. Klinkhammer/Welslau ArbuR 1994, 326 [327]). Auch konnten die nationalen Arbeitnehmervertretungen gegeneinander ausgespielt werden, weil sie mit den Arbeitnehmervertretungen in anderen Ländern nicht in Verbindung treten konnten. Dies soll nun anders werden: Den europäischen Unternehmen werden europäische Arbeitnehmervertretungen zur Seite gestellt, die aufgrund der ihnen zukommenden Unterrichtungs- und Anhörungsrechte in die Lage versetzt werden, europaweite Planungsentscheidungen rechtzeitig zu erfahren und zu erörtern. Die nach dem deutschen Betriebsverfassungsgesetz bestehenden weitreichenden Mitwirkungs- und Mitbestimmungsrechte, insbesondere bei Betriebsänderungen (§§ 111 ff. BetrVG), werden nicht mehr als bloße Folgenbewältigung einer Entscheidung zu qualifizieren sein, die von einer nicht in Deutschland liegenden Konzernzentrale vorgegeben worden ist (vgl. Däubler, in: DKK, EBR-Richtlinie Rn. 1). Durch die grenzübergreifende Unterrichtung und Anhörung sollen notwendige strukturelle Anpassungen nicht verhindert oder verzögert werden. Sie sollen aber transparent, für die Betroffenen akzeptabel und sozialverträglich gestaltet werden. Aufgrund der Internationalisierung auch der deutschen Wirtschaft und den damit verbundenen strukturellen Umorientierungen im europäischen Binnenmarkt soll künftig eine **vertrauenschaffende Transparenz** gewährleistet sein, die sowohl Arbeitnehmern als auch Arbeitgebern in gleichem Maße zugute kommt.

Von der Richtlinie werden in der EU ca. **4,5 Millionen Arbeitnehmer in über** 12
1100 Unternehmen und Konzernen erfaßt (Wirmer DB 1994, 2134; Klinkhammer/Welslau AG 1994, 488 [489]). Davon entfallen nach Berechnungen des Europäischen Gewerkschaftsinstituts (EGI) 274 auf Deutschland, 125 auf Frankreich und 89 auf die Niederlande (vgl. EGI: Inventar der von der Europäischen Richtlinie Nr. 94/45 v.22. 9. 1994 betroffenen Unternehmen). Erfaßt werden auch Niederlassungen von Unternehmen aus Übersee und solcher europäischer Unternehmen, die nicht zur EU gehören oder das Protokoll über die Sozialpolitik nicht unterzeichnet haben: Die USA sind mit 186, das Vereinigte Königreich mit 106, die Schweiz mit 59 und Japan mit 32 Unternehmen vertreten. Insgesamt sind nur ca. 1% der Unternehmen in der EU betroffen, die aber immerhin ca. 28% der Arbeitnehmer beschäftigen (Goos NZA 1994, 776).

Im Zeitpunkt der Verabschiedung der Richtlinie haben nur knapp 30 europa- 13
weit tätige Unternehmen und Konzerne auf freiwilliger Basis ein grenzübergreifendes Unterrichtungs- und Anhörungsverfahren eingeführt, wie z.B. Thomson-Consumer-Electronics, Renault, Volkswagen, Bayer, Elf-Aquitaine, Hoechst und Nestlé (vgl. Europäische Betriebsräte, Ein Beitrag zum Sozialen Europa, S. 82). Dadurch wird noch im nachhinein die praktische Notwendigkeit unterstrichen, durch ein **verbindliches Rechtsinstrument** der EU eine grenzübergreifende Unterrichtung und Anhörung der Arbeitnehmer zu verankern und damit die Grundlage für einen institutionalisierten Dialog zu schaffen. Am 22. 9. 1996 zählte die EU-Kommission bereits insgesamt mehr als 200 sog. »freiwillige« Vereinbarungen (vgl. »Europe« – Nr. 6825 v. 4. 10. 1996, S. 14), die ganz überwiegend erst unter dem Eindruck der Richtlinie abgeschlossen worden sind.

B. Auswirkungen auf das deutsche Betriebsverfassungsgesetz

Die Richtlinie 94/45/EG des Rates vom 22. 9. 1994 läßt das nationale Recht 14
der MS unberührt. Dies ist in Art. 12 Abs. 2 RL ausdrücklich normiert. Im Gegensatz zu den Vredeling-Entwürfen finden sich **keine Harmonisierungsbestrebungen**, welche die in den MS bestehenden sehr unterschiedlichen Arbeitnehmervertretungssysteme – partiell – aneinander angleichen könnten (vgl. Wirmer/Heilmann, in: Deppe, 85 [91]). Deshalb bleibt auch das in der Bundesrepublik Deutschland bewährte System der betrieblichen Interessenvertretung bestehen und wird nicht »ausgehöhlt«.

15 Die Richtlinie soll vielmehr zu einer sinnvollen **Ergänzung des nationalen Arbeitnehmervertretungsrechts** führen. Auch der Geltungsbereich des deutschen Betriebsverfassungsgesetzes, das in Europa die wohl effektivste Mitbestimmung und Mitwirkung der Arbeitnehmer gewährleistet, endet an den nationalen Grenzen. Auf grenzübergreifende Unternehmensentscheidungen haben Betriebsrat, Gesamt- oder Konzernbetriebsrat in der Regel keinen Einfluß (vgl. Wirmer/Heilmann, in: Deppe, 85 [91]), insbesondere wenn der Entscheidungsträger des Unternehmens oder Konzerns sich in einem anderen Staat befindet. Diese Lücke soll durch die Richtlinie in der Weise geschlossen werden, daß die Leitungsebenen gemeinschaftsweit tätiger Unternehmen und Konzerne zu einer grenzübergreifenden Unterrichtung und Anhörung der Arbeitnehmer verpflichtet werden, unabhängig davon, in welcher europäischen Niederlassung diese beschäftigt sind. Durch diesen europaweiten Dialog werden zugleich die Voraussetzungen geschaffen, daß die nationalen Arbeitnehmervertretungssysteme besser greifen können.

16 Einwände, mit der Beteiligung des EBR auf Konzernebene würde den Arbeitnehmervertretern vor Ort der Regelungsspielraum genommen, werden zurecht als nicht stichhaltig bezeichnet (vgl. Wirmer/Heilmann, in: Deppe, 85 [91]). Die Zuständigkeiten eines nach den subsidiären Vorschriften des Anhangs der Richtlinie errichteten EBR beschränken sich auf grenzübergreifende wirtschaftliche Angelegenheiten, die mindestens zwei Betriebe oder Unternehmen in verschiedenen MS betreffen (vgl. Anh. Nr. 1a RL). Die Unterrichtungs- und Anhörungsrechte des EBR führen nicht zu einer Begrenzung des Informationsflusses vor Ort, sondern sollen diesen gerade erst herstellen (vgl. Anh. Nr. 5 RL). In Einzelfällen ist zwar denkbar, daß die im Rahmen der Unterrichtung und Anhörung erzielten Ergebnisse eine präjudizierende Wirkung auf die Beteiligungsrechte örtlicher Arbeitnehmervertretungen haben (so auch Wirmer/Heilmann, a. a. O.). Die daraus resultierenden Maßnahmen sind dann aber unter **Mitwirkung der – europäischen – Arbeitnehmervertreter** geplant worden und nicht – wie bisher – allein auf unternehmerische Entscheidungen zurückzuführen. In diesem Zusammenhang ist auch die Grundkonzeption der Richtlinie zu beachten, nach der die grenzübergreifende Unterrichtung und Anhörung der Arbeitnehmer **vorrangig durch eine Vereinbarung der Beteiligten** geregelt werden soll. Dies ist ein völlig neuer Ansatz für ein Arbeitnehmervertretungsgesetz. Ein solches Gesetz hätte als Organisationsgesetz nach herkömmlichem deutschen Gesetzgebungsverständnis bis in Einzelheiten gehende zwingende Regelungen über die Errichtung, Organisation und die materiellen Beteiligungsrechte im Rahmen einer grenzübergreifenden Unterrichtung und Anhörung enthalten müssen. Der von der Richtlinie vorgegebene moderne Ansatz ist auch bei der Umsetzung in nationales Recht verbindlich. Die MS müssen den Beteiligten vertragliche Gestaltungsspielräume eröffnen, die u. a. dazu genutzt werden können, Kompetenzüberschneidungen zwischen den Arbeitnehmervertretungen auf europäischer und auf nationaler Ebene zu vermeiden.

C. Eckpunkte des Umsetzungsentwurfs der Bundesregierung

17 Der Gesetzentwurf der Bundesregierung vom 12. 4. 1996, mit dem die Richtlinie 94/45/EG umgesetzt werden soll, ist als **eigenständiges Artikelgesetz**

konzipiert (vgl. BR-Drucks. 251/96 und BT-Drucks. 13/4520 v. 6. 5. 1996). In Artikel 1 sind die wesentlichen Regelungen der Richtlinie aufgenommen worden. Artikel 2 enthält die erforderlichen Änderungen und Ergänzungen des Arbeitsgerichtsgesetzes. Artikel 3 regelt das Inkrafttreten.

Mit dem Umsetzungsentwurf soll in Artikel 1 das Recht der in gemeinschaftsweit tätigen Unternehmen und Unternehmensgruppen beschäftigten Arbeitnehmer auf **grenzübergreifende Unterrichtung und Anhörung** verwirklicht werden. Dieses Ziel soll in erster Linie dadurch erreicht werden, daß Europäische Betriebsräte oder Verfahren zur Unterrichtung und Anhörung der Arbeitnehmer vereinbart werden. Kommt es nicht zu einer solchen Vereinbarung, soll ein EBR kraft Gesetzes zu errichten sein (§ 1 EBRGE). **18**

Der **Geltungsbereich des Gesetzentwurfs** soll sich auf gemeinschaftsweit tätige Unternehmen mit Sitz in Deutschland erstrecken, die in den MS mindestens 1.000 Arbeitnehmer insgesamt und davon jeweils mindestens 150 Arbeitnehmer in zwei MS haben (§§ 2 bis 7 EBRGE). Einer Unternehmensgruppe mit Sitz des herrschenden Unternehmens (vgl. § 6 EBRGE) in Deutschland sollen mindestens zwei Unternehmen mit Sitz in verschiedenen MS angehören, die jeweils mindestens je 150 Arbeitnehmer in verschiedenen MS beschäftigen. Sind die erforderlichen Beschäftigtenschwellen in den MS erreicht, soll das Gesetz auch auf einen deutschen Vertreter der zentralen Leitung anwendbar sein, wenn diese nicht in einem MS (z. B. in Großbritannien) liegt. **19**

Verhandlungsführer auf Arbeitnehmerseite soll ein sog. **besonderes Verhandlungsgremium** (BVG) sein (§§ 8 bis 16 EBRGE). Das BVG soll auf schriftlichen Antrag von mindestens 100 Arbeitnehmern oder ihren Vertretern aus mindestens zwei verschiedenen MS gebildet werden. Seine Größe und Zusammensetzung sollen sich nach den Grundsätzen der Repräsentativität (Sitzgarantie für jeden MS mit einem Betrieb) und der Proportionalität (zusätzliche Vertreter für MS mit größerer Beschäftigtenzahl) bestimmen. In das BVG können höchstens 20 Arbeitnehmervertreter entsandt werden. Die Bestellung der auf Deutschland entfallenden Mitglieder sollen durch Konzernbetriebsrat, Gesamtbetriebsräte und Betriebsräte erfolgen. Diese sollen auch leitende Angestellte in das BVG entsenden können. **20**

Die Regelungen über den **Inhalt einer Vereinbarung** über grenzübergreifende Unterrichtung und Anhörung der Arbeitnehmer sollen den Verhandlungspartnern eine **umfassende Gestaltungsfreiheit** ermöglichen (§§ 17 bis 20 EBRGE). Es können ein oder mehrere – spartenbezogene – »EBR kraft Vereinbarung« errichtet werden oder dezentrale Verfahren zur Unterrichtung und Anhörung eingeführt werden. Bei dezentralen Verfahren soll den beteiligten Arbeitnehmervertretern das Recht einzuräumen sein, die ihnen übermittelten Informationen gemeinsam zu beraten und ihre Vorschläge oder Bedenken mit der Leitung des Unternehmens oder der Unternehmensgruppe (zentrale Leitung) erörtern zu können. **21**

Ein **EBR kraft Gesetzes** (§§ 21 bis 37 EBRGE) soll dann zu errichten sein, **22**
wenn die zentrale Leitung nicht innerhalb von 6 Monaten verhandelt, innerhalb von 3 Jahren keine Verhandlungslösung zustande kommt oder beide

Seiten vorzeitig das Scheitern der Verhandlungen erklären. Auch hier sollen für die Größe und die Zusammensetzung des EBR Grundsätze der Repräsentativität und der Proportionalität maßgebend sein. In den EBR können höchstens 30 Arbeitnehmervertreter entsandt werden. Die Bestellung der auf Deutschland entfallenden Mitglieder des EBR soll in der gleichen Weise wie beim BVG erfolgen. Wird von den Arbeitnehmervertretungsorganen des Betriebsverfassungsgesetzes kein leitender Angestellter bestellt, soll das zuständige Sprecherausschußgremium unter bestimmten Voraussetzungen einen leitenden Angestellten benennen können, der als Gast »mit Rederecht« an den Sitzungen des EBR teilnehmen kann.

23 Die **Zuständigkeit des EBR kraft Gesetzes** soll insbesondere bei den in § 32 und § 33 EBRGE genannten wirtschaftlichen Angelegenheiten gegeben sein, sofern diese mindestens zwei Betriebe oder zwei Unternehmen in verschiedenen MS betreffen. Der EBR soll **einmal in jedem Kalenderjahr** über die Entwicklung der Geschäftslage und die Perspektiven des gemeinschaftsweit tätigen Unternehmens (Unternehmensgruppe), insbesondere über die wirtschaftliche und finanzielle Lage, die Beschäftigungslage, Investitionen, Produktionsverlagerungen, die Einschränkung oder Stillegung von Unternehmen, Betrieben oder wesentlichen Betriebsteilen sowie Massenentlassungen unterrichtet und angehört werden (§ 32 EBRGE). Treten außerhalb dieser turnusmäßigen Unterrichtung **außergewöhnliche Umstände** ein, die erhebliche Auswirkungen auf die Interessen der Arbeitnehmer haben, wie Betriebsstättenverlagerungen, Unternehmensstillegungen oder Massenentlassungen, soll der EBR von der zentralen Leitung unverzüglich unterrichtet und auf Verlangen rechtzeitig angehört werden (§ 33 EBRGE). Besteht der EBR kraft Gesetzes aus neun oder mehr Mitgliedern, soll er aus seiner Mitte einen dreiköpfigen **Ausschuß** bilden (vgl. § 26 EBRGE), der bei außergewöhnlichen Umständen anstelle des Gesamtgremiums beteiligt werden soll. An den Sitzungen dieses Ausschusses sollen auch diejenigen Mitglieder des EBR teilnehmen können, die für die Betriebe oder Unternehmen bestellt worden sind, die unmittelbar von den geplanten Maßnahmen betroffen sind. In sog. Tendenzunternehmen (§ 34 EBRGE), insbesondere in Presseunternehmen, soll nur eine eingeschränkte Unterrichtung und Anhörung erfolgen, die sich lediglich auf die in § 32 Abs. 2 Nr. 5 bis 10 und § 33 EBRGE genannten »Betriebsänderungen« erstrecken soll. Der EBR oder der ihn vertretende Ausschuß soll das Recht haben, im Zusammenhang mit der Unterrichtung durch die zentrale Leitung nach §§ 32, 33 EBRGE eine Sitzung ohne Teilnahmerecht der zentralen Leitung durchzuführen (vgl. § 27 EBRGE). Die Mitglieder des EBR oder des Ausschusses sollen den örtlichen Arbeitnehmervertretern über die Unterrichtung und Anhörung berichten, welche die zentrale Leitung ihnen gegenüber vorgenommen hat (§ 35 EBRGE).

24 Im Gesetzentwurf sind ferner **Grundsätze der Zusammenarbeit und Schutzbestimmungen** für inländische Arbeitnehmervertreter geregelt (§§ 38 bis 40 EBRGE). Hierzu zählen die Verankerung des Grundsatzes der vertrauensvollen Zusammenarbeit sowie Regelungen über die Wahrung von Betriebs- und Geschäftsgeheimnissen. Des weiteren sollen die im Inland beschäftigten Arbeitnehmervertreter, die an Verhandlungen des BVG teilnehmen oder im Rahmen der grenzübergreifenden Unterrichtung und Anhörung beteiligt sind, u. a. Kündigungs-, Entgelt- und Tätigkeitsschutz genießen.

Nach § 41 EBRGE (**Fortgeltung bestehender Vereinbarungen**) soll das Gesetz auf diejenigen Unternehmen und Unternehmensgruppen in Deutschland nicht anwendbar sein, in denen zum geplanten Zeitpunkt des Inkrafttretens (22. 9. 1996) bereits eine grenzübergreifende Unterrichtung und Anhörung vereinbart worden ist. Diese gesetzesverdrängende Wirkung soll aber nur eintreten, wenn die Vereinbarung sich auf alle in den MS beschäftigten Arbeitnehmer erstreckt und eine Vertretung der Arbeitnehmer aus allen MS vorsieht, in denen das Unternehmen oder die Unternehmengruppe einen Betrieb hat. Für die Legitimation der Arbeitnehmervertreter zum Abschluß einer »freiwilligen« Vereinbarung soll es ausreichen, wenn sie von einer im Betriebsverfassungsgesetz vorgesehenen Arbeitnehmervertretung (Konzernbetriebsrat, Gesamtbetriebsrat, Betriebsrat) unterzeichnet worden ist. **25**

Durch **Straf- und Bußgeldvorschriften** (§§ 42 bis 45 EBRGE) sollen u.a. Behinderungen des BVG und des EBR, die Offenbarung von Betriebs- oder Geschäftsgeheimnissen sowie die nicht rechtzeitige oder unvollständige Unterrichtung des EBR kraft Gesetzes sanktioniert werden. In **Artikel 2** des Entwurfs soll der arbeitsgerichtliche Rechtsweg (Beschlußverfahren) in Angelegenheiten aus dem »Gesetz über Europäische Betriebsräte« eröffnet werden. Das Inkrafttreten des Gesetzes ist in **Artikel 3** für den 22. 9. 1996 vorgesehen worden. **26**

D. Gesetzgebungsverfahren – Stellungnahmen der Verbände

Das Bundeskabinett hat am 27. 3. 1996 den vom Bundesminister für Arbeit und Sozialordnung vorgelegten Entwurf eines Gesetzes über Europäische Betriebsräte (EBRGE) verabschiedet. Der **Regierungsentwurf** ist dem Bundesrat am 12. 4. 1996 gemäß Art. 76 Abs. 2 Satz 4 GG als besonders eilbedürftig zugeleitet worden, um den in der Richtlinie 94/45/EG des Rates vorgeschriebenen Umsetzungstermin, den 22. 9. 1996, einhalten zu können (vgl. BR-Drucks. 251/96 v. 12. 4. 1996). Am 6. 5. 1996 ist der Entwurf dem Bundestag übersandt worden und in dessen erster Lesung am 9. 5. 1994 an den federführenden Ausschuß für Arbeit und Sozialordnung und die mitberatenden Ausschüsse überwiesen worden (Plenarprotokoll 13/104 des Deutschen Bundestages, Stenographischer Bericht über die 104. Sitzung am 9. 5. 1996, S. 9117 C). **27**

Der **Bundesrat** hat in seiner 697. Sitzung am 24. 5. 1996 zu dem Gesetzentwurf Stellung genommen und insgesamt 22 Änderungen vorgeschlagen (BR-Drucks. 251/96 [Beschluß]). Mit den Änderungsvorschlägen sind im wesentlichen die Forderungen aufgegriffen worden, die von den Gewerkschaften bereits anläßlich der Anhörung der Länder und Verbände zum Referentenentwurf vom 21. 12. 1995 erhoben worden sind. In der am 19. 6. 1996 vom Kabinett beschlossenen **Gegenäußerung der Bundesregierung** zur Stellungnahme des Bundesrates wird den meisten Vorschlägen des Bundesrates nicht zugestimmt (vgl. BT-Drucks. 13/5021 [zu Drucks. 13/4520] v. 21. 6. 1996, S. 7ff.). Es sollten lediglich vier Änderungsvorschläge übernommen werden: Die Bestellungsregelungen (§ 11 und § 23 EBRGE) sollten um jeweils einen neuen Absatz ergänzt werden, nach dem Frauen und Männer entsprechend ihrem zahlenmäßigen Verhältnis in den europäischen Arbeitnehmer- **28** vertretungsgremien (BVG, EBR kraft Gesetzes) vertreten sein sollen (Vorschläge 2. Buchst. b und c des Bundesrates, BT-Drucks. 13/5021, S. 1). In § 9 Abs. 2 Satz 1 EBRGE sollte klargestellt werden, daß der Antrag der Arbeitnehmer auf Bildung eines BVG erst in dem Zeitpunkt wirksam gestellt ist, wenn er der zentralen Leitung zugeht (Vorschlag 4. des Bundesrates, a.a.O., S. 2). Bei der turnusmäßigen jährlichen Unterrichtung und Anhörung durch die zentrale Leitung (§ 32 Abs. 1 EBRGE) sollten dem EBR kraft Gesetzes die dazu erforderlichen Unterlagen so »rechtzeitig« vorgelegt werden, daß er sich angemessen auf die gemeinsame Sitzung vorbereiten kann (vgl. Vorschlag 13. Buchst. a des Bundesrates, a.a.O., S. 3). Mit der Änderung des § 42 Nr. 1 EBRGE sollte lediglich eine redaktionelle Angleichung der Formulierungen an die unterschiedliche Wortwahl des § 9 EBRGE (»Bildung« des BVG) und der §§ 18, 21 EBRGE (»Errichtung« eines EBR) erreicht werden (vgl. Vorschlag 20. des Bundesrates, a.a.O., S. 5).

29 Der Ausschuß für Arbeit und Sozialordnung des Deutschen Bundestages hat am 17. 6. 1996 eine **öffentliche Anhörung zum Gesetzentwurf** der Bundesregierung durchgeführt, in der insbesondere die Gewerkschaften und Arbeitgeberverbände ihre Kritik zu einzelnen Regelungen erläutern konnten, die sie bereits schriftlich vorgebracht hatten (vgl. die schriftlichen Stellungnahmen zur öffentlichen Anhörung des Ausschusses für Arbeit und Sozialordnung am 17. 6. 1996, Ausschußdrucks. 13. Wahlperiode 671 und 661):

30 Die **BDA** und der **BAGV–Chemie** kritisierten die Einengung der vertraglichen Gestaltungsfreiheit, die sich in § 19 EBRGE daraus ergebe, daß die Vereinbarung über dezentrale Unterrichtungs- und Anhörungsverfahren regeln müsse, unter welchen Voraussetzungen die Arbeitnehmervertreter das Recht hätten, gemeinsame Beratungen durchzuführen (vgl. auch Hornung-Draus EuroAS 1996, 49 [50]). Dasselbe gelte für die in § 41 Abs. 1 Satz 2 EBRGE enthaltene zusätzliche Voraussetzung, nach der die gesetzesverdrängende Wirkung einer »freiwilligen« Vereinbarung davon abhänge, daß eine Vertretung der Arbeitnehmer aus allen MS vereinbart worden sei, in der das Unternehmen oder die Unternehmensgruppe einen Betrieb habe. Hier bestehe die Gefahr, daß in bestehende Vereinbarungen eingegriffen werde. Die in § 33 Abs. 1 Satz 1 EBRGE bei außergewöhnlichen Umständen vorgeschriebene »Rechtzeitigkeit« der Anhörung des EBR kraft Gesetzes gehe über die Richtlinie hinaus, nach der die Anhörung allenfalls vor Durchführung der unternehmerischen Entscheidung vorzunehmen sei. In »Eilfällen« dürften unternehmerische Maßnahmen nicht verzögert werden. Der **DGB** und die **IG-Metall** befürchteten hingegen, daß eine rechtzeitige und umfassende Unterrichtung der europäischen Arbeitnehmervertreter nicht gewährleistet sei. Dies gelte insbesondere im Hinblick auf die Durchsetzungsmöglichkeiten der Unterrichtungs- und Anhörungsrechte, die nach dem Gesetzentwurf lediglich im Rahmen des arbeitsgerichtlichen Beschlußverfahrens gewährleistet seien. Für den angestrebten Dialog mit der zentralen Leitung sei es erforderlich, daß bei Meinungsverschiedenheiten über Informationspflichten entsprechend § 109 BetrVG eine praxisnahe Klärung durch eine Schlichtungsstelle ergänzend vorgesehen werde (vgl. auch Kunz EuroAS 1996, 50f.). Auch die **DAG** forderte für das Fortgelten einer »freiwilligen« Vereinbarung, daß diese von einer repräsentativen Vertretung der Arbeitnehmer ausgehandelt werden müsse. Soweit in § 41 Abs. 2 Satz 1 EBRGE lediglich von einer im Betriebsverfassungsgesetz vorgesehenen Arbeitnehmervertretung die Rede sei, sei dies nicht richtlinienkonform. Nach Ansicht der **IG-Metall** sollte § 41 Abs. 3 EBRGE dahingehend ergänzt werden, daß eine Nachbesserung von Vereinbarungen innerhalb einer Frist von 6 Monaten auch dann möglich sei, wenn diese nicht von einer Vertretung der Arbeitnehmer aus jedem MS abgeschlossen worden sei, in der das Unternehmen oder die Unternehmensgruppe einen Betrieb habe. Sowohl die Schutzvorschriften für inländische Arbeitnehmervertreter (§ 40 EBRGE) als auch die Straf- und Bußgeldvorschriften (§§ 42 ff. EBRGE) sollten auch im Rahmen »freiwilliger« Vereinbarungen zu gelten haben.

DGB, IG-Metall und DAG kritisierten, daß die im Regierungsentwurf vorgesehenen Gewerkschaftsrechte völlig unzureichend seien. Den Gewerkschaften müsse das Recht auf Zugang in die Betriebe sowie auf Beratung und Unterstützung eingeräumt werden (vgl. Bachner/Kunz ArbuR 1996, 81 [87]). Die derzeit mit Hilfe der Gewerkschaften abgeschlossenen ca. 80 »freiwilligen« Vereinbarungen zeigten, wie wichtig es sei, den gewerkschaftlichen Sachverstand einzubeziehen. Unbedingt erforderlich sei es, den in den Betrieben oder Unternehmen vertretenen Gewerkschaften das Recht einzuräumen, auf Einladung sowohl an den Sitzungen des BVG als auch des EBR teilnehmen zu können. Der **CGB** forderte, daß bei den Bestellungsregelungen für inländische Mitglieder (§§ 11, 23 EBRGE) gewerkschaftliche Minderheiten berücksichtigt werden müßten. Ihnen müsse die Chance eröffnet werden, in den Gremien vertreten zu sein. Die **DAG** verlangte hingegen, das im Betriebsverfassungsgesetz verankerte Gruppenprinzip bei der Bestellung inländischer Mitglieder fortzuschreiben. Es müsse dafür gesorgt werden, daß Arbeiter und Angestellte in angemessener Weise repräsentiert würden. **31**

Die **Gewerkschaften** bemängelten zudem, daß im Gesetzentwurf keine Qualifizierungsansprüche für die Mitglieder des EBR vorgesehen seien (vgl. Bachner/Kunz ArbuR 1996, 81 [86]). Ein Schulungsbedarf sei insbesondere im Hinblick auf ein Sprachtraining und europaweite wirtschaftliche Zusammenhänge gegeben. Deshalb müsse zumindest den im Inland beschäftigten Mitgliedern des EBR ein eigenständiger Schulungs- und Bildungsanspruch gewährt werden, wie dies für nationale Betriebsräte in § 37 Abs. 6 und 7 BetrVG geregelt sei. **32**

Die **ULA** wies darauf hin, daß das Selbstverständnis der leitenden Angestellten erfordere, daß sie aus eigenem Recht in den EBR mitwirken könnten. Leitende Angestellte dürften deshalb nicht von den nationalen Betriebsräten bestellt werden (vgl. § 23 Abs. 5 EBRGE), sondern ausschließlich von ihren Sprecherausschüssen, wie dies in § 23 Abs. 6 des Entwurfs vorgesehen sei (vgl. Ramme DB 1995, 2066 [2067]). Für den Vereinbarungs-EBR müsse durch eine entsprechende Änderung des § 18 Abs. 2 EBRGE sichergestellt werden, daß die Bestellung eines leitenden Angestellten durch das zuständige Sprecherausschußgremium nicht abbedungen werden könne. **33**

Die **IG-Medien** wandte sich gegen die in § 34 EBRGE vorgesehene Einschränkung der Unterrichtungs- und Anhörungsrechte des EBR in sog. Tendenzunternehmen, insbesondere in Presseunternehmen. Art. 8 Abs. 3 RL ermögliche eine solche Einschränkung nur für solche Unternehmen, »die in bezug auf **34**

Berichterstattung und Meinungsäußerung unmittelbar und überwiegend eine bestimmte weltanschauliche Tendenz verfolgen«. Deutsche multinationale Medienunternehmen würden jedoch nicht nur eine bestimmte weltanschauliche Tendenz mit ihren Publikationen verfolgen, sondern grundsätzlich alles verlegen, was Profit verspreche. Dabei würden auch unterschiedliche Zielsetzungen in Kauf genommen, um breit im Markt vertreten zu sein (vgl. auch Blanke AiB 1996, 204 [206]). Die Regelung des Tendenzschutzes widerspreche auch der ständigen Rechtsprechung des Bundesarbeitsgerichts, nach der die Informations-, Beratungs- und Anhörungsrechte des Betriebsrats auch in Tendenzunternehmen uneingeschränkt gelten würden. Dies müsse auch bei den Unterrichtungs- und Anhörungsrechten des EBR berücksichtigt werden. Demgegenüber bewertete der **BDZV** die Tendenzschutzregelung des Entwurfs als unzureichend. Es müsse beachtet werden, daß die betriebsverfassungsrechtlichen Bestimmungen über den Wirtschaftsausschuß auf Tendenzunternehmen keine Anwendung fänden. Da die in § 32 EBRGE genannten Unterrichtungs- und Anhörungsgegenstände den Angelegenheiten vergleichbar seien, die mit dem Wirtschaftsausschuß zu beraten seien, dürfe § 32 EBRGE insgesamt auf Tendenzunternehmen keine Anwendung finden. Eine Unterrichtung und Anhörung des EBR dürfe allenfalls bei den in § 33 EBRGE angeführten »außergewöhnlichen Umständen« erfolgen, weil dort Betriebsänderungen angesprochen seien, die mit den in § 34 EBRGE vorgesehenen Einschränkungen angewendet werden könnten. Die Beteiligung des EBR dürfe nicht soweit gehen, daß sie auf Tendenzentscheidungen einwirke. Im übrigen sei zu beachten, daß jede Zeitung eine »weltanschauliche Tendenz« verfolge. § 34 EBRGE stehe deshalb im Einklang mit Art. 8 Abs. 3 RL.

35 Der **Ausschuß für Arbeit und Sozialordnung** des Deutschen Bundestages hat am 25. 9. 1996 aufgrund entsprechender Änderungsanträge der Fraktionen der CDU/CSU und der F. D. P. insgesamt **zwölf Änderungen des Gesetzentwurfs** empfohlen (vgl. Beschlußempfehlung und Bericht v. 25. 9. 1996, BT-Drucks. 13/5608). Die Änderungen enthalten die vier Änderungsvorschläge des Bundesrates, denen die Bundesregierung in ihrer Gegenäußerung zugestimmt hat (vgl. Rn. 28). Neben redaktionellen Änderungen des Gesetzestextes (§ 33 Abs. 1 Satz 1 und § 42 Nr. 1), ist klargestellt worden, daß der Antrag der Arbeitnehmer oder ihrer Vertreter auf Bildung des BVG erst in dem Zeitpunkt wirksam gestellt ist, in dem er der zentralen Leitung zugeht (§ 9 Abs. 2 Satz 1). Durch Ergänzungen der Regelungen über die Bestellung inländischer Arbeitnehmervertreter des BVG und des EBR kraft Gesetzes sollen Frauen und Männer entsprechend ihrem zahlenmäßigen Verhältnis in diesen Gremien vertreten sein (§ 11 Abs. 5 und § 23 Abs. 5). Klarstellend ist jetzt ausdrücklich vorgesehen, daß auch Beauftragte von Gewerkschaften als Sachverständige vom BVG und vom EBR kraft Gesetzes hinzugezogen werden können (§ 13 Abs. 4 Satz 2 und § 29 Satz 2). Es ist sichergestellt worden, daß auch dann, wenn der EBR aufgrund einer Vereinbarung errichtet wird, ausschließlich die nach dem Betriebsverfassungsgesetz bestehenden Arbeitnehmervertretungsgremien die inländischen Mitglieder dieses Gremiums bestellen. Bei einem vereinbarten EBR wird zugleich gewährleistet, daß das Recht des zuständigen Sprecherausschußorgans zur Entsendung eines leitenden Angestellten nicht abbedungen werden kann (§ 18 Abs. 2). Die Sprecherausschußgremien der leitenden Angestellten haben nunmehr stets das Recht, einen leitenden Angestellten zu bestimmen, der mit Rederecht an den Sitzungen zur Unterrichtung und Anhörung des EBR teilnehmen kann, sofern mindestens fünf inländische Arbeitnehmervertreter entsandt werden (§ 23 Abs. 6 Satz 1). Es ist klargestellt worden, daß dem EBR kraft Gesetzes vor der turnusmäßigen jährlichen Unterrichtungs- und Anhörungssitzung mit der zentralen Leitung die dazu erforderlichen Unterlagen so rechtzeitig vorzulegen sind, daß er sich angemessen auf die Sitzung vorbereiten kann (§ 32 Abs. 1). Für sog. freiwillige Vereinbarungen, die vor dem 22. September 1996 geschlossen worden sind, reicht es jetzt aus, wenn den Arbeitnehmern aus denjenigen MS, in denen das Unternehmen oder die Unternehmensgruppe eine Niederlassung hat, im Rahmen der vereinbarten Unterrichtung und Anhörung eine »angemessene Beteiligung« ermöglicht wird (§ 41 Abs. 1 Satz 2). Das Inkrafttreten des Artikelgesetzes ist für den Tag nach der Verkündung vorgesehen worden (Art. 3), weil der ursprünglich festgesetzte Termin, der 22. 9. 1996, nicht eingehalten werden konnte.

Der **Deutsche Bundestag** hat am 27. 9. 1996 den von der Bundesregierung **36**
eingebrachten Entwurf eines Gesetzes über Europäische Betriebsräte (Europäische Betriebsräte-Gesetz – EBRG) in der vom Ausschuß für Arbeit und Sozialordnung empfohlenen Fassung in zweiter und dritter Beratung angenommen (vgl. BR-Drucks. 683/96 v. 27. 9. 1996). Anläßlich seiner zweiten Befassung hat der Bundesrat am 18. 10. 1996 von der Einberufung des Vermittlungsausschusses abgesehen. Das unter dem 28. 10. 1996 ausgefertigte EBRG ist am 31. 10. 1996 im Bundesgesetzblatt verkündet worden (BGBl. I S. 1548 ff.) und am 1. 11. 1996 in Kraft getreten (vgl. auch die Berichtigung v. 23. 12. 1996, BGBl. I S. 2022).

E. Grenzübergreifende Unterrichtung und Anhörung der Arbeitnehmer nach dem Gesetz über Europäische Betriebsräte (EBRG) (Schaubild)

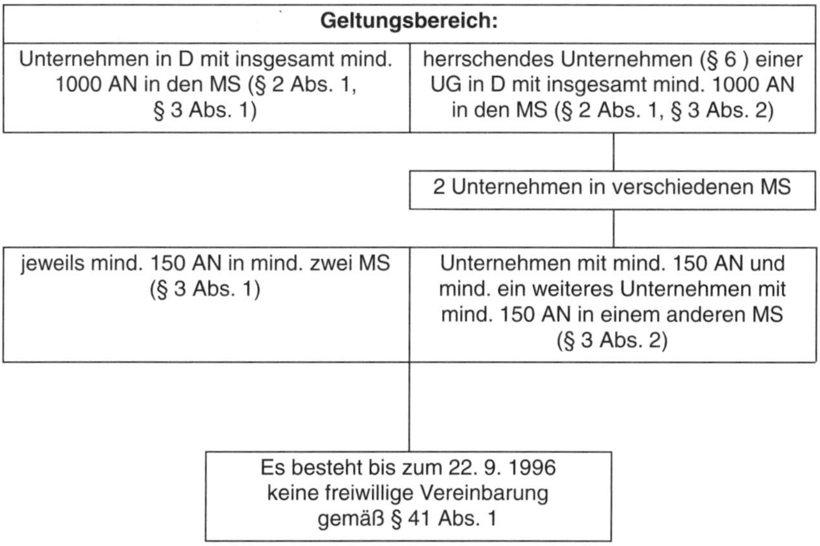

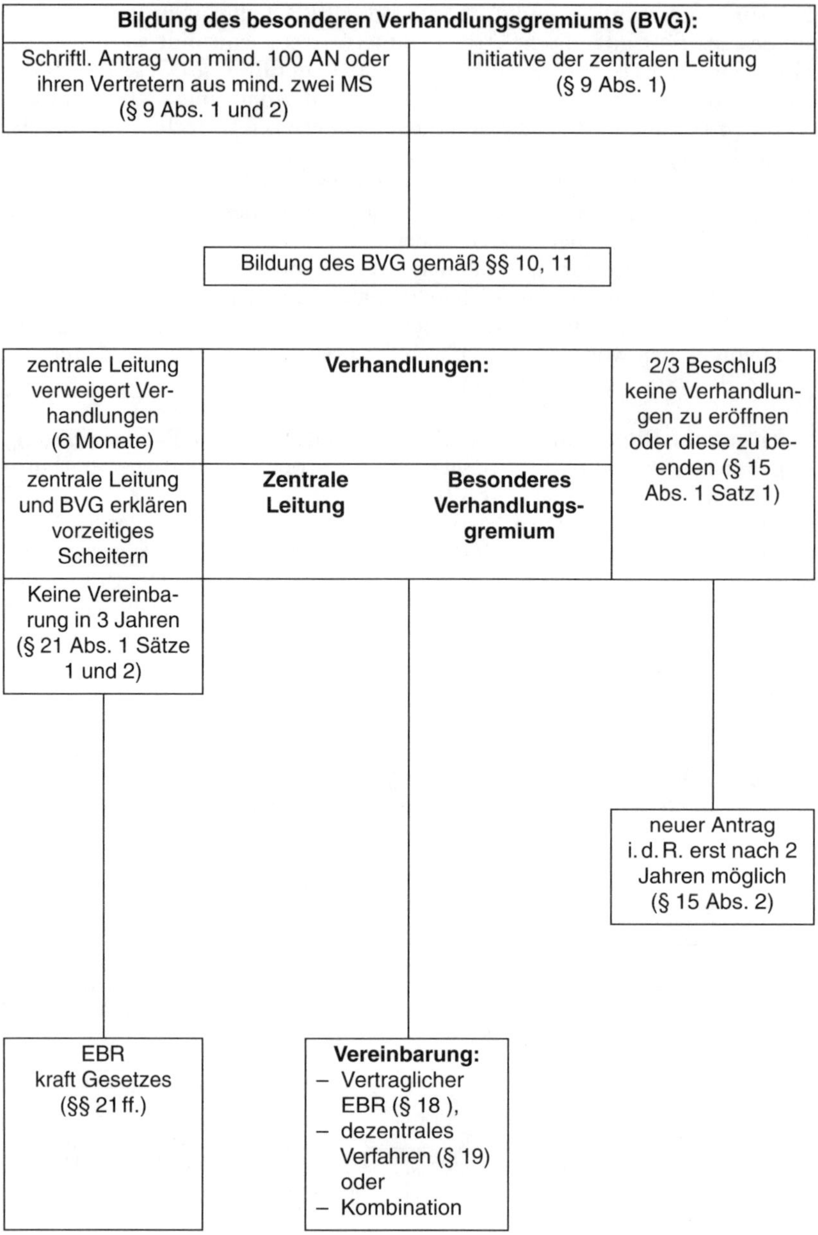
Bildung des besonderen Verhandlungsgremiums (BVG):
Schriftl. Antrag von mind. 100 AN oder ihren Vertretern aus mind. zwei MS (§ 9 Abs. 1 und 2)
Initiative der zentralen Leitung (§ 9 Abs. 1)
Bildung des BVG gemäß §§ 10, 11
zentrale Leitung verweigert Verhandlungen (6 Monate)
Verhandlungen:
2/3 Beschluß keine Verhandlungen zu eröffnen oder diese zu beenden (§ 15 Abs. 1 Satz 1)
zentrale Leitung und BVG erklären vorzeitiges Scheitern
Zentrale Leitung
Besonderes Verhandlungsgremium
Keine Vereinbarung in 3 Jahren (§ 21 Abs. 1 Sätze 1 und 2)
neuer Antrag i. d. R. erst nach 2 Jahren möglich (§ 15 Abs. 2)
EBR kraft Gesetzes (§§ 21 ff.)
Vereinbarung:
– Vertraglicher EBR (§ 18),
– dezentrales Verfahren (§ 19) oder
– Kombination

Erläuterungen zum Europäische Betriebsräte-Gesetz (EBRG)

Erster Teil **Allgemeine Vorschriften**

§ 1 Grenzübergreifende Unterrichtung und Anhörung

(1) Zur Stärkung des Rechts auf grenzübergreifende Unterrichtung und Anhörung der Arbeitnehmer in gemeinschaftsweit tätigen Unternehmen und Unternehmensgruppen werden Europäische Betriebsräte oder Verfahren zur Unterrichtung und Anhörung der Arbeitnehmer vereinbart. Kommt es nicht zu einer Vereinbarung, wird ein Europäischer Betriebsrat kraft Gesetzes errichtet.

(2) Die grenzübergreifende Unterrichtung und Anhörung der Arbeitnehmer erstreckt sich in einem Unternehmen auf alle in einem Mitgliedstaat liegenden Betriebe sowie in einer Unternehmensgruppe auf alle Unternehmen, die ihren Sitz in einem Mitgliedstaat haben, soweit kein größerer Geltungsbereich vereinbart wird.

(3) Zentrale Leitung im Sinne dieses Gesetzes ist ein gemeinschaftsweit tätiges Unternehmen oder das herrschende Unternehmen einer gemeinschaftsweit tätigen Unternehmensgruppe.

(4) Anhörung im Sinne dieses Gesetzes bezeichnet den Meinungsaustausch und die Einrichtung eines Dialogs zwischen den Arbeitnehmervertretern und der zentralen Leitung oder einer anderen geeigneten Leitungsebene.

ÜBERSICHT

I. Recht auf grenzübergreifende Unterrichtung und Anhörung (Abs. 1)

1 Mit dem EBRG wird die am 22. 12. 1994 verabschiedete Richtlinie 94/45/EG des Rates »über die Einsetzung eines Europäischen Betriebsrats oder die Schaffung eines Verfahrens zur Unterrichtung und Anhörung der Arbeitnehmer in gemeinschaftsweit operierenden Unternehmen und Unternehmensgruppen« (vgl. Anh. I) in deutsches Recht umgesetzt. Damit werden in der **Bundesrepublik Deutschland** die Voraussetzungen dafür geschaffen, daß in größeren gemeinschaftsweit tätigen Unternehmen und Unternehmensgrup-

pen das Recht der Arbeitnehmer auf **Unterrichtung und Anhörung über die nationalen Grenzen hinweg** gewährleistet oder verbessert wird (§ 1 Abs. 1; vgl. auch Engels/Müller DB 1996, 981). In den Erwägungsgründen der Richtlinie wird ausdrücklich darauf verwiesen, daß »im Rahmen des europäischen Binnenmarktes ein Prozeß der Unternehmenszusammenschlüsse, grenzübergreifenden Fusionen, Übernahmen und Joint-ventures und damit einhergehend eine länderübergreifende Strukturierung von Unternehmen und Unternehmensgruppen« stattfindet (vgl. den 9. Erwägungsgrund, Anh. I). Daraus wird folgende Konsequenz gezogen: »Wenn sich die wirtschaftlichen Aktivitäten in harmonischer Weise entwickeln sollen, so müssen Unternehmen und Unternehmensgruppen, die in mehreren MS tätig sind, die Vertreter der von den Unternehmensentscheidungen betroffenen Arbeitnehmer unterrichten und anhören. Es sind geeignete Vorkehrungen zu treffen, damit die Arbeitnehmer gemeinschaftsweit operierender Unternehmen oder Unternehmensgruppen angemessen informiert und konsultiert werden, wenn Entscheidungen, die sich auf sie auswirken, außerhalb des MS getroffen werden, in dem sie beschäftigt sind.« (vgl. Erwägungsgrund Nr. 9, Anh. I). Mit diesem partizipativen Ansatz soll der rechtlichen Ausgangslage Rechnung getragen werden, daß noch so effektiv ausgestaltete nationale Beteiligungsrechte der Arbeitnehmer an den nationalen Grenzen enden, weil der jeweilige Sitzstaat keine über seinen territorialen Geltungsbereich hinausgehenden Regelungskompetenzen hat. Aus der Zunahme europaweiter, grenzübergreifender Management-Entscheidungen ergibt sich in der Praxis ein nicht zu leugnender Informationsbedarf und das Bedürfnis nach einem institutionalisierten grenzübergreifenden Dialog zwischen Unternehmensleitung und Arbeitnehmern (vgl. Heinze AG 1995, 385 [394]). Durch die Richtlinie und die sie umsetzenden nationalen Rechtsvorschriften soll es künftig nicht mehr vorkommen, daß Arbeitnehmervertreter – auch deutscher Betriebe und Unternehmen – von Betriebsstättenverlagerungen und wichtigen Investitionsentscheidungen erst aus der Zeitung erfahren, weil die entscheidende Muttergesellschaft ihren Sitz in einem anderen MS der EU hat (Klinkhammer-Welslau AG 1994, 488 [490]; Gaul NJW 1995, 228 [231]; vgl. auch Bobke AiB 1993, 355). Damit wird zugleich deutlich, daß das angestrebte Ziel nicht auf der Ebene nationalen Rechts, sondern nur durch eine Maßnahmen auf Gemeinschaftsebene verwirklicht werden konnte. Dies entspricht dem nach Art. 3b EG-Vertrag zu beachtenden Subsidiaritätsprinzip.

II. Grundkonzeption: Vorrang einer Vereinbarungslösung

2 Das EBRG ist ein Artikelgesetz und enthält in Art. 1 ein eigenständiges, das **Betriebsverfassungsgesetz ergänzendes Gesetz** über Europäische Betriebsräte (vgl. Einl. Rn. 17). Die im nationalen Rahmen bestehenden Strukturen der betrieblichen Interessenvertretung bleiben nicht nur unberührt (vgl. Däubler, in: DKK, EBR-Richtlinie Rn. 10; Gaul NJW 1995, 228 [229]), sondern werden im Rahmen der Umsetzung vorausgesetzt, wie dies z. B. die Verweisungen in § 40 Abs. 1 zum Schutz inländischer Arbeitnehmervertreter zeigen.

3 Das EBRG folgt der flexiblen Regelungssystematik der Richtlinie (Bachner-Kunz ArbuR 1996, 81 [82]), die in § 1 Abs. 1 vorgezeichnet wird: Die

grenzübergreifende Unterrichtung und Anhörung der Arbeitnehmer soll vorrangig durch eine **Vereinbarung der Beteiligten** gewährleistet werden, und zwar entweder in Form eines zentralen Europäischen Betriebsrats (Vereinbarungs-EBR) oder durch ein dezentral ausgestaltetes Unterrichtungs- und Anhörungsverfahren (vgl. Art. 1 Abs. 2 RL). Die unmittelbar Betroffenen, die gemeinschaftsweit tätigen Unternehmen und Unternehmensgruppen sowie ihre Arbeitnehmervertreter, haben es in der Hand, eine maßgeschneiderte transnationale Unterrichtung und Anhörung zu vereinbaren, wie sie den nationalen Rechtssystemen und Praktiken sowie den branchenspezifischen Besonderheiten am besten gerecht wird (BT-Drucks. 13/4520 v. 6. 5. 1996, S. 14). In diesem Zusammenhang ist darauf hinzuweisen, daß nach § 41 eine vor dem 22. 9. 1996 geschlossene Vereinbarung über grenzübergreifende Unterrichtung und Anhörung der Arbeitnehmer die Bestimmungen des EBRG weitgehend verdrängt, sofern sie die dort genannten Voraussetzungen erfüllt. Durch diese umfassende **Regelungsprärogative der »Sozialpartner«** wird das Subsidiaritätsprinzip des Art. 3b EG-Vertrag nochmals und zusätzlich auf einer zweiten Ebene verwirklicht (zum »doppelten« Subsidiaritätsprinzip vgl. Heinze AG 1995, 385 [393 ff.]; Däubler, in: DKK, EBR-Richtlinie Rn. 11). Das EBRG folgt damit dem von der Richtlinie vorgegebenen neuen Ansatz für ein Arbeitnehmervertretungsgesetz (vgl. Einl. Rn. 16).

Erst bei Nichtzustandekommen einer Vereinbarungslösung ist ein **EBR kraft** 4
Gesetzes zu errichten (vgl. §§ 21 ff.). Das EBRG orientiert sich auch insoweit eng an den im Anhang der Richtlinie vorgegebenen subsidiären Vorschriften, so daß gerade in diesem Bereich von einer 1 zu 1 Umsetzung gesprochen werden kann (vgl. dazu schon Willemsen/Hohenstatt NZA 1995, 399; vgl. aber Däubler, in: DKK, EBR-Richtlinie Rn. 75, der die MS dazu nicht verpflichtet sieht). Die übrigen MS haben im Rahmen ihrer Umsetzung das subsidiäre Modell des Anhangs der Richtlinie in ähnlicher Weise konkretisiert (vgl. Buschak AiB 1996, 208 [212]).

In den Bereichen, in denen die Richtlinie nationale Umsetzungsspielräume 5
eröffnet, wie beispielsweise bei der Bestellung der auf das Inland entfallenden Arbeitnehmervertreter, wird soweit wie möglich auf die **Strukturen des deutschen Betriebsverfassungsgesetzes** zurückgegriffen. Aus Gründen der Akzeptanz und der Praktikabilität werden im EBRG auch für die inneren Strukturen (z.B. die Geschäftsführung) des BVG und des EBR betriebsverfassungsrechtliche Organisationsnormen als Leitlinien berücksichtigt (vgl. BT-Drucks. 13/4520 v. 6. 5. 1996, S. 15). Der betriebsverfassungsrechtliche Grundsatz der vertrauensvollen Zusammenarbeit (vgl. § 2 Abs. 1 BetrVG) wird als ein für die Beteiligten verbindlicher Maßstab kodifiziert.

III. Auslegungsmaßstäbe

Das EBRG ist als **Umsetzungsgesetz** in erster Linie **im Licht der Richtlinie und** 6
ihrer Ziele zu interpretieren (zutreffend Däubler, in: DKK, EBR-Richtlinie Rn. 32, der darauf hinweist, daß deshalb in vielen Fällen die inhaltliche Entscheidung beim EuGH liegen wird, der nach Art. 177 Abs. 3 EG-Vertrag von letztinstanzlich entscheidenden nationalen Gerichten angerufen werden muß). Dies gilt insbesondere im Hinblick auf den Zeitpunkt und die Ausge-

staltung der grenzübergreifenden Unterrichtung und Anhörung. Nach den Erwägungsgründen der Richtlinie ist beispielsweise der EBR kraft Gesetzes unverzüglich zu unterrichten und anzuhören, bevor bestimmte Beschlüsse mit erheblichen Auswirkungen auf die Interessen der Arbeitnehmer ausgeführt werden (vgl. Erwägungsgrund Nr. 20, Anh. I). Insoweit ist eine rechtzeitige Unterrichtung und Anhörung vorgegeben, die grundsätzlich so frühzeitig erfolgen muß, daß die Argumente der Arbeitnehmerseite noch vorgetragen werden können, bevor die geplante Entscheidung getroffen wird (vgl. Hromadka DB 1995, 1125 [1130]; Gaul NJW 1995, 228 [230]).

7 Andererseits muß auch die in der Richtlinie selbst genannte Rechtsgrundlage des Art. 2 Abs. 2 i. V. m. Abs. 1 des Protokolls über die Sozialpolitik berücksichtigt werden, die auch für die Auslegung des EBRG in einzelnen Streitfällen von erheblicher Bedeutung sein kann. Danach geht es »lediglich« um Unterrichtung und Anhörung der Arbeitnehmer und gerade nicht um die Vertretung und kollektive Wahrnehmung von Arbeitnehmer- und Arbeitgeberinteressen, wie dies in Art. 2 Abs. 3 des Abkommens über die Sozialpolitik vorgesehen ist (zutreffend Heinze AG 1995, 385 [394]; a. A. Goos NZA 1994, 776 [778 f.]). Der EBR oder die Arbeitnehmervertreter im Rahmen eines Unterrichtungs- und Anhörungsverfahrens haben somit grundsätzlich **nur Mitwirkungsrechte und keine Mitbestimmungsrechte**, sofern im Vereinbarungswege nicht »mehr« vorgesehen wird. Für den EBR kraft Gesetzes ist in Nr. 3 des Anhangs der Richtlinie ausdrücklich bestimmt, daß die Sitzung zur Unterrichtung und Anhörung des EBR die Vorrechte der zentralen Leitung unberührt läßt. Dies erinnert an § 77 Abs. 1 Satz 2 BetrVG, wonach der Betriebsrat nicht durch einseitige Handlungen in die Leitung des Betriebs eingreifen darf. Auch ein suspensives Veto derart, daß der EBR verlangen könnte, daß bis zum Abschluß der Anhörung die in Frage stehende Maßnahme unterbleibt, scheidet damit aus (vgl. Hromadka DB 1995, 1125 [1130]; Däubler, in: DKK, EBR-Richtlinie Rn. 84; a. A. Klebe AiB 1994, 514 [516]; Wunsch-Semmler, S. 101). Anderenfalls würden sich »Unterrichtung und Anhörung« im Ergebnis als quasi zeitlich begrenztes Mitbestimmungsrecht auswirken, das von der Rechtsgrundlage der Richtlinie nicht gedeckt ist. Im übrigen sollte durch die Definition des französischen Begriffs »consultation« in Art. 2 Abs. 1 f RL das im nationalen französischen Arbeitnehmervertretungsrecht damit verbundene Vetorecht der Arbeitnehmervertretung gerade ausgeschlossen werden.

8 Sofern sich – über die Bestimmungen des EBRG hinaus – **Parallelen zum nationalen Betriebsverfassungsgesetz** anbieten, ist stets zu bedenken, daß das Gesetz nicht nur eine europaweite Unterrichtung und Anhörung der Arbeitnehmer gewährleisten will, sondern überwiegend Vorschriften mit transnationaler Struktur enthält, die auch das Recht anderer MS gestalten. Auch für die Praxis bedeutet es einen erheblichen Unterschied, ob es um die Organisation und Beteiligung einer nationalen Arbeitnehmervertretung geht, die in der lokalen Niederlassung besteht, oder um ein europäisches Gremium oder Verfahren zur Unterrichtung und Anhörung, an dem Arbeitnehmervertreter aus allen MS beteiligt sind, in denen das Unternehmen oder die Unternehmensgruppe einen Betrieb hat. Parallelen zum Betriebsverfassungsgesetz können deshalb nur mit der gebotenen Zurückhaltung gezogen werden. Sie sind dort angezeigt, wo Regelungslücken offenkundig werden, wie z. B. bei der Wahl des EBR-Ausschusses (vgl. § 26 Rn. 1), und die dafür in Betracht kommenden betriebsverfassungsrechtlichen Vorschriften eine systemgerechte, sinnvolle Ergänzung gewährleisten.

IV. Erstreckung (Abs. 2)

Die grenzübergreifende Unterrichtung und Anhörung muß sich nach § 1 Abs. 2 in einem gemeinschaftsweit tätigen Unternehmen auf alle Arbeitnehmer erstrecken, die in einem Betrieb des Unternehmens beschäftigt sind, der in einem MS liegt (vgl. § 2 Abs. 3). In einer gemeinschaftsweit tätigen Unternehmensgruppe (vgl. § 6) müssen **alle in den MS beschäftigten Arbeitnehmer** eines zur Unternehmensgruppe gehörenden Unternehmens in die transnationale Unterrichtung und Anhörung einbezogen werden (vgl. auch Art. 1 Abs. 4 RL). Dieses Prinzip gilt unabhängig davon, ob die grenzübergreifende Unterrichtung und Anhörung im Vereinbarungsweg (§§ 17 ff.) oder im Rahmen eines EBR kraft Gesetzes (§§ 21 ff.) verwirklicht wird. Für sog. »freiwillige« Vereinbarungen, die vor dem 22. 9. 1996 abgeschlossen worden sind, ist diese Voraussetzung in § 41 Abs. 1 Satz 2 ausdrücklich normiert. Die transnationale Mitwirkung soll insbesondere bei Planungen, Entscheidungen und sonstigen bedeutsamen Maßnahmen erfolgen, von denen die Arbeitnehmer in mindestens zwei MS betroffen sind oder wenn diese Maßnahmen in einem MS getroffen werden und sich in einem anderen MS auswirken (z. B. Entscheidung in Frankreich über Massenentlassung in Deutschland). Die grenzübergreifende Unterrichtung und Anhörung kommt deshalb vor allem denjenigen Arbeitnehmern zugute, die in MS beschäftigt sind, in denen sich nicht der Sitz des unternehmerischen Entscheidungsträgers befindet. Im Wege einer Vereinbarung können auch Arbeitnehmer des Unternehmens oder der Unternehmensgruppe in die grenzübergreifende Unterrichtung und Anhörung einbezogen werden, die nicht in einem MS beschäftigt sind (zur Einbeziehung von Arbeitnehmervertretern aus Drittstaaten vgl. § 14). 9

V. Begriffsbestimmungen

1. Zentrale Leitung (Abs. 3). Mit der Definition der »zentralen Leitung« in § 1 Abs. 3 wird zunächst klargestellt, daß ein gemeinschaftsweit tätiges Unternehmen oder das herrschende Unternehmen einer gemeinschaftsweit tätigen Unternehmensgruppe gleichermaßen unter diesen Sammelbegriff fallen (vgl. Art. 2 Abs. 1 e RL). Mit »zentraler Leitung« ist die Person des Unternehmens oder des herrschenden Unternehmens einer Unternehmensgruppe gemeint, der **Vertretung und Geschäftsführung** zustehen (vgl. Hromadka DB 1995, 1125 [1128]; Rademacher, S. 101). Dies sind bei Einzelfirmen der Inhaber, bei juristischen Personen die Mitglieder des gesetzlichen Vertretungsorgans, also der Vorstand einer AG (§ 76 Abs. 1 AktG) oder die Geschäftsführung einer GmbH (§ 35 Abs. 1 GmbH-Gesetz) und bei Personengesamtheiten (OHG, KG) die für die Geschäftsführung oder Vertretung zuständigen Personen (vgl. Rademacher, S. 101 m. w. N. in Fn. 438). Die zentrale Leitung ist insbesondere dafür verantwortlich, daß die Voraussetzungen für die Bildung eines EBR oder die Einrichtung eines Verfahrens zur Unterrichtung und Anhörung der Arbeitnehmer geschaffen und die entsprechenden Mittel bereitgestellt werden (vgl. Art. 4 Abs. 1). Sie ist der Adressat 10 für den Antrag der Arbeitnehmer auf Bildung eines BVG (§ 9 Abs. 1) und Verhandlungspartner auf Arbeitgeberseite (§ 8 Abs. 1). Auf der Ebene der zentralen Leitung ist der EBR zu errichten, sofern keine andere Struktur der grenzübergreifenden Mitwirkung vereinbart wird (vgl. § 7).

11 Die Interessenvertretung der Arbeitnehmer soll auch im Rahmen des EBRG dort eingreifen, wo letztlich die unternehmerischen Entscheidungen getroffen werden oder doch üblicherweise zu erwarten sind (vgl. Asshoff/Bachner-Kunz, S. 169; zu § 55 BetrVG 1972 vgl. BAG AP Nr. 1). Für die **– formale – Bestimmung der »zentralen Leitung«** spielt es deshalb keine Rolle, ob die vereinbarte oder die für den EBR kraft Gesetzes normierte Unterrichtung und Anhörung der Arbeitnehmer sachgerechter von einer »anderen geeigneten Leitungsebene« wahrgenommen werden kann (Rademacher, S. 102; a. A. Heinze AG 1995, 385 [388 f.], der die Ebene für entscheidend ansieht, welche die zentrale Personalverantwortung trägt). Die zentrale Leitung kann ihre Unterrichtungs- und Anhörungspflichten auf eine nachgeordnete Managementebene delegieren, wenn und soweit dieser die Entscheidung der jeweiligen Angelegenheit obliegt (vgl. Hromadka DB 1995, 1125 [1128]). Einer etwaigen Diskrepanz zwischen formaler Leitungsmacht und verantwortlicher Entscheidungsbefugnis kann im Vereinbarungsweg, jedenfalls aber aufgrund des insoweit flexiblen Anhörungsbegriffs, Rechnung getragen werden (vgl. Rn. 16).

12 Liegt die zentrale Leitung **außerhalb des Anwendungsbereichs der Richtlinie**, also insbesondere im Vereinigten Königreich, in der Schweiz, den USA oder Japan, so ist ein Betrieb oder Unternehmen in der Gemeinschaft als Vertreter zu bestimmen (vgl. Art. 4 Abs. 2 RL), der dann als »zentrale Leitung« verantwortlich ist (vgl. dazu § 2 Rn. 3 ff.).

13 **2. Anhörung** (**Abs. 4**). – **a) Institutionalisierender Gehalt.** Während der Rechtsbegriff der Unterrichtung als Informationstatbestand keiner näheren Erläuterung bedarf (zu Gegenstand und Umfang der Unterrichtung vgl. § 17 Rn. 7), ist der **normative Gehalt der »Anhörung«** von zentraler Bedeutung. Er ist sowohl bei einer Vereinbarung über eine grenzübergreifende Unterrichtung und Anhörung nach §§ 17 ff., beim EBR kraft Gesetzes (vgl. §§ 32, 33) als auch bei einer sog. »freiwilligen« Vereinbarung nach § 41 gleichermaßen zu beachten.

14 § 1 Abs. 4 übernimmt die Begriffsbestimmung des Art. 2 Abs. 1 f RL insoweit wortwörtlich, in dem »Anhörung« als »**Meinungsaustausch und die Einrichtung eines Dialogs** zwischen den Arbeitnehmervertretern und der zentralen Leitung« bezeichnet wird. Aufgrund dieser ausschließlich für das EBRG geltenden Legaldefinition (Engels/Müller DB 1996, 981) verbietet sich eine Gleichsetzung mit § 102 Abs. 1 und 2 BetrVG, nach dem der Betriebsrat vor jeder Arbeitgeberkündigung anzuhören ist (vgl. aber Gaul NJW 1995, 228 [230]; ähnlich Willemsen/Hohenstatt NZA 1995, 399 [402]). Es kommt demnach auch nicht (mehr) darauf an, eine »Anhörung« im Gegensatz zur »Beratung« allein deshalb anzunehmen, weil die Richtlinienvorgaben die Initiative zu einem Meinungsaustausch den Arbeitnehmervertretern und nicht dem Arbeitgeber überlassen habe (so aber Hromadka DB 1995, 1125 [1130]). Entscheidend ist vielmehr, daß die zentrale Leitung überhaupt zu

»Meinungsaustausch und Dialog« verpflichtet wird. Es genügt daher nicht, wenn die zentrale Leitung »Bedenken«, »Widerspruch« oder sonstige Stellungnahmen der Arbeitnehmervertreter kommentarlos entgegennimmt. Sie hat Gründe und Gegengründe einer geplanten Maßnahme den Arbeitnehmervertretern darzulegen und diese mit ihnen zu erörtern (so ausdrücklich Hromadka, a.a.O.; vgl. auch Kothe EuroAS 1996, 115; Oetker DB 1996, Beil. Nr. 10, S. 7ff. und Engels/Müller DB 1996, 981, die deshalb eher den Begriff der Beratung definiert sehen). Dazu ist in der Regel ein persönliches Gespräch mit der zentralen Leitung oder der von ihr bestimmten Leitungsebene erforderlich, das auch im Rahmen eines dezentralen Verfahrens zur Unterrichtung und Anhörung nach § 19 oder im Rahmen einer sog. freiwilligen Vereinbarung nach § 41 durchgeführt werden kann (vgl. Rademacher, S. 103). Der Anhörungsbegriff enthält somit institutionalisierende Elemente, die überdies voraussetzen, daß die Arbeitnehmervertreter zunächst ihre Haltung untereinander abstimmen können, bevor sie das Gespräch mit der zentralen Leitung aufnehmen. Bei der Regelung des dezentralen Verfahrens zur Unterrichtung und Anhörung hat der Gesetzgeber dieses Bedürfnis – insoweit eher deklaratorisch – nochmals unterstrichen: Es ist u.a. schriftlich zu vereinbaren, »unter welchen Voraussetzungen die Arbeitnehmervertreter das Recht haben, die ihnen übermittelten Informationen gemeinsam zu beraten« (§ 19 Satz 1). Auf der anderen Seite ist zu berücksichtigen, daß die Definition der Anhörung bewußt von einer »Konsultation« im französischen Arbeitnehmervertretungsrecht abweicht (dies verkennt Lörcher ArbuR 1996, 297 [299]). Ein suspensives Veto ist damit nicht verbunden (vgl. Rn. 7). Das Anhörungsrecht behält die Qualität eines Mitwirkungsrechts, ohne die Schwelle zur Mitbestimmung zu überschreiten (Oetker DB 1996, Beil. Nr. 10, S. 9).

b) **Mindestanforderungen.** Aus dem Anhörungsbegriffs ergeben sich somit **15** zunächst strukturelle und organisatorische Mindestanforderungen, die beim EBR kraft Gesetzes durch die §§ 21 ff. bei weitem überschritten werden, die aber **auch bei Vereinbarungen** über eine grenzübergreifende Unterrichtung und Anhörung zu beachten sind. Eine Unterrichtung der Arbeitnehmervertreter der örtlichen Niederlassungen per E-Mail mit dem Hinweis, eine Stellungnahme abgeben zu können, kann den gesetzlichen Voraussetzungen des Anhörungsbegriffs nur dann genügen, wenn eine sachgerechte Kooperationsmöglichkeit der Arbeitnehmervertreter – über die nationalen Grenzen hinweg – sichergestellt ist. Mit der Zielsetzung des EBRG wäre es auch nicht zu vereinbaren, wenn beispielsweise in einem Rundschreiben des zentralen Managements zwar anstehende Änderungen der Unternehmensstruktur, wie z.B. Betriebseinschränkungen oder Produktionsverlagerungen, mitgeteilt werden, die Arbeitnehmer aber lediglich aufgefordert werden, Vorschläge zur Qualitätssicherung und Kostensenkung zu unterbreiten. Von einer »Anhörung« i.S.d. EBRG kann hier schon deshalb nicht ausgegangen werden, weil die Arbeitnehmer zu den sich grenzübergreifend auswirkenden Maßnahmen gerade nicht angehört werden sollen, soweit dadurch ihre Interessen berührt werden (vgl. auch Erwägungsgrund Nr. 20 und Art. 6 Abs. 3 Satz 3 RL, Anh. I). Obwohl die Parteien im Rahmen einer Vereinbarung nicht gehalten sind, die für den EBR kraft Gesetzes vorgesehenen Unterrichtungs- und Anhörungsgegenstände vorzusehen (vgl. ausdrücklich § 17 Satz 1, letzter Hs.), sind bestimmte inhaltliche Mindesterfordernisse einzuhalten, die nicht unterschritten werden dürfen. Ein »Quality-circle« genügt diesen Anforderungen nicht.

16 c) **Andere geeignete Leitungsebene.** Die Pflicht zur Anhörung der Arbeitnehmervertreter kann anstelle der zentralen Leitung auch von einer »anderen geeigneten Leitungsebene« erfüllt werden. Mit der insoweit von der Richtlinienvorgabe abweichenden Formulierung, nach der eine »andere angemessenere Leitungsebene« mit der Anhörung betraut werden kann, ist keine inhaltliche Abweichung verbunden (a.A. insoweit Lörcher ArbuR 1996, 297 [300]). Mit dem Wort »geeigneten« wird sprachlich präziser deutlich gemacht, daß unter dem Gesichtspunkt der Sachnähe diejenige Leitungsebene den Dialog mit den Arbeitnehmervertretern führen kann, die mit einer grenzübergreifenden Angelegenheit konkret befaßt ist und diese entscheiden kann. Damit wird insbesondere der Tatsache Rechnung getragen, daß europaweit tätige Unternehmensgruppen (vgl. § 6 Rn. 4) nicht immer in Form eines zentralistisch geleiteten Konzerns organisiert sind (vgl. Windbichler ZfA 1996, 1 [14]). Der zentralen Leitung wird es also ermöglicht, die Durchführung der **Anhörung auf eine niedrigere Ebene zu delegieren,** sofern diese über die notwendige Sachkenntnis und über Entscheidungsbefugnisse verfügt (Rademacher, S. 104 f.; vgl. auch Hromadka DB 1995, 1125 [1128]). Dies kann vor allem dann sinnvoll sein, wenn es um Probleme einer Sparte oder eines Geschäftsbereichs geht (Däubler/Klebe AiB 1995, 557 [570]). Die Einwirkungsmöglichkeiten der Arbeitnehmervertreter sollen stets auf der Ebene greifen, wo die jeweilige unternehmerische Entscheidung getroffen wird. Im Rahmen einer Vereinbarung nach §§ 17 ff. oder § 41 können die Parteien nähere Regelungen über die Anhörungsebene treffen (vgl. Rademacher, S. 104; Blanpain/Windey, Rn. 219).

§ 2 Geltungsbereich

(1) Dieses Gesetz gilt für gemeinschaftsweit tätige Unternehmen mit Sitz im Inland und für gemeinschaftsweit tätige Unternehmensgruppen mit Sitz des herrschenden Unternehmens im Inland.

(2) Liegt die zentrale Leitung nicht in einem Mitgliedstaat, besteht jedoch eine nachgeordnete Leitung für in Mitgliedstaaten liegende Betriebe oder Unternehmen, findet dieses Gesetz Anwendung, wenn die nachgeordnete Leitung im Inland liegt. Gibt es keine nachgeordnete Leitung, findet das Gesetz Anwendung, wenn die zentrale Leitung einen Betrieb oder ein Unternehmen im Inland als ihren Vertreter benennt. Wird kein Vertreter benannt, findet das Gesetz Anwendung, wenn der Betrieb oder das Unternehmen im Inland liegt, in dem verglichen mit anderen in den Mitgliedstaaten liegenden Betrieben des Unternehmens oder Unternehmen der Unternehmensgruppe die meisten Arbeitnehmer beschäftigt sind. Die vorgenannten Stellen gelten als zentrale Leitung.

(3) Mitgliedstaaten im Sinne dieses Gesetzes sind die Mitgliedstaaten der Europäischen Union, auf die das Abkommen über die Sozialpolitik im Anhang des Vertrages zur Gründung der Europäischen Gemeinschaft Anwendung findet, sowie die anderen Vertragsstaaten des Abkommens über den Europäischen Wirtschaftsraum.

(4) Für die Berechnung der Anzahl der im Inland beschäftigten Arbeitnehmer (§ 4), den Auskunftsanspruch (§ 5 Abs. 2), die Bestimmung des herrschenden Unternehmens (§ 6), die Weiterleitung des Antrags (§ 9 Abs. 2 Satz 3), die gesamtschuldnerische Haftung des Arbeitgebers (§ 16 Abs. 2), die Bestellung der

auf das Inland entfallenden Arbeitnehmervertreter (§§ 11, 23 Abs. 1 bis 5 und § 18 Abs. 2 in Verbindung mit § 23) und die für sie geltenden Schutzbestimmungen (§ 40) sowie für den Bericht gegenüber den örtlichen Arbeitnehmervertretungen im Inland (§ 35 Abs. 2) gilt dieses Gesetz auch dann, wenn die zentrale Leitung nicht im Inland liegt.

ÜBERSICHT

I. Räumlicher Geltungsbereich

1. Sitz der zentralen Leitung im Inland (Abs. 1). Die anwendbare Rechtsordnung, die eine grenzübergreifende Unterrichtung und Anhörung der Arbeitnehmer gewährleistet, bestimmt sich nach dem MS, in dem sich die zentrale Leitung befindet (vgl. Willemsen/Hohenstatt NZA 1995, 399 [403]; Le Friant NZA 1994, 158 [162]). Demgemäß erfaßt das EBRG zunächst Unternehmen mit Sitz in Deutschland sowie Unternehmensgruppen, deren herrschendes Unternehmen in Deutschland liegt, sofern diese gemeinschaftsweit i. S. d. § 3 tätig sind. Befindet sich die zentrale Leitung im Inland, so sind die **deutschen Umsetzungsbestimmungen transnational anwendbar**, d. h. sie gelten auch für die Arbeitnehmer, die in Betrieben eines Unternehmens oder Unternehmen einer Unternehmensgruppe beschäftigt sind, die in einem anderen MS liegen (Engels/Müller DB 1996, 981 [982]). Für »Angelegenheiten aus dem EBRG« ist die ausschließliche Zuständigkeit deutscher Arbeitsgerichte begründet (vgl. Art. 2 Nr. 1). Örtlich zuständig ist in der Regel das Arbeitsgericht, in dessen Bezirk die zentrale Leitung ihren Sitz hat (vgl. Art. 2 Nr. 3). 1

2. Sitz der zentralen Leitung in einem anderen MS. Befindet sich die zentrale Leitung in einem anderen MS und haben diese Unternehmen oder Unternehmensgruppen Betriebe oder Tochterunternehmen in Deutschland, so bestimmt sich die Ausgestaltung der grenzübergreifenden Unterrichtung und Anhörung maßgeblich nach dem **Umsetzungsrecht des Sitzstaates** (Engels-Müller DB 1996, 981 [982]). Hat beispielsweise die zentrale Leitung ihren Sitz in Paris, ist das französische Umsetzungsgesetz transnational anwendbar. Nach französischem Recht bestimmt sich dann u. a., wieviele Mitglieder die in Deutschland beschäftigten Arbeitnehmer eines zum französischen Unternehmen gehörenden Betriebs oder eines zur französischen Unternehmensgruppe gehörenden Unternehmens in das BVG oder den EBR kraft Gesetzes entsenden können. Die Richtlinie hat allerdings den MS und damit auch dem deutschen Gesetzgeber bestimmte Regelungsbereiche überlassen oder man- 2 gels einer einheitlichen europarechtlichen Regelung sachnotwendig überlassen müssen, in denen das EBRG partiell auch dann Anwendung findet, wenn die zentrale Leitung in einem anderen MS liegt (zu diesen Ausnahmen vgl. Rn. 12).

3 **3. Multis mit Sitz in Drittstaaten (Abs. 2). – a) Bestimmung eines Vertreters mit Sitz in Deutschland.** Liegt die zentrale Leitung multinationaler Unternehmen oder Unternehmensgruppen nicht in einem MS (Drittstaat), z. B. in den USA, Japan, dem Vereinigten Königreich oder der Schweiz, so kann aufgrund der in § 2 Abs. 2 vorgesehenen Bestimmung eines Vertreters gleichwohl das deutsche Umsetzungsgesetz anwendbar sein (vgl. Hornung-Draus Arbeitgeber 1994, 779 [760]). Voraussetzung dafür ist zunächst, daß der Multi gemeinschaftsweit i. S. d. § 3 tätig ist (Engels/Müller DB 1996, 981 [982]), d. h. die dort vorgesehenen Beschäftigtenschwellen innerhalb der MS erfüllt. Hat beispielsweise ein Multi mit Sitz in Japan nur ein Unternehmen innerhalb der Gemeinschaft, so kommt die Bestimmung eines Vertreters auch dann nicht in Betracht, wenn dort mehr als 1000 Arbeitnehmer beschäftigt sind (vgl. Goos NZA 1994, 776 [777]). Bei einem multinationalen Unternehmen kommt als Vertreter ein in Deutschland ansässiger Betrieb, bei einer multinationalen Unternehmensgruppe ein in Deutschland liegendes Unternehmen in Betracht, wenn eine der in § 2 Abs. 2 Sätze 1 bis 3 genannten Alternativen eingreift.

4 **aa) Nachgeordnete Leitung (Satz 1).** Das EBRG ist in erster Linie anwendbar, wenn es eine der zentralen Leitung des Multis (z. B. in den USA) nachgeordnete Leitung für die Betriebe oder Unternehmen in den MS (»Europazentrale«) mit Sitz in Deutschland gibt. Die Regelung erinnert an § 5 Abs. 3 MitbestG, in dem Arbeitnehmer einer fingierten Teilkonzernspitze zugerechnet werden, wenn die Zurechnung zur Konzernspitze nicht möglich ist, z. B. weil es sich bei ihr um ein ausländisches Unternehmen handelt. Eine in Deutschland liegende nachgeordnete Europazentrale wird jedenfalls dann anzunehmen sein, wenn der Multi sämtliche Tochtergesellschaften in den MS über ein deutsches Unternehmen – das ihm am nächsten steht – beherrscht. Da die »**Europazentrale**« für die Anwendbarkeit des EBRG lediglich als zentrale Leitung fingiert wird, muß ihre Herrschaftsmöglichkeit nicht auf eigenen Beteiligungs- oder Satzungsrechten bei den übrigen Tochterunternehmen der MS beruhen, sondern auf einer delegierten Leitungsmacht (vgl. zu § 5 Abs. 3 MitbestG Ulmer, in: Hanau/Ulmer, § 5 Rn. 70; vgl. auch Fitting/Wlotzke-Wißmann § 5 Rn. 63, die schon die Weiterleitung von Weisungen genügen lassen). Mit Blick auf die Zielsetzung des EBRG, eine grenzübergreifende Unterrichtung und Anhörung der Arbeitnehmer zu gewährleisten, dürfte es erforderlich, aber auch ausreichend sein, wenn einem nachgeordneten Unternehmen in Deutschland die Befugnis eingeräumt ist, über die Angelegenheiten, welche die Interessen der in den MS beschäftigten Arbeitnehmer berühren, in eigener Verantwortung zu entscheiden.

5 **bb) Benennung eines Vertreters (Satz 2).** Besteht keine nachgeordnete Leitung in den MS, hat der im Drittstaat befindliche Multi die Möglichkeit, einen Vertreter zu benennen (vgl. Art. 4 Abs. 2 Satz 1 RL). Die Anwendbarkeit des EBRG hängt also allein davon ab, ob ein deutscher Betrieb oder ein deutsches Unternehmen bzw. das dortige Management als Vertreter benannt werden.

Durch die **Auswahlmöglichkeit** des Vertreters wird es dem Multi zugleich ermöglicht, das für eine grenzübergreifende Unterrichtung und Anhörung maßgebende Umsetzungsrecht innerhalb der MS auszuwählen, in denen er einen Betrieb oder ein Unternehmen hat (vgl. Blanpain/Windey, S. 69, die von einer verdeckten Rechtswahlmöglichkeit sprechen).

cc) **Betrieb oder Unternehmen mit der größten Arbeitnehmerzahl** (Satz 3). 6
Wird von der Benennung eines Vertreters kein Gebrauch gemacht, kommt es für die Anwendbarkeit des EBRG darauf an, ob der Betrieb des Unternehmens oder das Unternehmen der Unternehmensgruppe mit der größten Arbeitnehmerzahl innerhalb der MS in Deutschland liegt (vgl. Art. 4 Abs. 2 Satz 2 RL). Es kommt also nicht darauf an, in welchem MS insgesamt die meisten Arbeitnehmer – in mehreren Betrieben oder Unternehmen – beschäftigt werden. Bei der Ermittlung des arbeitnehmerstärksten Betriebs oder Unternehmens ist zu berücksichtigen, daß die Beschäftigtenzahlen von unterschiedlichen Arbeitnehmerbegriffen und unterschiedlichen Zählweisen nach dem Recht des jeweiligen MS beeinflußt werden. So werden beispielsweise in Frankreich und in Belgien Teilzeitbeschäftigte nur zeitanteilig (pro-rata temporis) berücksichtigt.

b) **Rechtsfolgen** (Satz 4). Wird ein exterritorialer Multi durch einen Betrieb 7
oder ein Unternehmen in Deutschland vertreten, fingiert § 2 Abs. 2 Satz 4 diese Stelle als zentrale Leitung (vgl. Art. 4 Abs. 3 RL). Der **Vertreter** ist damit in eigener Verantwortung verpflichtet, für alle in den MS liegenden Betriebe oder Unternehmen des Multis eine grenzübergreifende Unterrichtung und Anhörung der Arbeitnehmer nach Maßgabe des EBRG zu gewährleisten (Engels/Müller DB 1996, 981 [982]). Die deutsche Betriebs- oder Unternehmensleitung hat dann alle die sich aus dem EBRG ergebenden **Rechte und Pflichten einer zentralen Leitung.** Sie ist u.a. der zuständige Adressat eines Antrags der Arbeitnehmer oder ihrer Vertreter auf Bildung eines BVG (§ 9 Abs. 1), mit ihr ist zu verhandeln (§ 8 Abs. 1) und auf ihrer Ebene ist ggf. ein EBR kraft Gesetzes zu errichten (§ 21 Abs. 1).

Gilt ein Betrieb oder Unternehmen in einem anderen MS als zentrale Leitung, 8
so sind auf die in Deutschland liegenden Betriebe oder Unternehmen des Multis entsprechend § 2 Abs. 4 nur die dort genannten Bestimmungen anwendbar.

II. Sachlicher Geltungsbereich

Das EBRG gilt für alle grenzübergreifend tätigen Unternehmen und herr- 9
schende Unternehmen einer Unternehmensgruppe, die der Privatwirtschaft zuzuordnen sind, sofern die zentrale Leitung oder deren Vertreter seinen Sitz im Inland hat. Es kommt nicht darauf an, ob es sich bei diesen Unternehmen um Kapitalgesellschaften (z.B. AG, GmbH), Personengesellschaften (OHG, KG) oder Einzelkaufleute handelt. Das EBRG beschränkt seinen Anwendungsbereich zwar nicht ausdrücklich auf **Unternehmen mit privater Rechtsform,** es soll aber ausweislich seiner Begründung »dafür gesorgt werden, daß die nach dem Betriebsverfassungsgesetz bestehenden Rechte der Arbeitnehmervertretungsorgane wieder besser greifen.« (vgl. BT-Drucks. 13/4520 v.

6. 5. 1996, S. 14). Im übrigen können die auf die im Inland beschäftigten Arbeitnehmer entfallenden Mitglieder des BVG und des EBR kraft Gesetzes ausschließlich von den nach dem Betriebsverfassungsgesetz bestehenden Arbeitnehmervertretungsgremien (Konzernbetriebsrat, Gesamtbetriebsrat, Betriebsrat) entsandt werden (vgl. §§ 11, 23). Dies zeigt, daß öffentliche Verwaltungen sowie alle unmittelbar von der öffentlichen Hand geführten Unternehmen (z. B. Landeszentralbanken), auf die das Personalvertretungsgesetz des Bundes oder der Länder anwendbar ist, nicht vom EBRG erfaßt werden. Das Gesetz gilt deshalb auch nicht für Religionsgemeinschaften und die »verfaßten« Kirchen, weil diese nicht dem Betriebsverfassungsgesetz unterliegen (vgl. § 118 Abs. 2 und § 130 BetrVG).

10 Anwendbar ist das EBRG hingegen auf gemeinschaftsweit tätige **Seeschifffahrtsunternehmen** mit Sitz im Inland (vgl. §§ 114 ff. BetrVG). Die Richtlinie sieht zwar in Art. 1 Abs. 5 vor, daß die MS das seefahrende Personal der Handelsmarine vom Anwendungsbereich des Umsetzungsrechts ausnehmen können. Der deutsche Gesetzgeber hat davon aber keinen Gebrauch gemacht.

III. Mitgliedstaaten (Abs. 3)

11 MS im Sinne des EBRG sind nach § 2 Abs. 3 zunächst die **Staaten der EU**, die das Protokoll über die Sozialpolitik des Maastrichter Abkommens unterzeichnet haben, also – mit Ausnahme des Vereinigten Königreichs – Belgien, Dänemark, Deutschland, Frankreich, Griechenland, Irland, Italien, Luxemburg, Niederlande, Portugal und Spanien sowie Österreich, Schweden und Finnland, die mit Wirkung vom 1. 1. 1995 der EU beigetreten sind und das in diesem Zeitpunkt bestehende Gemeinschaftsrecht insoweit übernommen haben (vgl. Däubler, in: DKK, EBR-Richtlinie Rn. 34). Schließlich gilt das EBRG auch für die **Vertragsstaaten des Abkommens über den Europäischen Wirtschaftsraum (EWR)** Island, Liechtenstein und Norwegen, welche die Richtlinie über Europäische Betriebsräte aufgrund des Beschlusses des Gemeinsamen EWR-Ausschusses Nr. 55/95 vom 22. 5. 1995 (ABl. EG Nr. L 140 v. 13. 6. 1996, S. 2 f.) anwenden. Der transnationale Geltungsbereich des EBRG erstreckt sich somit auf insgesamt 17 MS.

IV. »Nationale« EBRG-Bestimmungen (Abs. 4)

12 § 2 Abs. 4 bezeichnet die **Bestimmungen des EBRG, die auch dann gelten, wenn die zentrale Leitung in einem anderen MS liegt** und sich demgemäß die Ausgestaltung der grenzübergreifenden Unterrichtung und Anhörung der Arbeitnehmer überwiegend nach dem Umsetzungsrecht dieses MS richtet (vgl. Rn. 2). Das EBRG ist auch in diesen Fällen auf inländische Arbeitnehmer sowie auf in Deutschland liegende Betriebe oder Unternehmen partiell anwendbar. Dies gilt für den Arbeitnehmerbegriff und die Berechnung der inländischen Arbeitnehmerzahlen (§ 4) sowie für die Auskunft über die durchschnittliche Gesamtzahl der in den MS beschäftigten Arbeitnehmer, sofern der Anspruch gegenüber einer nachgeordneten inländischen Betriebs- oder Unternehmensleitung geltend gemacht wird (§ 5 Abs. 2). Durch die Verweisung auf § 6 wird klargestellt, daß die dort vorgesehenen Kriterien für

die Bestimmung des herrschenden Unternehmens einer Unternehmensgruppe auch Unternehmen aus anderen Staaten zugänglich sind. Liegt die zentrale Leitung in einem anderen MS, bleibt das EBRG gleichwohl anwendbar, wenn der Antrag auf Bildung des BVG bei einer im Inland liegenden Betriebs- oder Unternehmensleitung eingereicht wird und von dieser unverzüglich an die zentrale Leitung weiterzuleiten ist (§ 9 Abs. 2 Satz 3). Dasselbe gilt für die gesamtschuldnerische Haftung des inländischen Arbeitgebers (§ 16 Abs. 2), die Bestellung der inländischen Arbeitnehmervertreter im BVG und im EBR (§§ 11, 23 Abs. 1 bis 5, 18 Abs. 2 i.V.m. § 23) und die für sie geltenden Schutzbestimmungen (§ 40). Ein Mitglied des EBR kraft Gesetzes hat den örtlichen Arbeitnehmervertretungen im Inland auch dann über die Unterrichtung und Anhörung des EBR durch die zentrale Leitung zu berichten, wenn die zentrale Leitung nicht in Deutschland liegt (§ 35 Abs. 2).

§ 3 Gemeinschaftsweite Tätigkeit

(1) Ein Unternehmen ist gemeinschaftsweit tätig, wenn es mindestens 1000 Arbeitnehmer in den Mitgliedstaaten und davon jeweils mindestens 150 Arbeitnehmer in mindestens zwei Mitgliedstaaten beschäftigt.

(2) Eine Unternehmensgruppe ist gemeinschaftsweit tätig, wenn sie mindestens 1000 Arbeitnehmer in den Mitgliedstaaten beschäftigt und ihr mindestens zwei Unternehmen mit Sitz in verschiedenen Mitgliedstaaten angehören, die jeweils mindestens je 150 Arbeitnehmer in verschiedenen Mitgliedstaaten beschäftigen.

ÜBERSICHT

I. Gemeinschaftsweit tätiges Unternehmen (Abs. 1)

1. Begriff des Unternehmens. Das EBRG ist nur auf solche Unternehmen mit Sitz in Deutschland anwendbar, die eine transnationale Struktur aufweisen. Der Begriff des Unternehmens wird nicht definiert, sondern – wie im Betriebsverfassungsgesetz – vorausgesetzt. Unternehmen ist die organisatorische Einheit, mit der der Unternehmer seine wirtschaftlichen oder ideellen Zwecke verfolgt (zum betriebsverfassungsrechtlichen Unternehmensbegriff vgl. BAG AP Nr. 4 zu § 47 BetrVG 1972). Dies entspricht der Rechtsprechung des EuGH, nach der jede Einrichtung als Unternehmen zu betrachten ist, die eine wirtschaftliche Tätigkeit ausübt, selbst wenn diese Tätigkeit nicht gewinnorientiert ist (zum Wettbewerbsrecht vgl. EuGH v. 19. 1. 1994, Rs. C-364/92 Eurocontrol, NJW 1994, 2344 [2345]; zur Richtlinie »Betriebsübergang« vgl. EuGH v. 8. 6. 1994, Rs. C-382/92). Auf die Rechtsform kommt es insoweit nicht an. 1

2 **2. Gemeinschaftsweite Tätigkeit.** Ein Unternehmen ist gemeinschaftsweit tätig, wenn es **insgesamt mindestens 1000 Arbeitnehmer in den MS und davon jeweils mindestens 150 Arbeitnehmer in mindestens zwei MS** beschäftigt. Die Beschäftigtenzahlen des MS, in dem sich die zentrale Leitung befindet, sind also auch bei der Ermittlung der zweiten Arbeitnehmergrenzzahl zu berücksichtigen (vgl. Engels/Müller DB 1996, 981; Däubler, in: DKK, EBR-Richtlinie Rn. 14; nicht zutreffend Mayer BB 1995, 1794 [1797], der meint, daß mindestens drei MS berührt sein müßten). Hat ein Unternehmen mit Sitz in Deutschland hier einen Betrieb mit 850 Arbeitnehmern und in den Niederlanden einen weiteren Betrieb mit 150 Arbeitnehmern, werden nicht nur 1000 Arbeitnehmern in den MS insgesamt beschäftigt, sondern auch »jeweils mindestens 150 Arbeitnehmern in mindestens zwei MS« (vgl. Hornung-Draus Arbeitgeber 1994, 759 [760]). Das EBRG ist folglich anwendbar. Für die Berechnung der Arbeitnehmerzahlen ist das jeweilige Umsetzungsrecht des MS maßgebend, in dem die Arbeitnehmer beschäftigt sind. Hat ein MS im Zeitpunkt der Ermittlung der Beschäftigtenzahlen die EBR-Richtlinie noch nicht umgesetzt, so können die dort beschäftigten Arbeitnehmer nicht mitgezählt werden.

3 Bei der **Ermittlung der zweiten Beschäftigtenschwelle** von 150 Arbeitnehmern ist es unerheblich, ob diese Arbeitnehmer in einem oder in mehreren Betrieben eines MS beschäftigt werden (vgl. Art. 2 Abs. 1 a RL). Ist eine »gemeinschaftsweite Tätigkeit« eines Unternehmens zu bejahen, sind in die grenzübergreifende Unterrichtung und Anhörung der Arbeitnehmer auch solche zum Unternehmen gehörende Betriebe eines MS einzubeziehen, in denen weniger als 150 Arbeitnehmer beschäftigt sind (vgl. § 1 Abs. 2). Hat ein inländisches Unternehmen einen Betrieb in Deutschland mit 850 Beschäftigten, einen Betrieb in Belgien mit 150 Beschäftigten und einen weiteren Betrieb in den Niederlanden mit 50 Beschäftigten, so ist die Anwendbarkeit des EBRG zwar allein durch die Betriebe in Deutschland und in Belgien gewährleistet; die daraus folgende grenzübergreifende Unterrichtung und Anhörung muß sich aber auch auf die 50 Arbeitnehmer des Betriebs in den Niederlanden erstrecken (vgl. Hanau, in: FS Vieregge, 319 [320]).

II. Gemeinschaftsweit tätige Unternehmensgruppe (Abs. 2)

4 **1. Ausgangslage.** Das EBRG erfaßt ferner gemeinschaftsweit tätige Unternehmensgruppen, die aus einem herrschenden Unternehmen – mit Sitz in Deutschland – und einem oder mehreren von diesem abhängigen Unternehmen bestehen (zum Begriff der Unternehmensgruppe vgl. § 6 Rn. 5 ff.). Damit wird auf den typischen Fall abgestellt, daß in anderen Ländern als denen des Stammsitzes aus steuerlichen und haftungsrechtlichen Gründen in der Regel keine rechtlich unselbständige Zweigniederlassung, sondern eine Tochtergesellschaft errichtet wird (vgl. Däubler AuA 1995, 153 [154]). Eine Unternehmensgruppe ist gemeinschaftsweit tätig, wenn sie insgesamt mindestens 1000 Arbeitnehmer in den MS beschäftigt, ihr mindestens zwei Unternehmen in verschiedenen MS angehören, die ihrerseits jeweils mindestens je 150 Arbeitnehmer in verschiedenen MS beschäftigen (Engels/Müller DB 1996, 981). Für die Berechnung der Arbeitnehmerzahlen ist auch hier das jeweilige Umsetzungsrecht des MS maßgebend, in dem die Arbeitnehmer beschäftigt sind.

2. Beachtung der unterschiedlichen Beschäftigtenschwellen. Bei der Ermittlung der für eine gemeinschaftsweite Tätigkeit erforderlichen Beschäftigtenschwellen ist strikt zwischen der für die gesamte Unternehmensgruppe maßgeblichen ersten Arbeitnehmergrenzzahl von mindestens 1000 Arbeitnehmern und der auf die zur Unternehmensgruppe gehörenden Unternehmen bezogene zweite Arbeitnehmergrenzzahl von mindestens 150 Arbeitnehmern zu unterscheiden. Beschäftigt ein herrschendes Unternehmen in Deutschland 700 Arbeitnehmer und hat es in Frankreich ein Tochterunternehmen und in den Niederlanden eine rechtlich unselbständige Zweigniederlassung (Betrieb) mit jeweils 150 Arbeitnehmern, so beschäftigt die Unternehmensgruppe insgesamt 1000 Arbeitnehmer. Unerheblich ist insoweit, daß die 150 Arbeitnehmer in den Niederlanden nicht von einer rechtlich selbständigen Tochtergesellschaft beschäftigt werden. Da die Unternehmensgruppe in Deutschland ein herrschendes Unternehmen mit 700 Arbeitnehmern und in den Niederlanden ein Unternehmen mit 150 Arbeitnehmern hat, ist die gemeinschaftsweite Tätigkeit zu bejahen, da der Unternehmensgruppe auch »mindestens zwei Unternehmen mit Sitz in verschiedenen MS angehören, die jeweils mindestens je 150 Arbeitnehmer in verschiedenen MS beschäftigen«. 5

3. Unternehmens- und Mitgliedstaatsbezogenheit der Arbeitnehmergrenzzahlen. Die Unternehmensgruppe muß **in mindestens zwei MS mindestens je ein Unternehmen** besitzen, **das mindestens 150 Arbeitnehmer beschäftigt.** § 3 Abs. 2 folgt dem eindeutigen Wortlaut des Art. 2 Abs. 1 c RL. Für eine gemeinschaftsweite Tätigkeit reicht es deshalb nicht aus, wenn in einem MS zwar insgesamt 150 Arbeitnehmer beschäftigt sind, diese aber in mehreren Unternehmen beschäftigt werden (vgl. Hornung-Draus Arbeitgeber 1994, 759 [760]; a.A. Däubler, in: DKK, EBR-Richtlinie Rn. 49; Bachner/Kunz ArbuR 1996, 81 [83]; kritisch auch Wunsch-Semmler, S. 111). Beschäftigt ein herrschendes Unternehmen in Deutschland 850 Arbeitnehmer und hat es lediglich in Belgien zwei Tochterunternehmen mit 50 und 100 Arbeitnehmern, ist das EBRG nicht anwendbar, weil keine gemeinschaftsweite Tätigkeit im Rechtssinne vorliegt. 6

Im übrigen können nur die Arbeitnehmer berücksichtigt werden, die einem Unternehmen angehören, das in einem MS liegt. Beschäftigt ein herrschendes Unternehmen in Deutschland 850 Arbeitnehmer und hat es im Nicht-MS Großbritannien ein Tochterunternehmen, so sind die für eine gemeinschaftsweite Tätigkeit notwendigen Beschäftigtenschwellen auch dann nicht erreicht, wenn das britische Unternehmen in einem MS (z.B. in Irland) einen Betrieb mit mindestens 150 Arbeitnehmern hat (vgl. Engels/Müller DB 1996, 981 Fn. 3). 7

4. Beschäftigte »in verschiedenen Mitgliedstaaten«. Eine gemeinschaftsweite Tätigkeit setzt bei einer Unternehmensgruppe überdies voraus, daß die erforderlichen 150 Arbeitnehmer nicht nur jeweils mindestens zwei Unternehmen mit Sitz in verschiedenen MS zuzurechnen sind, sie müssen auch in verschiedenen MS beschäftigt sein. Beschäftigt ein herrschendes Unternehmen in Deutschland 850 Arbeitnehmer und hat es ein Tochterunternehmen in Österreich mit insgesamt 150 Arbeitnehmern, von denen ein Teil (z.B. 50 Arbeitnehmer) in einem Betrieb in Deutschland beschäftigt ist, findet das EBRG keine Anwendung (vgl. Engels/Müller DB 1996, 981 Fn. 4). Die im 8 deutschen Betrieb des österreichischen Unternehmens beschäftigten Arbeitnehmer können nicht berücksichtigt werden, weil sie hinsichtlich der beim herrschenden Unternehmen in Deutschland beschäftigten Arbeitnehmer nicht in einem davon verschiedenen MS tätig sind. Eine gemeinschaftsweite Tätigkeit liegt deshalb auch dann nicht vor, wenn zwei Tochterunternehmen in Frankreich und Belgien zwar insgesamt jeweils 150 Arbeitnehmer haben, von denen aber jeweils ein Teil in einem Betrieb des anderen Landes beschäftigt ist.

§ 4 Berechnung der Arbeitnehmerzahlen

In Betrieben und Unternehmen des Inlands errechnen sich die im Rahmen des § 3 zu berücksichtigenden Arbeitnehmerzahlen nach der Anzahl der im Durchschnitt während der letzten zwei Jahre beschäftigten Arbeitnehmer im Sinne des § 5 Abs. 1 des Betriebsverfassungsgesetzes. Maßgebend für den Beginn der Frist nach Satz 1 ist der Zeitpunkt, in dem die zentrale Leitung die Initiative zur Bildung des besonderen Verhandlungsgremiums ergreift oder der zentralen Leitung ein den Voraussetzungen des § 9 Abs. 2 entsprechender Antrag der Arbeitnehmer oder ihrer Vertreter zugeht.

ÜBERSICHT

I. Regelungszweck und Arbeitnehmerbegriff

1 Die für eine gemeinschaftsweite Tätigkeit erforderlichen Arbeitnehmerzahlen werden nach Art. 2 Abs. 2 RL gemäß den entsprechenden einzelstaatlichen Rechtsvorschriften und Gepflogenheiten nach der Zahl der im Durchschnitt während der letzten zwei Jahre in den einzelnen MS beschäftigten Arbeitnehmer einschließlich der Teilzeitbeschäftigten berechnet. Die Berechnung der in den Betrieben oder Unternehmen der einzelnen MS beschäftigten Arbeitnehmer und die sich daraus ergebende Gesamtzahl der Beschäftigten hängt somit wesentlich vom **jeweiligen nationalen Arbeitnehmerbegriff** und davon ab, inwieweit befristet Beschäftigte und Teilzeitbeschäftigte in den einzelnen MS mitgezählt werden (vgl. Hohenstatt EuZW 1995, 169 [170]; Engels/Müller DB 1996, 981; Hanau, in: FS Vieregge, 319 [321 f.]; Däubler/Klebe AiB 1995, 557 [563 f.]; Schmidt NZA 1997, 180 [181]). So werden etwa in Frankreich und Belgien die Arbeitnehmer erst ab einer bestimmten Vertragsdauer berücksichtigt und Teilzeitarbeitnehmer nur zeitanteilig (pro rata temporis) gezählt. § 4 regelt, wie die in deutschen Betrieben und Unternehmen beschäftigten Arbeitnehmer bei der Bestimmung der in § 3 genannten Arbeitnehmerzahlen berechnet werden. Diese Regelung gilt gemäß § 2 Abs. 4 auch dann, wenn die zentrale Leitung nicht im Inland liegt.

II. Der für das Inland maßgebende Arbeitnehmerbegriff

1. Arbeitnehmer i. S. d. § 5 Abs. 1 BetrVG. Für Betriebe und Unternehmen in Deutschland gilt nach § 4 Satz 1 der Arbeitnehmerbegriff des § 5 Abs. 1 BetrVG (vgl. Kothe EuroAS 1996, 115 [116], der diesen Verweis für rechtssystematisch plausibel hält). Arbeitnehmer sind **Arbeiter und Angestellte einschließlich der zu ihrer Berufsausbildung Beschäftigten** sowie nach § 6 Abs. 1 und 2 BetrVG auch die in Heimarbeit Beschäftigten, deren Einbeziehung in den Arbeitnehmerbegriff systematisch § 5 Abs. 1 BetrVG zuzuordnen ist (vgl. Hromadka DB 1995, 1125 [1126]; Rademacher, S. 95). Bei der Berechnung der inländischen Arbeitnehmerzahlen sind auch befristet beschäftigte Arbeitnehmer zu berücksichtigen, wenn sie auf einem ständig zu besetzenden Arbeitsplatz tätig sind (FKHE BetrVG § 1 Rn. 244; DR BetrVG § 1 Rn. 123). Teilzeitbeschäftigte sind wie Vollzeitbeschäftigte pro Kopf und nicht zeitanteilig (pro rata temporis) zu zählen (dafür schon Weiss ArbuR 1995, 438 [441]; Mayer BB 1995, 1794; Däubler, in: DKK, EBR-Richtlinie Rn. 45; a. A. Wienke EuroAS 1996, 120 [123]; Hromadka DB 1995, 1125 [1126]; Klinkhammer/Welslau ArbuR 1994, 326 [328]). Wie im Betriebsverfassungsgesetz wird auf die Betroffenheit von Arbeitgeberentscheidungen und auf die Einbindung in einen Betrieb, nicht jedoch auf die Zahl der dort zu leistenden Arbeitsstunden abgestellt. 2

2. Einbeziehung leitender Angestellter. Ebenso wie im Betriebsverfassungsgesetz zählt die dort in § 5 Abs. 3 genannte Personengruppe der **leitenden Angestellten nicht zu den Arbeitnehmern** im Sinne des EBRG (so schon Hornung-Draus Arbeitgeber 1994, 759 [760]; a. A. Hromadka DB 1995, 1125 [1126]). Art. 2 Abs. 1 d RL eröffnet den MS die Möglichkeit, den Begriff der Arbeitnehmervertreter und damit auch den Arbeitnehmerbegriff entsprechend den innerstaatlichen Rechtsvorschriften festzulegen (vgl. dazu Däubler, in: DKK, EBR-Richtlinie Rn. 43; Hanau, in: FS Vieregge, 319 [322]). Mit Blick auf die Zielsetzung des EBRG, dafür zu sorgen, daß die nach dem Betriebsverfassungsgesetz bestehenden Mitwirkungs- und Mitbestimmungsrechte der Arbeitnehmervertretungsorgane wieder besser greifen, ist es folgerichtig, den Begriff des Arbeitnehmers ausschließlich nach § 5 Abs. 1 BetrVG zu bestimmen. Die Berücksichtigung leitender Angestellter bei der Berechnung der Arbeitnehmerzahlen hätte zur Folge gehabt, daß den meisten sog. freiwilligen Vereinbarungen, die zum Teil weit vor dem 22. 9. 1996 abgeschlossen worden sind, eine gesetzesverdrängende Wirkung versagt werden müßte (vgl. § 41 Abs. 1 Satz 1). Diese Vereinbarungen sehen nämlich überwiegend keine Einbeziehung leitender Angestellter vor und würden sich deshalb nicht auf »alle in den MS beschäftigten Arbeitnehmer erstrecken« (zu dieser Voraussetzung der gesetzesverdrängenden Wirkung vgl. § 41 Abs. 1 Satz 2). 3

Dem **Interesse der leitenden Angestellten**, in die grenzübergreifende Unterrichtung und Anhörung einbezogen zu werden, trägt das EBRG in mehrfacher Hinsicht Rechnung. Leitende Angestellte können in Anlehnung an die Regelungen zum Wirtschaftsausschuß (§§ 106 Abs. 1, 107 Abs. 1 Satz 2 BetrVG) Mitglied des BVG werden (vgl. § 11 Abs. 4). Das zuständige Sprecherausschußgremium hat unter bestimmten Voraussetzungen das Recht, einen leitenden Angestellten zu bestimmen, der als Gast an den Sitzungen zur 4

Unterrichtung und Anhörung des EBR kraft Gesetzes teilnehmen kann (vgl. § 23 Abs. 6). Dieses Recht besteht auch dann, wenn der EBR im Vereinbarungsweg errichtet wird (vgl. § 18 Abs. 2). Den Sprecherausschüssen der leitenden Angestellten wird zumindest über die Unterrichtung und Anhörung des EBR kraft Gesetzes durch die zentrale Leitung berichtet (vgl. § 35 Abs. 2). Im Rahmen von Vereinbarungslösungen können leitende Angestellte noch stärker einbezogen werden (z. B. Mitgliedschaft statt Gaststatus im EBR).

III. Berechnung der inländischen Arbeitnehmerzahlen

5 **1. Berechnung des Durchschnittswerts.** Bei der Berechnung der in Betrieben und Unternehmen des Inlands beschäftigten Arbeitnehmer kommt es darauf an, wieviele Arbeitnehmer im Durchschnitt während der letzten zwei Jahre beschäftigt waren (zum Beginn der Frist vgl. Rn. 6). Der Durchschnitt errechnet sich nach der Formel »**Zahl der je Tag beschäftigten Arbeitnehmer geteilt durch 730 Tage**» (Hromadka DB 1995, 1125 [1126]; Rademacher, S. 91; Engels/Müller DB 1996, 981). Der Gesetzgeber sah sich offenbar in Anbetracht des Wortlauts des Art. 2 Abs. 2 RL daran gehindert, bei der Berechnung auf die »in der Regel« beschäftigten Arbeitnehmer abzustellen (kritisch deshalb Bachner/Kunz ArbuR 1995, 81 [83]), wie dies im Betriebsverfassungsgesetz üblich ist (vgl. z. B. §§ 1, 99 Abs. 1 Satz 1, § 111 Satz 1 BetrVG). Die betriebsverfassungsrechtliche Berechnungsmethode hätte es erlaubt, auf die den Betrieb normalerweise kennzeichnende Beschäftigtenzahl mit Rückblick auf die Vergangenheit, aber auch mit Ausblick auf die Zukunft abzustellen (vgl. FKHE BetrVG § 1 Rn. 239 f. m. w. N. der Rspr. des BAG). Die in § 4 vorgesehene rein arithmetische Berechnung, die ausschließlich auf die vergangenen beiden Jahre abstellt, führt vor allem dann zu Schwierigkeiten, wenn die Zahl der Arbeitnehmer im Zweijahreszeitraum nicht nur schwankt, sondern sich z. B. durch Erwerb oder Veräußerung von Betrieben oder Unternehmen auf Dauer ändert (vgl. Hromadka DB 1995, 1125 [1126]; Klinkhammer/Welslau AG 1994, 488 [491]; Heinze AG 1995, 385 [388]; Bachner/Kunz ArbuR 1996, 81 [83]). Sinkt etwa die Gesamtzahl der Arbeitnehmer nachhaltig und dauerhaft ab, so wäre es nicht sinnvoll, mit Rücksicht auf einen noch über 1000 Arbeitnehmern liegenden Durchschnittswert ein BVG zu bilden, obwohl bereits absehbar ist, daß die für eine grenzübergreifende Unterrichtung und Anhörung erforderlichen Arbeitnehmerzahlen alsbald unterschritten werden (vgl. Däubler, in: DKK, EBR-Richtlinie Rn. 47). Ist hingegen die regelmäßige Beschäftigtenzahl deutlich über 1000 Arbeitnehmer angestiegen, sollten die Arbeitnehmer auch bei einem noch darunter liegenden Durchschnittswert nicht bis zu zwei Jahre warten müssen, um das Verfahren zur Unterrichtung und Anhörung einleiten zu können. Aus Gründen der Praktikabilität und der Zielsetzung der Richtlinie spricht viel dafür, trotz des entgegenstehenden Wortlauts des § 4 bei Strukturänderungen und damit verbundenen nachhaltigen Veränderungen der Beschäftigtenzahl von der neuen Zahl auszugehen (ebenso Rademacher, S. 92).

6 **2. Beginn der Zweijahresfrist.** Die Zweijahresfrist bestimmt sich nach § 4 Satz 2 rückwirkend von dem Zeitpunkt an, in dem der zentralen Leitung ein den Voraussetzungen des § 9 Abs. 2 entsprechender **Antrag der Arbeitnehmer oder ihrer Vertreter** auf Bildung des BVG zugeht (Hromadka DB 1995,

1125 [1126]; Däubler/Klebe AiB 1995, 557 [564]; Rademacher, S. 92; vgl. auch § 9 Rn. 4 ff.). Geht die Initiative zur Bildung des BVG ausnahmsweise von der zentralen Leitung aus, kommt es auf den Zeitpunkt an, in dem zumindest einer örtlichen Arbeitnehmervertretung dieses Vorhaben mitgeteilt wird (vgl. BT-Drucks.13/4520 v. 6. 5. 1996, S. 18). Um Streitigkeiten zu vermeiden sollte die Mitteilung schriftlich erteilt oder schriftlich bestätigt werden.

§ 5 Auskunftsanspruch

(1) Die zentrale Leitung hat einer Arbeitnehmervertretung auf Verlangen Auskünfte über die durchschnittliche Gesamtzahl der Arbeitnehmer und ihre Verteilung auf die Mitgliedstaaten, die Unternehmen und Betriebe sowie über die Struktur des Unternehmens oder der Unternehmensgruppe zu erteilen.

(2) Ein Betriebsrat oder ein Gesamtbetriebsrat kann den Anspruch nach Absatz 1 gegenüber der örtlichen Betriebs- oder Unternehmensleitung geltend machen; diese ist verpflichtet, die für die Auskünfte erforderlichen Informationen und Unterlagen bei der zentralen Leitung einzuholen.

ÜBERSICHT

I. Regelungszweck

1 Durch § 5 wird sichergestellt, daß die Arbeitnehmer die **erforderlichen Fakten** erhalten, um beurteilen zu können, ob die Voraussetzungen für eine grenzübergreifende Unterrichtung und Anhörung in ihrem Unternehmen oder ihrer Unternehmensgruppe gegeben sind. Hierzu zählen insbesondere Auskünfte, aus denen sich ergibt, ob die für eine gemeinschaftsweite Tätigkeit erforderlichen Beschäftigtenzahlen (vgl. § 3) erreicht werden oder nicht (vgl. Däubler, in: DKK, EBR-Richtlinie Rn. 98). Erst wenn diese Angaben vorliegen, können die Arbeitnehmer oder ihre Vertreter beurteilen, ob ein Antrag auf Bildung des BVG nach § 9 Abs. 1 sinnvoll ist.

II. Auskunftsanspruch gegen die zentrale Leitung (Abs. 1)

2 **1. Beteiligte.** Der Anspruch auf Auskunft über die Anzahl der in den MS beschäftigten Arbeitnehmer richtet sich gegen die zentrale Leitung mit Sitz in Deutschland. Anspruchsberechtigt ist nicht nur eine Arbeitnehmervertretung im Inland, also Betriebsrat, Gesamtbetriebsrat oder Konzernbetriebsrat (vgl. dazu § 5 Abs. 2), sondern auch **jede – betriebliche – Arbeitnehmervertretung** aus einem anderen MS, in dem das Unternehmen oder die Unternehmensgruppe einen Betrieb hat (vgl. Engels/Müller DB 1996, 981 [983]). Wer als »Arbeitnehmervertretung eines anderen MS« den Auskunftsanspruch geltend machen kann, richtet sich nach dem Recht des jeweiligen MS.

3 **2. Inhalt.** Auf Verlangen einer Arbeitnehmervertretung hat die zentrale Leitung dieser die durchschnittliche Gesamtzahl der Arbeitnehmer, ihre Verteilung auf die jeweiligen MS, Unternehmen und Betriebe mitzuteilen sowie Auskünfte über die Struktur des Unternehmens oder der Unternehmensgruppe zu geben. Die vorgesehene **Unterrichtung über die Verteilung der durchschnittlichen Gesamtzahl der Arbeitnehmer** ist vor allem in Unternehmensgruppen wichtig, da eine gemeinschaftsweite Tätigkeit i. S. d. § 3 Abs. 2 nur vorliegen kann, wenn in mindestens zwei MS je ein Unternehmen mindestens je 150 Arbeitnehmer hat und diese in verschiedenen MS beschäftigt sind (vgl. § 3 Rn. 6 ff.).

4 Die zentrale Leitung hat der Arbeitnehmervertretung darüber hinaus die **erforderlichen Unterlagen** zur Verfügung zu stellen. Auch im Rahmen des Auskunftsanspruchs nach Absatz 1 muß gewährleistet sein, daß die Arbeitnehmervertretung die nach dem jeweils anwendbaren Umsetzungsrecht maßgebenden Berechnungsmodalitäten für die dort beschäftigten Arbeitnehmer – die durchaus unterschiedlich sein können (vgl. § 4 Rn. 1) – nachvollziehen können. Dazu gehört auch, daß die Unterlagen in die Sprache der auskunftbegehrenden Arbeitnehmervertretung übersetzt werden müssen, wenn Sprachprobleme zu erwarten sind.

III. Anspruch gegen die örtliche Betriebs- oder Unternehmensleitung (Abs. 2)

5 Ein deutscher Betriebsrat oder Gesamtbetriebsrat kann den Auskunftsanspruch nach Absatz 1 auch gegenüber der örtlichen Betriebs- oder Unternehmensleitung geltend machen, auf deren Ebene er errichtet ist. Das örtliche Management hat dann seinerseits die verlangten Informationen und erforderlichen Unterlagen von der zentralen Leitung zu beschaffen, weil es mit den Organisationsstrukturen des Unternehmens oder der Unternehmensgruppe besser vertraut ist als die örtlichen Arbeitnehmervertretungen. Diese Regelung soll den Betriebsräten und Gesamtbetriebsräten in Deutschland die Information vor allem in den Fällen erleichtern, in denen die zentrale Leitung in einem anderen MS liegt (vgl. § 2 Abs. 4), oder wenn für sie unklar ist, wo sich der Sitz der zentralen Leitung befindet (Engels/Müller DB 1996, 981 [983]). Da nach Art. 11 Abs. 2 RL die MS verpflichtet sind, die Erfüllung des Auskunftsverlangens sicherzustellen, muß der örtlichen Betriebs- oder Unternehmensleitung die Informationsbeschaffung auch in den Fällen ermöglicht werden, in denen die zentrale Leitung in einem anderen MS liegt. Ob die Auskünfte unmittelbar gegenüber einer Arbeitnehmervertretung aus einem anderen MS oder für diese über deren örtliches Management zu erteilen sind, bedeutet keinen nennenswerten Unterschied.

IV. Streitigkeiten

6 Wird die von einer Arbeitnehmervertretung verlangte Auskunft über die Beschäftigtenzahl nach § 5 Abs. 1 nicht, nicht richtig, nicht vollständig oder nicht rechtzeitig erteilt, kann diese **Ordnungswidrigkeit der zentralen Leitung** nach § 45 Abs. 1 Nr. 1 i. V. m. Abs. 2 mit einer Geldbuße bis zu 30 000 Deutsche Mark geahndet werden.

Zur **aktuellen Erfüllung ihrer Auskunftspflichten** kann die säumige zentrale Leitung im arbeitsgerichtlichen Beschlußverfahren – notfalls auch im Wege einer einstweiligen Verfügung (vgl. BAG AP Nr. 19 zu § 80 BetrVG 1972) – verpflichtet werden. Es liegt eine Angelegenheit aus dem EBRG vor, für die die Gerichte für Arbeitssachen ausschließlich zuständig sind (§ 2a Abs. 1 Nr. 3b ArbGG). Da die mit der Auskunft begehrten Beschäftigtenzahlen letztlich die Beurteilung ermöglichen sollen, ob ein Antrag auf Bildung eines BVG sinnvoll ist, ist das Arbeitsgericht örtlich zuständig, in dessen Bezirk die zentrale Leitung ihren Sitz hat (vgl. § 82 Satz 4 ArbGG). Macht ein inländischer Betriebsrat oder Gesamtbetriebsrat den Anspruch nach § 5 Abs. 2 gegenüber der örtlichen Betriebs- oder Unternehmensleitung geltend, ist das Arbeitsgericht örtlich zuständig, in dessen Bezirk der Betrieb oder das Unternehmen seinen Sitz hat (§ 82 Satz 1 oder 2 ArbGG). Dies gilt auch dann, wenn die zentrale Leitung in einem anderen MS liegt. 7

§ 6 Herrschendes Unternehmen

(1) Ein Unternehmen, das zu einer gemeinschaftsweit tätigen Unternehmensgruppe gehört, ist herrschendes Unternehmen, wenn es unmittelbar oder mittelbar einen beherrschenden Einfluß auf ein anderes Unternehmen derselben Gruppe (abhängiges Unternehmen) ausüben kann.

(2) Ein beherrschender Einfluß wird vermutet, wenn ein Unternehmen in bezug auf ein anderes Unternehmen unmittelbar oder mittelbar
1. mehr als die Hälfte der Mitglieder des Verwaltungs-, Leitungs- oder Aufsichtsorgans des anderen Unternehmens bestellen kann oder
2. über die Mehrheit der mit den Anteilen am anderen Unternehmen verbundenen Stimmrechte verfügt oder
3. die Mehrheit des gezeichneten Kapitals dieses Unternehmens besitzt.
Erfüllen mehrere Unternehmen eines der in Satz 1 Nr. 1 bis 3 genannten Kriterien, bestimmt sich das herrschende Unternehmen nach Maßgabe der dort bestimmten Rangfolge.

(3) Bei der Anwendung des Absatzes 2 müssen den Stimm- und Ernennungsrechten eines Unternehmens die Rechte aller von ihm abhängigen Unternehmen sowie aller natürlichen oder juristischen Personen, die zwar im eigenen Namen, aber für Rechnung des Unternehmens oder eines von ihm abhängigen Unternehmens handeln, hinzugerechnet werden.

(4) Investment- und Beteiligungsgesellschaften im Sinne des Artikels 3 Abs. 5 Buchstabe a) oder c) der Verordnung (EWG) Nr. 4064/89 des Rates vom 21. Dezember 1989 über die Kontrolle von Unternehmenszusammenschlüssen (ABl. EG Nr. L 395 S. 1) gelten nicht als herrschendes Unternehmen gegenüber einem anderen Unternehmen, an dem sie Anteile halten, an dessen Leitung sie jedoch nicht beteiligt sind.

ÜBERSICHT

I. Bedeutung des herrschenden Unternehmens einer Unternehmensgruppe

1 Eine Unternehmensgruppe i. S. d. § 3 Abs. 2 setzt sich aus einem herrschenden Unternehmen und mindestens einem von ihm abhängigen Unternehmen zusammen (vgl. Däubler, in: DKK, EBR-Richtlinie Rn. 36). Der Begriff des »herrschenden Unternehmens« ist aber nicht nur für die Bestimmung der Unternehmensgruppe von großer Bedeutung. Das herrschende Unternehmen ist als zentrale Leitung (vgl. § 1 Rn. 10) der Gruppe zunächst dafür verantwortlich, daß eine grenzübergreifende Unterrichtung und Anhörung der Arbeitnehmer geschaffen werden kann (vgl. Art. 4 Abs. 1 RL). Das herrschende Unternehmen ist der Adressat für den Antrag der Arbeitnehmer oder ihrer Vertreter auf Bildung des BVG (vgl. §§ 9 ff.), das seitens der Arbeitnehmer eine Vereinbarung über eine grenzübergreifende Unterrichtung und Anhörung aushandeln soll (vgl. Engels/Müller DB 1996, 981 [982]). Auf der Ebene des herrschenden Unternehmens ist auch der EBR kraft Gesetzes (vgl. §§ 21 ff.) zu errichten, wenn keine Vereinbarungslösung zustande kommt. Schließlich ist der Sitz des herrschenden Unternehmens entscheidend für die Frage, welche Umsetzungsvorschriften welchen MS anwendbar sind und welche nationale Gerichtsbarkeit in Streitfällen in der Regel zuständig ist.

II. Anwendungsbereich und Regelungssystematik

2 Im Rahmen des EBRG kommt es nicht auf die Rechtsform der Unternehmen an, die organisationsrechtlich zu einer Unternehmensgruppe zusammengefaßt sind. Sowohl beim herrschenden als auch beim abhängigen Unternehmen kann es sich um Kapital- oder Personengesellschaften oder um Einzelkaufleute handeln (vgl. § 2 Rn. 9). Für das herrschende Unternehmen ist es unerheblich, ob es einen eigenen Geschäftsbetrieb hat und ob es überhaupt Arbeitnehmer beschäftigt (vgl. Hromadka DB 1995, 1125 [1126] m. w. N.). Holding-Gesellschaften, durch die ein oder mehrere Gesellschafter ihren Anteilsbesitz an anderen Gesellschaften verwalten, sind herrschende Unternehmen i. S. d. § 6, wenn sie an mehreren Gesellschaften maßgeblich beteiligt sind (vgl. Trittin, in: DKK, BetrVG Vor § 54 Rn. 10). Auch eine Familiengesellschaft, eine Erbengemeinschaft oder eine natürliche Person kann unter diesen Voraussetzungen »herrschendes Unternehmens« sein (vgl. Rn. 12).

3 Die in § 6 geregelte Bestimmung der Unternehmensgruppe und des sie beherrschenden Unternehmens gilt – wie dies der 13. Erwägungsgrund der Richtlinie vorsieht (vgl. Anh. I) – nur für den **Anwendungsbereich des EBRG** (vgl. auch Heinze AG 1994, 385 [388] Fn. 29). Die hier vorgesehenen Kriterien gelten aber gleichermaßen für inländische Unternehmen und für diejenigen Unternehmen derselben Unternehmensgruppe, die in einem anderen Staat liegen (vgl. Schmidt NZA 1997, 180 [181]). Die Regelungen gelten also unabhängig davon, ob das zu bestimmende herrschende Unternehmen einer

Unternehmensgruppe (zentrale Leitung) letztlich im Inland liegt oder nicht (vgl. § 2 Abs. 4). Auch ein Unternehmen in einem Drittstaat, z.B. in der Schweiz, kann danach seinen beherrschenden Einfuß innerhalb der Unternehmensgruppe geltend machen. Wird dieser Multi von einem deutschen Unternehmen vertreten, gilt dieses als herrschendes Unternehmen (vgl. Rn. 14).

In § 6 Abs. 1 wird zunächst generalklauselartig bestimmt, unter welchen Voraussetzungen ein Unternehmen einer gemeinschaftsweit tätigen Unternehmensgruppe als herrschendes Unternehmen zu qualifizieren ist, in Absatz 2 wird dann eine gestufte Rangfolge der Kriterien aufgestellt, bei deren Vorliegen ein beherrschender Einfluß – widerlegbar – vermutet wird. Absatz 3 enthält Zurechnungsvorschriften für Beteiligungen bei Treuhandverhältnissen, Absatz 4 bestimmt Ausnahmen für vorübergehende Bankbeteiligungen und Beteiligungsgesellschaften durch Verweisung auf die Zusammenschlußkontrollverordnung. 4

III. Möglichkeit eines beherrschenden Einflusses (Abs. 1)

1. Potentieller Konzern. Als »herrschendes Unternehmen« gilt nach Art. 3 Abs. 1 RL ein Unternehmen, »das z.B. aufgrund von Eigentum, finanzieller Beteiligung oder sonstigen Bestimmungen, die die Tätigkeit des Unternehmens regeln, einen **beherrschenden Einfluß auf ein anderes Unternehmen (abhängiges Unternehmen) ausüben kann**». Dieser weiten Fassung der Richtlinienvorgabe wird in § 6 Abs. 1 dadurch entsprochen, daß für die Bestimmung des herrschenden Unternehmens die bloße Möglichkeit genügt, unmittelbar oder mittelbar einen beherrschenden Einfluß auf ein anderes Unternehmen auszuüben und mit diesem eine Unternehmensgruppe zu bilden. Dieser potentielle Konzern unterscheidet sich vom deutschen Konzernbegriff (vgl. § 18 AktG), der durch die Zusammenfassung der Unternehmen unter einheitlicher Leitung gekennzeichnet ist, bei dem die Beherrschungsmöglichkeit also in bestimmter Weise realisiert sein muß (Windbichler ZfA 1996, 1 [11], vgl. auch Hromadka DB 1995, 1125; Engels/Müller DB 1996, 981 [982]; Däubler/Klebe AiB 1995, 557 [563]). Die Bestimmung der Unternehmensgruppe ähnelt demgegenüber stark dem Tatbestand des § 17 Abs. 1 AktG, in dem abhängige Unternehmen als rechtlich selbständige Unternehmen definiert werden, auf die ein anderes Unternehmen (herrschendes Unternehmen) unmittelbar oder mittelbar einen beherrschenden Einfluß ausüben kann (zu diesem sog. control-Konzept vgl. Windbichler ZfA 1996, 1 [11f.]; Kothe EuroAS 1996, 115). Trotz dieser rechtlichen Unterschiede dürfte die Zahl der Fälle, in denen der für die Errichtung des Konzernbetriebsrats maßgebliche Unterordnungskonzern (vgl. § 54 Abs. 1 Satz 1 BetrVG i.V.m. § 18 Abs. 1 AktG) und der potentielle Konzern des § 6 auseinanderfallen, nicht sehr häufig sein. Bei einer Mehrheit der Kapitalanteile oder der Stimmrechte (§ 16 AktG) wird nicht nur Abhängigkeit vermutet (§ 17 Abs. 2 AktG), sondern bei Abhängigkeit eines Unternehmens wird zudem teils unwiderleglich, teils widerlegbar, vermutet, daß es mit dem herrschenden Unternehmen einen Konzern bildet (vgl. Windbichler ZfA 1996, 1 [7]). Im übrigen ist auch für die Bildung eines Konzernbetriebsrats nach §§ 54ff. BetrVG nicht mehr die dauernde und umfassende Leitung der abhängigen Gesellschaft 5 erforderlich (BAG v. 25. 1. 1995, ArbuR 1995, 379 m. w. N. und kritischer Anm. Oetker, der aber zum selben Ergebnis kommt). Auch die Bildung eines Konzernbetriebsrats ist somit nicht auf die Fälle eines »qualifiziert faktischen« Konzerns beschränkt, sondern selbst bei »einfachen« faktischen Konzernen möglich.

6 **2. Beherrschungsmittel.** Als rechtliche Beherrschungsmittel, mit denen ein Unternehmen unmittelbar oder mittelbar einen beherrschenden Einfluß ausüben kann, kommen insbesondere **Mehrheitsbeteiligungen** (Kapitalmehrheit und Stimmenmehrheit) sowie die Möglichkeit in Betracht, **mehr als die Hälfte der Mitglieder des Aufsichtsorgans einer Gesellschaft** zu **bestellen** (vgl. § 6 Abs. 2). Eine Minderheitsbeteiligung kann genügen, wenn sie tatsächlich wie eine Mehrheit wirkt, etwa bei einer entsprechenden Zusammensetzung des Aktionärskreises und entsprechender Präsenz in der Hauptversammlung (Hüffer AktG § 17 Rn. 9 m. w. N.). Beherrschender Einfluß kann sich auch aus abgeleiteter Stimmenmacht ergeben, vor allem bei vertraglichen Bindungen, insbesondere Treuhandverhältnissen (vgl. § 6 Abs. 3) und Stimmbindungsverträgen (Koppensteiner, in: Kölner Kommentar zum AktG, § 17 Rn. 39 ff.). Besteht ein **Beherrschungsvertrag**, in dem sich ein Unternehmen einem anderen unterstellt (vgl. § 291 Abs. 1 Satz 1 Fall 1 AktG), so liegt ein Konzern (§ 18 Abs. 1 Satz 2 AktG) und deshalb auch eine Unternehmensgruppe vor (vgl. Fiedler ArbuR 1996, 180 [181]). Da die Einflußmöglichkeit gesellschaftsrechtlich und nicht allein durch Vertragsbeziehungen vermittelt sein muß, reichen externe Abhängigkeiten infolge von Kredit- oder Lieferbeziehungen nicht aus (h. L.: vgl. nur Hüffer AktG § 17 Rn. 8 und Rademacher, S. 86 jeweils m. w. N.; vgl. allgemein auch Windbichler ZfA 1996, 1 [11 f.]). Dasselbe gilt bei schuldrechtlich vereinbarten Zustimmungs-, Kontroll- oder Leitungsbefugnissen eines anderen Unternehmens ohne Beherrschungsvertrag.

IV. Vermutung der Herrschaftsmacht (Abs. 2)

7 In § 6 Abs. 2 wird der **beherrschende Einfluß** eines Unternehmens in bezug auf ein anderes Unternehmen **widerlegbar vermutet**, wenn bei ihm eines der unter Nr. 1 bis 3 genannten Kriterien vorliegt. Die Kriterien Nr. 3 »Mehrheit des gezeichneten Kapitals« und Nr. 2 »Mehrheit der Stimmrechte« entsprechen der Vermutungsregelung des § 17 Abs. 2 AktG i. V. m. § 16 Abs. 1 AktG oder werden im Falle der Nr. 1 »Möglichkeit der Bestellung von mehr als der Hälfte der Mitglieder des Aufsichtsorgans« implizit von § 17 Abs. 1 AktG erfaßt (Windbichler ZfA 1996, 1 [11 f.]; Fiedler ArbuR 1996, 180 [181] m. w. N.). Erfüllen mehrere Unternehmen eines der vorgenannten Kriterien, bestimmt sich das herrschende Unternehmen gemäß § 6 Abs. 2 Satz 2 nach der in Satz 1 bestimmten **numerischen Rangfolge**, also erstens vor zweitens und drittens sowie zweitens vor drittens (Engels/Müller DB 1996, 981 [982]). Innerhalb einer Unternehmensgruppe soll durch diese einheitliche Rangfolge – die in Ergänzung des Art. 3 Abs. 7 RL anläßlich der Sitzung der Generaldirektoren für Arbeitsbeziehungen am 10. 7. 1995 in Brüssel festgelegt worden ist – etwaigen Kollisionsfällen vorgebeugt werden.

Die Kriterien und ihre Rangfolge zur Bestimmung des herrschenden Unternehmens gelten gleichermaßen für inländische Unternehmen und für diejenigen **Unternehmen** derselben Unternehmensgruppe, die **in einem anderen Staat** liegen (vgl. Rn. 3). Die für ein inländisches Unternehmen bestehende Vermutung eines beherrschenden Einflusses kann z. B. von einem Unternehmen in einem anderen MS widerlegt werden, wenn dieses ein vorrangiges Kriterium i. S. d. § 6 Abs. 2 nachweist (Engels/Müller DB 1996, 981 [982]). Besitzt z. B. ein deutsches Unternehmen die Kapitalmehrheit innerhalb einer Unternehmensgruppe (§ 6 Abs. 2 Nr. 3), wird dessen beherrschender Einfluß – zunächst – vermutet. Die Vermutung ist aber widerlegt, wenn ein Unternehmen aus einem anderen MS, z. B. aus den Niederlanden, nachweist, daß es über die Mehrheit der Stimmrechte verfügt (vgl. § 6 Abs. 2 Nr. 2). In diesem Falle gibt das vorrangige Kriterium Nr. 2 den Ausschlag zugunsten des niederländischen Unternehmens. Die Vermutung eines beherrschenden Einflusses nach § 6 Abs. 2 kann wegen der Generalklausel des § 6 Abs. 1 aber auch durch ein anderes Beherrschungsmittel widerlegt werden, wenn ein anderes zur Unternehmensgruppe gehörendes Unternehmen seine Herrschaftsmacht z. B. durch einen Beherrschungs- oder Stimmbindungsvertrag nachweist (vgl. Rn. 6). **8**

Die Regelung des § 6 Abs. 2 läßt im Ergebnis erwarten, daß sich auch ohne die Voraussetzungen der »einheitlichen Leitungsmacht« das herrschende Unternehmen in annähernd gleicher Weise bestimmt, wie dies bei Anwendung des § 18 Abs. 1 AktG der Fall gewesen wäre (Bachner/Kunz ArbuR 1996, 81 [84]; Engels/Müller DB 1996, 981 [983]). Diese Annahme wird auch dadurch gestützt, daß hier nicht nur die Möglichkeit eines beherrschenden Einflusses, sondern die **Beherrschung** selbst **vermutet** wird. Etwaige Differenzen zwischen potentieller und tatsächlicher Leitungsmacht können im Vereinbarungsweg (§§ 17ff.) oder dadurch ausgeglichen werden, daß anstelle der zentralen Leitung eine andere geeignete Leitungsebene eingeschaltet wird (vgl. § 1 Rn. 16). **9**

V. Hinzurechnung von Stimm- oder Ernennungsrechten (Abs. 3)

In § 6 Abs. 3 wird nach den Vorgaben des Art. 3 Abs. 3 RL bestimmt, daß bei der Ermittlung des herrschenden Unternehmens nach § 6 Abs. 2 den Stimm- und Ernennungsrechten eines Unternehmens die Rechte aller von ihm abhängigen Unternehmen sowie die Rechte aller natürlichen oder juristischen Personen hinzugerechnet werden müssen, die für Rechnung des Unternehmens oder eines von ihm abhängigen Unternehmens handeln. Dadurch sollen Umgehungsmöglichkeiten durch Treuhandkonstellationen verhindert werden, die eine Mehrheitsbeteiligung nicht mehr erkennen lassen (vgl. Klinkhammer/Welslau AG 1994, 488 [491]; Däubler, in: DKK, EBR-Richtlinie Rn. 37). Eine vergleichbare Regelung enthält § 16 Abs. 4 AktG. **10**

VI. Investment- und Beteiligungsgesellschaften (Abs. 4)

§ 6 Abs. 4 stellt in enger Anlehnung an den Wortlaut des Art. 3 Abs. 4 RL klar, daß für Investment- und Beteiligungsgesellschaften i. S. d. Art. 3 Abs. 5 a) oder c) der Zusammenschlußkontrollverordnung eine Charakteri- **11** sierung als »herrschendes Unternehmen« ausscheidet (vgl. Heinze AG 1995, 385 [388]). Damit soll der besonderen Situation dieser Gesellschaften Rechnung getragen werden, die auf das Wettbewerbsverhalten der Unternehmensgruppe keinen Einfluß nehmen. **Keine herrschenden Unternehmen** sind Kreditinstitute, sonstige Finanzinstitute oder Versicherungsgesellschaften, die vorübergehend Anteile an einem Unternehmen zum Zwecke der Veräußerung erwerben (vgl. Fiedler ArbuR 1996, 180; Rademacher, S. 85). Auch Konkurs- oder Vergleichsverwalter fallen nach geltendem Recht nicht unter den Begriff des herrschenden Unternehmens. Der deutsche Gesetzgeber hat deshalb von einer Umsetzung des Art. 3 Abs. 5 RL abgesehen.

VII. Sonderfälle

12 **1. Gleichordnungskonzern.** Von § 6 nicht erfaßt werden Gleichordnungskonzerne i. S. d. § 18 Abs. 2 AktG, in denen rechtlich selbständige Unternehmen unter einheitlicher Leitung zusammengefaßt sind, ohne daß das eine Unternehmen von dem anderen abhängig ist. Ein beherrschender Einfluß eines Unternehmens in bezug auf ein anderes Unternehmen kann hier gerade nicht ausgeübt werden (Engels/Müller DB 1996, 981 [983]; Bachner/Nielebock ArbuR 1997, 129). Dies entspricht den Wertungen des Betriebsverfassungsgesetzes, dessen § 54 Abs. 1 Satz 1 für die Errichtung des Konzernbetriebsrats lediglich auf § 18 Abs. 1 AktG (Unterordnungskonzern), nicht aber auf § 18 Abs. 2 AktG verweist (vgl. Rademacher, S. 86 m. w. N.; vgl. auch § 5 Abs. 1 MitbestG). Zu beachten ist jedoch, daß auch eine **natürliche Person herrschendes Unternehmen** eines Konzerns sein kann, wenn sie ihre unternehmerischen Interessen bei mehreren selbständigen Unternehmen als Allein- oder Mehrheitsgesellschafter verfolgen kann (vgl. zuletzt BAG v. 22. 11. 1995, NZA 1996, 706 [707] m. w. N. der Rspr. und der Lit., das die Bildung eines Konzernbetriebsrats bei einer natürlichen Person bejaht). Aufgrund dieser gesellschaftsrechtlichen Wertung liegt in solchen Fällen auch eine von der natürlichen Person beherrschte Unternehmensgruppe i. S. d. § 6 vor, wobei es nicht darauf ankommt, ob der Mehrheitsgesellschafter aktiv auf die Geschäftsführung einwirkt oder diese den jeweiligen Geschäftsführern oder einem Generalbevollmächtigten überläßt (vgl. BAG a. a. O.). Dasselbe gilt für Familiengesellschaften oder Erbengemeinschaften, wenn diese kraft ihrer gesellschaftsrechtlich vermittelten Einflußmöglichkeiten die Geschicke der jeweiligen Gesellschaften nach ihren Vorstellungen bestimmen und beispielsweise die Personalführungsstrukturen verändern können.

13 **2. Gemeinschaftsunternehmen.** Ein Gemeinschaftsunternehmen, das von mehreren anderen Unternehmen abhängig ist, wird **nicht in die Unternehmensgruppen der** an ihm beteiligten **Muttergesellschaften einbezogen**, wenn die jeweiligen Muttergesellschaften die gleichen Kapitalanteile halten (z. B. zwei Mütter mit 50 % zu 50 % Beteiligungen) und auch im übrigen ein beherrschender Einfluß weder zugunsten der einen noch der anderen Muttergesellschaft festgestellt werden kann (vgl. BT-Drucks. 13/4520 v.6. 5. 1996, S. 20; ebenso Gaul NJW 1996, 3378 [3379]). Die gesellschaftsrechtliche Pattsituation soll im Gegensatz zur Rechtsprechung des Bundesarbeitsgerichts zum Konzernbetriebsrat (BAG AP Nr. 1 zu § 55 BetrVG 1972; vgl. auch GK-Kreutz § 54 Rn. 35 m. w. N.) hier nicht dazu führen, daß das Ge-

meinschaftsunternehmen ggf. in den EBR beider Mütter repräsentiert ist (zustimmend Wienke EuroAS 1996, 120 [123]; ablehnend Kothe EuroAS 1996, 115 [116]; Klinkhammer/Welslau AG 1994, 488 [491]; kritisch auch Däubler, in: DKK, EBR-Richtlinie Rn. 40). Da die Vermutungsregelung des § 18 Abs. 1 Satz 3 AktG keine Anwendung findet (vgl. dazu BAG NJW 1996, 1691 [1692] zu § 76 Abs. 4 Satz 1 BetrVG 1952), kann im Gegensatz zur Errichtung eines Konzernbetriebsrats nach § 54 Abs. 1 Satz 1 BetrVG nicht vermutet werden, daß das Gemeinschaftsunternehmen von jeder Muttergesellschaft einheitlich geleitet wird und deshalb zu jeder Muttergesellschaft in einem arbeitnehmervertretungsrelevanten Konzern- bzw. Abhängigkeitsverhältnis steht (vgl. Engels/Müller DB 1996, 981 [983] Fn. 10; a. A. Rademacher, S. 88; Fiedler, ArbuR 1996, 180 [182]; Bachner/Nielebock ArbuR 1997, 129 f.). Das EBRG findet in diesen Fällen deshalb nur dann Anwendung, wenn das Gemeinschaftsunternehmen für sich betrachtet die Anwendungsvoraussetzungen erfüllt (vgl. § 2 Abs. 1 i. V. m. § 3).

3. Multis mit Sitz in Drittstaaten. Liegt die zentrale Leitung eines multinatio- **14**
nalen Unternehmens nicht in einem MS, sondern in einem Drittstaat, wie z. B. den USA, so ist das **EBRG anwendbar**, wenn der Multi nach § 2 Abs. 2 von einem deutschen Unternehmen vertreten wird (vgl. § 2 Rn. 3 ff.). In diesem Fall gilt das deutsche Unternehmen nicht nur als zentrale Leitung (§ 2 Abs. 2 Satz 4), sondern in bezug auf die übrigen Niederlassungen in den MS zugleich als herrschendes Unternehmen dieser Unternehmensgruppe. Die gesellschaftsrechtliche Beherrschungsmöglichkeit ist fiktiv dem Vertreter (zentrale Leitung) zuzurechnen.

§ 7 Europäischer Betriebsrat in Unternehmensgruppen

Gehören einer gemeinschaftsweit tätigen Unternehmensgruppe ein oder mehrere gemeinschaftsweit tätige Unternehmen an, wird ein Europäischer Betriebsrat nur bei dem herrschenden Unternehmen errichtet, sofern nichts anderes vereinbart wird.

ÜBERSICHT

1. Nur ein EBR obligatorisch. Die grenzübergreifende Unterrichtung und **1**
Anhörung der Arbeitnehmer ist grundsätzlich auf der **Ebene der zentralen Leitung**, also des herrschenden Unternehmens einer Unternehmensgruppe zu organisieren (zu diesem Strukturprinzip vgl. Klinkhammer/Welslau AG 1994, 488 [490]). § 7 steht im Zusammenhang mit § 3 Abs. 2 und stellt entsprechend Art. 1 Abs. 3 RL klar, daß in einer gemeinschaftsweit tätigen Unternehmensgruppe auch dann nur ein EBR obligatorisch ist, wenn sich die Unternehmensgruppe aus einem oder mehreren Unternehmen zusammensetzt, die ihrerseits eine gemeinschaftsweite Struktur aufweisen (Engels-Müller DB 1996, 981 [983]; vgl. auch Goos NZA 1994, 776 [777]). Gehört zu einem herrschenden Unternehmen in Deutschland u. a. ein Tochterunternehmen in Belgien mit 1000 Arbeitnehmern, von denen 150 in einem Betrieb

in Frankreich beschäftigt sind, so ist grundsätzlich nur ein EBR beim herrschenden Unternehmen in Deutschland, nicht aber bei dem Tochterunternehmen in Belgien obligatorisch. Dies gilt vor allem dann, wenn ein EBR kraft Gesetzes zu errichten ist (§ 21 ff.). Im Wege einer Vereinbarung mit der zentralen Leitung kann jedoch vorgesehen werden, daß außer einem EBR beim herrschenden Unternehmen weitere **EBR auf den Ebenen der gemeinschaftsweit tätigen Tochterunternehmen** gebildet werden (§§ 17, 18). In einer Vereinbarung ist es auch möglich, die Errichtung von EBR ausschließlich auf der Ebene der Tochterunternehmen vorzusehen, was insbesondere dann sinnvoll sein kann, wenn die Tochterunternehmen in unterschiedlichen Produktionssparten (z. B. Maschinenbau einerseits, Düngemittelproduktion andererseits) tätig sind. In diesem Falle ist allerdings darauf zu achten, daß auch die beim herrschenden Unternehmen beschäftigten Arbeitnehmer in die grenzübergreifende Unterrichtung und Anhörung einbezogen werden (vgl. § 1 Abs. 2).

2 **2. »Konzern im Konzern«.** Auch in einem »Konzern im Konzern« ist nur die Errichtung eines EBR auf der **obersten Ebene** erforderlich, sofern nichts anderes vereinbart wird (vgl. Däubler, in: DKK, EBR-Richtlinie Rn. 39; Rademacher, S. 99). § 7 ist insoweit entsprechend anwendbar. Beherrscht eine Unternehmensgruppe mit Sitz in Deutschland eine Unternehmensgruppe in Frankreich, die in Spanien und Portugal zwei Unternehmen mit insgesamt 1000 Arbeitnehmern beherrscht, also gemeinschaftsweit tätig ist, ist gleichwohl ein EBR nur bei der herrschenden Unternehmensgruppe in Deutschland zu errichten. Kommt es lediglich auf der Ebene eines Tochterkonzerns zu einer Vereinbarung über eine grenzübergreifende Unterrichtung und Anhörung der Arbeitnehmer nach §§ 17 ff., so entbindet dies die Konzernspitze nicht von ihren nach dem EBRG bestehenden Pflichten (vgl. Rademacher, S. 100; Blanpain/Windey, Rn. 230).

3 Problematisch ist eine »Konzern im Konzern«-Struktur, in der sämtliche der herrschenden Unternehmensgruppe **nachgeordneten Unternehmensgruppen im selben MS** wie diese liegen und die gemeinschaftsweite Tätigkeit i. S. d. § 3 Abs. 2 nur durch ein Tochterunternehmen in einem anderen MS vermittelt wird, das von einer nachgeordneten Unternehmensgruppe beherrscht wird. Beispiel: Die herrschende deutsche Unternehmensgruppe (M-AG) beherrscht zwei Unternehmensgruppen, die ihren Sitz ebenfalls in Deutschland haben und von denen lediglich eine Unternehmensgruppe (T-AG) außer einem Unternehmen in Deutschland auch ein Unternehmen in einem anderen MS, z. B. in Belgien, beherrscht. In diesem Fall spricht viel dafür, den EBR nicht auf der obersten Ebene, der M-AG, sondern bei der nachgeordneten T-AG zu errichten (zweifelnd Rademacher, S. 90 f.). Die M-AG ist nämlich nicht gemeinschaftsweit tätig, weil ihr nicht »mindestens zwei Unternehmen (hier: nachgeordnete Unternehmensgruppen) mit Sitz in verschiedenen MS angehören« (§ 3 Abs. 2). Durch einen EBR bei der M-AG müßten auch die übrigen nachgeordneten Unternehmensgruppen in Deutschland einbezogen werden, deren Arbeitnehmer bereits durch die Bildung eines Konzernbetriebsrats bei der Konzernspitze hinreichen vertreten sein können (vgl. zu dieser Möglichkeit Trittin, in: DKK, BetrVG § 54 Rn. 16). Auch deshalb sollte die grenzübergreifende Unterrichtung und Anhörung der im belgischen Unternehmen beschäftigten Arbeitnehmer in der Unternehmensgruppe stattfinden,

von der sich eine grenzübergreifende Struktur unmittelbar ableiten läßt. Dies ist nur bei der T-AG der Fall.

Zweiter Teil Besonderes Verhandlungsgremium

§ 8 Aufgabe

(1) Das besondere Verhandlungsgremium hat die Aufgabe, mit der zentralen Leitung eine Vereinbarung über eine grenzübergreifende Unterrichtung und Anhörung der Arbeitnehmer abzuschließen.

(2) Die zentrale Leitung hat dem besonderen Verhandlungsgremium rechtzeitig alle zur Durchführung seiner Aufgaben erforderlichen Auskünfte zu erteilen und die erforderlichen Unterlagen zur Verfügung zu stellen.

(3) Die zentrale Leitung und das besondere Verhandlungsgremium arbeiten vertrauensvoll zusammen. Zeitpunkt, Häufigkeit und Ort der Verhandlungen werden zwischen der zentralen Leitung und dem besonderen Verhandlungsgremium einvernehmlich festgelegt.

ÜBERSICHT

I. Aufgabe und Rechtsnatur des BVG (Abs. 1)

1 **Verhandlungsführer und Partner einer Vereinbarung** über eine grenzübergreifende Unterrichtung und Anhörung ist auf Arbeitnehmerseite das BVG, dessen Bildung, Zusammensetzung und Befugnisse der Zweite Teil des EBRG im einzelnen verbindlich regelt, wie dies bei Organisationsgesetzen üblich ist. Das BVG hat nach § 8 Abs. 1 ausschließlich die Aufgabe, mit der in Deutschland befindlichen zentralen Leitung eine Vereinbarung über die Einsetzung eines EBR oder die Schaffung eines Verfahrens zur Unterrichtung und Anhörung der Arbeitnehmer auszuhandeln und abzuschließen (vgl. Art. 2 Abs. 1 h und Art. 5 Abs. 3 RL; vgl. Engels/Müller DB 1996, 981 [984]; Heinze AG 1995, 385 [387 f.]; Goos NZA 1994, 776 [777]). Die §§ 17 ff. gewähren dazu einen umfassenden Gestaltungsspielraum, der u. a. die Errichtung mehrerer EBR und eine Kombination zwischen zentralem EBR und dezentralem Verfahren zur Unterrichtung und Anhörung ermöglicht. Allein das BVG ist seitens der Arbeitnehmer legitimiert, über das Ob sowie über Art und Inhalt einer grenzübergreifenden Unterrichtung und Anhörung der in gemeinschaftsweit tätigen Unternehmen und Unternehmensgruppen beschäftigten Arbeitnehmer zu befinden, sofern nicht vor dem 22. 9. 1996 eine freiwillige Vereinbarung abgeschlossen worden ist, welche die Vorschriften über die Bildung des BVG verdrängt (vgl. § 41 Abs. 1 Satz 1). Das BVG kann sich mit der zentralen Leitung darauf verständigen, auch Arbeitnehmervertreter aus in

Drittstaaten liegenden Betrieben oder Unternehmen in die Verhandlungen einzubeziehen (vgl. § 14). Die Amtszeit des BVG endet mit Abschluß einer Vereinbarung, mit dem Beschluß, keine Verhandlungen zu eröffnen oder diese zu beenden (§ 15) oder wenn nach § 21 Abs. 1 ein EBR kraft Gesetzes zu errichten ist (vgl. Hromadka DB 1995, 1125 [1128]; Wunsch-Semmler, S. 125; a. A. Weiss ArbuR 1995, 438 [441], nach dem das BVG schon deshalb im Amt bleiben müsse, um über die Einhaltung der in der Vereinbarung getroffenen Verpflichtungen zu wachen). Das BVG ist ein **transnational besetztes Arbeitnehmervertretungsorgan nationalen Rechts**, das seine im EBRG vorgesehenen Aufgaben und Befugnisse in eigener Verantwortung wahrnimmt und ggf. auch gerichtlich durchsetzen kann (vgl. Rademacher, S. 111). Im Gegensatz zum EBR kraft Gesetzes (vgl. § 36 Rn. 1) ist seine Amtszeit begrenzt.

II. Auskunftsanspruch des BVG (Abs. 2)

2 Um der zentralen Leitung ein ebenbürtiger Verhandlungspartner sein zu können, hat diese nach § 8 Abs. 2 dem BVG rechtzeitig alle **erforderlichen Auskünfte** zu erteilen und die dazu erforderlichen Unterlagen zur Verfügung zu stellen (Engels/Müller DB 1996, 981 [984]). Dieser Anspruch des BVG basiert auf der in Art. 4 Abs. 1 RL normierten Verantwortung der zentralen Leitung, die u. a. die Voraussetzung dafür zu schaffen hat, daß das BVG seine Aufgaben sachgerecht erfüllen kann. Ähnlich wie nach § 5 Abs. 1 dürfte es ausreichend, aber auch erforderlich sein, wenn dem BVG die durchschnittliche Gesamtzahl der Arbeitnehmer, ihre Verteilung auf die jeweiligen MS, Unternehmen und Betriebe sowie die Struktur des Unternehmens oder der Unternehmensgruppe mitgeteilt werden. Die zu diesen Auskünften **zu überlassenden Unterlagen** sind in die Sprachen der im BVG vertretenen MS zu übersetzen, sofern in dem Unternehmen oder in der Unternehmensgruppe keine Arbeitssprache üblich ist. Das BVG kann dann zunächst darüber befinden, ob eine grenzübergreifende Unterrichtung und Anhörung der Arbeitnehmer sinnvoll ist oder ob auf sie verzichtet werden soll (vgl. § 15). Nur so kann es sich ein Bild davon machen, wie eine transnationale Unterrichtung und Anhörung ausgestaltet werden sollte und ob und ggf. mit wievielen Arbeitnehmervertretern ein Land, eine bestimmte Region (z. B. Benelux) oder ein Unternehmen in einem EBR oder im Rahmen eines Verfahrens zur Unterrichtung und Anhörung vertreten sein sollte. Demgemäß kann das BVG seine Verhandlungslinie gegenüber der zentralen Leitung ausrichten. **Streitigkeiten über den Auskunftsanspruch** des BVG können nach § 2a Abs. 1 Nr. 3b ArbGG im arbeitsgerichtlichen Beschlußverfahren am Sitz der zentralen Leitung geklärt werden (vgl. § 5 Rn. 7).

III. Zusammenarbeit mit der zentralen Leitung (Abs. 3)

3 **1. Grundsatz der vertrauensvollen Zusammenarbeit (Satz 1).** Nach Art. 6 Abs. 1 RL müssen die zentrale Leitung und das BVG »im Geiste der Zusammenarbeit« verhandeln, um eine Vereinbarung über eine grenzübergreifende Unterrichtung und Anhörung der Arbeitnehmer zu erreichen. § 8 Abs. 3 Satz 1 verpflichtet die zentrale Leitung und das BVG auf den Grundsatz der vertrauensvollen Zusammenarbeit, wie er in § 2 Abs. 1 BetrVG angesprochen

und in § 74 Abs. 2 BetrVG näher spezifiziert ist (vgl. Weiss ArbuR 1995, 438 [439], der auf die Probleme dieser Begrifflichkeit in anderen MS hinweist). Das bedeutet, daß die Verhandlungspartner strittige Fragen über die Ausgestaltung der grenzübergreifenden Unterrichtung und Anhörung mit dem **ernsten Willen zur Einigung** und **mit friedlichen Mitteln** beilegen müssen. Maßnahmen des Arbeitskampfes sind zur Konfliktlösung ebenso wie im deutschen Betriebsverfassungsrecht ausgeschlossen (vgl. Weiss, a.a.O.). Aus dem Gebot der vertrauensvollen Zusammenarbeit ergibt sich indes **kein durchsetzbarer Verhandlungsanspruch** des BVG (vgl. Däubler, in: DKK, EBR-Richtlinie Rn. 99). Verweigert die zentrale Leitung die Aufnahme von Verhandlungen oder verhandelt sie nicht ernsthaft, so wird dieses Verhalten durch die Errichtung eines EBR kraft Gesetzes »sanktioniert« (vgl. § 21 Abs. 1).

2. Einvernehmliche Festlegung der Verhandlungsmodalitäten (Satz 2). Unter 4
Beachtung des Grundsatzes der vertrauensvollen Zusammenarbeit sind gemäß § 8 Abs. 3 Satz 2 **Zeitpunkt, Häufigkeit und Ort** der Verhandlungen einvernehmlich zwischen der zentralen Leitung und dem BVG festzulegen (dagegen Bachner/Kunz ArbuR 1996, 81 [84], die dies als Einschränkung der Souveränität des BVG werten). Diese Regelung ist zum einen deshalb sachgerecht, weil sich bei den Verhandlungen über eine grenzübergreifende Unterrichtung und Anhörung der Arbeitnehmer eine Vielzahl von Fragen stellen, die in der Regel mehrere Verhandlungstermine erforderlich machen, die miteinander abgestimmt werden müssen. Außerdem ist zu beachten, daß das BVG vor jeder Verhandlung mit der zentralen Leitung eine **vorbereitende Sitzung** durchführen kann (vgl. § 13 Abs. 2). Eine zeitliche und räumliche Koordination der Vorbereitungssitzung und des Verhandlungstermins ist wegen der damit verbundenen Kosten, die wegen des Zeitaufwands und der transnationalen Zusammensetzung des BVG erheblich sein können, durchaus angezeigt (vgl. Däubler, in: DKK, EBR-Richtlinie Rn. 59; Engels/Müller DB 1996, 981 [984]). Blockiert die zentrale Leitung die Absprache von Verhandlungsterminen, muß sie spätestens sechs Monate nach dem Antrag auf Bildung des BVG mit der Errichtung eines EBR kraft Gesetzes rechnen (vgl. § 9 Rn. 6).

§ 9 Bildung

(1) Die Bildung des besonderen Verhandlungsgremiums ist von den Arbeitnehmern oder ihren Vertretern schriftlich bei der zentralen Leitung zu beantragen oder erfolgt auf Initiative der zentralen Leitung.

(2) Der Antrag ist wirksam gestellt, wenn er von mindestens 100 Arbeitnehmern oder ihren Vertretern aus mindestens zwei Betrieben oder Unternehmen, die in verschiedenen Mitgliedstaaten liegen, unterzeichnet ist und der zentralen Leitung zugeht. Werden mehrere Anträge gestellt, sind die Unterschriften zusammenzuzählen. Wird ein Antrag bei einer im Inland liegenden Betriebs- oder Unternehmensleitung eingereicht, hat diese den Antrag unverzüglich an die zentrale Leitung weiterzuleiten und die Antragsteller darüber zu unterrichten.

(3) Die zentrale Leitung hat die Antragsteller, die örtlichen Betriebs- oder Unternehmensleitungen, die dort bestehenden Arbeitnehmervertretungen sowie die in inländischen Betrieben vertretenen Gewerkschaften über die Bildung eines

besonderen Verhandlungsgremiums und seine Zusammensetzung zu unterrichten.

ÜBERSICHT

I. Voraussetzungen für die Bildung des BVG (Abs. 1)

1 Das BVG wird nach § 9 Abs. 1 auf **schriftlichen Antrag der Arbeitnehmer oder ihrer Vertreter** gegenüber der in Deutschland liegenden zentralen Leitung oder auf deren Initiative hin gebildet. In der Praxis dürften die Verhandlungen in der Regel aufgrund eines Antrags der Arbeitnehmer beginnen (Köstler AiB 1995, 73 [74]), sofern die in § 9 Abs. 2 geregelten Wirksamkeitsvoraussetzungen vorliegen (vgl. Art. 5 Abs. 1 RL). Aber auch die zentrale Leitung kann an einer Entwicklung des sozialen Dialogs über die nationalen Grenzen hinweg interessiert sein und die Bildung des BVG veranlassen (vgl. Le Friant NZA 1994, 158 [159 f.]).

2 Zum Teil wird die Auffassung vertreten, daß das BVG nicht gebildet werden könne, wenn die **Richtlinie über Europäische Betriebsräte** (94/45/EG) auch nur **in einem MS nicht umgesetzt** worden sei, in dem das Unternehmen oder die Unternehmensgruppe Arbeitnehmer beschäftige, es sei denn, die für die zentrale Leitung maßgebenden Umsetzungsbestimmungen ließen derartiges ausdrücklich zu (vgl. Däubler/Klebe AiB 1995, 557 [562]; vgl. auch Hromadka DB 1995, 1125 [1127]; Gaul NJW 1995, 228 [232]). Diese restriktive Ansicht läßt sich aber weder aus der Richtlinie noch aus dem EBRG folgern. Sofern die für eine gemeinschaftsweite Tätigkeit erforderlichen Arbeitnehmerzahlen des § 3 in den MS erfüllt sind, die neben dem Sitzstaat der zentralen Leitung (hier: Deutschland) die Richtlinie umgesetzt haben (vgl. § 3 Rn. 2), können die dort beschäftigten Arbeitnehmer oder ihre Vertreter durch den Antrag auf Bildung des BVG das Verfahren einleiten. Die grenzübergreifende Unterrichtung und Anhörung der Arbeitnehmer darf in diesen Fällen nicht an den Umsetzungsdefiziten einzelner MS scheitern.

3 **1. Initiative der zentralen Leitung.** Eine Initiative zur Bildung des BVG setzt lediglich voraus, daß die zentrale Leitung dieses Vorhaben **zumindest einer Arbeitnehmervertretung mitgeteilt** hat (vgl. § 4 Rn. 6). Zu beachten ist jedoch, daß die zentrale Leitung gemäß § 9 Abs. 3 auch die bei örtlichen Betriebs- oder Unternehmensleitungen bestehenden Arbeitnehmervertretungen über die Bildung des BVG und seine Zusammensetzung zu unterrichten hat (vgl. Rn. 7). Von daher ist es zweckmäßig, wenn die zentrale Leitung die Arbeitnehmervertreter sämtlicher Niederlassungen über ihre Absicht informiert, ein BVG zu bilden.

2. Transnationaler Antrag der Arbeitnehmer (Abs. 2). – a) Wirksamkeitsvoraussetzungen (Sätze 1 und 2). Der schriftliche Antrag auf Bildung des BVG ist nach § 9 Abs. 2 Satz 1 wirksam gestellt, wenn er **von mindestens 100 Arbeitnehmern** aus mindestens zwei in verschiedenen MS liegenden Betrieben oder Unternehmen unterzeichnet ist und der zentralen Leitung zugeht (vgl. § 130 Abs. 1 Satz 1 BGB). Die Unterschriften von Arbeitnehmervertretern reichen aus, wenn diese insgesamt 100 Arbeitnehmer aus zwei MS repräsentieren (Engels/Müller DB 1996, 981 [983]; Klinkhammer/Welslau AG 1994, 488 [492]). Die Arbeitnehmer oder ihre Vertreter müssen sich also grenzübergreifend auf einen gemeinsamen Antrag auf Bildung des BVG verständigen, ihn schriftlich abfassen, unterzeichnen und der zentralen Leitung zuleiten (zum Arbeitnehmerbegriff vgl. § 4 Rn. 1 f.). Um organisatorische oder sprachliche Schwierigkeiten bei einer transnationalen Antragstellung zu vermeiden, läßt § 9 Abs. 2 Satz 2 aber ausdrücklich zu, daß auch **mehrere Anträge** mit jeweils weniger Stützunterschriften aus jeweils nur einem MS gestellt werden, wenn die Stützunterschriften auf allen Anträgen insgesamt die geforderte grenzübergreifende Quote von mindestens 100 Arbeitnehmern aus mindestens zwei MS erreichen. Im Extremfall kann ein Betriebsrat aus Deutschland, der 99 Arbeitnehmer vertritt, einen Antrag auf Bildung des BVG stellen, der in dem Zeitpunkt wirksam wird, in dem der zentralen Leitung ein weiterer Antrag aus einer Niederlassung in Frankreich zugeht, der lediglich von einem Arbeitnehmer unterzeichnet ist (vgl. Engels/Müller, a.a.O.; Däubler, in: DKK, EBR-Richtlinie Rn. 50). Um keine Zweifel an der erforderlichen transnationalen Antragstellung aufkommen zu lassen, empfiehlt es sich, daß die Arbeitnehmer oder ihre Vertreter sich grenzübergreifend zumindest auf eine zeitnahe Stellung ihrer Anträge verständigen. 4

b) Einreichung des Antrags bei einer örtlichen Betriebs- oder Unternehmensleitung (Satz 3). Ein Antrag auf Bildung des BVG kann nach § 9 Abs. 2 Satz 3 auch bei einer in Deutschland liegenden örtlichen Betriebs- oder Unternehmensleitung eingereicht werden (»nationaler Briefkasten«). Das örtliche Management hat den Antrag unverzüglich der **zentralen Leitung zuzuleiten** und den oder die Antragsteller darüber zu unterrichten, an wen sie den Antrag weitergeleitet hat (vgl. Däubler, in: DKK, EBR-Richtlinie Rn. 52, der allerdings vorschlägt, den Zugang des Antrags bei der zentralen Leitung zu fingieren). Diese Regelung soll den Arbeitnehmern, den Betriebsräten und Gesamtbetriebsräten in Deutschland die Antragstellung vor allem in den Fällen erleichtern, in denen die zentrale Leitung in einem anderen MS liegt (vgl. § 2 Abs. 4), oder für sie unklar ist, wo sich der Sitz der zentralen Leitung befindet (zur Parallele beim Auskunftsanspruch vgl. § 5 Rn. 5). Sobald den inländischen Antragstellern die zentrale Leitung bezeichnet worden ist, an die ihr Antrag vom örtlichen Management weitergeleitet worden ist, sollten sie sich um die transnationale Unterstützung ihres Antrags bemühen, um dessen Wirksamkeit herbeizuführen. Dieses Bemühen kann unterbleiben, wenn im Antrag bereits die transnationale Quote von mindestens 100 Arbeitnehmern auch durch Stützunterschriften von Arbeitnehmern aus anderen MS dokumentiert ist. 5

3. Rechtsfolgen. Der Antrag der Arbeitnehmer oder die Initiative der zentralen Leitung ist für den Beginn der in § 4 Satz 1 genannten Zweijahresfrist maßgebend, nach der sich die für eine gemeinschaftsweite Tätigkeit erforder- 6 lichen Arbeitnehmergrenzzahlen berechnen (§§ 3, 4; vgl. Däubler, in: DKK, EBR-Richtlinie Rn. 52). Ferner wird der **Lauf der Fristen** ausgelöst, bei deren Verstreichen ein EBR kraft Gesetzes zu errichten ist (vgl. § 21 Abs. 1).

II. Unterrichtungspflicht der zentralen Leitung (Abs. 3)

7 Die zentrale Leitung ist nach § 9 Abs. 3 verpflichtet, die Antragsteller, die örtlichen Betriebs- oder Unternehmensleitungen und die dortigen Arbeitnehmervertretungen sowie die in deutschen Betrieben vertretenen Gewerkschaften darüber zu informieren, ob ein BVG zu bilden ist und wieviele Sitze auf den jeweiligen MS entfallen (vgl. § 10 Abs. 1 und 2). Durch diese Regelung sollen vor allem diejenigen frühzeitig unterrichtet werden, die nach dem Umsetzungsrecht des jeweiligen MS dazu berufen sind, die **Wahl oder Benennung der auf das jeweilige Hoheitsgebiet entfallenden Mitglieder des BVG** (vgl. Art. 5 Abs. 2 a RL) durchzuführen (vgl. Engels/Müller DB 1996, 981 [983]). In Deutschland sind dies die in § 11 Abs. 1 bis 3 genannten Betriebsverfassungsorgane (Konzernbetriebsräte, Gesamtbetriebsräte, Betriebsräte).

III. Streitigkeiten

8 Streitigkeiten zwischen den antragstellenden Arbeitnehmern oder ihrer Vertreter und der im Inland liegenden zentralen Leitung sind nicht nur **über die Wirksamkeit des Antrags und die** für die Anwendbarkeit des EBRG nach § 3 **erforderlichen Beschäftigtenzahlen** zu erwarten. Denkbar ist auch, daß sich die zentrale Leitung auf eine sog. freiwillige Vereinbarung nach § 41 beruft, deren gesetzesverdrängende Wirkung aber von den Antragstellern in Abrede gestellt wird. Die Bildung des BVG kann in diesen Fällen von den Antragstellern im arbeitsgerichtlichen Beschlußverfahren geltend gemacht werden (§ 2a Abs. 1 Nr. 3b ArbGG). Örtlich zuständig ist das Arbeitsgericht, in dessen Bezirk die zentrale Leitung ihren Sitz hat (§ 82 Satz 4 ArbGG). Dasselbe gilt dann, wenn eine der nach § 9 Abs. 3 zu unterrichtenden Stellen ihren Informationsanspruch gegen die zentrale Leitung gerichtlich geltend macht (vgl. § 10 ArbGG).

9 Der gegen eine örtliche Betriebs- oder Unternehmensleitung im Inland gerichtete **Anspruch auf unverzügliche Weiterleitung des Antrags** auf Bildung des BVG (§ 9 Abs. 2 Satz 3) kann von den inländischen Antragstellern bei dem Arbeitsgericht durchgesetzt werden, in dessen Bezirk der Betrieb oder das Unternehmen seinen Sitz hat (§ 82 Satz 1 oder 2 ArbGG). Auch hier kommt es nicht darauf an, ob die zentrale Leitung im Inland oder in einem anderen MS liegt (vgl. § 5 Rn. 7).

§ 10 Zusammensetzung

(1) Aus jedem Mitgliedstaat, in dem das Unternehmen oder die Unternehmensgruppe einen Betrieb hat, wird ein Arbeitnehmervertreter in das besondere Verhandlungsgremium entsandt.

(2) Aus Mitgliedstaaten, in denen mindestens 25 vom Hundert der Arbeitnehmer des Unternehmens oder der Unternehmensgruppe beschäftigt sind, wird ein zusätzlicher Vertreter entsandt. Aus Mitgliedstaaten, in denen mindestens 50 vom Hundert der Arbeitnehmer beschäftigt sind, werden zwei zusätzliche Vertre-

ter, aus einem Mitgliedstaat, in dem mindestens 75 vom Hundert der Arbeitnehmer beschäftigt sind, werden drei zusätzliche Vertreter entsandt.

(3) Es können Ersatzmitglieder bestellt werden.

ÜBERSICHT

1. Regelungszweck und Anwendungsbereich. § 10 regelt entsprechend Art. 5 Abs. 2 c RL die **personelle Zusammensetzung des BVG**, wenn dieses mit einer in Deutschland liegenden zentralen Leitung über eine grenzübergreifende Unterrichtung und Anhörung der Arbeitnehmer zu verhandeln hat. Unter Berücksichtigung der **Grundsätze der Repräsentativität und der Proportionalität** wird die Anzahl der Mitglieder des BVG für alle MS verbindlich festgelegt, in denen das gemeinschaftsweit tätige Unternehmen oder das herrschende Unternehmen einer gemeinschaftsweit tätigen Unternehmensgruppe einen Betrieb hat. Im Gegensatz zum EBR kraft Gesetzes (vgl. § 22 Abs. 1) können nicht nur Arbeitnehmer, sondern z. B. auch Gewerkschaftssekretäre als Mitglieder in das BVG entsandt werden (vgl. Bachner/Kunz ArbuR 1996, 81 [85]; Kothe EuroAS 1996, 115 [117]; Däubler/Klebe AiB 1995, 557 [566]). Die **Wahl oder Benennung** der nach § 10 auf die einzelnen MS entfallenden Mitglieder des BVG bestimmt sich hingegen **nach dem jeweiligen Umsetzungsrecht** dieser MS (Hornung-Draus Arbeitgeber 1994, 759 [762]). Da jeder MS den Entsendungsmodus für sein Hoheitsgebiet verbindlich regeln kann, kann sich die Mitgliedschaft im BVG nach den unterschiedlichsten Regeln bestimmen, die eine heterogene Zusammensetzung des BVG erwarten lassen (vgl. Hromadka DB 1995, 1125 [1127 f.]). Neben deutschen Betriebsräten können französische Gewerkschafter sitzen, neben gewählten Arbeitnehmervertretern von Arbeitnehmerorganisationen benannte Mitglieder. **1**

2. Grundsatz der Repräsentativität (Abs. 1). Der in § 10 Abs. 1 verankerte Grundsatz der Repräsentativität stellt sicher, daß **jeder MS**, in dem das Unternehmen oder die Unternehmensgruppe einen Betrieb hat, **durch ein Mitglied im BVG vertreten** ist (Sitzgarantie). Als Betrieb wird für deutsche Niederlassungen die betriebsverfassungsrechtliche Begriffsbestimmung zugrundezulegen sein, also »die organisatorische Einheit, innerhalb derer der Arbeitgeber allein oder mit seinen Arbeitnehmern mit Hilfe von technischen und immateriellen Mitteln bestimmte arbeitstechnische Zwecke fortgesetzt verfolgt, die sich nicht in der Befriedigung von Eigenbedarf erschöpfen« (vgl. FKHE BetrVG § 1 Rn. 55 m. w. N. der Rspr. des BAG und der Lit.; vgl. auch HSG BetrVG § 1 Rn. 2 ff.). Für Niederlassungen in anderen MS ist nach dem dort maßgebenden Recht zu beurteilen, ob der **Betriebsbegriff** erfüllt ist. Auf die Größe des Betriebs kommt es für die Entsendung eines Mitglieds in das BVG grundsätzlich nicht an. Eine Ausnahme kann u. a. dann in Betracht kommen, wenn ein MS die im nationalen Arbeitnehmervertretungsrecht für **2**

die Bildung einer Arbeitnehmervertretung erforderlichen Beschäftigtenschwellen auch hier anwendet und deshalb in Betrieben, die unterhalb der nationalen Arbeitnehmergrenzzahl bleiben, auf eine Repräsentanz im BVG verzichtet (vgl. dazu Art. 5 Abs. 2 a Satz 3 RL, der dies ausdrücklich zuläßt).

3 **3. Grundsatz der Proportionalität (Abs. 2).** Dem Grundsatz der Proportionalität zufolge räumt § 10 Abs. 2 denjenigen MS, in denen verhältnismäßig viele Arbeitnehmer des Unternehmens oder der Unternehmensgruppe beschäftigt sind, **zusätzliche Sitze im BVG** ein. Ein MS mit mindestens 25 % der Arbeitnehmer erhält einen zusätzlichen Vertreter, einer mit mindestens 50 % zwei oder einer mit mindestens 75 % drei zusätzliche Vertreter. Diese Staffelung kann dazu führen, daß z. B. in einer Unternehmensgruppe, die in allen 17 MS (vgl. § 2 Rn. 11) Betriebe oder Unternehmen hat und in einem MS mindestens 75 % der Belegschaft beschäftigt, das BVG **20 Mitglieder** (17 + 3 = Höchstzahl) umfaßt (Engels/Müller DB 1996, 981 [983]). Im Beispielsfall wird die in Art. 5 Abs. 2 b RL vorgesehene zahlenmäßige Begrenzung des BVG auf höchstens 17 Mitglieder somit überschritten. Dabei ist aber zu beachten, daß die in der Richtlinie vorgesehene Höchstzahl auf der Grundlage von damals 12 MS festgelegt wurde. Bei jetzt 17 MS konnte diese Höchstzahl nicht eingehalten werden, weil der Grundsatz der Proportionalität auch in den Unternehmen oder Unternehmensgruppen zu berücksichtigen war, die in allen MS einen Betrieb haben (vgl. Engels/Müller a.a.O. Fn. 11). In der Literatur ist gegen die sich im Einzelfall ergebende größere Anzahl von Mitgliedern im BVG bisher keine Kritik geäußert worden (vgl. Däubler, in: DKK, EBR-Richtlinie Rn. 54, der den nationalen Gesetzgeber für berechtigt ansieht, über die Zahl 17 hinauszugehen). Statt dessen wird bezweifelt, daß bei höchstens drei zusätzlichen Mitgliedern im BVG das Proportionalitätsprinzip angemessen berücksichtigt werde, weil die Belegschaften aus den MS häufig nicht hinreichend vertreten seien, in denen die weitaus meisten Arbeitnehmer beschäftigt würden (vgl. Willemsen/Hohenstatt NZA 1995, 399 [400]). Es bestehe daher die Gefahr einer Majorisierung der Mehrheit durch die Minderheit der Beschäftigten (so Bachner/Kunz ArbuR 1996, 81 [84]). Auch ist vorgeschlagen worden, die ursprünglich bei 12 bzw. 11 MS (ohne das Vereinigte Königreich) bestehende Relation zwischen fest vergebenen und zusätzlichen Sitzen von 11 zu 6 (17 Sitze insgesamt) bei nunmehr 17 MS mit 17 zu 9 vorzusehen, so daß die Höchstzahl der Mitglieder des BVG bei 26 liegen würde (Däubler, in: DKK, EBR-Richtlinie Rn. 54). Der Gesetzgeber ist dem nicht gefolgt. Er hat sich angesichts der nicht zu vermeidenden Überschreitung der Richtlinienvorgabe bei der Umsetzung des Proportionalitätsprinzips auf das Nötigste beschränkt.

4 **4. Ersatzmitglieder (Abs. 3).** Um die Kontinuität des BVG sicherzustellen, können gemäß § 10 Abs. 3 Ersatzmitglieder bestellt werden, die **im Falle einer vorübergehenden Verhinderung oder bei einem vorzeitigen Ausscheiden** eines Mitglieds des BVG dessen Stellung einnehmen (zur betriebsverfassungsrechtlichen Parallele vgl. FKHE BetrVG § 25 Rn. 5). Die Bestellung der Ersatzmitglieder obliegt den Stellen oder Gremien, die nach dem Umsetzungsrecht des jeweiligen MS zur Entsendung der Mitglieder des BVG berufen sind (vgl. § 11 Abs. 1 bis 3). Ein praktisches Bedürfnis dafür kann nicht mit dem Hinweis in Abrede gestellt werden, daß evtl. notwendig werdende Nachwah-

len problemlos durch die »betriebsverfassungsrechtlichen Bestellungsgremien« vorgenommen werden könnten (so aber Wienke EuroAS 1996, 120 [123]). Schon die Bestellungsregelungen des § 11 Abs. 3 für inländische Mitglieder des BVG in Unternehmensgruppen machen deutlich, daß häufig nicht nur ein Gremium die Bestellung vornehmen kann, sondern oftmals mehrere Arbeitnehmervertretungsgremien daran zu beteiligen sind. Der damit verbundene Organisations- und Kostenaufwand, der auch in anderen MS zu erwarten ist, zeigt, daß die Möglichkeit zur Bestellung von Ersatzmitgliedern sinnvoll und praxisgerecht ist.

5. Streitigkeiten. Streitigkeiten **über die Anzahl der Sitze**, mit denen die in den 5
einzelnen MS beschäftigten Arbeitnehmer im BVG vertreten sind, können im arbeitsgerichtlichen Beschlußverfahren geltend gemacht werden (§ 2 a Abs. 1 Nr. 3 b ArbGG). Örtlich zuständig ist das Arbeitsgericht, in dessen Bezirk die zentrale Leitung ihren Sitz hat (§ 82 Satz 4 ArbGG). Antragsbefugt sind die nach dem Recht des jeweiligen MS vorgesehenen Bestellungsgremien und diejenigen Arbeitnehmervertreter, die an der Bestellung zu beteiligen sind oder diese vorzunehmen haben (vgl. § 10 ArbGG). Liegt die zentrale Leitung in einem anderen MS, so sind die dort vorgesehenen Rechtsschutzmöglichkeiten wahrzunehmen.

§ 11 Bestellung inländischer Arbeitnehmervertreter

(1) Die nach diesem Gesetz oder dem Gesetz eines anderen Mitgliedstaates auf die im Inland beschäftigten Arbeitnehmer entfallenden Mitglieder des besonderen Verhandlungsgremiums werden in gemeinschaftsweit tätigen Unternehmen vom Gesamtbetriebsrat (§ 47 des Betriebsverfassungsgesetzes) bestellt. Besteht nur ein Betriebsrat, so bestellt dieser die Mitglieder des besonderen Verhandlungsgremiums.

(2) Die in Absatz 1 Satz 1 genannten Mitglieder des besonderen Verhandlungsgremiums werden in gemeinschaftsweit tätigen Unternehmensgruppen vom Konzernbetriebsrat (§ 54 des Betriebsverfassungsgesetzes) bestellt. Besteht neben dem Konzernbetriebsrat noch ein in ihm nicht vertretener Gesamtbetriebsrat oder Betriebsrat, ist der Konzernbetriebsrat um deren Vorsitzende und um deren Stellvertreter zu erweitern; die Vorsitzenden und ihre Stellvertreter gelten insoweit als Konzernbetriebsratsmitglieder.

(3) Besteht kein Konzernbetriebsrat, werden die in Absatz 1 Satz 1 genannten Mitglieder des besonderen Verhandlungsgremiums wie folgt bestellt:

a) Bestehen mehrere Gesamtbetriebsräte, werden die Mitglieder des besonderen Verhandlungsgremiums auf einer gemeinsamen Sitzung der Gesamtbetriebsräte bestellt, zu welcher der Gesamtbetriebsratsvorsitzende des nach der Zahl der wahlberechtigten Arbeitnehmer größten inländischen Unternehmens einzuladen hat. Besteht daneben noch mindestens ein in den Gesamtbetriebsräten nicht vertretener Betriebsrat, sind der Betriebsratsvorsitzende und dessen Stellvertreter zu dieser Sitzung einzuladen; sie gelten insoweit als Gesamtbetriebsratsmitglieder.

b) Besteht neben einem Gesamtbetriebsrat noch mindestens ein in ihm nicht vertretener Betriebsrat, ist der Gesamtbetriebsrat um den Vorsitzenden des Betriebsrats und dessen Stellvertreter zu erweitern; der Betriebsratsvorsitzende und sein Stellvertreter gelten insoweit als Gesamtbetriebsratsmitglieder. Der Gesamtbetriebsrat bestellt die Mitglieder des besonderen Verhandlungsgremiums. Besteht nur ein Gesamtbetriebsrat, so hat dieser die Mitglieder des besonderen Verhandlungsgremiums zu bestellen.

c) Bestehen mehrere Betriebsräte, werden die Mitglieder des besonderen Verhandlungsgremiums auf einer gemeinsamen Sitzung bestellt, zu welcher der Betriebsratsvorsitzende des nach der Zahl der wahlberechtigten Arbeitnehmer größten inländischen Betriebs einzuladen hat. Zur Teilnahme an dieser Sitzung sind die Betriebsratsvorsitzenden und deren Stellvertreter berechtigt; § 47 Abs. 7 des Betriebsverfassungsgesetzes gilt entsprechend.

d) Besteht nur ein Betriebsrat, so hat dieser die Mitglieder des besonderen Verhandlungsgremiums zu bestellen.

(4) Zu Mitgliedern des besonderen Verhandlungsgremiums können auch die in § 5 Abs. 3 des Betriebsverfassungsgesetzes genannten Angestellten bestellt werden.

(5) Frauen und Männer sollen entsprechend ihrem zahlenmäßigen Verhältnis bestellt werden.

ÜBERSICHT

I. Regelungszweck und Anwendungsbereich

1 § 11 regelt die Bestellung der auf das Inland entfallenden Mitglieder des BVG, wobei zwischen Unternehmen (Abs. 1) und Unternehmensgruppen (Abs. 2 und 3) zu unterscheiden ist. Die Regelung basiert auf Art. 5 Abs. 2 a RL, der die MS verpflichtet, das **Verfahren für die Wahl oder Benennung** der in ihrem Hoheitsgebiet zu bestellenden Mitglieder des BVG festzulegen. Die Bestellungsregeln sind unabhängig davon anwendbar, ob sich die Anzahl **der auf Deutschland entfallenden Mitglieder des BVG** nach § 10 oder nach dem Recht eines anderen MS bestimmt, weil die zentrale Leitung dort ansässig ist (vgl. § 11 Abs. 1 Satz 1 und § 2 Abs. 4). Hingegen werden die auf andere MS entfallenden Mitglieder des BVG von den nach dem dort bestehenden Umsetzungsrecht vorgesehenen Gremien bestellt, auch wenn die zentrale Leitung in Deutschland liegt.

2 Die Vorschrift knüpft an die innerstaatliche Struktur der betrieblichen Arbeitnehmervertretung an und verleiht das **Bestellungsrecht** den nach dem Betriebsverfassungsgesetz bestehenden Arbeitnehmervertretungsgremien (Engels/Müller DB 1996, 981 [983 f.]; vgl. Weiss ArbuR 1995, 438 [442]). Im Einzelfall können **Konzernbetriebsräte, Gesamtbetriebsräte und/oder Betriebsräte** für die Bestellung der inländischen Mitglieder des BVG zuständig sein (vgl. Däubler, in: DKK, EBR-Richtlinie Rn. 56, der dies für naheliegend hält). Durch die Beschränkung des Bestellungsrechts auf bestehende Betriebsverfassungsorgane werden zwangsläufig auch diejenigen Betriebe »mitvertreten«, die auf einen Betriebsrat verzichtet haben, obwohl sie nach § 1 BetrVG betriebsratsfähig sind (vgl. Weiss ArbuR 1995, 438 [442]). Besteht in sämt-

lichen deutschen Niederlassungen eines gemeinschaftsweit tätigen Unternehmens oder einer gemeinschaftsweit tätigen Unternehmensgruppe **kein Betriebsrat**, können die auf das Inland entfallenden Mitglieder des BVG nicht bestellt werden (vgl. Rademacher, S. 110; kritisch insoweit Kothe EuroAS 1996, 115 [117]; Gaul NJW 1996, 3378 [3380]). In diesen Fällen ist Deutschland nicht im BVG repräsentiert. Eine Urwahl der Belegschaften betriebsratsloser Betriebe mußte in diesen Fällen nicht vorgesehen werden. Art. 5 Abs. 2 a Satz 2 RL sieht dies nur für die Betriebe oder Unternehmen vor, in denen »unabhängig vom Willen der Arbeitnehmer« keine Arbeitnehmervertretung vorhanden ist. In betriebsratsfähigen Betrieben haben es die Arbeitnehmer aber selbst in der Hand, die Wahl eines Betriebsrats einzuleiten (vgl. § 17 Abs. 2 und 3 BetrVG) und ihren Willen zur Bildung einer betrieblichen Arbeitnehmervertretung durchzusetzen (vgl. Weiss a. a. O.; Klinkhammer/Welslau AG 1994, 488 [492]). Ferner können die im nationalen Arbeitnehmervertretungsrecht für die Errichtung von Arbeitnehmervertretungsgremien bestehenden Beschäftigtenschwellen auch im Rahmen der Bestellungsregelungen angewendet werden (vgl. Art. 5 Abs. 2 a Satz 3 RL). Kleinbetriebe mit weniger als fünf Arbeitnehmern (vgl. § 1 BetrVG) mußten daher nicht berücksichtigt werden. Auch insoweit ist eine Urwahl ausgeschlossen (vgl. Rademacher, S. 110).

Die **Auswahl der zu bestellenden Mitglieder** des BVG ist nicht auf Arbeitneh- **3**
mer des Unternehmens oder der Unternehmensgruppe beschränkt (vgl. § 10 Rn. 1). Auch mußte im Rahmen der Bestellungsregelungen keine »ausgewogene Vertretung der verschiedenen Arbeitnehmerkategorien« vorgesehen werden (vgl. Erwägungsgrund Nr. 16 RL, Anh. I). § 11 enthält lediglich besondere Bestimmungen über die Bestellungsmöglichkeit leitender Angestellter (Abs. 4) und die Berücksichtigung des Geschlechterverhältnisses (Abs. 5).

II. Bestellung inländischer Mitglieder in Unternehmen (Abs. 1)

In gemeinschaftsweit tätigen Unternehmen werden die inländischen Mitglie- **4**
der des BVG nach § 11 Abs. 1 Satz 1 vom **Gesamtbetriebsrat** bestellt, der dann zu errichten ist, wenn in Deutschland mehrere Betriebsräte bestehen (§ 47 Abs. 1 BetrVG). Dabei ist die nach § 47 Abs. 7 BetrVG übliche Stimmengewichtung in Abhängigkeit von der Zahl der vertretenen Arbeitnehmer (Arbeiter und/oder Angestellte) zugrundezulegen (Däubler, in: DKK, EBR-Richtlinie Rn. 56). Besteht im Inland nur ein **Betriebsrat,** so bestellt dieser gemäß § 11 Abs. 1 Satz 2 die in das BVG zu entsendenden Arbeitnehmervertreter. Der Beschluß darüber ist mit der Mehrheit der Stimmen der anwesenden Betriebsratsmitglieder zu fassen (vgl. § 33 Abs. 1 BetrVG).

III. Bestellung inländischer Mitglieder in Unternehmensgruppen

1. Konzernbetriebsrat (Abs. 2). In gemeinschaftsweit tätigen Unternehmens- **5**
gruppen werden die inländischen Mitglieder des BVG nach § 11 Abs. 2 Satz 1 vom Konzernbetriebsrat bestellt. Die Errichtung eines Konzernbetriebsrats ist nicht obligatorisch (vgl. FKHE BetrVG § 54 Rn. 3; HSG BetrVG § 54 Rn. 5; GL BetrVG § 54 Rn. 1; Löwisch BetrVG § 54 Rn. 1) und nur unter den in

§ 54 Abs. 1 BetrVG genannten Voraussetzungen möglich. Die Bestellung der Mitglieder des BVG ist nach § 55 Abs. 3 BetrVG unter Berücksichtigung des Stimmengewichts der Mitglieder des Konzernbetriebsrats vorzunehmen. § 11 Abs. 2 Satz 2 sieht eine **Erweiterung des Konzernbetriebsrats** für den Fall vor, daß ein Gesamtbetriebsrat oder Betriebsrat nicht im Konzernbetriebsrat vertreten ist. Hat ein herrschendes Unternehmen in Deutschland beispielsweise ein Tochterunternehmen in Frankreich, das seinerseits einen oder mehrere Betriebe in Deutschland hat, bei denen ein Betriebsrat oder ein Gesamtbetriebsrat errichtet worden ist, so sind diese Arbeitnehmervertretungsgremien nicht in dem beim herrschenden Unternehmen bestehenden Konzernbetriebsrat vertreten. Deshalb ist der Konzernbetriebsrat um den Vorsitzenden und den stellvertretenden Vorsitzenden des Betriebsrats oder Gesamtbetriebsrats der in Deutschland liegenden Betriebe des französischen Tochterunternehmens zu erweitern (Engels/Müller DB 1996, 981 [984]). Der Vorsitzende und sein Stellvertreter nehmen kraft gesetzlicher Fiktion als gleichberechtigte Konzernbetriebsratsmitglieder an der Bestellung der inländischen Mitglieder des BVG teil.

6 **2. Gesamtbetriebsräte und/oder Betriebsräte (Abs. 3).** § 11 Abs. 3 regelt die Bestellung inländischer Mitglieder des BVG, wenn in einem in Deutschland liegenden Konzern kein Konzernbetriebsrat errichtet worden ist und im Inland lediglich ein oder mehrere Gesamtbetriebsräte und/oder Betriebsräte bestehen. Dabei sind folgende Konstellationen einer betriebsverfassungsrechtlichen Vertretung unterhalb der Ebene eines in Deutschland liegenden Konzerns zu berücksichtigen (vgl. Engels/Müller DB 1996, 981 [984]):

7 Bestehen in inländischen Unternehmen **mehrere Gesamtbetriebsräte**, sind die inländischen Mitglieder des BVG in einer gemeinsamen Sitzung zu bestellen, zu welcher der Gesamtbetriebsratsvorsitzende des nach der Zahl der wahlberechtigten Arbeitnehmer größten inländischen Unternehmens einzuladen hat (vgl. § 11 Abs. 3 a) Satz 1). Besteht daneben noch mindestens ein in den Gesamtbetriebsräten nicht vertretener Betriebsrat, sind der Betriebsratsvorsitzende und sein Stellvertreter zu der gemeinsamen Sitzung der Gesamtbetriebsräte einzuladen und nehmen an ihr als gleichberechtigte Gesamtbetriebsratsmitglieder teil (§ 11 Abs. 3 a) Satz 2). Hier wird die Zusammensetzung des inländischen Bestellungsgremiums in den Fällen geregelt, in denen z. B. in einem von mehreren inländischen Unternehmen kein Gesamtbetriebsrat, sondern nur ein Betriebsrat existiert oder ein ausländisches Tochterunternehmen in Deutschland einen Betrieb hat, in dem zwar ein Betriebsrat besteht, der aber in den inländischen Gesamtbetriebsräten nicht vertreten sein kann. Dasselbe gilt dann, wenn im Inland nur **ein Gesamtbetriebsrat und daneben noch ein in ihm nicht vertretener Betriebsrat** besteht. In diesem Fall bestellt der um den Vorsitzenden und den stellvertretenden Vorsitzenden dieses Betriebsrats erweiterte Gesamtbetriebsrat die inländischen Mitglieder des BVG (vgl. § 11 Abs. 3 b) Sätze 1 und 2).

8 Bei **ausschließlicher Existenz von Betriebsräten** hat der Vorsitzende des nach der Zahl der wahlberechtigten Arbeitnehmer größten inländischen Betriebs zu einer gemeinsamen Sitzung einzuladen. Dort wird die Bestellung der inländischen Mitglieder des BVG durch die Vorsitzenden und die stellvertretenden Vorsitzenden dieser Betriebsräte vorgenommen, die entsprechend

§ 47 Abs. 7 BetrVG mit dem dort vorgesehenen Stimmengewicht ausgestattet sind (§ 11 Abs. 3 c). Diese Konstellation ergibt sich beispielsweise dann, wenn mehrere im Inland liegende Unternehmen jeweils nur einen Betriebsrat haben; ein Gesamtbetriebsrat also nicht zu errichten ist.

Besteht im Inland **nur ein Gesamtbetriebsrat** (§ 11 Abs. 3 b) Satz 3) oder **nur** 9
ein Betriebsrat (§ 11 Abs. 3 d), so sind diese Gremien allein zur Bestellung der inländischen Mitglieder des BVG berufen.

IV. Leitende Angestellte als Mitglieder des BVG (Abs. 4)

In Anlehnung an § 107 Abs. 1 Satz 2 BetrVG über die personelle Zusammen- 10
setzung des Wirtschaftsausschusses sieht § 11 Abs. 4 vor, daß auch leitende Angestellte (§ 5 Abs. 3 BetrVG) zur Mitgliedern des BVG bestellt werden können (vgl. Engels/Müller DB 1996, 981 [984]). Die für die Bestellung inländischer Mitglieder des BVG zuständigen **Arbeitnehmervertretungsgremien des Betriebsverfassungsgesetzes** können somit frei darüber entscheiden, ob sie sich bei den Verhandlungen mit der zentralen Leitung der Sachkunde eines leitenden Angestellten versichern wollen oder nicht (vgl. Weiss ArbuR 1995, 438 [443] und Bachner/Kunz ArbuR 1996, 81 [84], die diese eingeschränkten Repräsentationsmöglichkeiten für vertretbar halten; kritisch Hromadka DB 1995, 1125 [1127] und Gaul NJW 1996, 3378 [3384]). Wird kein leitender Angestellter bestimmt, so ist dieser Beschäftigtengruppe – anders als beim EBR kraft Gesetzes (vgl. § 23 Abs. 6) – der Zugang zum BVG verwehrt.

V. Berücksichtigung des Geschlechterverhältnisses (Abs. 5)

Bei den aus dem Inland zu entsendenden Mitgliedern des BVG sollen nach 11
§ 11 Abs. 5 die Geschlechter entsprechend ihrem zahlenmäßigen Verhältnis in den Belegschaften vertreten sein (dafür schon Bachner/Kunz ArbuR 1996, 81 [84 f.]). Durch diese **Soll-Vorschrift** soll dem Grundsatz der Gleichberechtigung (Art. 3 Abs. 2 GG) Rechnung getragen werden. Die Regelung ist § 15 Abs. 2 BetrVG nachgebildet, der eine Zusammensetzung des Betriebsrats unter Berücksichtigung des Geschlechterverhältnisses anstrebt (Kothe EuroAS 1996, 115 [116] hält dies nur für einen »ersten Schritt«). Eine angemessene Geschlechterrepräsentanz ist aber jedenfalls dann nicht möglich, wenn aus Deutschland nur ein Mitglied im BVG vertreten ist. Im übrigen dürfte sich die Auswahl der Mitglieder für das BVG in erster Linie an der Qualifikation der Kandidaten ausrichten, wie z. B. Erfahrungen bei der Betriebsratsarbeit, internationale Kontakte und Sprachkenntnisse.

VI. Streitigkeiten

Streitigkeiten **über Zuständigkeit und Zusammensetzung** der inländischen 12
Bestellungsgremien **sowie das Stimmengewicht seiner Mitglieder** entscheiden die Arbeitsgerichte im Beschlußverfahren (§ 2a Abs. 1 Nr. 3b, §§ 80ff. ArbGG). Örtlich zuständig ist das Arbeitsgericht am Sitz des Unternehmens oder des Betriebs, dessen Arbeitnehmervertretung die Bestellung der auf Deutschland entfallenden Mitglieder des BVG vornehmen will. Insoweit

dürfte § 82 Sätze 1 und 2 ArbGG entsprechend anwendbar sein. Soll die Bestellung unter Beteiligung mehrerer inländischer Arbeitnehmervertretungsgremien erfolgen, ist das Arbeitsgericht am Sitz des Unternehmens oder Betriebs örtlich zuständig, dessen Gesamtbetriebsrat oder Betriebsrat die meisten wahlberechtigten Arbeitnehmer vertritt (vgl. § 11 Abs. 3 a) und c). **Antragsbefugt** ist jede inländische Arbeitnehmervertretung, die geltend machen kann, am Bestellungsverfahren nicht, oder – im Hinblick auf ihr Stimmengewicht – nicht hinreichend beteiligt zu sein (vgl. § 10 ArbGG). Der Antrag kann u. a. darauf gerichtet sein, festzustellen, daß das Bestellungsgremium die antragstellende Arbeitnehmervertretung in das Bestellungsverfahren einzubeziehen hat.

13 Bei Streitigkeiten **über die Wirksamkeit der Bestellung** einer bestimmten Person in das BVG dürfte § 19 BetrVG analog anwendbar sein. Eine fehlerhafte Bestellung muß demgemäß innerhalb einer zweiwöchigen Frist beim Arbeitsgericht angefochten werden (vgl. § 19 Abs. 2 Satz 2 BetrVG). Der Bestellte bleibt bis zur rechtskräftigen Entscheidung im Amt (zur Parallele beim Gesamtbetriebsrat vgl. Trittin, in: DKK, BetrVG § 47 Rn. 79 m. w. N. der Rspr. des BAG). Anfechtungsberechtigt ist jedes Mitglied des Bestellungsgremiums.

§ 12 Unterrichtung über die Mitglieder des besonderen Verhandlungsgremiums

Der zentralen Leitung sind unverzüglich die Namen der Mitglieder des besonderen Verhandlungsgremiums, ihre Anschriften sowie die jeweilige Betriebszugehörigkeit mitzuteilen. Die zentrale Leitung hat die örtlichen Betriebs- oder Unternehmensleitungen, die dort bestehenden Arbeitnehmervertretungen sowie die in inländischen Betrieben vertretenen Gewerkschaften über diese Angaben zu unterrichten.

Die zentrale Leitung und die örtlichen Unternehmensleitungen sind nach Art. 5 Abs. 2 d RL über die Zusammensetzung des BVG zu unterrichten. Sobald die in das BVG zu entsendenden Mitglieder (vgl. § 10 Abs. 1 und 2) feststehen, sind nach § 12 Satz 1 deren Namen, Anschriften sowie die jeweilige Betriebszugehörigkeit unverzüglich von den nationalen Bestellungsgremien der zentralen Leitung mitzuteilen (Engels/Müller DB 1996, 981 [984]). Die zentrale Leitung wird dadurch verpflichtet, zur konstituierenden Sitzung des BVG einzuladen (vgl. § 13 Abs. 1 Satz 1). Sie ist nach § 12 Satz 2 gehalten, die örtlichen Betriebs- oder Unternehmensleitungen und die dort bestehenden Arbeitnehmervertretungen sowie die in deutschen Betrieben vertretenen Gewerkschaften über die Mitglieder des BVG zu unterrichten. Mit Hilfe dieser Angaben werden die Beteiligten über die personelle Zusammensetzung des BVG und darüber informiert, wer in ihrem Bereich als Ansprechpartner zur Verfügung steht.

§ 13 Sitzungen, Geschäftsordnung, Sachverständige

(1) Die zentrale Leitung lädt unverzüglich nach Benennung der Mitglieder zur konstituierenden Sitzung des besonderen Verhandlungsgremiums ein und unterrichtet die örtlichen Betriebs- oder Unternehmensleitungen. Das besondere Verhandlungsgremium wählt aus seiner Mitte einen Vorsitzenden und kann sich eine Geschäftsordnung geben.

(2) Vor jeder Verhandlung mit der zentralen Leitung hat das besondere Verhandlungsgremium das Recht, eine Sitzung durchzuführen und zu dieser einzuladen; § 8 Abs. 3 Satz 2 gilt entsprechend.

(3) Beschlüsse des besonderen Verhandlungsgremiums werden, soweit in diesem Gesetz nichts anderes bestimmt ist, mit der Mehrheit der Stimmen seiner Mitglieder gefaßt.

(4) Das besondere Verhandlungsgremium kann sich durch Sachverständige seiner Wahl unterstützen lassen, soweit dies zur ordnungsgemäßen Erfüllung seiner Aufgaben erforderlich ist. Sachverständige können auch Beauftragte von Gewerkschaften sein.

ÜBERSICHT

1. Konstituierende Sitzung und Geschäftsführung des BVG (Abs. 1). Sobald der zentralen Leitung die persönlichen Daten der Mitglieder des BVG mitgeteilt worden sind (vgl. § 12), hat sie nach § 13 Abs. 1 Satz 1 die Mitglieder unverzüglich zur konstituierenden Sitzung des BVG einzuladen und die örtlichen Betriebs- oder Unternehmensleitungen über den Zeitpunkt der Sitzung zu unterrichten (vgl. Art. 5 Abs. 4 Sätze 1 und 2 RL). Die örtlichen Betriebs- oder Unternehmensleitungen werden dadurch u. a. darüber informiert, wann ein bei ihnen beschäftigtes Mitglied des BVG für die Teilnahme an der konstituierenden Sitzung freizustellen ist (vgl. § 40 EBRG i. V. m. § 37 Abs. 2 BetrVG). In dieser Sitzung ist nach § 13 Abs. 1 Satz 2 zunächst ein **Vorsitzender zu wählen** (vgl. § 25 Rn. 3), der das BVG im Rahmen der von ihm gefaßten Beschlüsse vertritt und der zur Entgegennahme von Erklärungen und Unterlagen, die z. B. von der zentralen Leitung nach § 8 Abs. 2 dem BVG zur Verfügung zu stellen sind, berechtigt ist (vgl. dazu § 26 Abs. 3 BetrVG). 1

Das BVG kann sich eine **Geschäftsordnung** geben, in der beispielsweise die Wahl eines stellvertretenden Vorsitzenden sowie die Bildung eines Vorstands oder Ausschusses vorgesehen werden kann (Bachner/Nielebock ArbuR 1997, 129 [131]; Engels/Müller DB 1996, 981 [984]), dem anstelle des Vorsitzenden oder eines anderen Mitglieds des BVG die laufenden Geschäfte übertragen werden können (vgl. § 27 Abs. 3 Satz 1 BetrVG). Im Rahmen einer Geschäftsordnung kann insbesondere auch bestimmt werden, wer innerhalb des BVG Vorschläge über die Gestaltung einer grenzübergreifenden Unterrichtung und Anhörung der Arbeitnehmer koordiniert und wer die nach § 13 Abs. 2 in Abwesenheit der zentralen Leitung stattfindenden Sitzungen des BVG vorbereitet (vgl. dazu sogleich Rn. 3). Ferner können die Wahl und die Abberufung des Vorsitzenden, seines Stellvertreters und der Mitglieder eines Vorstands oder Ausschusses sowie die Art der Bekanntgabe von Mitteilungen an die Belegschaften geregelt werden. Der **Beschluß des BVG** über die Geschäftsordnung bedarf der **absoluten Mehrheit** der Stimmen seiner Mitglieder (vgl. § 13 Abs. 3) und sollte schriftlich niedergelegt werden. 2

3 **2. Vorbereitende Sitzungen des BVG (Abs. 2).** Zur Vorbereitung und Abstimmung untereinander hat das BVG respektive sein Vorsitzender nach § 13 Abs. 2 das Recht, vor jeder Verhandlung mit der zentralen Leitung zu einer internen Sitzung einzuladen (Engels/Müller DB 1996, 981 [984]). **Zeitpunkt, Häufigkeit und Ort** der vorbereitenden Sitzungen werden entsprechend § 8 Abs. 3 Satz 2, der unmittelbar auf die Verhandlungstermine mit der zentralen Leitung Anwendung findet, zwischen den Parteien **einvernehmlich festgelegt.** Auf diese Weise kann ein zeitlicher und räumlicher Zusammenhang beider Termine sichergestellt werden (vgl. § 8 Rn. 4).

4 Im Rahmen einer Geschäftsordnung (vgl. Rn. 2) kann auch die **Durchführung der vorbereitenden Sitzungen** des BVG näher geregelt werden, wie etwa Einladungsfrist, Leitung der Sitzung, Mitteilung der Tagesordnung, Ausübung des Rede- und Antragsrechts, Leitung und Durchführung von Abstimmungen, Regelungen über die Verschwiegenheitspflicht, die Bestellung eines Mitglieds des BVG als Schriftführer und Einzelheiten der Sitzungsniederschrift (zu § 36 BetrVG vgl. insoweit FKHE Rn. 6; GK-Wiese Rn. 14; DR Rn. 4; HSG Rn. 4). Dadurch kann ein ordnungsgemäßer Sitzungsverlauf gewährleistet werden.

5 **3. Beschlüsse des BVG (Abs. 3).** Beschlüsse des BVG bedürfen nach § 13 Abs. 3 stets der **Mehrheit der Stimmen seiner Mitglieder,** soweit im EBRG nichts anderes bestimmt ist (vgl. die Abweichung in § 15 Abs. 1). Die Regelung folgt Art. 6 Abs. 5 RL, der es wegen der Bedeutung der Beschlüsse für die Gestaltung einer grenzübergreifenden Unterrichtung und Anhörung der Arbeitnehmer nicht genügen läßt, daß lediglich die Mehrheit der anwesenden Mitglieder des BVG über ihr Vorgehen beschließt, ohne daß eine absolute Mehrheit zustande kommt (anders § 33 Abs. 1 Satz 1 BetrVG). Im BVG wird nach Köpfen abgestimmt, da die unterschiedliche Stärke der einzelnen Belegschaften bereits bei dessen Zusammensetzung (vgl. § 10 Abs. 1 und 2) berücksichtigt wurde (vgl. Däubler, in: DKK, EBR-Richtlinie Rn. 67). **Stimmenthaltungen** sind zulässig, wirken sich aber als Ablehnung aus (zu § 33 BetrVG vgl. FKHE Rn. 33; GK-Wiese Rn. 29; DR Rn. 12; SW Rn. 4; WW Rn. 7). Bei **Stimmengleichheit** ist ein Antrag abgelehnt. Insoweit dürfte § 33 Abs. 1 Satz 2 BetrVG entsprechend heranzuziehen sein. Besteht das BVG beispielsweise aus zehn Mitgliedern und stimmen davon fünf für einen Antrag, drei dagegen und enthalten sich zwei Mitglieder der Stimme, ist kein wirksamer Beschluß gefaßt worden. Sind von insgesamt 10 Mitgliedern des BVG nur 6 Mitglieder einschließlich der Ersatzmitglieder (vgl. § 10 Abs. 3) anwesend, ist eine einstimmige Beschlußfassung erforderlich. Die Regelung zeigt, daß ein weitgehender Konsens innerhalb des BVG hergestellt werden muß, um sinnvoll mit der zentralen Leitung verhandeln zu können.

6 **4. Unterstützung durch Sachverständige (Abs. 4).** Um dem BVG die Erfüllung seiner Aufgabe (vgl. § 8 Abs. 1) zu erleichtern, ist in § 13 Abs. 4 Satz 1 vorgesehen, daß sich das BVG durch Sachverständige seiner Wahl unterstützen lassen kann. Anders als nach § 80 Abs. 3 Satz 1 BetrVG wird dazu **kein vorheriges Einverständnis der zentralen Leitung** verlangt (vgl. Däubler, in: DKK, EBR-Richtlinie Rn. 61). Die Hinzuziehung von Sachverständigen ist aber auch hier nur **im Rahmen des Erforderlichen** möglich, wenn etwa schwierige Struktur- oder Rechtsfragen oder branchenspezifische Besonder-

heiten zu klären sind, um beurteilen zu können, wie eine grenzübergreifende Unterrichtung und Anhörung der Arbeitnehmer möglichst effektiv und praxisgerecht gestaltet werden kann. Diese Regelung ist in der Literatur auf Kritik gestoßen, weil Art. 5 Abs. 4 Satz 3 RL die Hinzuziehung von Sachverständigen nicht beschränke (vgl. Bachner/Kunz ArbuR 1996, 81 [85]; Bachner/Nielebock ArbuR 1997, 129 [131]). Aber auch beim BVG ist eine Unterstützung durch Sachverständige – wie beim EBR kraft Gesetzes (vgl. dazu Anh. Nr. 6 RL) – nur in dem Maße geboten, wie den Mitgliedern des BVG die zur sachgerechten Interessenwahrnehmung notwendige Sachkunde fehlt (zu §§ 40 Abs. 1, 80 Abs. 3 Satz 1 BetrVG vgl. zuletzt BAG v. 20. 12. 1995, NZA 1996, 892 [893] und BAG v. 21. 6. 1989, NZA 1990, 107). Nur soweit ein Unterstützungsbedürfnis für die zu klärenden Fragen zu bejahen ist, kann sich das BVG bei seinen vorbereitenden Sitzungen und bei den Verhandlungen mit der zentralen Leitung von Sachverständigen seiner Wahl unterstützen lassen.

Darüber hinaus ist zu beachten, daß die zentrale Leitung nur die **Kosten für einen Sachverständigen** zu tragen hat (vgl. § 16 Abs. 1 Satz 2). Bei weiteren Sachverständigen wird es sich in der Regel um Gewerkschaftsbeauftragte handeln, die vom nicht vermögensfähigen BVG kostenfrei hinzugezogen werden können. Daß dies möglich ist, wird in § 13 Abs. 4 Satz 2 ausdrücklich klargestellt. 7

5. **Streitigkeiten.** Streitigkeiten im Zusammenhang mit der **Führung der laufenden Geschäfte**, die Auslegung einer **Geschäftsordnung** oder die **Rechtsgültigkeit eines Beschlusses** des BVG sind im Beschlußverfahren (§ 2a Abs. 1 Nr. 3b ArbGG) von dem Arbeitsgericht am Sitz der zentralen Leitung (§ 82 Satz 4 ArbGG) zu entscheiden, an dem das BVG gebildet worden ist. Ebenso ist eine gerichtliche Entscheidung zu treffen, wenn sich das BVG und die zentrale Leitung darüber streiten, ob und wieviele Sachverständige zur Unterstützung des BVG erforderlich sind. 8

§ 14 Einbeziehung von Arbeitnehmervertretern aus Drittstaaten

Kommen die zentrale Leitung und das besondere Verhandlungsgremium überein, die nach § 17 auszuhandelnde Vereinbarung auf nicht in einem Mitgliedstaat (Drittstaat) liegende Betriebe oder Unternehmen zu erstrecken, können sie vereinbaren, Arbeitnehmervertreter aus diesen Staaten in das besondere Verhandlungsgremium einzubeziehen und die Anzahl der auf den jeweiligen Drittstaat entfallenden Mitglieder sowie deren Rechtsstellung festlegen.

ÜBERSICHT

1. **Einbeziehung von Arbeitnehmervertretern aus Drittstaaten.** Nach § 1 Abs. 2 letzter Hs. kann im Vereinbarungswege die grenzübergreifende Unterrichtung und Anhörung auch auf Arbeitnehmer erstreckt werden, die in Betrieben oder Unternehmen eines gemeinschaftsweit tätigen Unternehmens 1

oder einer Unternehmensgruppe beschäftigt werden, die in einem Drittstaat liegen (z. B. in der Schweiz, Großbritannien, in Osteuropa oder den USA). In diesem Zusammenhang sieht § 14 vor, daß Arbeitnehmervertreter aus diesen Staaten **als Gast oder** sogar als **gleichberechtigtes Mitglied im BVG** vertreten sein können (Engels/Müller DB 1996, 981 [984]), wenn sich die zentrale Leitung und das BVG darauf verständigen, die in Drittstaaten beschäftigten Arbeitnehmer in die nach §§ 17 ff. auszuhandelnde Vereinbarung einzubeziehen. Dabei sollte nicht nur die Anzahl der auf den jeweiligen Drittstaat entfallenden Arbeitnehmervertreter in Abhängigkeit zur Gesamtbeschäftigtenzahl und deren Rechtsstellung festgelegt werden. Es empfiehlt sich auch, die Modalitäten für die Bestellung dieser Arbeitnehmervertreter abzustimmen (vgl. Däubler, in: DKK, EBR-Richtlinie Rn. 68). In Drittstaaten steht nämlich kein Umsetzungsrecht zur Verfügung, nach dem die Wahl oder Benennung dieser Arbeitnehmervertreter durchgeführt werden könnte.

2 **2. Einbeziehung der im Drittstaat liegenden zentralen Leitung.** Häufig wird die in einem Drittstaat liegende zentrale Leitung eines multinationalen Unternehmens oder einer Unternehmensgruppe nicht nur an der Einbeziehung der bei ihr oder in einem anderen Drittstaat beschäftigten Arbeitnehmer, sondern auch daran interessiert sein, selbst an den Verhandlungen mit dem BVG beteiligt zu sein und in die Vereinbarung über eine grenzübergreifende Unterrichtung und Anhörung der Arbeitnehmer einbezogen zu werden. Die zentrale Leitung des Drittstaats fällt aber nicht unter die Richtlinie über Europäische Betriebsräte und unterliegt nicht der Rechtsordnung und dem Umsetzungsrecht eines MS. Nach Art. 4 Abs. 2 RL obliegt es deshalb dem in einem MS ansässigen Vertreter der zentralen Leitung, nach Maßgabe des dort anwendbaren Umsetzungsrechts die Verhandlungen mit dem BVG zu führen und eine Vereinbarung mit ihm abzuschließen (vgl. Rademacher, S. 98). Die zentrale Leitung kann deshalb **nur »an der Seite ihres Vertreters«** an den Verhandlungen mit dem BVG und im Rahmen einer Vereinbarung zur Unterrichtung und Anhörung der Arbeitnehmer beteiligt werden. Dabei muß aber stets gewährleistet sein, daß das **Umsetzungsrecht eines MS** und die dort bestehende Rechtsordnung, insbesondere auch die dort vorgesehenen Rechtsschutzmöglichkeiten, anwendbar sind. Das EBRG ist dann das anwendbare Umsetzungsrecht, wenn der Vertreter der zentralen Leitung seinen Sitz in Deutschland hat (vgl. § 2 Abs. 2). Ist ein EBR kraft Gesetzes zu errichten (§§ 21 ff.), ist die zentrale Leitung des Drittstaates nur mittelbar an der Unterrichtung und Anhörung dieses Gremiums beteiligt. Der deutsche Vertreter wird in zahlreichen Angelegenheiten auf Informationen der zentralen Leitung angewiesen sein, um die ihm obliegenden Unterrichtungs- und Anhörungspflichten nach §§ 32, 33 erfüllen zu können.

§ 15 Beschluß über Beendigung der Verhandlungen

(1) Das besondere Verhandlungsgremium kann mit mindestens zwei Dritteln der Stimmen seiner Mitglieder beschließen, keine Verhandlungen aufzunehmen oder diese zu beenden. Der Beschluß und das Abstimmungsergebnis sind in eine Niederschrift aufzunehmen, die vom Vorsitzenden und einem weiteren Mitglied zu unterzeichnen ist. Eine Abschrift der Niederschrift ist der zentralen Leitung zuzuleiten.

(2) Ein neuer Antrag auf Bildung eines besonderen Verhandlungsgremiums (§ 9) kann frühestens zwei Jahre nach dem Beschluß gemäß Absatz 1 gestellt werden, sofern das besondere Verhandlungsgremium und die zentrale Leitung nicht schriftlich eine kürzere Frist festlegen.

ÜBERSICHT

I. Verzicht des BVG auf eine grenzübergreifende Unterrichtung und Anhörung (Abs. 1)

1. Beschluß mit zwei Dritteln der Stimmen. Das BVG kann beschließen, keine Verhandlungen mit der zentralen Leitung aufzunehmen oder bereits laufende Verhandlungen zu beenden. Dieser Beschluß ist nach § 15 Abs. 1 Satz 1 nur dann rechtswirksam, wenn ihn das BVG mit mindestens zwei Dritteln der Stimmen seiner Mitglieder gefaßt hat (vgl. Art. 5 Abs. 5 Satz 1 RL). Durch diese qualifizierte Mehrheit, die noch über die nach § 13 Abs. 3 übliche absolute Mehrheit hinausgeht, soll sichergestellt werden, daß ein Verzicht nur möglich ist, wenn er von einem breiten Konsens der im BVG vertretenen MS getragen wird. Nur in Ausnahmefällen dürfte es möglich sein, daß die Mitglieder des BVG, die den weitaus beschäftigungsstärksten MS repräsentieren, **gegen den Willen der Vertreter »kleinerer MS«** auf eine grenzübergreifende Unterrichtung und Anhörung wirksam verzichten können (zu Streitigkeiten über die Rechtsgültigkeit des Verzichtsbeschlusses vgl. § 13 Rn. 8). Kommt der Beschluß jedoch mit der erforderlichen Mehrheit zustande, so kann bis auf weiteres weder eine Vereinbarung nach §§ 17 ff. ausgehandelt werden noch ist ein EBR kraft Gesetzes (§§ 21 ff.) zu errichten (vgl. zu Art. 5 Abs. 5 Sätze 2 und 3 RL Heinze AG 1995, 385 [390]; Klinkhammer/Welslau AG 1994, 488 [492]; a. A. Mayer BB 1995, 1794 [1796]). Durch den Beschluß wird die Amtszeit des BVG beendet. 1

2. Niederschrift über den Beschluß. Der Beschluß und das Abstimmungsergebnis sind nach § 15 Abs. 1 Satz 2 in eine Sitzungsniederschrift aufzunehmen, die vom Vorsitzenden und einem weiteren Mitglied des BVG zu unterzeichnen ist. Begriffsnotwendig ist ferner die **Angabe des Datums** der Sitzung des BVG, damit feststeht, wann der Beschluß gefaßt worden ist und zu welchem Zeitpunkt ein Antrag auf erneute Bildung eines BVG gestellt werden kann (zu § 34 BetrVG vgl. Blanke, in: DKK, Rn. 3; GK-Wiese Rn. 14). Zur **Unterrichtung der zentralen Leitung** ist dieser nach § 15 Abs. 1 Satz 3 eine Abschrift der Niederschrift zuzuleiten (zum rechtlichen Charakter der Sitzungsniederschrift vgl. GK-Wiese § 34 Rn. 12 m. w. N.). Die zentrale Leitung wird somit u. a. darüber informiert, daß Verhandlungen mit dem BVG nicht aufgenommen oder bereits laufende Verhandlungen nicht fortgesetzt werden sollen. 2

II. Antrag auf Bildung eines neuen BVG (Abs. 2)

3 Sofern das BVG und die zentrale Leitung nicht schriftlich eine kürzere Frist festlegen, kann gemäß § 15 Abs. 2 ein Antrag auf erneute Bildung eines BVG **frühestens zwei Jahre nach dem Beschluß** gestellt werden, durch den auf eine grenzübergreifende Unterrichtung und Anhörung der Arbeitnehmer verzichtet worden ist. Der Antrag der Arbeitnehmer oder ihrer Vertreter muß die in § 9 Abs. 1 und 2 vorgesehenen Voraussetzungen erfüllen (vgl. § 9 Rn. 4 f.). Dies bedeutet, daß ein neues BVG zu bilden ist und nicht etwa das BVG zu reaktivieren ist, das den Beschluß nach § 15 Abs. 1 Satz 1 gefaßt hatte (vgl. Rademacher, S. 112; a. A. Weiss ArbuR 1995, 438 [441]). Diese Regelung ist sinnvoll, weil sich innerhalb von zwei Jahren die Struktur des Unternehmens oder der Unternehmensgruppe und die Zahl der in den einzelnen MS beschäftigten Arbeitnehmer so geändert haben kann, daß sich nach § 10 Abs. 1 und 2 eine andere Zusammensetzung des BVG ergibt. Nur so kann verhindert werden, daß ein nicht mehr repräsentatives Gremium mit der zentralen Leitung verhandelt.

§ 16 Kosten und Sachaufwand

(1) Die durch die Bildung und Tätigkeit des besonderen Verhandlungsgremiums entstehenden Kosten trägt die zentrale Leitung. Werden Sachverständige nach § 13 Abs. 4 hinzugezogen, beschränkt sich die Kostentragungspflicht auf einen Sachverständigen. Die zentrale Leitung hat für die Sitzungen in erforderlichem Umfang Räume, sachliche Mittel, Dolmetscher und Büropersonal zur Verfügung zu stellen sowie die erforderlichen Reise- und Aufenthaltskosten der Mitglieder des besonderen Verhandlungsgremiums zu tragen.

(2) Der Arbeitgeber eines aus dem Inland entsandten Mitglieds des besonderen Verhandlungsgremiums haftet neben der zentralen Leitung für dessen Anspruch auf Kostenerstattung als Gesamtschuldner.

ÜBERSICHT

I. Kosten des BVG und seiner Mitglieder (Abs. 1)

1 **1. Kostentragungspflicht der zentralen Leitung.** § 16 Abs. 1 Satz 1 verpflichtet die im Inland liegende zentrale Leitung dazu, die durch die **Bildung und Tätigkeit des BVG** entstehenden Kosten zu tragen. Dies entspricht Art. 5 Abs. 6 Satz 1 RL, nach dem die Kosten **im Zusammenhang mit den Verhandlungen** von der zentralen Leitung getragen werden, »damit das BVG seine Aufgaben in angemessener Weise erfüllen kann.« Die zentrale Leitung hat sowohl die sachlichen als auch die persönlichen Kosten der Tätigkeit des BVG und seiner Mitglieder zu tragen. § 16 ähnelt der Regelung der Kosten und des

Sachaufwands des Betriebsrats in § 40 BetrVG. Auch hier ist der Anspruch auf Kostentragung ein Anspruch aus einem gesetzlichen Schuldverhältnis (zu § 40 BetrVG vgl. FKHE Rn. 68; GK-Wiese Rn. 15; DR Rn. 36; HSG Rn. 72). Davon zu unterscheiden ist der Entgeltfortzahlungsanspruch eines inländischen Mitglieds des BVG bei Arbeitsversäumnis wegen notwendiger BVG-Arbeit (vgl. § 40 i. V. m. § 37 Abs. 2 BetrVG), der als arbeitsvertraglicher Anspruch gegen den inländischen Arbeitgeber gerichtet ist.

2. Umfang der Kostentragungspflicht. – a) Kosten des BVG. Zu den sachlichen Kosten des BVG nach § 16 Abs. 1 Satz 1 gehören zunächst die Kosten, die bei der Bildung des BVG notwendigerweise entstehen, wie z. B. die Kosten des Auskunftsanspruchs nach § 5 oder die Kosten, die den jeweiligen nationalen Bestellungsgremien entstehen. Hat sich das BVG bereits konstituiert, so zählen dazu vor allem die sog. **Geschäftsführungskosten.** Dies sind alle Kosten, die zu einer sachgerechten und ordnungsgemäßen Vorbereitung der Verhandlungen mit der zentralen Leitung erforderlich sind (vgl. § 13 Rn. 3 f.). Zu den Geschäftsführungskosten gehören auch Aufwendungen für erforderliche Sachverständige, die das BVG nach § 13 Abs. 4 Satz 1 zur ordnungsgemäßen Erfüllung seiner Aufgaben hinzugezogen hat. Der Gesetzgeber hat allerdings in § 15 Abs. 1 Satz 2 von der in Art. 5 Abs. 6 Satz 2 RL vorgesehenen Möglichkeit Gebrauch gemacht und die Kostentragungspflicht der zentralen Leitung auf einen Sachverständigen beschränkt (befürwortend Wienke EuroAS 1996, 120 [121]; gegen diese Beschränkung Weiss ArbuR 1995, 438 [444]). Zu den Geschäftsführungskosten gehören grundsätzlich auch Kosten für die **Übersetzung von Unterlagen** in die Sprachen derjenigen MS, die im BVG vertreten sind, wenn und soweit diese Unterlagen zur Aufgabenerfüllung erforderlich sind und die zu ihrem Verständnis notwendigen Sprachkenntnisse fehlen (vgl. Engels/Müller DB 1996, 981 [984]). Zur Tätigkeit des BVG i. S. d. § 16 Abs. 1 Satz 1 rechnen auch Kosten, die der **gerichtlichen Verfolgung oder Verteidigung von Rechten** des BVG oder seiner Mitglieder dienen. Das BVG kann deshalb Streitfragen nach dem EBRG auf Kosten der zentralen Leitung gerichtlich klären lassen, wenn eine gütliche Einigung nicht möglich ist. Zu den von der zentralen Leitung im Rahmen von Rechtsstreitigkeiten zu tragenden Auslagen zählen auch die Kosten einer Prozeßvertretung des BVG durch einen Rechtsanwalt, wenn das BVG bei pflichtgemäßer und verständiger Abwägung der zu berücksichtigenden Umstände die Zuziehung eines Rechtsanwalts für notwendig erachten konnte (zu § 40 Abs. 1 BetrVG vgl. zuletzt BAG v. 14. 2. 1996, NZA 1996, 892 [893]; vgl. auch FKHE BetrVG § 40 Rn. 17 m. w. N. der Rspr. und der Lit.). Notwendig ist die Hinzuziehung eines Rechtsanwalts stets in der Rechtsbeschwerdeinstanz, da in diesem Verfahren die Vertretung durch einen Anwalt zwingend vorgeschrieben ist. 2

Außerdem hat die zentrale Leitung nach § 16 Abs. 1 Satz 3 Hs. 1 für die Sitzungen in erforderlichem Umfang **Räume, sachliche Mittel, Dolmetscher und Büropersonal** zur Verfügung zu stellen. Dies gilt für vorbereitende Sitzungen des BVG nach § 13 Abs. 2 ebenso wie für die Verhandlungen mit der zentralen Leitung. Die skizzierte personelle und sachliche Unterstützung wird auch dann zu gewähren sein, wenn im Rahmen der Geschäftsführung eine Zusammenkunft der damit betrauten Mitglieder des BVG, z. B. eines Vorstands oder Ausschusses, notwendig ist. Zu den **sächlichen Mitteln**, die 3 die zentrale Leitung bereitzustellen hat, gehören zumindest die üblichen Büromaterialien, Telefone und Telefaxgeräte sowie Gesetzestexte des EBRG, das die Grundlage für die Aufgaben des BVG bildet. Wegen der transnationalen Zusammensetzung des BVG ist der Gesetzestext allen Mitgliedern des BVG – möglichst in deren Sprachen – zur Verfügung zu stellen. Ggf. können auch fremdsprachliche Wörterbücher zu den erforderlichen Sachmitteln gehören (zu § 40 BetrVG vgl. FKHE Rn. 98; GK-Wiese Rn. 110 jeweils m. w. N.). Das BVG hat ferner Anspruch auf die Bereitstellung von Sachmitteln, die ihm eine ordnungsgemäße und angemessene **Unterrichtung der Arbeitnehmer über Stand und Fortgang der Verhandlungen** mit der zentralen Leitung gestatten. Bei Vorliegen besonderer Umstände können dazu auch Rundschreiben an die Belegschaften aus konkretem Anlaß erforderlich sein.

4 b) **Aufwendungen der Mitglieder des BVG.** Zu den Kosten, die durch die Tätigkeit des BVG entstehen, gehören auch Aufwendungen einzelner Mitglieder, die diese im Rahmen und in Erfüllung ihrer Aufgaben machen. Nach § 16 Abs. 1 Satz 3 Hs. 2 hat deshalb die zentrale Leitung die Reise- und Aufenthaltskosten der Mitglieder des BVG zu tragen, die ihnen durch die Teilnahme an Sitzungen oder im Rahmen der laufenden Geschäftsführung entstehen. Hierzu rechnen insbesondere **Fahrtkosten sowie die Kosten für Verpflegung und Unterkunft**, unabhängig davon, aus welchem MS das einzelne Mitglied entsandt worden ist. Die Kostentragungspflicht der zentralen Leitung besteht auch hier nur für **notwendige Kosten**. Die Kosten einer nicht erforderlichen Dienstreise hat sie ebensowenig zu tragen wie nicht erforderliche Kosten einer notwendigen Dienstreise (z. B. die Inanspruchnahme eines Luxushotels). Durch die Tätigkeit des BVG bedingt sind auch die Kosten, die einem Mitglied durch die **Führung von Rechtsstreitigkeiten** in Angelegenheiten des BVG entstehen, und zwar auch dann, wenn die Rechtsstreitigkeit ausschließlich das Verhältnis des Mitglieds zum BVG betrifft (zu § 40 BetrVG vgl. FKHE Rn. 49; DR Rn. 16; Blanke, in: DKK, Rn. 48 f.; GL Rn. 36; GK-Wiese Rn. 46 f.; HSG Rn. 49 ff.). Dies gilt jedenfalls dann, wenn die gesetzliche Rechtsstellung des einzelnen Mitglieds Streitgegenstand ist oder durch das Verfahren berührt wird. Das ist z. B. der Fall bei Rechtsstreitigkeiten über die Anfechtung der Bestellung eines BVG-Mitglieds (vgl. § 11 Rn. 13), über die Rechtmäßigkeit von Beschlüssen des BVG (vgl. § 13 Rn. 8) und über interne Wahlen des BVG.

II. Gesamtschuldnerische Haftung des inländischen Arbeitgebers (Abs. 2)

5 Für Kostenerstattungsansprüche der aus dem Inland entsandten Mitglieder des BVG (vgl. Rn. 4) begründet § 16 Abs. 2 eine gesamtschuldnerische Haftung ihres Arbeitgebers, der neben der zentralen Leitung zur Erfüllung dieser Ansprüche verpflichtet wird (vgl. § 421 BGB). Dies gilt insbesondere auch dann, wenn die zentrale Leitung nicht im Inland liegt (§ 2 Abs. 4). Das anspruchsberechtigte Mitglied des BVG (Gläubiger) darf die Kostenerstattung lediglich einmal fordern (kritisch zu § 16 Abs. 2 Wienke EuroAS 1996, 120 [124], der eine doppelte Inanspruchnahme befürchtet). Die gesamtschuldnerische Haftung gibt die Möglichkeit, daß inländische Mitglieder des BVG ihre Kosten im Streitfall vor deutschen Arbeitsgerichten geltend machen

können. Dadurch kann vor allem in den Fällen, in denen die zentrale Leitung einer gemeinschaftsweit tätigen Unternehmensgruppe nicht im Inland liegt, eine ortsnahe und zügige gerichtliche Klärung erfolgen (vgl. Kothe EuroAS 1996, 115 [117]; Engels/Müller DB 1996, 981 [984]). Im **Innenverhältnis zwischen den Gesamtschuldnern** ist die zentrale Leitung dem Arbeitgeber zum vollen Ersatz der Kostenschuld verpflichtet. Die in § 426 Abs. 1 Satz 1 BGB vorgesehene Haftung zu gleichen Teilen ist hier grundsätzlich nicht anwendbar, weil die Kosten der Mitglieder des BVG nach § 16 Abs. 1 letztlich allein von der zentralen Leitung zu tragen sind und somit ein anderer Verteilungsmaßstab zur Verfügung steht. Eine davon abweichende Ausgleichspflicht kann nur aufgrund einer besonderen Vereinbarung zwischen der zentralen Leitung und dem Arbeitgeber anzunehmen sein.

III. Streitigkeiten

Streitigkeiten im Zusammenhang mit der **Kostentragungspflicht der zentralen** 6
Leitung sind im arbeitsgerichtlichen Beschlußverfahren zu klären (§§ 2a Abs. 1 Nr. 3b, 80 ff. ArbGG). Örtlich zuständig ist das Arbeitsgericht, in dessen Bezirk die zentrale Leitung ihren Sitz hat (§ 82 Satz 4 ArbGG). Dies gilt sowohl für Streitigkeiten über die dem BVG zu gewährenden finanziellen und sächlichen Mittel als auch für Ansprüche einzelner Mitglieder des BVG auf Kostentragung (so schon Däubler, in: DKK, EBR-Richtlinie Rn. 99). Wird der Anspruch von einem inländischen Mitglied des BVG gegen seinen **gesamtschuldnerisch haftenden Arbeitgeber** geltend gemacht, so dürfte das Arbeitsgericht örtlich zuständig sein, in dessen Bezirk das Unternehmen des Arbeitgebers liegt. Insoweit sollte § 82 Satz 2 ArbGG entsprechend angewendet werden.

Dritter Teil **Vereinbarungen über grenzübergreifende Unterrichtung und Anhörung**

§ 17 Gestaltungsfreiheit

Die zentrale Leitung und das besondere Verhandlungsgremium können frei vereinbaren, wie die grenzübergreifende Unterrichtung und Anhörung der Arbeitnehmer ausgestaltet wird; sie sind nicht an die Bestimmungen des Vierten Teils dieses Gesetzes gebunden. Die Vereinbarung muß sich auf alle in den Mitgliedstaaten beschäftigten Arbeitnehmer erstrecken, in denen das Unternehmen oder die Unternehmensgruppe einen Betrieb hat. Die Parteien verständigen sich darauf, ob die grenzübergreifende Unterrichtung und Anhörung durch die Errichtung eines Europäischen Betriebsrats oder mehrerer Europäischer Betriebsräte nach § 18 oder durch ein Verfahren zur Unterrichtung und Anhörung der Arbeitnehmer nach § 19 erfolgen soll.

ÜBERSICHT

I. Gestaltungsfreiheit der Vertragspartner

1 Im Dritten Teil des EBRG wird der flexiblen Regelungssystematik der Richtlinie über Europäische Betriebsräte Rechnung getragen, indem einer Vereinbarungslösung der Vorrang gegenüber einem gesetzlich geregelten EBR eingeräumt wird (vgl. den 15. Erwägungsgrund der RL, Anh. I). § 17 verdeutlicht die umfassenden Gestaltungsmöglichkeiten, die für die zentrale Leitung und das BVG im Rahmen einer **Vereinbarung über eine grenzübergreifende Unterrichtung und Anhörung** bestehen, wie dies in Art. 6 i. V. m. Art. 1 Abs. 1 und 2 RL vorgesehen ist (Engels/Müller DB 1996, 981 [984]). Die Vertragspartner können frei vereinbaren, wie die grenzübergreifende Unterrichtung und Anhörung der Arbeitnehmer ausgestaltet wird. Sie sind nach § 17 Satz 1 weder strukturell noch inhaltlich an die für den EBR kraft Gesetzes bestehenden Bestimmungen des Vierten Teils des EBRG (§§ 21 ff.) gebunden, in dem die subsidiären Bestimmungen des Anhangs der Richtlinie umgesetzt werden (vgl. Art. 6 Abs. 4 RL). Die Parteien verständigen sich nach § 17 Satz 3 darauf, ob die grenzübergreifende Unterrichtung und Anhörung durch die **Errichtung eines oder mehrerer zentraler EBR** (§ 18 – EBR kraft Vereinbarung) oder durch ein **dezentrales Verfahren** zur Unterrichtung und Anhörung der Arbeitnehmer (§ 19) erfolgen soll. Im Rahmen dieser beiden Grundmodelle bleibt es den Vertragspartnern aber unbenommen, eine Kombination von zentralen und dezentralen Systemen oder die Bildung regionaler oder branchenspezifischer Ausschüsse vorzusehen (vgl. Engels/Müller DB 1996, 981 [984 f.]; Wienke EuroAS 1996, 120 [124]; Gaul NJW 1995, 228 [231]). Die Parteien können sich bei der Ausgestaltung der grenzübergreifenden Unterrichtung und Anhörung an den Vorschriften über den EBR kraft Gesetzes orientieren und die dort vorgesehenen Organisations- und Beteiligungsrechte im Vereinbarungswege teilweise oder insgesamt übernehmen.

II. Anwendbarkeit des EBRG und Rechtsnatur der Vereinbarung

2 Wird ein EBR oder ein dezentrales Verfahren zur Unterrichtung und Anhörung der Arbeitnehmer vereinbart, so ist in der Regel das Umsetzungsrecht auf die getroffene Vereinbarung anwendbar, das auch über die Zusammensetzung des BVG sowie dessen Aufgaben und Befugnisse entscheidet (vgl. Däubler, in: DKK, EBR-Richtlinie Rn. 70). Das EBRG ist deshalb grundsätzlich anwendbar, wenn der **Sitz der zentralen Leitung**, des gemeinschaftsweit tätigen Unternehmens oder des herrschenden Unternehmens einer Unternehmensgruppe, **in Deutschland** liegt (vgl. § 2 Abs. 1) und die für eine gemeinschaftsweite Tätigkeit erforderlichen Beschäftigtenschwellen erreicht werden (vgl. § 3). Dasselbe gilt, wenn die nachgeordnete Leitung oder der Vertreter eines exterritorialen Multis im Inland liegt (vgl. § 2 Abs. 2). Nach § 27 Abs. 1 EGBGB kann jedoch auch das Umsetzungsrecht eines anderen MS gewählt werden, wenn sich die zentrale Leitung und das BVG darauf verständigen (vgl. Rademacher, S. 122; Däubler/Klebe AiB 1995, 557 [568]). Wird keine **abweichende Rechtswahl** getroffen, ist das EBRG und die deutsche Rechtsordnung für die Vereinbarung zur Unterrichtung und Anhörung der Arbeitnehmer maßgebend.

3 Eine Vereinbarung nach den §§ 17 ff. ist als **Kollektivvertrag** zu qualifizieren, weil an ihrem Zustandekommen das BVG als transnationaler Repräsentant

aller Arbeitnehmer beteiligt ist (Rademacher, S. 120; Blanpain/Windey, Rn. 238). Da die auf Arbeitnehmerseite vertragschließende Partei weder eine Gewerkschaft noch ein Gesamt- oder Konzernbetriebsrat ist, kann es sich aber weder um einen Tarifvertrag noch um eine Gesamt- oder Konzernbetriebsvereinbarung handeln (Weiss ArbuR 1995, 438 [443]; a. A. Wunsch-Semmler, S. 122 ff.). Inhaltlich geht es bei der Vereinbarung vor allem darum, durch eine grenzübergreifende Unterrichtung und Anhörung der Arbeitnehmer die nationalen Arbeitnehmervertretungssysteme zu ergänzen, also um **normative Regelungen betriebsverfassungsrechtlichen Inhalts** (vgl. Däubler, in: DKK, EBR-Richtlinie Rn. 71, der das TVG entsprechend anwenden will). Es überzeugt aber nicht, im Zusammenhang mit Vereinbarungen nach §§ 17 ff. von europäischen Betriebsvereinbarungen zu sprechen, weil sich deren Rechtswirkungen nicht unmittelbar aus europäischem Recht, sondern allein aus dem EBRG oder anderen kollisionsrechtlich berufenen Umsetzungsbestimmungen des jeweiligen MS ergeben (vgl. Rademacher, S. 120; a. A. Hanau, in: FS Vieregge, 319 [334]). Schließlich kann die Vereinbarung nicht nur rein schuldrechtlich verstanden werden, weil sie die Rechte und Pflichten des EBR oder der im Rahmen des Verfahrens zur Unterrichtung und Anhörung beteiligten Arbeitnehmervertreter festlegt, die selbst nicht Vertragspartei sind (vgl. Weiss a. a. O.). Da die Amtszeit des auf Arbeitnehmerseite handelnden BVG mit Abschluß der Vereinbarung endet, ist das BVG nicht dazu berufen, über die Einhaltung der in der Vereinbarung getroffenen Regelungen – zugunsten Dritter – zu wachen (vgl. § 8 Rn. 1). Statt dessen sollen die vereinbarten Rechte und Pflichten vom EBR oder den im Rahmen eines dezentralen Verfahrens zur Unterrichtung und Anhörung beteiligten Arbeitnehmervertretern unmittelbar in eigener Verantwortung wahrgenommen und ggf. auch gerichtlich durchgesetzt werden (vgl. § 2a Abs. 1 Nr. 3b und § 82 Satz 4 ArbGG). Bei Vereinbarungen nach § 17 handelt es sich deshalb um besondere Kollektivverträge deutschen Rechts, deren **normative Wirkung** sich aus der Systematik des EBRG ergibt.

III. Vereinbarung über grenzübergreifende Unterrichtung und Anhörung

1. Zustandekommen. Können sich das BVG und die zentrale Leitung bei ihren Verhandlungen (vgl. § 8) auf eine grenzübergreifende Unterrichtung und Anhörung der Arbeitnehmer verständigen, müssen sie diese **Vereinbarung in schriftlicher Form** abfassen. Die gesetzliche Schriftform ergibt sich zwar nicht unmittelbar aus § 17 aber aus den für eine Vereinbarung zur Verfügung stehenden gesetzlichen Grundmodellen, dem EBR (vgl. § 18 Abs. 1 Satz 1) und dem dezentralen Verfahren zur Unterrichtung und Anhörung (vgl. § 19 Satz 1). Mündliche Absprachen oder der Austausch einseitig unterzeichneter Urkunden genügen diesem Formerfordernis nicht (Rademacher, S. 114 f). Das BVG muß den Abschluß der Vereinbarung mit der Mehrheit der Stimmen seiner Mitglieder beschließen (vgl. § 13 Rn. 5). 4

2. Geltungsbereich und Repräsentanz der MS. Die Vereinbarung muß sich nach § 17 Satz 2 auf **alle in den MS beschäftigten Arbeitnehmer** erstrecken, in denen das Unternehmen oder die Unternehmensgruppe einen **Betrieb** hat (vgl. § 1 Abs. 2 i. V. m. Art. 1 Abs. 4 RL). Der Geltungsbereich der Vereinba- 5 rung darf sich also nicht nur auf einen Teil der in den MS liegenden Betriebe beschränken und z. B. nur bestimmte Produktionssparten einbeziehen (vgl. Hanau, in: FS Vieregge, 319 [320]; nicht zutreffend Rademacher, S. 116 f.). Andererseits kann ein größerer Geltungsbereich vereinbart werden (vgl. § 1 Abs. 2), der sich auch auf leitende Angestellte und solche Arbeitnehmer erstreckt, die in Drittstaaten liegenden Betrieben beschäftigt sind (vgl. Wunsch-Semmler, S. 109; vgl. auch § 18 Abs. 1 Nr. 1 und § 14 Rn. 1).

6 Vom Geltungsbereich der Vereinbarung zu unterscheiden ist die Frage, ob und inwieweit die in den einzelnen MS beschäftigten **Arbeitnehmer im Rahmen der Vereinbarung vertreten** sein müssen. Während nach § 41 Abs. 1 Satz 2 Hs. 2 im Rahmen sog. freiwilliger Vereinbarungen den Arbeitnehmern aus denjenigen MS eine angemessene Beteiligung an der Unterrichtung und Anhörung zu ermöglichen ist, in denen das Unternehmen oder die Unternehmensgruppe einen Betrieb hat, fehlt eine entsprechende Regelung in § 17 (kritisch insoweit Kothe EuroAS 1996, 115 [118]). Diese Diskrepanz erklärt sich daraus, daß es bei einer freiwilligen Vereinbarung ausreicht, daß diese seitens der Arbeitnehmer lediglich von einer im Betriebsverfassungsgesetz vorgesehenen Arbeitnehmervertretung (z. B. Konzern- oder Gesamtbetriebsrat) abgeschlossen worden ist (§ 41 Abs. 2 Satz 1), während bei einer Vereinbarung nach § 17 die Arbeitnehmer aus allen beteiligten MS über das BVG an den Verhandlungen mit der zentralen Leitung beteiligt sind (vgl. § 10 Abs. 1 und 2). Das BVG hat deshalb selbst darauf zu achten, daß **jeder MS im Rahmen der Vereinbarung** durch mindestens einen Arbeitnehmervertreter **repräsentiert** wird und diejenigen MS stärker vertreten sind, in denen eine größere Anzahl von Arbeitnehmern beschäftigt ist (vgl. Engels/Müller DB 1996, 981 [984]). Im Vereinbarungsweg kann auch vorgesehen werden, daß Arbeitnehmervertreter aus Drittstaaten und hauptberufliche Gewerkschaftsfunktionäre in die grenzübergreifende Unterrichtung und Anhörung einbezogen werden. Dasselbe gilt für leitende Angestellte, deren Beteiligung entweder auf seiten der zentralen Leitung oder auf Arbeitnehmerseite vereinbart werden kann (vgl. die Vereinbg. bei Hoechst-Schering AgrEvo und B. Braun Melsungen, in: Soziales Europa 5/95, S. 48 und S. 62).

7 **3. Inhalt.** Vereinbarungen nach §§ 17 ff. müssen eine grenzübergreifende **Unterrichtung und Anhörung** der Arbeitnehmer vorsehen. Die zu vereinbarenden Unterrichtungsgegenstände dürfen nicht ausschließlich im Interesse des Managements liegen. Sie müssen Angelegenheiten vorsehen, die aufgrund ihrer grenzübergreifenden Auswirkungen die Interessen der Arbeitnehmer berühren (vgl. § 19 Satz 2 i. V. m. Art. 6 Abs. 3 Satz 3 RL, vgl. auch § 1 Rn. 15). Die **Unterrichtung** muß so umfassend sein, daß auf dieser Grundlage ohne eigene Nachforschungen durch die Arbeitnehmervertreter eine sachgerechte Erörterung möglich ist (Däubler/Klebe AiB 1995, 557 [567]; Hromadka DB 1995, 1125 [1132]; Gaul NJW 1995, 228 [230]). Aus dem Begriff der Anhörung ergibt sich, daß »**Meinungsaustausch und Dialog**« mit der zentralen Leitung zu regeln sind, was voraussetzt, daß die beteiligten Arbeitnehmervertreter zunächst gemeinsam beraten können, bevor sie das Gespräch mit der zentralen Leitung aufnehmen (vgl. § 1 Rn. 14; ähnlich Rademacher, S. 116; vgl. auch Däubler, in: DKK, EBR-Richtlinie Rn. 62). Diese Mindestanforderungen gelten unabhängig davon, ob die Errichtung eines oder mehrerer EBR, ein dezentrales Verfahren zur Unterrichtung und

Anhörung der Arbeitnehmer oder eine Kombination beider Grundmodelle vereinbart wird.

Für den quantitativen Gehalt einer grenzübergreifenden Unterrichtung und Anhörung bestehen keine gesetzlichen Vorgaben, insbesondere müssen nicht die für den EBR kraft Gesetzes in § 32 Abs. 2 aufgeführten Unterrichtungs- und Anhörungsgegenstände vereinbart werden. Das BVG muß selbst darüber befinden, mit welchem Inhalt einer Vereinbarung zugestimmt werden kann. Der **Autonomie der Vertragspartner** bleibt es auch überlassen, Regelungen über den Zeitpunkt und die Durchführungsmodalitäten der Unterrichtung und Anhörung zu treffen (vgl. § 38 Rn. 2). Dabei sollte auch die Frage geklärt werden, ob die Unterrichtung und Anhörung nur turnusmäßig, z. B. ein- oder zweimal im Jahr, erfolgen soll oder ob darüber hinaus – wie beim EBR kraft Gesetzes (vgl. § 33) – bei außergewöhnlichen Umständen auch eine außerordentliche Unterrichtung und Anhörung vorzunehmen ist (vgl. Rademacher, S. 116). Die Anhörung und die dazu notwendige Unterrichtung muß nicht stets durch die zentrale Leitung erfolgen, sondern kann auch von einer anderen geeigneten Leitungsebene wahrgenommen werden (vgl. § 1 Rn. 16). Sinnvoll ist es auch, Regelungen über die Geschäftsführung des EBR oder der im Rahmen eines Unterrichtungs- und Anhörungsverfahrens beteiligten Arbeitnehmervertreter, die Hinzuziehung von Sachverständigen sowie die Kostentragungspflicht der zentralen Leitung, einschließlich des zur Verfügung zu stellenden Personals (z. B. Dolmetscher) und der sächlichen Mittel, zu vereinbaren. Je nach Struktur der Vereinbarung sollte auch festgelegt werden, wie die örtlichen Belegschaften oder die dort bestehenden Arbeitnehmervertretungen über die grenzübergreifende Unterrichtung und Anhörung zu informieren sind. Auch Anpassungsklauseln bei Strukturänderungen, die Geltungsdauer der Vereinbarung und das bei ihrer Neuaushandlung anzuwendende Verfahren (vgl. § 18 Abs. 1 Nr. 6) können in der Vereinbarung geregelt werden. **8**

Schließlich können auch **Abreden** getroffen werden, **die über die für den EBR kraft Gesetzes geltenden gesetzlichen Bestimmungen hinausgehen.** Hierzu zählt die Unterstützung durch die in den Betrieben der MS vertretenen repräsentativen Gewerkschaften (vgl. die Vereinbg. bei Beiersdorf, Grundig, Preussag, in: Soziales Europa 5/95, S. 55, 91, 117 und Volkswagen, Anh. II 2). Es können Schulungs- und Weiterbildungsmaßnahmen vorgesehen werden, z. B. Sprachkurse oder Seminare über Wirtschafts- und Sozialfragen, die von der zentralen Leitung finanziert werden (Ansätze dafür finden sich bei Bull, Elf-Aquitaine, Pechiney, Renault und Schneider, in: Soziales Europa 5/95, S. 66, 80, 116, 122 und 138). Des weiteren können zur Beilegung von Meinungsverschiedenheiten darüber, ob eine Auskunft über eine der vereinbarten Unterrichtungsgegenstände nicht, nicht rechtzeitig oder nur ungenügend erteilt worden ist, paritätisch besetzte Schieds- oder Schlichtungsstellen gebildet werden (vgl. § 109 BetrVG). Dabei kann auch vereinbart werden, daß der Spruch der Schieds- oder Schlichtungsstelle die Einigung über die Auskunftserteilung zwischen zentraler Leitung und den Arbeitnehmervertretern ersetzt. Schließlich können Schutzbestimmungen für die Mitglieder des EBR oder die im Rahmen eines Unterrichtungs- und Anhörungsverfahrens beteiligten Arbeitnehmervertreter vereinbart werden. Der in § 40 Abs. 1 vorgesehene Entgelt- und Tätigkeitsschutz, der Schutz vor Behinderungen **9** und Benachteiligungen sowie der Kündigungsschutz gilt zwar auch für Vereinbarungen nach §§ 17 ff. Die Schutzbestimmungen gelten aber nur für die aus dem Inland beteiligten Arbeitnehmervertreter. Es kann deshalb ratsam sein, entsprechende Regelungen auch für Arbeitnehmervertreter aus anderen MS vorzusehen, wenn diese nach ihrem nationalen (Umsetzungs-)Recht keinen oder nur geringfügigen Schutz genießen. Demgegenüber ist zu beachten, daß die Vorschriften des EBRG über die vertrauensvolle Zusammenarbeit (§ 38) sowie die Geheimhaltung und die Vertraulichkeit von Betriebs- oder Geschäftsgeheimnissen (§ 39) für alle im Rahmen einer Vereinbarung nach §§ 17 ff. Beteiligten gilt. Insoweit besteht kein Regelungsbedarf. Dasselbe gilt für Übergangsbestimmungen für den Fall, daß eine Vereinbarung endet, da § 20 unter den dort genannten Voraussetzungen die Kontinuität der grenzübergreifenden Unterrichtung und Anhörung gewährleistet. Allerdings kann eine Regelung darüber sinnvoll sein, ob und ggf. wie lange (Auslauffrist) eine Vereinbarung fortbesteht (vgl. § 20 Rn. 1), wenn die nach § 3 erforderlichen Beschäftigtenschwellen dauerhaft unterschritten werden.

10 **4. Rechtsfolgen und Auslegung.** Ist der erforderliche Geltungsbereich beachtet (vgl. Rn. 5) und sind die inhaltlichen Mindestanforderungen einer grenzübergreifenden Unterrichtung und Anhörung erfüllt (vgl. Rn. 7), bestimmen sich die **Rechte und Pflichten** der zentralen Leitung und des EBR oder der im Rahmen eines dezentralen Verfahrens beteiligten Arbeitnehmervertreter **nach den in der Vereinbarung vorgesehenen Regelungen**. Aus dem normativen Charakter der Kollektivvereinbarung (vgl. Rn. 3) folgt, daß ihre Auslegung ebenso wie beim Tarifvertrag und bei einer Betriebsvereinbarung den Regeln über die Auslegung von Gesetzen zu entsprechen hat (zu § 77 BetrVG vgl. FKHE Rn. 15; HSG Rn. 60; Berg, in: DKK, Rn. 26; GK-Kreutz Rn. 51 jeweils m. w. N. der ständigen Rspr. des BAG). Danach ist maßgeblich auf den im Wortlaut der Vereinbarung zum Ausdruck gelangten Willen der Vertragspartner abzustellen, wobei im Anwendungsbereich des EBRG die deutsche Sprachfassung zugrundezulegen ist (vgl. Däubler, in: DKK, EBR-Richtlinie Rn. 72). Bei der Ermittlung des beabsichtigten Sinns und Zwecks einer Regelung sind Zielsetzung und Wertungen des EBRG zu berücksichtigen, soweit diese in der Vereinbarung ihren Niederschlag gefunden haben.

IV. Streitigkeiten

11 Meinungsverschiedenheiten **über die rechtliche Wirksamkeit einer Vereinbarung** und ihrer Auslegung **sowie über Art und Umfang der grenzübergreifenden Unterrichtung und Anhörung** sind von den Arbeitsgerichten im Beschlußverfahren zu entscheiden (vgl. Däubler, in: DKK, EBR-Richtlinie Rn. 100). Da die Vereinbarung auf den §§ 17 ff. beruht, liegt eine Angelegenheit aus dem EBRG vor, für die die Gerichte für Arbeitssachen ausschließlich zuständig sind (§ 2a Abs. 1 Nr. 3b ArbGG). Örtlich zuständig ist das Arbeitsgericht, in dessen Bezirk die zentrale Leitung ihren Sitz hat (§ 82 Satz 4 ArbGG). Der EBR oder die an einem dezentralen Verfahren beteiligten Arbeitnehmervertreter können ihre Unterrichtungs- und Anhörungsrechte nach Maßgabe des § 85 Abs. 2 ArbGG i. V. m. §§ 935 ff. ZPO im Weg einer **einstweiligen Verfügung** geltend machen (vgl. Däubler a. a. O.). Der zentralen Leitung kann allerdings bis zur Erfüllung ihrer Unterrichtungs- und Anhö-

rungspflicht nicht durch einstweilige Verfügung untersagt werden, eine von ihr geplante Maßnahme (z. B. die Verlegung eines Betriebs in einen anderen MS) durchzuführen. Die §§ 17 ff. gewähren nur Unterrichtungs- und Anhörungsrechte, aber **keine Mitbestimmungsrechte,** welche die zentrale Leitung an einer einseitigen Durchführung der Maßnahme hindern könnten (vgl. § 33 Rn. 6). Es wäre widersprüchlich, wenn die Arbeitnehmer im vorläufigen Rechtsschutzverfahren mehr erreichen könnten, als im Hauptverfahren. Eine nicht ordnungsgemäße Unterrichtung der zentralen Leitung wird im übrigen nicht von der Bußgeldvorschrift des § 45 Abs. 1 Nr. 2 sanktioniert, da diese nur beim EBR kraft Gesetzes anwendbar ist.

§ 18 Europäischer Betriebsrat kraft Vereinbarung

(1) Soll ein Europäischer Betriebsrat errichtet werden, ist schriftlich zu vereinbaren, wie dieser ausgestaltet werden soll. Dabei soll insbesondere folgendes geregelt werden:
1. **Bezeichnung der erfaßten Betriebe und Unternehmen, einschließlich der außerhalb des Hoheitsgebietes der Mitgliedstaaten liegenden Niederlassungen, sofern diese in den Geltungsbereich einbezogen werden,**
2. **Zusammensetzung des Europäischen Betriebsrats, Anzahl der Mitglieder, Ersatzmitglieder, Sitzverteilung und Mandatsdauer,**
3. **Zuständigkeit und Aufgaben des Europäischen Betriebsrats sowie das Verfahren zu seiner Unterrichtung und Anhörung,**
4. **Ort, Häufigkeit und Dauer der Sitzungen,**
5. **die für den Europäischen Betriebsrat zur Verfügung zu stellenden finanziellen und sachlichen Mittel,**
6. **Klausel zur Anpassung der Vereinbarung an Strukturänderungen, die Geltungsdauer der Vereinbarung und das bei ihrer Neuverhandlung anzuwendende Verfahren, einschließlich einer Übergangsregelung.**

(2) § 23 gilt entsprechend.

ÜBERSICHT

I. Schriftform und Bezeichnung (Abs. 1 Satz 1)

Wollen das BVG und die zentrale Leitung einen EBR vereinbaren, so müssen sie dessen Ausgestaltung gemäß § 18 Abs. 1 Satz 1 schriftlich niederlegen (zur Anwendbarkeit des EBRG und zur Rechtsnatur der Vereinbarung vgl. § 17 Rn. 2 f.). Das BVG muß den Abschluß der EBR-Vereinbarung mit der Mehrheit der Stimmen seiner Mitglieder beschließen (vgl. § 13 Rn. 5). Auf die 1

Bezeichnung des Unterrichtungs- und Anhörungsgremiums kommt es nicht an. In der Praxis werden EBR auch als »Europa-Forum«, »Europäischer Dialog«, »Europäischer Wirtschaftsausschuß« und »Europäischer Konzernbetriebsrat« bezeichnet (vgl. die Beispiele der Vereinbg. von Bayer, Anh. II 1, Bertelsmann, Grundig, in: Soziales Europa 5/95, S. 56, 90 und Volkswagen, Anh. II 2). Maßgebend ist lediglich, daß die grenzübergreifende Unterrichtung und Anhörung der Arbeitnehmer durch ein oder mehrere zentrale Gremien erfolgen soll.

II. Ausgestaltung der EBR-Vereinbarung (Abs. 1 Satz 2)

2 **1. Vertragsfreiheit und Mindestinhalt.** Um das gute Funktionieren eines vereinbarten EBR sicherzustellen, wird den Vertragspartnern in § 18 Abs. 1 Satz 2 ein **Katalog von Regelungsgegenständen als Orientierungshilfe** (Checkliste) zur Verfügung gestellt, dessen Beachtung jedoch keine Wirksamkeitsvoraussetzung für die getroffene Vereinbarung ist (Engels/Müller DB 1996, 981 [985]). In der Literatur wird unter Hinweis auf den Wortlaut des Art. 6 Abs. 2 RL (»wird festgelegt«) kritisiert, daß diese Regelungsgegenstände nicht als verpflichtender Inhalt, sondern lediglich als Regelbeispiele ausgestaltet worden sind (vgl. Bachner/Kunz ArbuR 1996, 81 [85]). Der Gesetzgeber wollte aber offenbar Streitigkeiten der Parteien darüber vermeiden, ob eine EBR-Vereinbarung schon dann unwirksam ist, wenn z.B. lediglich die »Dauer der Sitzungen« (vgl. § 18 Abs. 1 Satz 2 Nr. 4) nicht geregelt worden ist, was im Hinblick auf die Anzahl und das Gewicht der jeweils zu behandelnden Angelegenheiten durchaus offen gelassen werden kann. Das BVG hat angesichts des § 18 Abs. 1 Satz 2 selbst darüber zu entscheiden, ob und inwieweit die dort aufgeführten Regelungsgegenstände in die Vereinbarung aufgenommen werden und ob ergänzende oder zusätzliche Regelungen getroffen werden sollen. Im Rahmen des mit der zentralen Leitung zu erzielenden Einvernehmens müssen lediglich die **Voraussetzungen des Geltungsbereichs** (vgl. Rn. 3 und § 17 Rn. 5) **und der grenzübergreifenden Unterrichtung und Anhörung** der Arbeitnehmer beachtet werden (vgl. § 17 Rn. 7). Im übrigen ist es der Autonomie der Vertragspartner überlassen, wie sie die Vereinbarung über den EBR ausgestalten (zur Auslegung und zu Streitigkeiten vgl. § 17 Rn. 10f.).

3 **2. Mögliche Regelungsgegenstände. – a) Geltungsbereich und Struktur.** Nach § 18 Abs. 1 Satz 2 Nr. 1 sollen alle Betriebe und Unternehmen bezeichnet werden, auf die sich der Geltungsbereich der EBR-Vereinbarung erstreckt. Auch in Drittstaaten liegende Niederlassungen sollen aufgeführt werden, sofern diese in den Geltungsbereich einbezogen werden (vgl. z.B. die Vereinbg. bei Volkswagen, Anh. II 2 und § 14 Rn. 1). Diese Regelung steht im Zusammenhang mit § 17 Satz 2, der zwingend vorschreibt, daß sich die Vereinbarung zumindest auf **alle in den MS beschäftigten Arbeitnehmer** erstrecken muß, in denen das gemeinschaftsweit tätige Unternehmen oder die Unternehmensgruppe einen Betrieb hat (zum Betriebsbegriff vgl. § 10 Rn. 2). Bei der Festlegung des Geltungsbereichs ist die von den Vertragspartnern vereinbarte Struktur des EBR zu beachten, die den **spezifischen Gegebenheiten des Unternehmens oder der Unternehmensgruppe** Rechnung tragen soll. So können lediglich ein EBR auf der Ebene der zentralen Leitung, aber auch

mehrere, z. B. nach Branchen gegliederte EBR errichtet werden und Kombinationen mit einem dezentralen Unterrichtungs- und Anhörungsverfahren vorgesehen werden. Möglich ist auch ein mehrstufiges System, das in Unternehmensgruppen aus mehreren nebeneinander bestehenden EBR auf der Ebene der Unternehmen und einem übergeordneten Gremium auf der Ebene des herrschenden Unternehmens besteht (vgl. Asshoff/Bacher/Kunz, S. 234). Auch Produktgruppenausschüsse oder andere Instanzen auf der Ebene eines Geschäftsbereichs der Unternehmensgruppe können sinnvoll sein (vgl. Köstler AiB 1995, S. 75; Däubler, in: DKK, EBR-Richtlinie Rn. 63). In jedem Fall ist bei der **Ausgestaltung der EBR-Vereinbarung** darauf zu achten, daß auch die bei der zentralen Leitung beschäftigten Arbeitnehmer in den Geltungsbereich einbezogen werden. Um Fehler zu vermeiden, sollte der Geltungsbereich so allgemein geregelt werden, daß sich die Vereinbarung stets auf alle in den MS beschäftigten Arbeitnehmer des Unternehmens oder der Unternehmensgruppe erstreckt (vgl. den Vorschlag bei Asshoff/Bachner/Kunz, S. 220). Eine bloße Auflistung der erfaßten Betriebe und Unternehmen bietet dafür keine Gewähr.

b) **Zusammensetzung des EBR.** Die EBR-Vereinbarung soll nach § 18 Abs. 1 Satz 2 Nr. 2 die Zusammensetzung des EBR, die **Anzahl der Mitglieder**, Ersatzmitglieder sowie die **Sitzverteilung und Mandatsdauer** regeln. Bei den Mitgliedern des EBR muß es sich nicht um Beschäftigte des Unternehmens oder der Unternehmensgruppe handeln (vgl. § 17 Rn. 6). Möglich ist auch, im Bereich der zentralen Leitung bestehende nationale Arbeitnehmervertretungsgremien (Konzern- oder Gesamtbetriebsrat) durch Arbeitnehmervertreter aus anderen MS zu ergänzen und auf diese Weise einen EBR zu errichten (vgl. die Vereinbg. bei Bertelsmann, in: Soziales Europa 5/95, S. 56). Es kann auch ein **gemischt besetztes Gremium** gebildet werden, das aus Vertretern der Arbeitnehmer und Vertretern des Managements besteht (so z. B. bei Bayer, Anh. II 1, Hoechst, Preussag und Schering, in: Soziales Europa 5/95, S. 94, 117 und 130). In diesen Fällen sollte vereinbart werden, daß die Delegierten der Arbeitnehmer zunächst in Abwesenheit der Arbeitgebervertreter tagen können, um ihre Haltung abstimmen zu können, bevor sie innerhalb des Gesamtgremiums den Dialog mit den Vertretern der zentralen Leitung aufnehmen. Dies gebieten die aus dem Anhörungsbegriff resultierenden Mindestanforderungen (vgl. § 1 Rn. 14). **4**

Die Vertragspartner können autonom die **Größe des EBR** festlegen. Diese wird sich in der Regel aus der Summe der auf die einzelnen MS entfallenden Sitze ergeben, die in Abhängigkeit zur Beschäftigtenzahl bestimmt werden sollte. So sind beispielsweise bei Volkswagen ursprünglich auf der Basis von nur drei MS (Deutschland, Spanien und Belgien) lediglich 17 Mitglieder bestellt worden (vgl. Anh. II 2), bei Elf-Aquitaine sind hingegen für die Betriebe in der EU und der EFTA 54 Arbeitnehmervertreter vorgesehen (vgl. Soziales Europa 5/95, S. 78). Ferner können **Regelungen über die Bestellung** der auf die einzelnen MS entfallenden Arbeitnehmervertreter sinnvoll sein, wenn das jeweilige Umsetzungsrecht dafür keine Vorschriften enthält. Für die auf Deutschland entfallenden Mitglieder sind die für den EBR kraft Gesetzes maßgebenden Bestellungsvorschriften auch im Rahmen eines Vereinbarungs-EBR verbindlich (vgl. Rn. 11). **5**

6 Schließlich kann die **Mitgliedschaft im EBR**, die mit der Bestellung beginnt, auf eine Dauer von z. B. vier Jahren begrenzt werden (vgl. den Vorschlag bei Asshoff/Bachner/Kunz, S. 223 sowie § 36 Abs. 1). Hingegen sollte die Amtszeit des Gesamtgremiums lediglich von der vereinbarten Laufzeit und den vorgesehenen Kündigungsmöglichkeiten bestimmt werden (vgl. Rn. 10).

7 c) **Zuständigkeit und Aufgaben.** Von zentraler Bedeutung sind Regelungen über Zuständigkeit und Aufgaben des EBR sowie über das **Verfahren zu seiner Unterrichtung und Anhörung** (§ 18 Abs. 1 Satz 2 Nr. 3). Der EBR sollte in solchen Angelegenheiten unterrichtet und angehört werden, die sich grenzübergreifend auf die Interessen der Beschäftigten auswirken (vgl. § 31 Abs. 1). Hierzu zählen **insbesondere wirtschaftliche Angelegenheiten**, wie z. B. Investitionen, grundlegende Organisationsänderungen, die Verlegung oder Stillegung von Unternehmen oder Betrieben sowie Massenentlassungen mit europaweitem Bezug. Den Vertragspartnern steht es frei, ob und inwieweit sie sich an den Unterrichtungs- und Anhörungsgegenständen orientieren, die für den EBR kraft Gesetzes in § 32 Abs. 2 beispielhaft aufgeführt sind (zu den Mindesterfordernissen vgl. § 17 Rn. 7). Der dort aufgeführte Katalog kann erweitert werden, indem beispielsweise auch Fragen der betrieblichen Aus- und Weiterbildung, der Gestaltung der Arbeitszeit oder des Arbeits- und Gesundheitsschutzes einem Dialog zugänglich gemacht werden. Dies ist allerdings nur in solchen Bereichen sinnvoll, in denen grenzübergreifende Maßnahmen der zentralen Leitung oder einer anderen Managementebene zu erwarten sind. Anderenfalls drohen Kollisionen mit Beteiligungsrechten nationaler Arbeitnehmervertretungen, die gerade vermieden werden sollten. Das Verfahren zur Unterrichtung und Anhörung des EBR sollte so ausgestaltet werden, daß dessen Vorschläge oder Bedenken noch berücksichtigt werden können, **bevor die unternehmerische Entscheidung über die geplante Maßnahme getroffen wird** (vgl. die Vereinbg. bei Volkswagen, Anh. II 2). Dabei kann auch vorgesehen werden, daß die Unterrichtung des EBR durch die zentrale Leitung auf der Grundlage eines schriftlichen Berichts und unter Vorlage der erforderlichen Unterlagen »rechtzeitig« oder innerhalb einer bestimmten Frist (z. B. drei Wochen) zu erfolgen hat, bevor die Sitzung zur Unterrichtung und Anhörung stattfindet (vgl. die Vorschläge von Asshoff-Bachner/Kunz, S. 225). Dem EBR kann die Möglichkeit eingeräumt werden, noch nach dieser Sitzung eine abschließende Stellungnahme abzugeben.

8 d) **Ort, Häufigkeit und Dauer der Sitzungen.** Nach § 18 Abs. 1 Satz 2 Nr. 4 sollen Ort, Häufigkeit und Dauer der Sitzungen geregelt werden. Als Sitzungsort für die Unterrichtung und Anhörung des EBR kann der **Sitz der zentralen Leitung** bestimmt werden. Es kann aber auch vorgesehen werden, daß andere Sitzungsorte zwischen EBR und zentraler Leitung verabredet werden, z. B. wenn dies die zu behandelnden Themen nahelegen (vgl. Asshoff-Bachner/Kunz, S. 226). Die Häufigkeit der Sitzungen hängt u. a. davon ab, ob lediglich ein oder zwei **turnusmäßige ordentliche Sitzungen oder auch außerordentliche Sitzungen** zur Unterrichtung und Anhörung des EBR (vgl. § 33 Abs. 1) vereinbart werden (so z. B. die Vereinbg. bei Bertelsmann, in: Soziales Europa 5/95, S. 56, »insbesondere bei Verlegung oder Schließung von Firmen und bei Massenentlassungen«). Wird bei außergewöhnlichen Umständen eine besondere Beteiligung vorgesehen, so empfiehlt sich die **Bildung eines Ausschusses** (vgl. § 26 Abs. 1), der aus der Mitte des EBR bestellt wird, und

anstelle des Gesamtgremiums zu unterrichten und anzuhören ist. Dem Ausschuß können zudem die Führung der laufenden Geschäfte, Koordinationsaufgaben und die Vorbereitung von internen Sitzungen des EBR und von Sitzungen des Gesamtgremiums mit der zentralen Leitung übertragen werden (vgl. die Vereinbg. bei Continental, in: Soziales Europa 5/95, S. 69, wo der »geschäftsführende Ausschuß« aus fünf Mitgliedern besteht). Im Hinblick auf die Dauer der Sitzungen empfiehlt sich keine starre Regelung. Wichtiger ist es, vorzusehen, daß dem EBR oder seinem Ausschuß vor jeder Sitzung mit der zentralen Leitung eine **interne Vorbereitungssitzung** ermöglicht wird und beide Termine zeitnah koordiniert werden. Darüber hinaus sollte die **Information der örtlichen Belegschaften** oder der dort bestehenden Arbeitnehmervertretungen über die Unterrichtung und Anhörung des EBR durch dessen Mitglieder sichergestellt werden (vgl. dazu § 35).

e) **Finanzielle und sachliche Mittel.** Die Vereinbarung soll nach § 18 Abs. 1 9
Nr. 5 die dem EBR von der zentralen Leitung zur Verfügung zu stellenden finanziellen und sachlichen Mittel regeln. Dies betrifft zunächst die **Kosten der Sitzungen und der vorbereitenden Treffen** des EBR, einschließlich der Kosten für Dolmetscher und für Sachverständige, soweit sie der EBR zur Unterstützung hinzuziehen kann. Ferner sollte die Finanzierung der **Reise- und Aufenthaltskosten** der Mitglieder des EBR geregelt werden, die auch von den jeweiligen Arbeitgebern übernommen werden können (so die Vereinbg. bei Preussag, in: Soziales Europa 5/95, S. 118). Des weiteren sollte eine Regelung über die **Kosten der laufenden Geschäftsführung** des EBR getroffen werden, auch soweit die Geschäftsführung von einem Ausschuß oder Vorstand des EBR wahrzunehmen ist. Dabei können auch besondere Freistellungskontingente und ein jährliches Budget vorgesehen werden (so die Vereinbg. bei Renault, in: Soziales Europa 5/95, S. 121 f., wo dem Vorstand des EBR jährliche Gesamthaushaltsmittel in Höhe von 300 000 französischen Francs zur Verfügung gestellt werden). Schließlich können auch die **sachliche Ausstattung** des EBR (Büromittel, Computer, Nutzung von Kommunikationsnetzen) und die Schulung seiner Mitglieder näher vereinbart werden (vgl. § 17 Rn. 9).

f) **Anpassung bei Strukturänderungen und Geltungsdauer.** Die Parteien sol- 10
len nach § 18 Abs. 1 Satz 1 Nr. 6 zunächst Vorsorge für den Fall treffen, daß sich die Struktur des Unternehmens oder der Unternehmensgruppe durch **Spaltung, Fusion, Erwerb oder Verkauf von Betrieben oder Unternehmen** ändert (vgl. Däubler, in: DKK, EBR-Richtlinie Rn. 69; Asshoff/Bachner-Kunz, S. 232). Durch eine Anpassungsklausel kann eine den Grundsätzen der Repräsentativität und der Proportionalität entsprechende Zusammensetzung des EBR auch dann gewährleistet werden, wenn sich die Anzahl der in den einzelnen MS beschäftigten Arbeitnehmer nachhaltig ändert. Insoweit kann auch eine Stichtagsregelung vereinbart werden, nach der z. B. alle zwei Jahre nach der konstituierenden Sitzung des EBR überprüft wird, ob eine Anpassung erforderlich ist (vgl. § 36 Abs. 2). Ferner soll die Geltungsdauer der EBR-Vereinbarung bestimmt werden. Die Parteien können sich für eine **zeitlich begrenzte Laufzeit oder eine unbegrenzte Laufzeit** entscheiden, nach der die EBR-Vereinbarung – z. B. frühestens zum Ablauf eines bestimmten Kalenderjahres – unter Einhaltung der vorgesehenen Kündigungsfrist gekündigt werden kann (vgl. Rademacher, S. 119 und den Vorschlag von Asshoff-

Bachner/Kunz, S. 232). Für den Fall der Beendigung kann vereinbart werden, daß die EBR-Vereinbarung sich »verlängert« oder »nachwirkt«, bis sie durch eine neue Vereinbarung nach §§ 17 ff. ersetzt wird. Abweichend von der Übergangsbestimmung des § 20 kann der bestehende EBR oder ein von den Parteien näher bestimmtes Verhandlungsgremium dafür vorgesehen werden, auf Arbeitnehmerseite die Neuverhandlungen mit der zentralen Leitung zu führen.

III. Bestellung inländischer Mitglieder sowie eines leitenden Angestellten als Gast (Abs. 2)

11 Durch die in § 18 Abs. 2 vorgesehene entsprechende Anwendung des § 23 wird zunächst zwingend geregelt, daß auch dann, wenn ein EBR aufgrund einer Vereinbarung errichtet wird, die auf das Inland entfallenden Mitglieder ausschließlich **von den nach dem Betriebsverfassungsgesetz bestehenden Arbeitnehmervertretungsgremien** bestellt werden (vgl. den Ausschußbericht v. 25. 9. 1996, BT-Drucks. 13/5608, S. 33). Dies gilt nach § 2 Abs. 4 auch dann, wenn die zentrale Leitung nicht im Inland liegt. Ferner wird sichergestellt, daß die nach dem Sprecherausschußgesetz zuständigen **Sprecherausschußgremien** auch hier das Recht haben, einen leitenden Angestellten zu bestimmen, der mit Rederecht an den Sitzungen zur Unterrichtung und Anhörung des EBR teilnehmen kann, sofern mindestens fünf inländische Mitglieder in den EBR entsandt werden (Gaststatus). Das Teilnahmerecht setzt allerdings analog § 23 Abs. 6 weiter voraus, daß der EBR mit einer im Inland liegenden zentralen Leitung vereinbart worden ist.

§ 19 Verfahren zur Unterrichtung und Anhörung

Soll ein Verfahren zur Unterrichtung und Anhörung der Arbeitnehmer eingeführt werden, ist schriftlich zu vereinbaren, unter welchen Voraussetzungen die Arbeitnehmervertreter das Recht haben, die ihnen übermittelten Informationen gemeinsam zu beraten und wie sie ihre Vorschläge oder Bedenken mit der zentralen Leitung oder einer anderen geeigneten Leitungsebene erörtern können. Die Unterrichtung muß sich insbesondere auf grenzübergreifende Angelegenheiten erstrecken, die erhebliche Auswirkungen auf die Interessen der Arbeitnehmer haben.

ÜBERSICHT

I. Schriftform und dezentrale Struktur

1 Vereinbaren das BVG und die zentrale Leitung anstelle eines oder mehrerer EBR ein Verfahren zur grenzübergreifenden Unterrichtung und Anhörung der Arbeitnehmer, so sind sie nach § 19 Satz 1 zunächst ebenfalls gehalten, die

Vereinbarung in schriftlicher Form abzufassen. Dieses Grundmodell ermöglicht dezentrale Verfahren, die insbesondere so ausgestaltet werden können, daß die zentrale Leitung zunächst die örtlichen Betriebs- und Unternehmensleitungen über die vereinbarten Angelegenheiten unterrichtet, die anschließend die örtlichen Arbeitnehmervertreter entsprechend zu informieren haben (vgl. Engels/Müller DB 1996, 981 [985]; Hromadka DB 1995, 1125 [1129]). Von einem dezentralen Verfahren ist dann auszugehen, wenn nach der Vereinbarung die grenzübergreifende Unterrichtung und Anhörung nicht gegenüber einem zu diesem Zweck gebildeten, transnational zusammengesetzten Gremium (EBR) erfolgen soll, sondern die in den einzelnen Niederlassungen bestehenden oder neu zu bildenden Arbeitnehmervertretungen zu beteiligen sind (vgl. Rademacher, S. 118; Hromadka a. a. O.). Die Kombination eines zentralen EBR und eines dezentralen Verfahrens ist möglich.

II. Inhaltliche Mindestanforderungen

Um eine annähernde **Gleichwertigkeit zu einem nach § 18 vereinbarten EBR** **2**
zu gewährleisten, sind entsprechend den Vorgaben des Art. 6 Abs. 3 RL bestimmte Mindestbedingungen zu regeln (vgl. Engels/Müller DB 1996, 981 [985]). Dadurch sollen die gegenüber einem EBR bestehenden strukturellen Nachteile eines dezentralen Verfahrens aufgefangen werden, die sich insbesondere dann auswirken würden, wenn keine gleichzeitige und gleichartige Information der beteiligten Arbeitnehmervertreter gewährleistet wäre und die Arbeitnehmer keine Möglichkeit hätten, ihre Vorschläge oder Bedenken untereinander abzustimmen und ihre Haltung mit den unternehmerischen Entscheidungsträgern zu erörtern. Die Vereinbarung eines dezentralen Verfahrens zur Unterrichtung und Anhörung der Arbeitnehmer ist unwirksam, wenn sie die nachfolgend genannten Mindestanforderungen nicht erfüllt.

1. Unterrichtung. Nach § 19 Satz 2 muß sich die Unterrichtung insbesondere **3**
auf **grenzübergreifende Angelegenheiten** erstrecken, die **erhebliche Auswirkungen auf die Interessen der Arbeitnehmer** haben. Hierzu zählen beispielsweise die in § 33 Abs. 1 genannten Angelegenheiten, also die Verlegung oder Schließung von Unternehmen oder Betrieben sowie Massenentlassungen (vgl. Rademacher, S. 118). Dies bedeutet aber nicht, daß jede Angelegenheit, die objektiv die Interessen der Arbeitnehmer erheblich berührt, als Unterrichtungs- und Anhörungsgegenstand vereinbart werden muß. Die Regelung soll lediglich klarstellen, daß die zu vereinbarenden Unterrichtungsgegenstände nicht ausschließlich im Interesse des Managements liegen dürfen (vgl. § 17 Rn. 7 und § 1 Rn. 15), um den an eine grenzübergreifende Unterrichtung zu stellenden Anforderungen zu genügen. In Anbetracht der umfassenden Gestaltungsfreiheit des § 17 kann aber nicht davon ausgegangen werden, daß der Gesetzgeber bei einem dezentralen Verfahren zur Unterrichtung und Anhörung der Arbeitnehmer Art und Umfang der Unterrichtung und der dazu vorzusehenden Anhörung zwingend regeln wollte, während in § 18 Abs. 1 für den EBR kraft Vereinbarung die Festlegung der Unterrichtungs- und Anhörungsgegenstände der Autonomie der Vertragspartner überlassen bleibt. Auch im Rahmen eines dezentralen Verfahrens können die Parteien deshalb frei darüber entscheiden, ob und inwieweit sie sich an den für den EBR kraft Gesetzes bestehenden Katalog des § 32 Abs. 2 orientieren wollen

und ob zusätzliche Unterrichtungs- und Anhörungsgegenstände vereinbart werden sollen (vgl. § 18 Rn. 7). Dies gilt insbesondere für das BVG, das mit der Mehrheit der Stimmen seiner Mitglieder (vgl. § 13 Rn. 5) darüber zu entscheiden hat, ob einer Vereinbarung zugestimmt werden soll, die eine Unterrichtung und Anhörung nur in wenigen grenzübergreifenden Angelegenheiten zuläßt (dazu und zu weiteren sinnvollen Abreden vgl. § 17 Rn. 8 f.).

4 Die zentrale Leitung kann die Arbeitnehmervertreter über die vereinbarten Angelegenheiten auch **schriftlich unterrichten** (vgl. Hromadka DB 1995, 1125 [1129]); Rademacher, S. 119). Dies ist vor allem dann sinnvoll, wenn die Informationen über das örtliche Management an die Arbeitnehmervertreter weitergeleitet werden sollen. Auf diese Weise kann eine gleichartige und gleichzeitige Unterrichtung aller am Verfahren beteiligten Arbeitnehmervertreter am besten gewährleistet werden.

5 **2. Gemeinsame Beratung der Arbeitnehmervertreter.** Die Parteien müssen nach § 19 Satz 1 eine Regelung darüber treffen, unter welchen Voraussetzungen die Arbeitnehmervertreter das Recht haben, die ihnen übermittelten Informationen gemeinsam zu beraten. Dieses Mindesterfordernis trägt dem Umstand Rechnung, daß die an einem dezentralen Verfahren beteiligten Arbeitnehmervertreter im Gegensatz zum EBR organisatorisch nicht in einem Unterrichtungs- und Anhörungsgremium zusammengefaßt sind (vgl. Rademacher, S. 118). Den auf die einzelnen MS verteilten Arbeitnehmervertretern der örtlichen Niederlassungen ist deshalb Gelegenheit zu geben, die ihnen übermittelten Informationen mit dem Ziel zu beraten, zu einer **gemeinsamen Stellungnahme** zu gelangen. Dies kommt einer vorbereitenden Sitzung gleich, die der EBR kraft Gesetzes nach § 27 Abs. 1 durchführen kann. Die vorzusehende Möglichkeit zur Bildung eines »ad-hoc-Gremiums« der Arbeitnehmervertreter ist eines der organisationsrechtlichen Elemente, mit dem die Gleichwertigkeit eines dezentralen Verfahrens zur Unterrichtung und Anhörung mit einem zentralen EBR erreicht werden soll.

6 **3. Anhörung der beteiligten Arbeitnehmervertreter.** Den an einem dezentralen Verfahren zur Unterrichtung und Anhörung beteiligten Arbeitnehmervertretern ist gemäß § 19 Satz 1 zudem das Recht einzuräumen, ihre Vorschläge oder Bedenken mit der zentralen Leitung oder einer anderen geeigneten Leitungsebene erörtern zu können. Diese Regelung knüpft an die gemeinsame Beratungsmöglichkeit an und stellt im Einklang mit dem Anhörungsbegriff des § 1 Abs. 4 klar, daß die beteiligten Arbeitnehmervertreter auch im Rahmen eines dezentralen Verfahrens nicht auf eine isolierte Möglichkeit zur Stellungnahme verwiesen werden können (kritisch insoweit Wienke EuroAS 1996, 120 [124], der meint, daß zu dem Anhörungsbegriff eine veränderte inhaltsreichere Umschreibung hinzukäme). Vielmehr ist auch hier die Möglichkeit zu »**Meinungsaustausch und Dialog**» (vgl. § 1 Rn. 13 ff.) mit der zentralen Leitung oder einer anderen geeigneten Leitungsebene (vgl. § 1 Rn. 16) zwingend vorzusehen (vgl. Däubler, in: DKK, EBR-Richtlinie Rn. 66; Rademacher, S. 119). Durch dieses weitere Element der Gleichstellung mit einem zentralen Unterrichtungs- und Anhörungsgremium wird zugleich deutlich, daß über die genannten Mindesterfordernisse hinaus auch beim dezentralen Verfahren weitere **Regelungen über den Zeitpunkt und die Durchfüh-**

rung der Unterrichtung und Anhörung sinnvoll sind. Dabei sollte nicht nur vereinbart werden, daß die Interessen der Arbeitnehmer noch vor der endgültigen Entscheidung über die geplanten Maßnahmen eingebracht werden können (vgl. Däubler, in: DKK, EBR-Richtlinie Rn. 65; Hromadka DB 1995, 1125 [1130]). Bei außergewöhnlichen Umständen sollte auch die Häufigkeit der Unterrichtung und Anhörung geregelt werden. Bei der Vereinbarung eines dezentralen Verfahrens zur Unterrichtung und Anhörung der Arbeitnehmer sollten schließlich auch Fragen der Geschäftsführung, der Hinzuziehung von Sachverständigen und der Kostentragung berücksichtigt werden.

§ 20 Übergangsbestimmung

Eine nach § 18 oder 19 bestehende Vereinbarung gilt fort, wenn vor ihrer Beendigung das Antrags- oder Initiativrecht nach § 9 Abs. 1 ausgeübt worden ist. Das Antragsrecht kann auch ein auf Grund einer Vereinbarung bestehendes Arbeitnehmervertretungsgremium ausüben. Die Fortgeltung endet, wenn die Vereinbarung durch eine neue Vereinbarung ersetzt oder ein Europäischer Betriebsrat kraft Gesetzes errichtet worden ist. Die Fortgeltung endet auch dann, wenn das besondere Verhandlungsgremium einen Beschluß nach § 15 Abs. 1 faßt; § 15 Abs. 2 gilt entsprechend. Die Sätze 1 bis 4 finden keine Anwendung, wenn in der bestehenden Vereinbarung eine Übergangsregelung enthalten ist.

ÜBERSICHT

1 **1. Fortgeltung der bestehenden Vereinbarung.** Die in § 20 vorgesehene Übergangsbestimmung soll die **Kontinuität der grenzübergreifenden Unterrichtung und Anhörung** in den Fällen gewährleisten, in denen eine nach § 18 oder § 19 bestehende Vereinbarung durch Zeitablauf oder Kündigung endet und in der Vereinbarung selbst keine Übergangsregelung enthalten ist (§ 20 Satz 5; vgl. auch § 18 Rn. 10). Die Vereinbarung gilt unter der Voraussetzung fort, daß vor dem Zeitpunkt ihrer Beendigung das **Antrags- oder Initiativrecht zur Bildung eines BVG** nach § 9 Abs. 1 ausgeübt worden ist. Außer den in § 9 Abs. 2 Satz 1 genannten Arbeitnehmern oder ihren Vertretern kann der Antrag auf Errichtung des BVG hier auch von einem aufgrund der Vereinbarung bestehenden Arbeitnehmervertretungsgremium, z. B. einem nach § 18 vereinbarten EBR, gestellt werden (Engels/Müller DB 1996, 981 [985]). Um die Gleichwertigkeit mit einem EBR auch insoweit zu gewährleisten, sollten auch die an einem dezentralen Verfahren beteiligten Arbeitnehmervertreter zur Antragstellung berechtigt sein, sofern sie für mindestens zwei Betriebe oder Unternehmen mit Sitz in verschiedenen MS bestellt worden sind, in denen insgesamt mindestens 100 Arbeitnehmer beschäftigt sind (arg. § 9 Abs. 2 Satz 1).

2 **2. Ende der Fortgeltung.** Die Fortgeltung der bestehenden **Vereinbarung** endet spätestens dann, wenn sie **durch eine neue ersetzt oder** unter den Voraussetzungen des § 21 Abs. 1 ein **EBR kraft Gesetzes** errichtet worden ist. Ihre Fortgeltung endet auch dann, wenn das neu gebildete BVG nach § 15

Abs. 1 beschließt, keine Verhandlungen mit der zentralen Leitung aufzunehmen oder diese zu beenden. Verhandlungen über eine Vereinbarung zur grenzübergreifenden Unterrichtung und Anhörung der Arbeitnehmer können nach einem solchen Beschluß entsprechend § 15 Abs. 2 frühestens in zwei Jahren wieder aufgenommen werden, sofern das BVG und die zentrale Leitung nicht schriftlich eine kürzere Frist festlegen (vgl. § 15 Rn. 3).

Vierter Teil **Europäischer Betriebsrat kraft Gesetzes**

Erster Abschnitt. **Errichtung des Europäischen Betriebsrats**

§ 21 Voraussetzungen

(1) Verweigert die zentrale Leitung die Aufnahme von Verhandlungen innerhalb von sechs Monaten nach Antragstellung (§ 9), ist ein Europäischer Betriebsrat gemäß den § 22 und 23 zu errichten. Das gleiche gilt, wenn innerhalb von drei Jahren nach Antragstellung keine Vereinbarung nach § 18 oder 19 zustande kommt oder die zentrale Leitung und das besondere Verhandlungsgremium das vorzeitige Scheitern der Verhandlungen erklären. Die Sätze 1 und 2 gelten entsprechend, wenn die Bildung des besonderen Verhandlungsgremiums auf Initiative der zentralen Leitung erfolgt.

(2) Ein Europäischer Betriebsrat ist nicht zu errichten, wenn das besondere Verhandlungsgremium vor Ablauf der in Absatz 1 genannten Fristen einen Beschluß nach § 15 Abs. 1 faßt.

ÜBERSICHT

I. EBR kraft Gesetzes

1 **1. Anwendbarkeit des subsidiären Modells.** Der EBR kraft Gesetzes ist nach der in Art. 7 RL vorgegebenen Konzeption die subsidiäre Form einer grenzübergreifenden Unterrichtung und Anhörung der Arbeitnehmer, die im Vierten Teil des EBRG in enger Anlehnung an die Richtlinienvorgaben in deutsches Recht umgesetzt ist. Vorrang haben Vereinbarungslösungen nach §§ 17ff. Nur **wenn eine Vereinbarung nicht zustande kommt,** ist ein EBR kraft Gesetzes zu errichten (vgl. Engels/Müller DB 1996, 981 [985]). Die in den §§ 21 ff. vorgesehene Konkretisierung dieses subsidiären Modells findet auf gemeinschaftsweit tätige Unternehmen und Unternehmensgruppen Anwendung (vgl. § 3), deren **zentrale Leitung** ihren Sitz **in Deutschland** hat (vgl. § 2 Abs. 1). Das EBRG ist nach § 2 Abs. 2 auch dann anwendbar, wenn die nachgeordnete Leitung oder der Vertreter eines exterritorialen Multis im

Inland liegt (zum späteren Unterschreiten der nach § 3 erforderlichen Beschäftigtenschwellen vgl. § 37 Rn. 1).

2 **2. Rechtsnatur und zwingende Vorschriften.** Die Rechtsnatur eines nach dem EBRG zu errichtenden EBR kraft Gesetzes ist ähnlich zu beurteilen, wie die des BVG (vgl. § 8 Rn. 1). Es handelt sich um ein **nationales Arbeitnehmervertretungsorgan**, das aufgrund seiner transnationalen Aufgaben auch mit Arbeitnehmervertretern aus anderen MS besetzt ist (vgl. Rademacher, S. 131). Der EBR kraft Gesetzes ist ausschließlich auf der Ebene der zentralen Leitung zu errichten (vgl. Däubler, in: DKK, EBR-Richtlinie Rn. 80). Er ist entsprechend der deutschen Rechtstradition als reines Arbeitnehmervertretungsgremium konzipiert, das seine Rechte in eigener Verantwortung wahrnimmt und diese ggf. auch gerichtlich durchsetzen kann. Die **Vorschriften des EBRG** über die Errichtung, die Organisation und die Beteiligungsrechte des EBR kraft Gesetzes **sind zwingend** und lassen abweichende Vereinbarungen nicht zu. Das EBRG ist insoweit – wie das Betriebsverfassungsgesetz – ein Organisationsgesetz nach herkömmlichem deutschen Gesetzgebungsverständnis (vgl. Einl. Rn. 16).

II. Voraussetzungen für die Errichtung (Abs. 1)

3 Ein EBR kraft Gesetzes ist nach § 21 Abs. 1 dann zu errichten, wenn eine der drei dort genannten Voraussetzungen vorliegt. Dies ist der Fall, wenn die zentrale Leitung über sechs Monate hinweg die **Aufnahme von Verhandlungen mit dem BVG verweigert** oder innerhalb von drei Jahren **keine Vereinbarung nach §§ 17 ff. zustande kommt**, weil sich die Verhandlungspartner nicht auf ein oder mehrere EBR oder ein dezentrales Verfahren zur Unterrichtung und Anhörung der Arbeitnehmer einigen konnten. Maßgebend für den Beginn der genannten Fristen ist ein wirksamer Antrag der Arbeitnehmer oder ihrer Vertreter auf Bildung des BVG oder eine entsprechende Initiative der zentralen Leitung (vgl. § 9 Rn. 3 ff.). Sofern nicht bereits eine dieser beiden Alternativen eingreift, ist ein EBR kraft Gesetzes auch in den Fällen zu errichten, in denen das **BVG und die zentrale Leitung gemeinsam das vorzeitige Scheitern der Verhandlungen erklären** (dafür schon Hromadka DB 1995, 1125 [1128]; Däubler, in: DKK, EBR-Richtlinie Rn. 77). Es genügt nicht, wenn lediglich eine der Parteien feststellt, daß die Verhandlungen gescheitert sind. Durch die abschließende Regelung des § 21 Abs. 1 sollen zugleich Streitigkeiten darüber vermieden werden, ob ein nur formelles, nicht ernsthaftes Verhandeln der zentralen Leitung bereits vor Ablauf der Dreijahresfrist die Einsetzung eines EBR kraft Gesetzes rechtfertigt. Den Verhandlungspartnern bleibt es aber unbenommen, sich darauf zu verständigen, daß ein EBR errichtet werden soll, der den gesetzlichen Bestimmungen des Vierten Teils des EBRG nachgebildet ist (vgl. Art. 7 Abs. 1 erster Spiegelstrich RL). In diesem Fall ist jedoch von einem EBR kraft Vereinbarung (vgl. § 18) auszugehen, der den Vertragspartnern die Gestaltungsfreiheit beläßt, von den gesetzlichen Vorgaben für den EBR kraft Gesetzes später, wenn sie dies für angezeigt halten, vertraglich abzuweichen.

III. Verzicht auf einen EBR kraft Gesetzes (Abs. 2)

4 Das BVG kann gemäß § 15 Abs. 1 mit mindestens zwei Dritteln der Stimmen seiner Mitglieder beschließen, keine Verhandlungen mit der zentralen Leitung aufzunehmen oder bereits laufende Verhandlungen zu beenden. § 21 Abs. 2 knüpft an diese Regelung an und stellt klar, daß nach einem solchen Verzicht auch kein EBR kraft Gesetzes zu errichten ist (vgl. § 15 Rn. 1). Den durch das BVG vertretenen Arbeitnehmern soll keine grenzübergreifende Unterrichtung und Anhörung aufgedrängt werden. Ein Verzichtsbeschluß kann freilich nur berücksichtigt werden, wenn er zu einem Zeitpunkt gefaßt worden ist, bevor eine der beiden Alternativen für die Errichtung des EBR kraft Gesetzes eingreift, insbesondere bevor die in § 21 Abs. 1 genannten Fristen abgelaufen sind.

IV. Streitigkeiten

5 Streitigkeiten darüber, ob die gesetzlichen **Voraussetzungen für die Errichtung des EBR kraft Gesetzes** vorliegen, sind von den Arbeitsgerichten im Beschlußverfahren zu entscheiden (§ 2a Abs. 1 Nr. 3b, §§ 80ff. ArbGG). Örtlich zuständig ist das Arbeitsgericht, in dessen Bezirk die zentrale Leitung ihren Sitz hat (§ 82 Satz 4 ArbGG).

§ 22 Zusammensetzung des Europäischen Betriebsrats

(1) Der Europäische Betriebsrat setzt sich aus Arbeitnehmern des gemeinschaftsweit tätigen Unternehmens oder der gemeinschaftsweit tätigen Unternehmensgruppe zusammen; er besteht aus höchstens dreißig Mitgliedern. Es können Ersatzmitglieder bestellt werden.

(2) Aus jedem Mitgliedstaat, in dem das Unternehmen oder die Unternehmensgruppe einen Betrieb hat, wird ein Arbeitnehmervertreter in den Europäischen Betriebsrat entsandt.

(3) Hat das Unternehmen oder die Unternehmensgruppe insgesamt bis zu 10 000 Arbeitnehmer innerhalb der Mitgliedstaaten, wird aus Mitgliedstaaten, in denen mindestens 20 vom Hundert der Arbeitnehmer beschäftigt sind, ein zusätzlicher Vertreter entsandt. Aus Mitgliedstaaten, in denen mindestens 30 vom Hundert der Arbeitnehmer beschäftigt sind, werden zwei zusätzliche Vertreter, mindestens 40 vom Hundert der Arbeitnehmer beschäftigt sind, werden drei zusätzliche Vertreter, mindestens 50 vom Hundert der Arbeitnehmer beschäftigt sind, werden vier zusätzliche Vertreter entsandt. Aus einem Mitgliedstaat, in dem mindestens 60 vom Hundert der Arbeitnehmer beschäftigt sind, werden fünf zusätzliche Vertreter, mindestens 70 vom Hundert der Arbeitnehmer beschäftigt sind, werden sechs zusätzliche Vertreter, mindestens 80 vom Hundert der Arbeitnehmer beschäftigt sind, werden sieben zusätzliche Vertreter entsandt.

(4) Hat das Unternehmen oder die Unternehmensgruppe insgesamt mehr als 10 000 Arbeitnehmer innerhalb der Mitgliedstaaten, wird aus Mitgliedstaaten, in denen mindestens 20 vom Hundert der Arbeitnehmer beschäftigt sind, ein zusätzlicher Vertreter entsandt. Aus Mitgliedstaaten, in denen mindestens 30 vom Hundert der Arbeitnehmer beschäftigt sind, werden drei zusätzliche Vertreter, mindestens 40 vom Hundert der Arbeitnehmer beschäftigt sind, werden fünf zusätzliche Vertreter, mindestens 50 vom Hundert der Arbeitnehmer beschäftigt sind, werden sieben zusätzliche Vertreter entsandt. Aus einem Mitgliedstaat, in dem mindestens 60 vom Hundert der Arbeitnehmer beschäftigt sind, werden neun zusätzliche Vertreter, mindestens 70 vom Hundert der Arbeitnehmer be-

schäftigt sind, werden elf zusätzliche Vertreter, mindestens 80 vom Hundert der Arbeitnehmer beschäftigt sind, werden dreizehn zusätzliche Vertreter entsandt.

ÜBERSICHT

1. Arbeitnehmer als Mitglieder des EBR (Abs. 1). Die **personelle Zusammensetzung** des EBR kraft Gesetzes wird in § 22 entsprechend den subsidiären Vorschriften des Anhangs Nr. 1b Satz 1 und Nr. 1c Satz 1 RL normiert. Im Gegensatz zu § 10, der die Zusammensetzung des BVG regelt, bestimmt § 22 Abs. 1, daß **nur Arbeitnehmer** des gemeinschaftsweit tätigen Unternehmens oder der Unternehmensgruppe Mitglied des EBR sein können (vgl. dagegen § 10 Rn. 1). Die Frage, wer als Arbeitnehmer zu qualifizieren ist, beantwortet sich nach dem Recht des MS, in dem das zu entsendende Mitglied beschäftigt ist (vgl. Rademacher, S. 123). Für die aus dem Inland zu entsendenden Mitglieder ist der Arbeitnehmerbegriff des § 5 Abs. 1 BetrVG maßgebend (vgl. § 4 Rn. 2). Die Anzahl der Mitglieder des EBR kraft Gesetzes wird entsprechend der Richtlinienvorgabe auf höchstens 30 begrenzt. Wie beim BVG können für die aus den einzelnen MS entsandten Arbeitnehmervertreter von den nationalen Bestellungsgremien Ersatzmitglieder gewählt oder benannt werden, die im Fall einer vorübergehenden Verhinderung oder bei einem vorzeitigen Ausscheiden eines Mitglieds des EBR dessen Stellung einnehmen (vgl. § 10 Rn. 4). 1

2. Repräsentativität und Proportionalität (Abs. 2 bis 4). In § 22 Abs. 2 bis 4 wird den im Anhang Nr. 1d RL verankerten Grundsätzen der Repräsentativität und der Proportionalität Rechnung getragen. Zunächst wird in § 22 Abs. 2 **jedem MS ein Sitz im EBR kraft Gesetzes garantiert,** in dem das gemeinschaftsweit tätige Unternehmen oder die Unternehmensgruppe einen Betrieb hat (zum Betriebsbegriff vgl. § 10 Rn. 2). Im Gegensatz zu einer Vereinbarungslösung nach §§ 17ff. können Arbeitnehmervertreter aus Drittstaaten (z.B. aus Großbritannien oder der Schweiz) nicht in die grenzübergreifende Unterrichtung und Anhörung einbezogen werden, weil bei der Zusammensetzung des kraft Gesetzes zu errichtenden EBR nur der territoriale Geltungsbereich der MS i.S.d. § 2 Abs. 3 berücksichtigt werden kann. 2

Dem Grundsatz der Proportionalität wird dadurch Rechnung getragen, daß diejenigen MS, in denen das Unternehmen oder die Unternehmensgruppe verhältnismäßig viele Arbeitnehmer beschäftigt, **zusätzliche Vertreter im EBR kraft Gesetzes** erhalten, deren Anzahl sich nach bestimmten, breit gefächerten Prozentsätzen an der Gesamtbelegschaft bemißt. Aufgrund der in der Richtlinie vorgesehenen **Höchstzahl von 30 Mitgliedern** konnte die Anzahl der in den einzelnen MS beschäftigten Arbeitnehmer auch auf der Basis von jetzt 17 statt ursprünglich 11 MS angemessen berücksichtigt werden (vgl. Rademacher, S. 123). Im Unterschied zum BVG (vgl. § 10 Rn. 3) mußten die 3

Richtlinienvorgaben beim EBR kraft Gesetzes nicht überschritten werden, um eine proportionale Zusammensetzung dieses Gremiums zu gewährleisten (abweichend Däubler, in: DKK, EBR-Richtlinie Rn. 80, der für den EBR kraft Gesetzes eine Höchstzahl von 46 Mitgliedern vorschlägt). Der Gesetzgeber hat bei der Festlegung zusätzlicher Vertreter zwischen Unternehmen und Unternehmensgruppen mit insgesamt bis zu 10000 Arbeitnehmern (§ 22 Abs. 3) und solchen mit mehr als 10000 Arbeitnehmern (§ 22 Abs. 4) differenziert. Bei einer Belegschaft von insgesamt **bis zu 10000 Arbeitnehmern** reicht die Bandbreite von einem zusätzlichen Vertreter, wenn in einem MS mindestens 20 % der Arbeitnehmer beschäftigt sind, bis zu sieben zusätzlichen Vertretern, wenn in einem MS mindestens 80 % der Arbeitnehmer tätig sind (kritisch zur progressiven Anzahl zusätzlicher Vertreter Kothe EuroAS 1996, 115 [117]). In diesen Fällen kann der EBR kraft Gesetzes aus höchstens 24 Mitgliedern bestehen, wenn z.B. das Unternehmen oder die Unternehmensgruppe in allen MS einen Betrieb hat (= 17 Mitglieder) und in einem dieser MS mindestens 80 % der Arbeitnehmer (plus sieben zusätzliche Vertreter) beschäftigt sind (vgl. Engels/Müller DB 1996, 981 [985]). Bei einer Belegschaft von insgesamt **mehr als 10000 Arbeitnehmern** wird die Höchstzahl von 30 Mitgliedern ausgeschöpft, wenn das Unternehmen oder die Unternehmensgruppe in allen MS einen Betrieb hat (= 17 Mitglieder) und aus einem dieser MS 13 zusätzliche Vertreter zu entsenden sind, weil dort mindestens 80 % der Arbeitnehmer beschäftigt sind.

4 **3. Streitigkeiten.** Streitigkeiten **über die Anzahl der Sitze**, mit denen die in den einzelnen MS beschäftigten Arbeitnehmer im EBR kraft Gesetzes vertreten sind, können im arbeitsgerichtlichen Beschlußverfahren geltend gemacht werden (vgl. § 10 Rn. 5).

§ 23 Bestellung inländischer Arbeitnehmervertreter

(1) Die nach diesem Gesetz oder dem Gesetz eines anderen Mitgliedstaates auf die im Inland beschäftigten Arbeitnehmer entfallenden Mitglieder des Europäischen Betriebsrats werden in gemeinschaftsweit tätigen Unternehmen vom Gesamtbetriebsrat (§ 47 des Betriebsverfassungsgesetzes) bestellt. Besteht nur ein Betriebsrat, so bestellt dieser die Mitglieder des Europäischen Betriebsrats.

(2) Die in Absatz 1 Satz 1 genannten Mitglieder des Europäischen Betriebsrats werden in gemeinschaftsweit tätigen Unternehmensgruppen vom Konzernbetriebsrat (§ 54 des Betriebsverfassungsgesetzes) bestellt. Besteht neben dem Konzernbetriebsrat noch ein in ihm nicht vertretener Gesamtbetriebsrat oder Betriebsrat, ist der Konzernbetriebsrat um deren Vorsitzende und um deren Stellvertreter zu erweitern; die Vorsitzenden und ihre Stellvertreter gelten insoweit als Konzernbetriebsratsmitglieder.

(3) Besteht kein Konzernbetriebsrat, werden die in Absatz 1 Satz 1 genannten Mitglieder des Europäischen Betriebsrats wie folgt bestellt:

a) Bestehen mehrere Gesamtbetriebsräte, werden die Mitglieder des Europäischen Betriebsrats auf einer gemeinsamen Sitzung der Gesamtbetriebsräte bestellt, zu welcher der Gesamtbetriebsratsvorsitzende des nach der Zahl der wahlberechtigten Arbeitnehmer größten inländischen Unternehmens einzuladen hat. Besteht daneben noch mindestens ein in den Gesamtbetriebsräten nicht vertretener Betriebsrat, sind der Betriebsratsvorsitzende und dessen

Stellvertreter zu dieser Sitzung einzuladen; sie gelten insoweit als Gesamtbetriebsratsmitglieder.

b) Besteht neben einem Gesamtbetriebsrat noch mindestens ein in ihm nicht vertretener Betriebsrat, ist der Gesamtbetriebsrat um den Vorsitzenden des Betriebsrats und dessen Stellvertreter zu erweitern; der Betriebsratsvorsitzende und sein Stellvertreter gelten insoweit als Gesamtbetriebsratsmitglieder. Der Gesamtbetriebsrat bestellt die Mitglieder des Europäischen Betriebsrats. Besteht nur ein Gesamtbetriebsrat, so hat dieser die Mitglieder des Europäischen Betriebsrats zu bestellen.

c) Bestehen mehrere Betriebsräte, werden die Mitglieder des Europäischen Betriebsrats auf einer gemeinsamen Sitzung bestellt, zu welcher der Betriebsratsvorsitzende des nach der Zahl der wahlberechtigten Arbeitnehmer größten inländischen Betriebs einzuladen hat. Zur Teilnahme an dieser Sitzung sind die Betriebsratsvorsitzenden und deren Stellvertreter berechtigt; § 47 Abs. 7 des Betriebsverfassungsgesetzes gilt entsprechend.

d) Besteht nur ein Betriebsrat, so hat dieser die Mitglieder des Europäischen Betriebsrats zu bestellen.

(4) Die Absätze 1 bis 3 gelten entsprechend für die Abberufung.

(5) Frauen und Männer sollen entsprechend ihrem zahlenmäßigen Verhältnis bestellt werden.

(6) Das zuständige Sprecherausschußgremium eines gemeinschaftsweit tätigen Unternehmens oder einer gemeinschaftsweit tätigen Unternehmensgruppe mit Sitz der zentralen Leitung im Inland kann einen der in § 5 Abs. 3 des Betriebsverfassungsgesetzes genannten Angestellten bestimmen, der mit Rederecht an den Sitzungen zur Unterrichtung und Anhörung des Europäischen Betriebsrats teilnimmt, sofern nach § 22 Abs. 2 bis 4 mindestens fünf inländische Vertreter entsandt werden. Die §§ 30 und 39 Abs. 2 gelten entsprechend.

ÜBERSICHT

I. Bestellung inländischer Mitglieder (Abs. 1 bis 3 und 5)

1 **1. Bestellungsgremien des Betriebsverfassungsgesetzes.** § 23 regelt vornehmlich die Bestellung der auf das Inland entfallenden Mitglieder des EBR kraft Gesetzes, wobei – wie beim BVG (vgl. § 11) – zwischen Unternehmen (Abs. 1) und Unternehmensgruppen (Abs. 2 und 3) zu unterscheiden ist. Die Regelung basiert auf Anhang Nr. 1b Satz 2 RL, nach dem die Mitglieder des EBR »entsprechend den einzelstaatlichen Rechtsvorschriften und/oder Gepflogenheiten gewählt oder benannt« werden. Die Bestellungsregelungen knüpfen deshalb auch hier an die innerstaatliche Struktur der betrieblichen Arbeitnehmervertretung an und verleihen das Bestellungsrecht den nach dem Betriebsverfassungsgesetz bestehenden Arbeitnehmervertretungsgremien (Konzernbetriebsräte, Gesamtbetriebsräte und/oder Betriebsräte). Nach § 23 Abs. 1

bis 3 erfolgt die **Bestellung der inländischen Mitglieder** des EBR in gleicher Weise, wie dies in § 11 Abs. 1 bis 3 für die Mitglieder des BVG vorgesehen ist (zu Einzelheiten vgl. deshalb § 11 Rn. 4 bis 9). Dies gilt auch für die Berücksichtigung des Geschlechterverhältnisses nach § 23 Abs. 5, die der Sollvorschrift des § 11 Abs. 5 entspricht (vgl. dazu § 11 Rn. 11). Unterschiede bestehen nur insoweit, als auch die aus dem Inland zu entsendenden Mitglieder des EBR notwendigerweise **Arbeitnehmer des Unternehmens oder der Unternehmensgruppe** sein müssen (vgl. § 22 Rn. 1). Im Gegensatz zum BVG (vgl. § 11 Abs. 4) können leitende Angestellte nicht zu Mitgliedern des EBR kraft Gesetzes bestellt werden.

2 2. **Anwendbarkeit.** Die Bestellungsregelungen sind unabhängig davon anwendbar, ob sich die Anzahl der auf Deutschland entfallenden Mitglieder des EBR kraft Gesetzes nach § 22 Abs. 2 bis 4 oder nach dem Recht eines anderen MS bestimmt, weil die zentrale Leitung dort ansässig ist (vgl. § 23 Abs. 1 Satz 1 – auch i. V. m. Abs. 2 Satz 1 – und § 2 Abs. 4). Hingegen werden die auf andere MS entfallenden Mitglieder des EBR von den nach dem dort bestehenden Umsetzungsrecht vorgesehenen Gremien oder Stellen bestellt, auch wenn die zentrale Leitung in Deutschland liegt

II. Abberufung (Abs. 4)

3 In § 23 Abs. 4 wird klargestellt, daß die Regeln über die Bestellung der inländischen Mitglieder des EBR kraft Gesetzes für deren Abberufung entsprechend gelten. Die nach § 23 Abs. 1 bis 3 **zuständigen Bestellungsgremien** können ein aus dem Inland entsandtes Mitglied unter Berücksichtigung des Stimmengewichts ihrer Mitglieder (vgl. § 47 Abs. 1 und § 55 Abs. 3 BetrVG) oder, wenn lediglich ein Betriebsrat zur Bestellung berufen ist, mit der Mehrheit der Stimmen der anwesenden Betriebsratsmitglieder (vgl. § 33 Abs. 1 BetrVG) abberufen. Eines besonderen Anlasses für die Abberufung bedarf es nicht; sie ist insbesondere nicht an eine Pflichtverletzung des entsandten EBR-Mitglieds gebunden (zur Parallele bei der Abberufung eines Gesamtbetriebsratsmitglieds nach § 47 BetrVG vgl. FKHE Rn. 33; GL Rn. 16; Trittin, in: DKK, Rn. 36; GK-Kreutz Rn. 47; HSG Rn. 55). Eine Abberufung setzt voraus, daß das Bestellungsgremium erneut zusammentritt, um darüber zu befinden. Das Recht und die Pflicht dazu können entsprechend § 29 Abs. 3 Satz 1 BetrVG dann anzunehmen sein, wenn ein Viertel der Mitglieder des Bestellungsgremiums eine Beratung über die Abberufung eines aus dem Inland entsandten Mitglieds des EBR beantragt (zu weiteren Erlöschenstatbeständen vgl. § 36 Rn. 2).

III. Sonderregelungen für leitende Angestellte (Abs. 6)

4 **1. Teilnahmerecht an Unterrichtungs- und Anhörungssitzungen.** § 23 Abs. 6 enthält Sonderregelungen für leitende Angestellte (vgl. § 4 Rn. 3 f.), die allerdings nur anwendbar sind, wenn die zentrale Leitung des gemeinschaftsweit tätigen Unternehmens oder der Unternehmensgruppe ihren Sitz in Deutschland hat. In diesem Fall kann das zuständige Sprecherausschußgremium nach § 23 Abs. 6 Satz 1 einen **leitenden Angestellten** bestimmen, der zwar ohne Sitz und Stimme (vgl. Rn. 1), jedoch **als Gast mit Rederecht** an den Sitzungen

zur Unterrichtung und Anhörung des EBR kraft Gesetzes teilnehmen kann, sofern mindestens fünf Mitglieder aus Deutschland in dieses Gremium entsandt werden (gegen diese Regelung Kothe EuroAS 1996, 115 [116]). Im Einzelfall können der Konzernsprecherausschuß, der Gesamt- oder Unternehmenssprecherausschuß oder, wenn nur ein Sprecherausschuß besteht, der Sprecherausschuß die Bestimmung des leitenden Angestellten vornehmen (vgl. §§ 21, 16, 20 und 1 SprAuG). Unter den genannten Voraussetzungen wird sichergestellt, daß die leitenden Angestellten aus eigenem Recht durch einen Gruppenangehörigen vertreten sind, der sie aus erster Hand über die Unterrichtung und Anhörung informieren kann, welche die zentrale Leitung dem EBR gegenüber vorgenommen hat (vgl. Ramme DB 1995, 2066 [2067 f.], der allerdings für eine Mitgliedschaft eines leitenden Angestellten im EBR eintritt). Ist die Teilnahme eines leitenden Angestellten aus rechtlichen oder tatsächlichen Gründen nicht möglich, hat der EBR bzw. eines seiner Mitglieder den Sprecherausschüssen der leitenden Angestellten über die Unterrichtung und Anhörung zu berichten (vgl. § 35 Abs. 2).

2. Kosten und Verschwiegenheitspflicht. Die aufgrund der Teilnahme eines leitenden Angestellten an den Sitzungen zur Unterrichtung und Anhörung des EBR entstehenden Kosten hat nach § 23 Abs. 6 Satz 2 die zentrale Leitung analog § 30 zu tragen. Hierzu zählen vor allem die notwendigen **Fahrtkosten sowie die Kosten für Verpflegung und Unterkunft.** Der leitende Angestellte ist in entsprechender Anwendung des § 39 Abs. 2 wie ein Mitglied des EBR verpflichtet, **Betriebs- oder Geschäftsgeheimnisse**, die ihm aufgrund der Teilnahme an den Sitzungen bekanntgeworden und von der zentralen Leitung ausdrücklich als geheimhaltungsbedürftig bezeichnet worden sind, nicht zu offenbaren und nicht zu verwerten. Bei Verstößen drohen Freiheitsstrafen bis zu zwei Jahren oder Geldstrafen (vgl. § 43 und § 44 Abs. 1 Nr. 1). 5

IV. Streitigkeiten

Streitigkeiten **über Zuständigkeit und die Zusammensetzung** der inländischen Bestellungsgremien sowie das Stimmengewicht seiner Mitglieder entscheiden die Arbeitsgerichte im Beschlußverfahren (§ 2a Abs. 1 Nr. 3b, §§ 80 ff. ArbGG). Bei Streitigkeiten über die **Wirksamkeit der Bestellung** oder der Abberufung einer bestimmten Person dürfte § 19 BetrVG analog anwendbar sein (vgl. § 11 Rn. 13). 6

Im arbeitsgerichtlichen Beschlußverfahren ist auch dann zu entscheiden, wenn über das **Teilnahmerecht** eines vom zuständigen Sprecherausschußgremium bestimmten **leitenden Angestellten** an den Sitzungen zur Unterrichtung und Anhörung des EBR gestritten wird (vgl. § 23 Abs. 6 Satz 1). Bei Streitigkeiten über die Wirksamkeit der Bestimmung des leitenden Angestellten dürfte § 8 Abs. 1 SprAuG entsprechend anwendbar sein. Eine fehlerhafte Bestimmung muß demgemäß innerhalb einer zweiwöchigen Frist beim Arbeitsgericht angefochten werden (vgl. § 8 Abs. 1 Satz 3 SprAuG). 7

§ 24 Unterrichtung über die Mitglieder des Europäischen Betriebsrats

Der zentralen Leitung sind unverzüglich die Namen der Mitglieder des Europäischen Betriebsrats, ihre Anschriften sowie die jeweilige Betriebszugehörigkeit

mitzuteilen. Die zentrale Leitung hat die örtlichen Betriebs- oder Unternehmensleitungen, die dort bestehenden Arbeitnehmervertretungen sowie die in inländischen Betrieben vertretenen Gewerkschaften über diese Angaben zu unterrichten.

Sobald die in den EBR kraft Gesetzes zu entsendenden Mitglieder (vgl. § 22 Abs. 2 bis 4) feststehen, sind nach § 24 Satz 1 deren Namen, Anschriften und Betriebszugehörigkeit unverzüglich von den nationalen Bestellungsgremien der zentralen Leitung mitzuteilen (vgl. Anh. Nr. 1e RL). Die zentrale Leitung wird dadurch verpflichtet, zur konstituierenden Sitzung des EBR kraft Gesetzes einzuladen (vgl. § 25 Abs. 1 Satz 1). Sie ist nach § 24 Satz 2 gehalten, die örtlichen Betriebs- oder Unternehmensleitungen und die dort bestehenden Arbeitnehmervertretungen sowie die in deutschen Betrieben vertretenen Gewerkschaften über die Mitglieder des EBR zu unterrichten. Mit Hilfe dieser Angaben werden die Beteiligten über die personelle Zusammensetzung des EBR und darüber informiert, wer in ihrem Bereich als Ansprechpartner zur Verfügung steht (vgl. Engels/Müller DB 1996, 981 [985 f.]). Die Regelungen entsprechen den bei der Bildung des BVG in § 12 vorgesehenen Mitteilungspflichten.

Zweiter Abschnitt. **Geschäftsführung des Europäischen Betriebsrats**

§ 25 Konstituierende Sitzung, Vorsitzender

(1) Die zentrale Leitung lädt unverzüglich nach Benennung der Mitglieder zur konstituierenden Sitzung des Europäischen Betriebsrats ein. Der Europäische Betriebsrat wählt aus seiner Mitte einen Vorsitzenden und dessen Stellvertreter.

(2) Der Vorsitzende des Europäischen Betriebsrats oder im Falle seiner Verhinderung der Stellvertreter vertritt den Europäischen Betriebsrat im Rahmen der von ihm gefaßten Beschlüsse. Zur Entgegennahme von Erklärungen, die dem Europäischen Betriebsrat gegenüber abzugeben sind, ist der Vorsitzende oder im Falle seiner Verhinderung der Stellvertreter berechtigt.

ÜBERSICHT

I. Einladung zur konstituierenden Sitzung

1 Die zentrale Leitung ist auch bei einem EBR kraft Gesetzes dafür verantwortlich, daß seine Errichtung gewährleistet ist (vgl. Art. 4 Abs. 1 RL). Sobald der **zentralen Leitung** die persönlichen Daten der Mitglieder des EBR nach § 24 mitgeteilt worden sind, hat sie die Mitglieder gemäß § 25 Abs. 1 Satz 1 unverzüglich zur konstituierenden Sitzung des EBR einzuladen. Diese Regelung kann nicht als Beschneidung der Souveränität des EBR kraft Gesetzes gewertet werden (so aber Bachner/Kunz ArbuR 1996, 81 [85]). Da die aus

den einzelnen MS in den EBR kraft Gesetzes zu entsendenden Mitglieder von den jeweiligen nationalen Bestellungsgremien zu wählen oder zu benennen sind, ist die zentrale Leitung allein in der Lage, die Konstituierung des Gesamtgremiums zu veranlassen. Im übrigen konstituiert sich auch der nationale Betriebsrat nicht selbst, sondern wird vom Wahlvorstand einberufen (vgl. § 29 Abs. 1 Satz 1 BetrVG).

Im Gegensatz zur Konstituierung des BVG nach § 13 Abs. 1 Satz 1 ist die zentrale Leitung nicht verpflichtet, die örtlichen Betriebs- oder Unternehmensleitungen über den Zeitpunkt der konstituierenden Sitzung zu unterrichten. Eine entsprechende Mitteilung ist aber auch beim EBR kraft Gesetzes sinnvoll, um die örtlichen Betriebs- oder Unternehmensleitungen darüber zu informieren, wann ein bei ihnen beschäftigtes Mitglied des EBR für die Teilnahme an der konstituierenden Sitzung freizustellen ist (vgl. § 40 EBRG i. V. m. § 37 Abs. 2 BetrVG). 2

II. Vorsitzender und Stellvertreter

1. Wahl aus der Mitte des EBR. In der konstituierenden Sitzung wählt der EBR nach § 25 Abs. 1 Satz 2 aus seiner Mitte den Vorsitzenden und dessen Stellvertreter, die **in getrennten Wahlgängen** zu bestimmen sind. Die Wahlen sind an keine Formvorschriften gebunden und erfordern lediglich die **Mehrheit der Stimmen der anwesenden Mitglieder** des EBR. Man wird deshalb auch eine nicht geheime, auch mündliche Stimmabgabe, u. U. sogar eine Wahl durch Zuruf für wirksam halten dürfen, sofern diese Art der Stimmabgabe eine einwandfreie Feststellung des Wahlergebnisses gestattet (zu § 26 BetrVG vgl. FKHE Rn. 8; Blanke, in: DKK, Rn. 7; GK-Wiese Rn. 10; DR Rn. 6; HSG Rn. 18). Auch ohne eine gesetzliche Regelung ist davon auszugehen, daß an der Wahl mindestens die Hälfte der EBR-Mitglieder teilnehmen muß (zur Beschlußfähigkeit vgl. § 28 Rn. 1). Für verhinderte EBR-Mitglieder sind deren Ersatzmitglieder hinzuzuziehen, sofern diese von den nationalen Bestellungsgremien gewählt oder benannt worden sind (vgl. § 22 Abs. 1 Satz 2). Der Vorsitzende und sein Stellvertreter können durch Mehrheitsbeschluß des EBR (vgl. § 28 Satz 1) abberufen werden (zum BetrVG vgl. BAG AP Nr. 8 zu § 626 BGB Druckkündigung; FKHE BetrVG § 26 Rn. 11 m. w. N.). 3

2. Rechtsstellung der Vertretungsorgane. Der Vorsitzende und im Fall seiner Verhinderung der stellvertretende Vorsitzende sind die Vertretungsorgane des EBR, die ihn nach § 25 Abs. 2 im Rahmen seiner Beschlüsse vertreten und Erklärungen für ihn entgegennehmen. Durch diese § 26 Abs. 3 BetrVG nachgebildete Regelung wird klargestellt, daß der Vorsitzende des EBR weder als dessen Bevollmächtigter noch als dessen gesetzlicher Vertreter anstelle des Gesamtgremiums handeln kann. Der Vorsitzende hat lediglich die vom EBR in Ausübung seiner Pflichten und Befugnisse gefaßten Beschlüsse auszuführen und sie nach außen, insbesondere gegenüber der zentralen Leitung, zum Ausdruck zu bringen (zu § 26 BetrVG vgl. FKHE Rn. 33 m. w. N.). Der **Vorsitzende** ist nach § 26 Abs. 1 Satz 2 **kraft Amtes Mitglied des EBR-Ausschusses**; ihm kann unter den Voraussetzungen des § 26 Abs. 2 die **Führung der laufenden Geschäfte** des EBR übertragen werden. In diesen Fällen hat der Vorsitzende die nach § 27 in Abwesenheit der zentralen Leitung 4 stattfindenden Sitzungen vorzubereiten und die Mitglieder des EBR dazu einzuladen. Er hat den Zeitpunkt der vorbereitenden Sitzungen und der anschließenden Unterrichtungs- und Anhörungssitzungen mit der zentralen Leitung abzustimmen. Gegenüber dem EBR abzugebende Erklärungen werden grundsätzlich vom Vorsitzenden entgegengenommen, sofern nicht in der Geschäftsordnung des EBR für bestimmte Angelegenheiten eine andere Regelung getroffen worden ist (vgl. § 28 Rn. 2). Der Vorsitzende ist vor allem Ansprechpartner der zentralen Leitung; ihm sind die zur Unterrichtung und Anhörung erforderlichen Unterlagen zur Verfügung zu stellen (vgl. § 32 Abs. 1 und § 33 Abs. 1 Satz 1). Der **Stellvertreter des Vorsitzenden** kann und darf dessen Aufgaben und Befugnisse nur dann wahrnehmen, wenn und solange der Vorsitzende selbst verhindert ist (zum BetrVG vgl. BAG AP Nr. 1 zu § 83 ArbGG 1953). Der Stellvertreter ist daher kein »zweiter« Vorsitzender mit gleichen Rechten.

III. Streitigkeiten

5 Streitigkeiten **über Wahl, Abberufung und Zuständigkeit des Vorsitzenden** oder seines Stellvertreters sind von dem Arbeitsgericht am Sitz der zentralen Leitung im Beschlußverfahren zu entscheiden (vgl. § 2a Abs. 1 Nr. 3b und § 82 Satz 4 ArbGG). Die Anfechtung einer Wahl sollte in entsprechender Anwendung des § 19 BetrVG nur innerhalb einer Frist von zwei Wochen nach ihrer Durchführung zulässig sein. Antragsberechtigt ist jedes Mitglied des EBR.

§ 26 Ausschuß

(1) Besteht der Europäische Betriebsrat aus neun oder mehr Mitgliedern, bildet er aus seiner Mitte einen Ausschuß von drei Mitgliedern, dem neben dem Vorsitzenden zwei weitere zu wählende Mitglieder angehören. Die Mitglieder des Ausschusses sollen in verschiedenen Mitgliedstaaten beschäftigt sein. Der Ausschuß führt die laufenden Geschäfte des Europäischen Betriebsrats.

(2) Ein Europäischer Betriebsrat mit weniger als neun Mitgliedern kann die Führung der laufenden Geschäfte auf den Vorsitzenden oder ein anderes Mitglied des Europäischen Betriebsrats übertragen.

ÜBERSICHT

I. Bildung des EBR-Ausschusses

1 **1. Zusammensetzung und Wahl.** Gemäß Anhang Nr. 1c Satz 2 RL wählt der EBR aus seiner Mitte einen »engeren Ausschuß« mit höchstens drei Mitgliedern, »sofern es die Zahl seiner Mitglieder rechtfertigt«. In § 26 Abs. 1 Satz 1 wird diese Regelung in der Weise umgesetzt, daß ein **dreiköpfiger Ausschuß**

zu bilden ist, **wenn der EBR aus mindestens neun Mitgliedern besteht.** Dies entspricht der in § 27 Abs. 1 Satz 1 BetrVG vorgesehenen Anwendungsschwelle, nach welcher der Betriebsrat aus neun oder mehr Mitgliedern bestehen muß, um einen Betriebsausschuß zu bilden (vgl. Rademacher, S. 123; ebenso Däubler, in: DKK, EBR-Richtlinie Rn. 89, der auf die Bildung eines Konzernbetriebsausschusses nach § 59 Abs. 1 BetrVG Bezug nimmt). Dem dreiköpfigen Ausschuß gehören der Vorsitzende des EBR kraft Amtes und zwei weitere Mitglieder des EBR an, die anders als der Vorsitzende und der stellvertretende Vorsitzende vom EBR aus seiner Mitte in geheimer **Wahl und nach den Grundsätzen der Verhältniswahl** zu wählen sind. Insoweit sollte § 27 Abs. 1 Satz 3 BetrVG entsprechend angewendet werden. Nur so kann vermieden werden, daß sämtliche Mitglieder des EBR-Ausschusses von den Arbeitnehmervertretern des beschäftigungsstärksten MS bestellt werden, sofern diese aufgrund des § 22 Abs. 3 oder 4 über eine Mehrheit im EBR verfügen. Wie § 26 Abs. 1 Satz 2 zeigt, sollte auch der Ausschuß des EBR transnational zusammengesetzt sein (vgl. Rn. 2). Nur wenn lediglich ein Wahlvorschlag gemacht wird, sind die zu wählenden Mitglieder des EBR-Ausschusses nach den Grundsätzen der Mehrheitswahl zu bestimmen (§ 27 Abs. 1 Satz 4 BetrVG analog). Sind die zu wählenden Mitglieder des Ausschusses nach den Grundsätzen der Verhältniswahl bestellt worden, so ist für deren Abberufung entsprechend § 27 Abs. 1 Satz 5 BetrVG eine Mehrheit von drei Vierteln der Stimmen der Mitglieder des EBR erforderlich. Das Erfordernis dieser qualifizierten Mehrheit dient der Absicherung des im Verhältniswahlrecht liegenden Minderheitenschutzes.

Dem Grundsatz der Repräsentanz entsprechend sollen nach § 27 Abs. 1 **2** Satz 2 die Ausschußmitglieder aus verschiedenen MS stammen. Hiervon kann aber aus Gründen einer effizienteren Ausschußarbeit abgewichen werden, um beispielsweise Sprachprobleme innerhalb des Ausschusses zu vermeiden (vgl. Engels/Müller DB 1996, 981 [986]).

2. Aufgaben und Vorsitz. Der EBR-Ausschuß hat eine doppelte Aufgabe. Er **3** erledigt zum einen die laufenden Geschäfte des EBR (vgl. sogleich Rn. 4), zum anderen ist er bei außergewöhnlichen Umständen anstelle des EBR nach § 33 Abs. 2 zu beteiligen (vgl. § 33 Rn. 4). Aufgrund dieser Doppelfunktion des EBR-Ausschusses ist der Vorsitzende des EBR ohne weiteres auch Vorsitzender des Ausschusses.

II. Führung der laufenden Geschäfte des EBR

1. EBR-Ausschuß. Der EBR-Ausschuß hat nach § 26 Abs. 1 Satz 3 die laufen- **4** den Geschäfte des EBR zu führen. Damit soll eine funktionsfähigere Arbeitsweise in größeren EBR gewährleistet werden. Der Ausschuß hat den **EBR bei der Erfüllung seiner Aufgaben zu unterstützen,** d. h. im internen verwaltungsmäßigen und organisatorischen Bereich dafür zu sorgen, daß die dem EBR von Gesetzes wegen zugewiesenen Angelegenheiten (vgl. §§ 31 ff.) ordnungsgemäß wahrgenommen werden können. Bei den laufenden Geschäften wird es sich im allgemeinen um solche Geschäfte handeln, die sich regelmäßig wiederholen und bei denen keine Beschlußfassung des EBR erforderlich ist. Hierzu zählen beispielsweise die Vorbereitung von Beschlüssen des EBR sowie von Sitzungen (vgl. § 25 Rn. 4), die Einholung von Auskünften, Vorbesprechungen mit der zentralen Leitung oder einer anderen geeigneten Leitungsebene (vgl. § 1 Rn. 16), die Entgegennahme von Anregungen aus dem Kreis der Belegschaften sowie anfallender Schriftwechsel nach Maßgabe der Beschlüsse des EBR. In der nach § 28 Satz 2 zulässigen Geschäftsordnung kann der Kreis der laufenden Geschäfte näher festgelegt werden, ohne daß dadurch deren Umfang konstitutiv erweitert werden kann (zu § 27 BetrVG vgl. GK-Wiese Rn. 75; Blanke, in: DKK, Rn. 39; HSG Rn. 50; FKHE Rn. 84). Zu den laufenden Geschäften des Ausschusses gehört nicht die Vertretung des EBR nach außen. Diese obliegt dem EBR-Vorsitzenden (vgl. § 25 Rn. 4).

5 **2. Vorsitzender oder anderes Mitglied des EBR.** Die Führung der laufenden Geschäfte kann in **EBR mit weniger als neun Mitgliedern**, die keinen Ausschuß bilden können, nach § 26 Abs. 2 auf den Vorsitzenden oder ein anderes Mitglied des EBR übertragen werden (vgl. die Parallele in § 27 Abs. 4 BetrVG). Der Übertragungsbeschluß ist an keine besonderen Voraussetzungen gebunden. Es reicht aus, wenn der beschlußfähige EBR (vgl. § 28 Rn. 1) mit einfacher Stimmenmehrheit einen entsprechenden Beschluß faßt (zu § 27 BetrVG vgl. FKHE Rn. 104; Blanke, in: DKK, Rn. 49; GK-Wiese Rn. 92; GL Rn. 37; HSG Rn. 65; a.A. DR Rn. 69, der für den Beschluß eine absolute Mehrheit verlangt). Wird nicht der Vorsitzende des EBR, sondern ein anderes Mitglied mit der Führung der laufenden Geschäfte beauftragt, so hat dies keinen Einfluß auf die dem Vorsitzenden von Gesetzes wegen zustehenden Rechte und Befugnisse, z.B. nach § 25 Abs. 2.

III. Streitigkeiten

6 Streitigkeiten im Zusammenhang mit der **Wahl oder Abberufung** der gewählten Mitglieder des EBR-Ausschusses oder des gemäß § 26 Abs. 2 mit der Führung der laufenden Geschäfte beauftragten EBR-Mitglieds sowie Streitigkeiten über die **Zuständigkeit des EBR-Ausschusses oder des beauftragten EBR-Mitglieds** entscheiden die Arbeitsgerichte im Beschlußverfahren (§ 2a Abs. 1 Nr. 3b, §§ 80ff. ArbGG). Örtlich zuständig ist das Arbeitsgericht, in dessen Bezirk die zentrale Leitung ihren Sitz (vgl. § 82 Satz 4 ArbGG). Die Anfechtung einer Wahl sollte auch hier aus Gründen der Rechtssicherheit analog § 19 BetrVG nur innerhalb einer Frist von zwei Wochen nach ihrer Durchführung zulässig sein (zu § 27 BetrVG vgl. FKHE Rn. 110 m.w.N.).

§ 27 Sitzungen

(1) Der Europäische Betriebsrat hat das Recht, im Zusammenhang mit der Unterrichtung durch die zentrale Leitung nach § 32 eine Sitzung durchzuführen und zu dieser einzuladen. Das gleiche gilt bei einer Unterrichtung über außergewöhnliche Umstände nach § 33. Der Zeitpunkt und der Ort der Sitzungen sind mit der zentralen Leitung abzustimmen. Mit Einverständnis der zentralen Leitung kann der Europäische Betriebsrat weitere Sitzungen durchführen. Die Sitzungen des Europäischen Betriebsrats sind nicht öffentlich.

(2) Absatz 1 gilt entsprechend für die Wahrnehmung der Mitwirkungsrechte des Europäischen Betriebsrats durch den Ausschuß nach § 26 Abs. 1.

ÜBERSICHT

I. Vorbereitende Sitzungen des EBR (Abs. 1)

1. Zeitpunkt und Ort. Der EBR kraft Gesetzes ist nach § 27 Abs. 1 Sätze 1 und 2 berechtigt, im Zusammenhang mit der Unterrichtung durch die zentrale Leitung nach §§ 32, 33 Abs. 1 **interne Sitzungen ohne Teilnahme der Vertreter des Managements** durchzuführen und hierzu einzuladen (vgl. Anh. Nr. 4 Satz 2 RL). Dies ist erforderlich, damit die Arbeitnehmervertreter aus den einzelnen MS die ihnen von der zentralen Leitung mitgeteilten Angelegenheiten – anhand der ihnen zur Verfügung zu stellenden Unterlagen – gemeinsam erörtern können sowie die anstehenden Unterrichtungs- und Anhörungstermine vorbereiten und dazu ggf. Beschlüsse fassen können (vgl. Engels/Müller DB 1996, 981 [986]; vgl. auch Däubler, in: DKK, EBR-Richtlinie Rn. 88, der auch darauf hinweist, daß nur so die Fachkompetenz eines Sachverständigen ausgeschöpft werden kann). Allerdings müssen auch die vorbereitenden Sitzungen des EBR aus Organisations- und Kostengründen in einem zeitlichen und räumlichen Zusammenhang sowohl mit der turnusmäßigen als auch mit der außergewöhnlichen Unterrichtung und Anhörung nach §§ 32 und 33 Abs. 1 stehen (vgl. Engels/Müller a. a. O.; zur Parallele beim BVG vgl. § 8 Rn. 4). Zeitpunkt und Ort der **Sitzungen sind** deshalb nach § 27 Abs. 1 Satz 3 **mit der zentralen Leitung abzustimmen** (gegen diese Regelung Bachner/Kunz ArbuR 1996, 81 [85]; kritisch auch Kothe EuroAS 1996, 115 [119]). Hält der EBR darüber hinaus weitere Sitzungen für erforderlich, muß er hierfür nach § 27 Abs. 1 Satz 4 das Einverständnis der zentralen Leitung einholen. Beide Seiten haben sich in dieser Frage vom Grundsatz der vertrauensvollen Zusammenarbeit gemäß § 38 leiten zu lassen (Engels/Müller a. a. O.). Die zentrale Leitung sollte zumindest eine Nachbereitung der Unterrichtungs- und Anhörungssitzung zulassen, wenn der EBR ein berechtigtes Interesse an einer abschließenden Stellungnahme geltend machen kann (weitergehend Däubler, a. a. O., der dazu kein Einverständnis der zentralen Leitung verlangt). **1**

2. Nichtöffentlichkeit. Die vorbereitenden Sitzungen des EBR sind gemäß § 27 Abs. 1 Satz 4 nicht öffentlich, so daß an ihnen als **Externe** grundsätzlich **nur Dolmetscher und Sachverständige** teilnehmen dürfen, soweit diese nach § 29 hinzugezogen werden können (vgl. Engels/Müller DB 1996, 981 [986]). Die Nichtöffentlichkeit schließt auch einen vom zuständigen Sprecherausschußgremium bestimmten leitenden Angestellten aus, weil dessen Teilnahmerecht auf die Sitzungen beschränkt ist, in denen die zentrale Leitung den EBR unterrichtet und anhört (vgl. § 23 Abs. 6 Satz 1). Das Gebot der **Nichtöffentlichkeit ist zwingend** und kann nicht durch Beschluß des EBR aufgehoben werden. Aus dem Grundsatz der Nichtöffentlichkeit ergibt sich keine über den § 39 Abs. 2 hinausgehende Verschwiegenheitspflicht der Mitglieder des EBR. Deshalb besteht auch keine generelle Pflicht, Stillschweigen über den Inhalt der EBR-Sitzungen zu wahren (zu § 30 BetrVG vgl. FKHE **2**

Rn. 18 m. w. N.; BAG v. 6. 9. 1967, AP Nr. 8 zu § 23 BetrVG). Eine Pflicht zur Vertraulichkeit ist aber dann gegeben, wenn der EBR beschlossen hat, eine bestimmte Angelegenheit vertraulich zu behandeln (vgl. § 28 Rn. 2).

II. Vorbereitende Sitzungen des Ausschusses (Abs. 2)

3 Der nach § 26 Abs. 1 Satz 1 gebildete dreiköpfige Ausschuß des EBR hat ebenfalls das Recht, im Zusammenhang mit der Unterrichtung durch die zentrale Leitung zu einer vorbereitenden Sitzung zusammenzutreffen, **wenn die Mitwirkungsrechte des EBR von seinem Ausschuß wahrzunehmen sind.** Die für das Gesamtgremium in § 27 Abs. 1 vorgesehenen Bestimmungen gelten nach § 27 Abs. 2 für den Ausschuß entsprechend (vgl. Rn. 1 f.). Deshalb hat auch der Ausschuß des EBR den Zeitpunkt und den Ort der Sitzungen mit der zentralen Leitung abzustimmen. Dies gilt aber nur in den Fällen, in denen die zentrale Leitung eine außerordentliche Unterrichtung und Anhörung nach § 33 Abs. 1 vorzunehmen hat, also z. B. bei einer geplanten Verlagerung oder Stillegung von Unternehmen oder Betrieben, und daher der Ausschuß anstelle des EBR zu beteiligen ist (vgl. § 33 Abs. 2 Satz 1). Nimmt der Ausschuß hingegen Aufgaben der laufenden Geschäftsführung wahr (vgl. § 26 Rn. 4), ist ein Zusammentreffen seiner Mitglieder nicht an das Einverständnis der zentralen Leitung gebunden (dies verkennt Kothe EuroAS 1996, 115 [119]). An den Sitzungen des Ausschusses können auch diejenigen Mitglieder des EBR teilnehmen, die für die Betriebe oder Unternehmen bestellt worden sind, die unmittelbar von den außergewöhnlichen Maßnahmen betroffen sind (vgl. § 33 Abs. 2 Satz 3).

III. Streitigkeiten

4 Streitigkeiten **über den Zeitpunkt vorbereitender** oder damit im Zusammenhang stehender **Sitzungen** zur Unterrichtung und Anhörung des EBR oder des Ausschusses sowie darüber, wer an ihnen teilnehmen oder zu ihnen hingezogen werden kann (z. B. Dolmetscher und Sachverständige), entscheiden die Arbeitsgerichte im Beschlußverfahren (§ 2a Abs. 1 Nr. 3b, §§ 80 ff. ArbGG). Örtlich zuständig ist das Arbeitsgericht, in dessen Bezirk die zentrale Leitung ihren Sitz hat (§ 82 Satz 4 ArbGG). Ggf. besteht die Möglichkeit des Erlasses einer einstweiligen Verfügung (vgl. § 85 Abs. 2 ArbGG).

§ 28 Beschlüsse, Geschäftsordnung

Die Beschlüsse des Europäischen Betriebsrats werden, soweit in diesem Gesetz nichts anderes bestimmt ist, mit der Mehrheit der Stimmen der anwesenden Mitglieder gefaßt. Sonstige Bestimmungen über die Geschäftsführung sollen in einer schriftlichen Geschäftsordnung getroffen werden, die der Europäische Betriebsrat mit der Mehrheit der Stimmen seiner Mitglieder beschließt.

ÜBERSICHT

1. Beschlüsse des EBR. Der EBR faßt nach § 28 Satz 1 seine Beschlüsse im allgemeinen **mit einfacher Stimmenmehrheit**, also mit der Mehrheit der anwesenden Mitglieder. Die Wirksamkeit eines Beschlusses setzt die **Beschlußfähigkeit des EBR** voraus, die nur gegeben ist, wenn mindestens die Hälfte seiner Mitglieder an der Beschlußfassung teilnimmt. Insoweit dürfte § 33 Abs. 2 BetrVG entsprechend heranzuziehen sein. Im EBR wird nach Köpfen abgestimmt, da die unterschiedliche Stärke der einzelnen Belegschaften bereits bei dessen Zusammensetzung berücksichtigt worden ist (vgl. § 22 Abs. 2 bis 4). Stimmenthaltungen sind zulässig, wirken sich aber als Ablehnung aus. Bei Stimmengleichheit ist ein Antrag abgelehnt (vgl. dazu § 13 Rn. 5). Die **absolute Mehrheit**, d.h. die Mehrheit der Stimmen aller EBR-Mitglieder, verlangt das Gesetz für den Beschluß über die Geschäftsordnung (vgl. Rn. 2) und wenn der EBR nach § 37 beschließt, Verhandlungen mit der zentralen Leitung über eine Vereinbarung nach §§ 17ff. aufzunehmen (Engels/Müller DB 1996, 981 [986]). 1

2. Geschäftsordnung. Der EBR soll nach § 28 Satz 2 »sonstige Bestimmungen über die Geschäftsführung« in einer schriftlich abzufassenden Geschäftsordnung treffen, die mit absoluter Mehrheit zu beschließen ist (vgl. Anh. Nr. 1c Satz 3 RL). Die Geschäftsordnung enthält **Bestimmungen über die Geschäftsführung**, insbesondere der Sitzungen des EBR. Sie darf nicht von zwingenden Vorschriften des EBRG abweichen, wie z.B. die Bestimmungen über die Beschlußfassung des EBR (§ 28 Satz 1) und darf die gesetzlichen Zuständigkeiten und Aufgaben des EBR (vgl. §§ 31ff.) nicht erweitern. Im Rahmen der Geschäftsordnung kann insbesondere die **Durchführung der vorbereitenden Sitzungen** des EBR (vgl. § 27 Abs. 1) konkreter geregelt werden, wie etwa Einladungsfrist, Leitung der Sitzung, wenn Vorsitzender und stellvertretender Vorsitzender zugleich verhindert sind, Redeordnung, Rednerliste, Leitung und Durchführung von Abstimmungen, Regelungen über die Verschwiegenheitspflicht, insbesondere die Festlegung von Angelegenheiten, über die Verschwiegenheit zu wahren ist, die Bestellung eines Mitglieds des EBR als Schriftführer und Einzelheiten der Sitzungsniederschrift (vgl. Rademacher, S. 130 m.w.N. bei Fn. 594). Die Geschäftsordnung kann auch nähere Vorschriften enthalten über die Wahl und Abberufung des Vorsitzenden des EBR und seines Stellvertreters (vgl. § 25 Rn. 3), die zu wählenden Mitglieder des EBR-Ausschusses (vgl. § 26 Rn. 1), die Art der Bekanntgabe von Mitteilungen an die Arbeitnehmer, die Konkretisierung der vom EBR-Ausschuß nach § 26 Abs. 1 Satz 3 zu erledigenden laufenden Geschäfte, die Übertragung der laufenden Geschäfte auf den Vorsitzenden oder ein anderes Mitglied des EBR (§ 26 Abs. 2) sowie die Berichtspflicht des EBR nach § 35 gegenüber den örtlichen Arbeitnehmervertretern oder Belegschaften (zu § 36 BetrVG vgl. FKHE Rn. 6; Blanke, in: DKK, Rn. 5f.; HSG Rn. 4f.; GK-Wiese Rn. 14). Maßnahmen über die nur in Abstimmung mit der zentralen Leitung entschieden werden kann, wie Zeit und Ort der Sitzungen (vgl. § 27 Abs. 1 Satz 3), können nicht durch die Geschäftsordnung geregelt werden. 2

Die Mitglieder des EBR, insbesondere der Vorsitzende und sein Stellvertreter, sind an die Geschäftsordnung gebunden, nicht aber der EBR als solcher. Der EBR kann vielmehr im Einzelfall von der Geschäftsordnung durch Beschluß 3 abweichen, welcher der absoluten Mehrheit der Stimmen seiner Mitglieder bedarf (zu § 36 BetrVG vgl. FKHE Rn. 12 m. w. N.).

4 **3. Streitigkeiten.** Streitigkeiten über die Ordnungsmäßigkeit der **Beschlußfassung** des EBR und über die Rechtmäßigkeit seiner Beschlüsse sind von den Arbeitsgerichten im Beschlußverfahren zu entscheiden (zur eingeschränkten gerichtlichen Überprüfbarkeit vgl. BAG AP Nr. 1 zu § 13 BetrVG 1972 und FKHE BetrVG § 33 Rn. 47 m. w. N.). Dasselbe gilt bei Streitigkeiten über Erlaß, Inhalt oder Auslegung einer **Geschäftsordnung** (§ 2a Abs. 1 Nr. 3b, §§ 80 ff. ArbGG). Örtlich zuständig ist das Arbeitsgericht am Sitz der zentralen Leitung, bei welcher der EBR errichtet worden ist (§ 82 Satz 4 ArbGG).

§ 29 Sachverständige

Der Europäische Betriebsrat und der Ausschuß können sich durch Sachverständige ihrer Wahl unterstützen lassen, soweit dies zur ordnungsgemäßen Erfüllung ihrer Aufgaben erforderlich ist. Sachverständige können auch Beauftragte von Gewerkschaften sein.

ÜBERSICHT

I. Hinzuziehung von Sachverständigen

1 **1. Unterstützung des EBR.** Um eine ordnungsgemäße Erfüllung der Aufgaben des EBR zu gewährleisten ist in § 29 Satz 1 vorgesehen, daß er sich im Rahmen des Erforderlichen **durch Sachverständige seiner Wahl** unterstützen lassen kann (vgl. Anh. Nr. 6 RL). Anders als nach § 80 Abs. 3 Satz 1 BetrVG wird dazu keine vorherige Zustimmung der zentralen Leitung bzw. des Arbeitgebers verlangt (vgl. Däubler, in: DKK, EBR-Richtlinie Rn. 89). Sachverständige sind Personen, die dem EBR die ihm fehlenden Fachkenntnisse vermitteln, damit er die ihm konkret obliegenden Aufgaben sachgerecht wahrnehmen kann (zu § 80 BetrVG 1972 vgl. BAG AP Nr. 35). Für den EBR kommen die in § 32 und § 33 Abs. 1 vorgesehenen Angelegenheiten in Betracht, über die er zunächst rechtzeitig unter Vorlage der erforderlichen Unterlagen zu informieren ist, bevor eine Unterrichtungs- und Anhörungssitzung mit der zentralen Leitung stattfindet. Der gemeinsam zwischen EBR und zentraler Leitung abzustimmende Zeitpunkt der Sitzungen (vgl. § 27 Abs. 1 Satz 3) ist so festzulegen, daß die erforderliche Beratung des EBR – spätestens auf dessen vorbereitender Sitzung – erfolgen kann. Dabei ist zu berücksichtigen, daß dem Sachverständigen eine **angemessene Vorbereitungszeit** zur Verfügung stehen muß. Auch insoweit ist eine vertrauensvolle Zusammenarbeit der Parteien geboten (vgl. § 38 Satz 1).

2. Erforderlichkeit. Erforderlich kann die Unterstützung durch Sachverständige dann sein, wenn schwierige Materien zu klären sind, wie beispielsweise die Analyse von Bilanzen, um die wirtschaftliche und finanzielle Lage des Unternehmens oder der Unternehmensgruppe (vgl. § 32 Abs. 2 Nr. 1) oder arbeitswissenschaftliche Fragen zur menschengerechten Gestaltung der Arbeit bei der Einführung neuer Produktions- und Arbeitsverfahren (vgl. § 32 Abs. 2 Nr. 6) beurteilen zu können. Des weiteren kann eine mündliche oder schriftliche Beratung durch Sachverständige in den Fällen erforderlich sein, in denen zur Vermeidung oder Einschränkung eines Personalabbaus oder anderer Nachteile für die Arbeitnehmer, z.B. bei einer geplanten Verlegung, Spaltung oder Stillegung von Unternehmen oder Betrieben (vgl. § 32 Abs. 2 Nr. 7 bis 9), mögliche Alternativen, wie etwa die Umstellung auf andere Produkte oder Dienstleistungen, auszuloten sind. Das Merkmal der Erforderlichkeit setzt aber stets voraus, daß ein **Unterstützungsbedürfnis des EBR für die zu klärende Frage** zu bejahen ist (vgl. auch § 13 Rn. 6). Außerbetriebliche Sachverständige können grundsätzlich erst dann hingezogen werden, wenn die interne Vorbereitung durch sachverständige Mitarbeiter des Unternehmens oder der Unternehmensgruppe nicht ausreicht, um dem EBR die erforderliche Sachkunde zu vermitteln (zu § 80 BetrVG 1972 vgl. BAG AP Nr. 30 und 48). Dies gilt zumindest dann, wenn die Bestellung des externen Sachverständigen Kosten verursacht, die von der zentralen Leitung zu tragen sind. 2

3. Unterstützung des Ausschusses. Der Ausschuß des EBR kann sich nach § 29 Satz 1 unter den gleichen Voraussetzungen wie das Gesamtgremium von Sachverständigen seiner Wahl unterstützen lassen, sofern er im Rahmen einer außerordentlichen Unterrichtung und Anhörung nach § 33 Abs. 2 Satz 1 anstelle des EBR zu beteiligen ist. 3

4. Gewerkschaftsbeauftragte als weitere Sachverständige. Ob im Rahmen der Erforderlichkeit nur ein Sachverständiger oder auch **mehrere Sachverständige** vom EBR oder von seinem Ausschuß hingezogen werden können, hängt von den zu erörternden Unterrichtungs- und Anhörungsgegenständen und davon ab, inwieweit einzelne Sachverständige die erforderliche Unterstützung sachkundig gewährleisten können. Soweit die Erforderlichkeit zu bejahen ist, entscheiden die Gremien nach ihrem Ermessen, ob und ggf. wieviele Sachverständige sie hinzuziehen wollen (zu § 80 BetrVG vgl. DR Rn. 69; FKHE Rn. 60a; Buschmann, in: DKK, Rn. 68 m. w. N.). Um ein eigenes Kostenrisiko zu vermeiden, müssen die Mitglieder des EBR und des Ausschusses aber stets beachten, daß die zentrale Leitung lediglich die Kosten für einen Sachverständigen zu tragen hat (vgl. § 30 Satz 2). Bei weiteren Sachverständigen wird es sich deshalb in der Regel um Gewerkschaftsbeauftragte handeln, die vom nichtvermögensfähigen EBR oder seinem Ausschuß kostenfrei hingezogen werden können. Daß dies möglich ist, wird in § 29 Satz 2 ausdrücklich klargestellt. Die zentrale Leitung hat nach § 30 Satz 2 die Kosten für einen Sachverständigen aber auch dann zu tragen, wenn sich der EBR oder der Ausschuß im Rahmen des Erforderlichen ausschließlich von – einem oder mehreren – Gewerkschaftsbeauftragten beraten läßt. 4

II. Keine originären Gewerkschaftsrechte

5 Den im EBR vertretenen Gewerkschaften sind im EBRG **keine originären Rechte zur Beratung und Unterstützung** des EBR oder seines Ausschusses oder gar zur Teilnahme an deren Sitzungen eingeräumt worden (kritisch Engelen-Kefer AiB 1996, 137 [139]; Bachner/Nielebock ArbuR 1997, 129 [131 f.]), zumal Gewerkschaften in der EBR-Richtlinie nicht erwähnt werden. Änderungsanträge der SPD-Fraktion, mit denen entsprechende Forderungen der Gewerkschaften aufgegriffen worden sind (vgl. Einl. Rn. 31), fanden im Deutschen Bundestag keine Mehrheit. Das Fehlen dieser Rechte wird in der Literatur zum Teil als verfassungs- und völkerrechtswidrig qualifiziert, weil durch Art. 9 Abs. 3 GG und wegen des ILO-Übereinkommens Nr. 135 (Text abgedruckt bei Däubler/Kittner/Lörcher Nr. 212, S. 299 f.) auch im Rahmen des EBRG entsprechende Betätigungsmöglichkeiten der Gewerkschaften enthalten sein müßten, wie sie u.a. in § 2 Abs. 2 und § 31 BetrVG vorgesehen seien (vgl. Däubler ArbuR 1996, S. 303 ff.; Kothe EuroAS 1996, 115 [117]; vgl. auch Bachner/Kunz ArbuR 1996, 81 [87]; a.A. Gaul NJW 1996, 3378 [3384]). Die durch Art. 9 Abs. 3 GG geschützte Betätigungsfreiheit der Koalition erfordert jedoch nicht den Einsatz betriebsfremder Gewerkschaftsbeauftragter (vgl. BVerfG AP Nr. 9 zu Art. 140 GG), der sich aufgrund der transnationalen Zusammensetzung des EBR auch auf Gewerkschaften anderer MS erstrecken müßte. Nach Art. 1 des ILO-Übereinkommens Nr. 135 geht es nur um Schutz und Erleichterungen für betriebsangehörige Arbeitnehmervertreter, nicht aber um betriebsfremde Gewerkschaftsbeauftragte (vgl. BAG AP Nr. 10 zu Art. 140 GG). Das Übereinkommen verlangt nicht, daß beide Arten von Arbeitnehmervertretern den Schutz und die Erleichterungen erhalten, der dort vorgesehen ist.

III. Streitigkeiten

6 Streitigkeiten darüber, ob die **Hinzuziehung eines oder mehrerer Sachverständiger** erforderlich war und ob die zentrale Leitung die **Kosten des Sachverständigen** zu tragen hat, sind im Beschlußverfahren (§ 2a Abs. 1 Nr. 3b, §§ 80 ff. ArbGG) von dem Arbeitsgericht am Sitz der zentralen Leitung zu entscheiden, an dem der EBR gebildet worden ist (§ 82 Satz 4 ArbGG). Wird die Erforderlichkeit der Heranziehung eines auch für den EBR kostenpflichtigen Sachverständigen verneint, hat der EBR dessen Kosten zu tragen. Der Sachverständige ist nicht Beteiligter in einem Beschlußverfahren, das vom EBR wegen der Freistellung von Honoraransprüchen des Sachverständigen eingeleitet wird (zu § 80 BetrVG 1972 vgl. BAG AP Nr. 11).

§ 30 Kosten und Sachaufwand

Die durch die Bildung und Tätigkeit des Europäischen Betriebsrats und des Ausschusses (§ 26 Abs. 1) entstehenden Kosten trägt die zentrale Leitung. Werden Sachverständige nach § 29 hinzugezogen, beschränkt sich die Kostentragungspflicht auf einen Sachverständigen. Die zentrale Leitung hat insbesondere für die Sitzungen und die laufende Geschäftsführung in erforderlichem Umfang Räume, sachliche Mittel und Büropersonal, für die Sitzungen außerdem Dolmetscher zur Verfügung zu stellen. Sie trägt die erforderlichen Reise- und Aufenthaltskosten der Mitglieder des Europäischen Betriebsrats und des Ausschusses. § 16 Abs. 2 gilt entsprechend.

ÜBERSICHT

I. Kosten des EBR und des Ausschusses (Sätze 1 bis 4)

1. Kostentragungspflicht der zentralen Leitung. § 30 Abs. 1 Satz 1 verpflichtet die im Inland liegende zentrale Leitung allgemein dazu, die durch die **Bildung und Tätigkeit des EBR und des Ausschusses** (§ 26 Abs. 1) entstehenden Kosten zu tragen (vgl. Anh. Nr. 7 RL). Den genannten Gremien wird es dadurch ermöglicht, ihre Aufgaben ordnungsgemäß erfüllen zu können. Die zentrale Leitung hat sowohl die sachlichen als auch die persönlichen Kosten der Tätigkeit des EBR, des Ausschusses und ihrer Mitglieder zu tragen. Die EU-Kommission schätzt die Kosten des EBR auf ca. 20,– DM pro Jahr und Mitarbeiter (vgl. Gaul NJW 1995, 228 [231], der wegen des Ausschusses höhere Kosten vermutet). § 30 ähnelt den für das BVG in § 16 vorgesehenen Regelungen der Kosten und des Sachaufwands. Auch hier ist der gegen die zentrale Leitung gerichtete Anspruch auf Kostentragung ein Anspruch aus einem gesetzlichen Schuldverhältnis (vgl. § 16 Rn. 1). Hingegen ist der Entgeltfortzahlungsanspruch eines inländischen Mitglieds des EBR oder des Ausschusses bei Arbeitsversäumnis wegen notwendiger EBR-Tätigkeit als vertraglicher Anspruch gegen den inländischen Arbeitgeber gerichtet (vgl. § 40 i. V. m. § 37 Abs. 2 BetrVG). 1

Die zentrale Leitung ist nach § 30 nicht verpflichtet, **Schulungs- und Bildungsveranstaltungen** für die Mitglieder des EBR oder des Ausschusses zu finanzieren. Dies gilt grundsätzlich auch für die aus dem Inland entsandten Mitglieder, weil nach § 40 lediglich § 37 Abs. 1 bis 5 BetrVG (vgl. § 40 Rn. 5), nicht aber die insoweit einschlägige Regelung des § 37 Abs. 6 BetrVG entsprechend anwendbar ist (kritisch deshalb Bachner/Kunz, ArbuR 1996, 81 [86]; Weiss ArbuR 1995, 438 [444]). 2

2. Umfang der Kostentragungspflicht. – a) Kosten der Gremien. Zu den sachlichen Kosten des EBR und des Ausschusses gehören nach § 30 Satz 1 zunächst die Kosten, die bei der Bildung dieser Gremien notwendigerweise entstehen, also insbesondere die Kosten die bei der Wahl oder Benennung der Mitglieder des EBR durch die jeweiligen nationalen Bestellungsgremien entstehen. Hat sich der EBR bereits konstituiert, so zählen dazu vor allem die sog. **Geschäftsführungskosten** (vgl. § 30 Satz 3), unabhängig davon, ob die laufenden Geschäfte vom Ausschuß oder vom Vorsitzenden oder einem anderen Mitglied des EBR geführt werden (vgl. § 26 Abs. 1 Satz 3 und Abs. 2). Dies sind insbesondere alle Kosten, die zu einer sachgerechten und ordnungsgemäßen Vorbereitung der Sitzungen (vgl. § 25 Rn. 4) und der Beschlüsse des EBR (vgl. § 26 Rn. 4) erforderlich sind. Zu den Geschäftsführungskosten gehören auch Aufwendungen für erforderliche Sachverständige, die der EBR oder sein Ausschuß nach § 29 zur ordnungsgemäßen Erfüllung ihrer Aufgaben hinzugezogen haben. Der Gesetzgeber hat allerdings in § 30 Satz 2 von der im 3

Anhang Nr. 7 Satz 5 RL vorgesehenen Möglichkeit Gebrauch gemacht und die **Kostentragungspflicht der zentralen Leitung auf einen Sachverständigen beschränkt** (vgl. § 29 Rn. 4; befürwortend Wienke EuroAS 1996, 120 [121]; a. A. Weiss ArbuR 1995, 438 [444] und Kothe EuroAS 1996, 115 [117], der dafür eintritt, daß in Ausnahmefällen auch ein weiterer Sachverständiger zu finanzieren ist). Ein darüber hinaus gehender Anspruch auf Erstattung der Kosten für weitere Sachverständige bedarf einer Vereinbarung mit der zentralen Leitung (Gaul NJW 1996, 3378 [3382]).

4 Zu den von der zentralen Leitung zu tragenden Kosten gehören grundsätzlich auch Kosten für die **Übersetzung von Unterlagen** in die Sprachen derjenigen MS, die im EBR vertreten sind, insbesondere wenn diese Unterlagen dem EBR oder dem Ausschuß im Rahmen der Unterrichtung nach § 32 Abs. 1 oder § 33 Abs. 1 Satz 1 zur Verfügung zu stellen sind und die zu ihrem Verständnis notwendigen Sprachkenntnisse fehlen. Zur Tätigkeit des EBR und des Ausschusses i. S. d. § 30 Satz 1 rechnen auch erforderliche Kosten, die im Zusammenhang mit dem **Bericht nach § 35 Abs. 1** entstehen, durch den die örtlichen Arbeitnehmervertreter oder die Belegschaften über die Unterrichtung und Anhörung zu informieren sind, welche die zentrale Leitung gegenüber den Gremien vorgenommen hat (z. B. Reise- und Aufenthaltskosten). Hierzu zählen auch die Kosten, die der **gerichtlichen Verfolgung oder Verteidigung von Rechten** des EBR, seines Ausschusses oder ihrer Mitglieder dienen. Der EBR kann deshalb Streitfragen nach dem EBRG auf Kosten der zentralen Leitung gerichtlich klären lassen, wenn eine gütliche Einigung nicht möglich ist (zu den Kosten einer Prozeßvertretung durch einen Rechtsanwalt vgl. § 16 Rn. 2).

5 Die zentrale Leitung hat nach § 30 Satz 3 insbesondere für die Sitzungen in erforderlichem Umfang **Räume, sachliche Mittel, Büropersonal und Dolmetscher** zur Verfügung zu stellen. Dies gilt für vorbereitende Sitzungen des EBR oder seines Ausschusses nach § 27 ebenso wie für Unterrichtungs- und Anhörungssitzungen mit der zentralen Leitung nach § 32 Abs. 1 oder § 33 Abs. 2 Satz 1 i. V. m. Abs. 1. Die skizzierte personelle und sachliche Unterstützung ist auch dann zu gewährleisten, wenn im Rahmen der Geschäftsführung eine Zusammenkunft des EBR-Ausschusses notwendig ist. Zu den **sächlichen Mitteln**, welche die zentrale Leitung bereitzustellen hat, gehören zumindest die üblichen Büromaterialien, wie z. B. Schreibmaterial, Diktiergerät, Personal-Computer, Aktenordner, verschließbare Aktenschränke, Briefpapier und Briefmarken. Wegen der transnationalen Zusammensetzung des EBR ist eine Kommunikation seiner Mitglieder durch Telefone und Telefaxgeräte zu ermöglichen. Allen Mitgliedern des EBR ist ein Gesetzestext des EBRG – möglichst in deren Sprachen – zur Verfügung zu stellen. Ggf. können auch fremdsprachliche Wörterbücher zu den erforderlichen Sachmitteln gehören (vgl. § 16 Rn. 3). Da das EBRG die Grundlage für die gesamte Tätigkeit des EBR und des Ausschusses bildet, sind den Gremien eine angemessene Anzahl aktueller Kommentare zum EBRG zur Verfügung zu stellen. Der EBR und der Ausschuß haben ferner Anspruch auf die Bereitstellung von Sachmitteln, die ihnen im Rahmen ihrer Aufgaben eine ordnungsgemäße **Unterrichtung der örtlichen Arbeitnehmervertreter oder der Belegschaften** gestatten. Dies gilt vor allem für den Bericht über die Unterrichtungs- und Anhörungssitzung mit der zentralen Leitung (§ 35 Abs. 1), sofern dieser in schriftlicher Form erstattet werden soll (vgl. 35 Abs. 2 Satz 3).

b) **Aufwendungen der Mitglieder.** Zu den Kosten, die durch die Tätigkeit des EBR und des Ausschusses entstehen, gehören auch Aufwendungen einzelner Mitglieder, die diese im Rahmen und in Erfüllung ihrer Aufgaben machen. Nach § 30 Satz 4 hat deshalb die zentrale Leitung die Reise- und Aufenthaltskosten der Mitglieder der Gremien zu tragen, die ihnen durch die Teilnahme an Sitzungen oder im Rahmen der laufenden Geschäftsführung entstehen. Hierzu rechnen insbesondere **Fahrtkosten sowie die Kosten für Verpflegung und Unterkunft**, unabhängig davon, aus welchem MS das einzelne Mitglied entsandt worden ist (zu den Kosten des Vertreters der leitenden Angestellten vgl. § 23 Rn. 5). Die Kostentragungspflicht der zentralen Leitung besteht auch hier nur für **notwendige Kosten** (vgl. § 16 Rn. 4). Eine Zusammenkunft des jeweiligen Gremiums außerhalb der im EBRG vorgesehenen Sitzungen ist nur dann zu finanzieren, wenn eine kostengünstigere Kommunikation nicht möglich ist, um die ihm obliegende Aufgabe ordnungsgemäß erfüllen zu können. Durch die Tätigkeit des EBR oder des Ausschusses bedingt sind auch die Kosten, die einem Mitglied durch die **Führung von Rechtsstreitigkeiten** in Angelegenheiten der Gremien entstehen, und zwar auch dann, wenn die gesetzliche Rechtsstellung des einzelnen Mitglieds Streitgegenstand ist oder durch das Verfahren berührt wird (vgl. § 16 Rn. 4). Das ist z. B. der Fall bei Rechtsstreitigkeiten über die Anfechtung der Bestellung eines EBR-Mitglieds (vgl. § 23 Rn. 6), über die Rechtmäßigkeit von Beschlüssen (vgl. § 28 Rn. 4) und internen Wahlen des EBR. 6

II. Gesamtschuldnerische Haftung des inländischen Arbeitgebers (Satz 5)

Für Kostenerstattungsansprüche der aus dem Inland entsandten Mitglieder des EBR (vgl. Rn. 6) begründet § 30 Satz 5 eine gesamtschuldnerische Haftung ihres Arbeitgebers, der neben der zentralen Leitung zur Erfüllung dieser Ansprüche verpflichtet wird (vgl. § 421 BGB). Inländische Mitglieder des EBR können deshalb ihre Kosten im Streitfall vor deutschen Arbeitsgerichten geltend machen und dadurch eine ortsnahe und zügige gerichtliche Klärung erreichen (befürwortend Kothe EuroAS 1996, 115 [117]). Der inländische Arbeitgeber haftet nach § 2 Abs. 4 auch dann als Gesamtschuldner, wenn die zentrale Leitung in einem anderen MS liegt (zur Ausgleichspflicht der Gesamtschuldner vgl. § 16 Rn. 5). 7

III. Streitigkeiten

Streitigkeiten im Zusammenhang mit der **Kostentragungspflicht der zentralen Leitung** sind im arbeitsgerichtlichen Beschlußverfahren zu klären (§§ 2a Abs. 1 Nr. 3b, 80 ff. ArbGG). Örtlich zuständig ist das Arbeitsgericht, in dessen Bezirk die zentrale Leitung ihren Sitz hat (§ 82 Satz 4 ArbGG). Dies gilt sowohl für Streitigkeiten über die dem EBR oder seinem Ausschuß zu gewährenden finanziellen und sächlichen Mittel als auch für Ansprüche einzelner Mitglieder auf Kostentragung. Wird der Anspruch von einem inländischen Mitglied des EBR gegen seinen **gesamtschuldnerisch haftenden Arbeitgeber** geltend gemacht, so dürfte das Arbeitsgericht örtlich zuständig sein, in dessen Bezirk das Unternehmen des Arbeitgebers liegt. Insoweit sollte § 82 Satz 2 ArbGG entsprechend angewendet werden. 8

Dritter Abschnitt. **Zuständigkeit und Mitwirkungsrechte**

§ 31 Grenzübergreifende Angelegenheiten

(1) Der Europäische Betriebsrat ist zuständig in Angelegenheiten der §§ 32 und 33, die mindestens zwei Betriebe oder zwei Unternehmen in verschiedenen Mitgliedstaaten betreffen.

(2) Bei Unternehmen und Unternehmensgruppen nach § 2 Abs. 2 ist der Europäische Betriebsrat nur in solchen Angelegenheiten zuständig, die sich auf das Hoheitsgebiet der Mitgliedstaaten erstrecken und mindestens zwei Betriebe oder zwei Unternehmen in verschiedenen Mitgliedstaaten betreffen.

ÜBERSICHT

I. Zuständigkeit des EBR kraft Gesetzes (Abs. 1)

1 **1. Angelegenheiten mit grenzübergreifendem Bezug.** Die Zuständigkeiten des EBR kraft Gesetzes beschränken sich gemäß Anhang Nr. 1a Satz 1 RL auf die Unterrichtung und Anhörung in Angelegenheiten, die das gemeinschaftsweit tätige Unternehmen oder die gemeinschaftsweit tätige Unternehmensgruppe insgesamt oder mindestens zwei Betriebe oder zwei zur Unternehmensgruppe gehörende Unternehmen in verschiedenen MS betreffen. Der EBR ist nach § 31 Abs. 1 insbesondere zuständig für die in §§ 32 und 33 näher bezeichneten wirtschaftlichen Angelegenheiten. Der EBR ist deshalb zunächst über solche **Angelegenheiten** zu unterrichten und anzuhören, **die das gemeinschaftsweit tätige Unternehmen oder die Unternehmensgruppe insgesamt betreffen**, wie z. B. die wirtschaftliche und finanzielle Lage (vgl. § 32 Abs. 2 Nr. 1) oder umfassende Investitionsprogramme (vgl. § 32 Abs. 2 Nr. 4). Eine die Zuständigkeit des EBR begründende grenzübergreifende Angelegenheit liegt auch dann vor, wenn die zentrale Leitung z. B. die Verlegung eines Unternehmens oder Betriebs von dem einen in einen anderen MS oder eine andere **Maßnahme** plant, **die unmittelbar zwei MS betreffen** (vgl. § 32 Abs. 2 Nr. 7, § 33 Abs. 1 Satz 2 Nr. 1). Die geplante Maßnahme muß sich aber nicht zeitgleich in zwei MS auswirken, also z. B. sowohl die Einschränkung oder Stillegung eines Betriebs in Belgien als auch eines Betriebs in Frankreich vorsehen (vgl. Bachner/Kunz ArbuR 1996, 81 [86]). Ein grenzübergreifender Bezug kann vielmehr schon dann gegeben sein, wenn die in Deutschland ansässige zentrale Leitung eines gemeinschaftsweit tätigen Unternehmens plant, einen zum Unternehmen in Belgien gehörenden Betrieb zu schließen. In diesem Falle ist in der Regel davon auszugehen, daß der Grund für die geplante Maßnahme auf die Situation des gesamten Unternehmens oder der gesamten Unternehmensgruppe zurückzuführen ist, zumindest aber ein vergleichbarer Betrieb oder ein vergleichbares Unternehmen in einem anderen MS in den Entscheidungsprozeß einbezogen worden ist oder einbezogen

werden könnte. Gerade in den Fällen, in denen die betroffenen Arbeitnehmer in MS beschäftigt sind, in denen sich nicht der Sitz der zentralen Leitung befindet, ist durch eine rechtzeitige Unterrichtung und Anhörung des EBR zu gewährleisten, daß ihre Interessen noch berücksichtigt werden können, bevor die unternehmerische Entscheidung getroffen wird (Engels/Müller DB 1996, 981 [986f.]). Nur wenn trotz der europaweiten Struktur des Unternehmens oder der Unternehmensgruppe für die geplante Maßnahme von vornherein **keine – transnationale – Alternative** in Betracht kommt, ist eine grenzübergreifende Angelegenheit und die Zuständigkeit des EBR zu verneinen. Will etwa ein deutsches Chemieunternehmen das einzige zu ihm gehörende Weingut in Frankreich schließen, so ist ein grenzübergreifender Bezug auch dann zu verneinen, wenn die Entscheidung von der zentralen Leitung getroffen wird.

Betrifft die von der zentralen Leitung geplante Maßnahme, z. B. die Spaltung oder Stillegung eines Unternehmens oder Betriebs, **ausschließlich Niederlassungen in Deutschland**, so ist der **EBR** für diese Angelegenheiten **nicht zuständig**. In diesen Fällen sind die nationalen Arbeitnehmervertretungsorgane (Betriebsrat, Gesamtbetriebsrat, Konzernbetriebsrat) nach Maßgabe betriebsverfassungsrechtlicher Vorschriften zu beteiligen. Der EBR kann aber dann zuständig werden, wenn im Rahmen der Unterrichtung und Beratung einer geplanten Betriebsänderung oder bei den Verhandlungen über einen Interessenausgleich (§§ 111 ff. BetrVG) eine transnationale Alternative erwogen wird, beispielsweise einen im Inland liegenden Betrieb nicht stillzulegen, sondern dort lediglich Kapazitäten abzubauen, dafür aber Einschränkungen eines anderen Betriebs vorzunehmen, der in einem anderen MS liegt. In diesem Fall sollten die Parteien das Interessenausgleichsverfahren – fristwahrend (vgl. § 113 Abs. 3 Sätze 2 und 3 BetrVG) – aussetzen, bis der EBR unterrichtet und angehört worden ist. 2

2. Auswirkungen auf betriebsverfassungsrechtliche Beteiligungsrechte. Im Rahmen seiner grenzübergreifenden Zuständigkeiten ist der EBR kraft Gesetzes von der zentralen Leitung oder einer anderen geeigneten Leitungsebene (vgl. § 1 Abs. 3) zu unterrichten und anzuhören. Über diese Mitwirkungsrechte hinausgehende Mitbestimmungsrechte oder ein suspensives Veto, nach dem der EBR verlangen könnte, daß bis zum Abschluß der Anhörung die in Frage stehende Maßnahme unterbleibt, sind nicht vorgesehen (vgl. Rademacher, S. 131; Däubler, in: DKK, EBR-Richtlinie Rn. 84 m. w. N.; vgl. auch § 1 Rn. 7). Für den EBR kraft Gesetzes ist im Anhang Nr. 3 Satz 5 RL vielmehr ausdrücklich bestimmt, daß seine Unterrichtung und Anhörung das **Letztentscheidungsrecht der zentralen Leitung unberührt** läßt. Nach Artikel 12 Abs. 2 RL dürfen die den Arbeitnehmern nach einzelstaatlichem Recht zustehenden Rechte auf Unterrichtung und Anhörung – und erst recht auf Mitbestimmung – aber nicht tangiert werden. Die Richtlinie und das EBRG sehen deshalb keine Rechtsgrundlage für den Abschluß transnationaler Betriebsvereinbarungen vor, deren normative Wirkung für alle Arbeitnehmer des Unternehmens oder der Unternehmensgruppe eine Präklusion nationaler Beteiligungsrechte zur Folge haben könnte. Auch im übrigen ist zu berücksichtigen, daß ein Einvernehmen zwischen EBR und zentraler Leitung über eine geplante Maßnahme, z. B. Ort und Umfang einer Produktionseinschränkung oder eines Personalabbaus, **keine Verkürzung der betriebsverfassungs-** 3

rechtlichen Beteiligungsrechte nach sich zieht. Insofern kann auch ein schuldrechtlicher Bindungswille der Parteien, etwa in Form einer Regelungsabrede, nicht angenommen werden. Ein derartiger »Interessenausgleich« ist als Naturalobligation zu werten, welche die zentrale Leitung rechtlich nicht bindet. Nur so ist gewährleistet, daß der EBR nicht in Konkurrenz zu nationalen Arbeitnehmervertretungsorganen tritt, sondern eine ergänzende Funktion erhält (vgl. Klinkhammer/Welslau AG 1994, 488 [493]; Gaul NJW 1995, 228 [229]; Hohenstatt EuZW 1994, 427 [428]; Rademacher, S. 126f.; a.A. Heinze AG 1995, 385 [397], der eine Schwächung der nationalen Arbeitnehmervertretungen annimmt). Die Befugnisse des EBR kraft Gesetzes sind mit denen des Wirtschaftsausschusses (§§ 106ff. BetrVG) vergleichbar, dessen Zuständigkeit unabhängig davon besteht, ob und inwieweit eine Angelegenheit auch Mitwirkungs- und Mitbestimmungsrechte des Betriebsrats, des Gesamtbetriebsrats oder des Konzernbetriebsrats begründet (vgl. Rademacher, S. 126). Seine Zuständigkeit führt nicht zur Verdrängung der Beteiligungsrechte der nationalen Gremien.

II. Zuständigkeit bei zentraler Leitung im Drittstaat (Abs. 2)

4 § 31 Abs. 2 bezieht sich auf die Fälle, in denen die zentrale Leitung nicht in einem MS liegt (z.B. im Vereinigten Königreich oder der Schweiz) und das EBRG nur deshalb anwendbar ist, weil sich die nachgeordnete Leitung (Europazentrale) oder der Vertreter der zentralen Leitung im Inland befindet (vgl. § 2 Abs. 2). Die Regelung stellt nach den Vorgaben des Anhangs Nr. 1a Satz 2 RL klar, daß der auf der Ebene der nachgeordneten Leitung oder des Vertreters errichtete EBR kraft Gesetzes nur für solche **Angelegenheiten** zuständig ist, **die sich auf das Hoheitsgebiet der MS erstrecken** und mindestens zwei Betriebe oder Unternehmen in verschiedenen MS betreffen. Der erforderliche grenzübergreifende Bezug einer wirtschaftlichen Angelegenheit i.S.d. §§ 32, 33 muß also innerhalb der MS (vgl. § 2 Abs. 3) feststellbar sein (vgl. Däubler, in: DKK, EBR-Richtlinie Rn. 83). Dabei können transnationale Alternativen für eine geplante Maßnahme im Territorium der externen zentralen Leitung ebensowenig berücksichtigt werden, wie die Situation vergleichbarer Betriebe oder Unternehmen in anderen Drittstaaten (vgl. Rn. 1).

III. Streitigkeiten

5 Streitigkeiten **über die Zuständigkeit des EBR kraft Gesetzes** entscheiden die Arbeitsgerichte im Beschlußverfahren (§ 2a Abs. 1 Nr. 3b, §§ 80ff. ArbGG). Örtlich zuständig ist das Arbeitsgericht, in dessen Bezirk die zentrale Leitung ihren Sitz hat (§ 82 Satz 4 ArbGG).

§ 32 Jährliche Unterrichtung und Anhörung

(1) Die zentrale Leitung hat den Europäischen Betriebsrat einmal im Kalenderjahr über die Entwicklung der Geschäftslage und die Perspektiven des gemeinschaftsweit tätigen Unternehmens oder der gemeinschaftsweit tätigen Unternehmensgruppe unter rechtzeitiger Vorlage der erforderlichen Unterlagen zu unterrichten und ihn anzuhören.

(2) Zu der Entwicklung der Geschäftslage und den Perspektiven im Sinne des Absatzes 1 gehören insbesondere

1. **Struktur des Unternehmens oder der Unternehmensgruppe sowie die wirtschaftliche und finanzielle Lage,**
2. **die voraussichtliche Entwicklung der Geschäfts-, Produktions- und Absatzlage,**
3. **die Beschäftigungslage und ihre voraussichtliche Entwicklung,**
4. **Investitionen (Investitionsprogramme),**
5. **grundlegende Änderungen der Organisation,**
6. **die Einführung neuer Arbeits- und Fertigungsverfahren,**
7. **die Verlegung von Unternehmen, Betrieben oder wesentlichen Betriebsteilen sowie Verlagerungen der Produktion,**
8. **Zusammenschlüsse oder Spaltungen von Unternehmen oder Betrieben,**
9. **die Einschränkung oder Stillegung von Unternehmen, Betrieben oder wesentlichen Betriebsteilen,**
10. **Massenentlassungen.**

ÜBERSICHT

I. Turnusmäßige Unterrichtung und Anhörung (Abs. 1)

1. Eine Sitzung pro Kalenderjahr. In den §§ 32, 33 sind die materiellen Beteiligungsrechte des EBR kraft Gesetzes verbindlich geregelt, sofern eine grenzübergreifende Angelegenheit vorliegt, die seine Zuständigkeit nach § 31 begründet. Die zentrale Leitung hat den EBR nach § 32 Abs. 1 einmal im Kalenderjahr über die **Entwicklung der Geschäftslage und die Perspektiven des gemeinschaftsweit tätigen Unternehmens oder der Unternehmensgruppe** unter rechtzeitiger Vorlage der erforderlichen Unterlagen zu unterrichten und ihn anzuhören. Der EBR ist nicht berechtigt, weitere turnusmäßige Sitzungen mit der zentralen Leitung zu verlangen, zumal die ursprünglich im Anhang Nr. 2 Satz 1 RL vorgesehene Formulierung »mindestens einmal jährlich« in »einmal jährlich« geändert worden ist (dies übersehen Lörcher ArbuR 1996, 297 [300] und Däubler, in: DKK, EBR-Richtlinie Rn. 85). Die subsidiären Vorschriften des Anhangs der Richtlinie sind auch insoweit im Verhältnis eins zu eins umgesetzt worden (vgl. Willemsen/Hohenstatt NZA 1995, 399). **Zeitpunkt und Ort der jährlichen Sitzung** sind unter Beachtung des Grundsatzes der vertrauensvollen Zusammenarbeit (vgl. § 38 Satz 1) zwischen dem EBR und der zentralen Leitung festzulegen. Es bietet sich an, dafür einen Termin nach Feststellung des Jahresabschlusses im ersten oder zweiten Quartal eines Kalenderjahres vorzusehen. Durch die Sitzung wird das Recht des EBR gewährleistet, in einen »Meinungsaustausch und Dialog« mit der zentralen Leitung über die in § 32 Abs. 2 genannten wirtschaftlichen Angelegenheiten einzutreten und nicht nur eine Stellungnahme abgeben zu können (zur Legaldefinition des Anhörungsbegriffs vgl. § 1 Rn. 14 f.). Die Dauer der Sitzung bestimmt sich nach Anzahl und Komplexität der zu erörternden Angelegenheiten (vgl. Däubler, in: DKK, EBR-Richtlinie Rn. 87). 1

2 **2. Rechtzeitige Vorlage der erforderlichen Unterlagen.** Der EBR muß in der Lage sein, die Sitzung mit der zentralen Leitung sowie die damit in einem zeitlichen und räumlichen Zusammenhang stehende interne Sitzung angemessen vorbereiten zu können (vgl. § 27 Rn. 1). Die zentrale Leitung hat den EBR deshalb unter rechtzeitiger Vorlage der erforderlichen Unterlagen über die nach § 32 Abs. 2 relevanten Unterrichtungs- und Anhörungsgegenstände zu informieren (vgl. den Ausschußbericht v. 25. 9. 1996, BT-Drucks. 13/5608, S. 33). »Rechtzeitig« meint also eine **angemessene Zeit vor der gemeinsamen Sitzung mit der zentralen Leitung,** die dem EBR eine Meinungsbildung sowie unter den Voraussetzungen des § 29 auch die Hinzuziehung eines Sachverständigen ermöglicht. Dem Sachverständigen muß eine angemessene Vorbereitungszeit zur Verfügung stehen, um den EBR – spätestens auf dessen vorbereitender Sitzung – fachkundig beraten zu können (vgl. § 29 Rn. 1; vgl. auch Däubler, in: DKK, EBR-Richtlinie Rn. 88). **Verspätet** und daher nicht mehr rechtzeitig **ist die Unterrichtung** immer dann, wenn über die in § 32 Abs. 2 Nr. 5 bis 10 genannten Planungssachverhalte bereits eine Entscheidung durch die zentrale Leitung oder eine andere zur Entscheidung befugten Managementebene getroffen worden ist (zu § 106 BetrVG vgl. Däubler, in: DKK, Rn. 41 m. w. N.). Duldet eine Entscheidung keinen Aufschub bis zur nächsten turnusmäßigen Jahressitzung, so ist der EBR oder der Ausschuß im Rahmen einer außerordentliche Unterrichtung und Anhörung nach § 33 rechtzeitig zu beteiligen (vgl. § 33 Rn. 1).

3 Abweichend von der Regelung des Anhangs Nr. 2 Satz 1 RL ist der EBR nicht auf der Grundlage eines von der zentralen Leitung vorgelegten – also schriftlich abzufassenden – Berichts, sondern nach § 32 Abs. 1 unter rechtzeitiger Vorlage der erforderlichen Unterlagen zu unterrichten und anzuhören, wie dies für den Wirtschaftsausschuß in § 106 Abs. 2 BetrVG in ähnlicher Weise normiert ist. Während ein »Bericht« eine sachlich geordnete Zusammenfassung von Informationen ist, die eine spezifische Struktur hat, ist die Unterrichtung »unter Vorlage von Unterlagen« auf die jeweiligen konkreten Informationen als Hilfsmittel für die Berichterstattung bezogen (Kothe EuroAS 1996, 115 [119] m.w.N). In Anbetracht dieser begrifflichen Unterschiede stellt sich die Frage, ob die gesetzliche Regelung eine **schriftliche Unterrichtung des EBR** erforderlich macht. In der Literatur wird zum Teil angenommen, daß sich bereits aus der Begriffswahl der »Unterrichtung unter Vorlage von Unterlagen« ergebe, daß nur eine schriftliche Unterrichtung in Betracht komme (Däubler, in: DKK, BetrVG § 106 Rn. 49). Dieser Auffassung ist im Rahmen der §§ 32, 33 aus zwei Gründen zu folgen: Zum einen kann sich der EBR nur dann angemessen auf die Sitzung mit der zentralen Leitung vorbereiten, wenn ihm nicht nur – ggf. sehr umfassendes – Informationsmaterial vorgelegt wird, sondern er auch in Kenntnis darüber gesetzt wird, welche Maßnahmen die zentrale Leitung aufgrund der jeweiligen Unterlagen plant. Dies gilt insbesondere für die in § 32 Abs. 2 Nr. 5 bis 10 genannten Planungssachverhalte, die im wesentlichen den Betriebsänderungen nach § 111 Satz 2 BetrVG entsprechen. Gerade insoweit liegt aber eine schriftliche Unterrichtung des EBR **auch im Interesse der zentralen Leitung.** Je konkreter die zentrale Leitung dem EBR ihre Planungen darstellt, desto geringer wird der »erforderliche« Umfang der dazu vorzulegenden Unterlagen zu bewerten sein. Unter Kostengesichtspunkten ist dies von nicht unerheblicher Bedeutung. Grundsätzlich sind nämlich die Unterlagen in die

Sprachen der im EBR vertretenen MS – zumindest aber in die Sprachen der mit der Vorbereitung der Sitzungen betrauten geschäftsführenden Mitglieder (vgl. § 26 Rn. 4 f.) – zu übersetzen, sofern in dem jeweiligen Unternehmen oder der Unternehmensgruppe keine Arbeitssprachen üblich sind (vgl. die Gegenäußerung der Bundesregierung zur Stellungnahme des Bundesrates v. 21. 6. 1996, BT-Drucks. 13/5021 [zur Drucks. 13/4520], S. 8 zu Nr. 13b; vgl. auch Wienke EuroAS 1996, 120 [124]). Nur im letztgenannten Fall kann sich die Übersetzung auf die üblichen Arbeitssprachen beschränken. Die zentrale Leitung hat deshalb den EBR schriftlich über die anstehenden Tagesordnungspunkte – in sprachlich verständlicher Form – zu unterrichten. Die dazu (noch) erforderlichen Unterlagen sind dem EBR zumindest solange zu überlassen, bis die Sitzung mit der zentralen Leitung stattgefunden hat.

II. Wirtschaftliche Angelegenheiten

1. Katalog der Unterrichtungs- und Anhörungsgegenstände (Abs. 2). In § 32 Abs. 2 werden die wichtigsten Angelegenheiten konkretisiert, die zu der »Entwicklung der Geschäftslage und den Perspektiven« des gemeinschaftsweit tätigen Unternehmens oder der gemeinschaftsweit tätigen Unternehmensgruppe gehören, über die der EBR zu unterrichten und anzuhören ist. Die in enger Anlehnung an Anhang Nr. 2 RL bezeichneten Unterrichtungs- und Anhörungsgegenstände entsprechen im wesentlichen den wirtschaftlichen Angelegenheiten i. S. d. § 106 Abs. 3 BetrVG, die der Unternehmer mit dem Wirtschaftsausschuß zu erörtern hat. Die in den Nr. 5 bis 10 bezeichneten **Planungssachverhalte** sind jedoch meist enger gefaßt und entsprechen insoweit eher den sich aus § 111 Satz 2 BetrVG ergebenden Betriebsänderungen (vgl. Engels/Müller DB 1996, 981 [987]). Der EBR ist insbesondere über folgende grenzübergreifende Angelegenheiten zu unterrichten und anzuhören: **4**

Nr. 1: Struktur des Unternehmens oder der Unternehmensgruppe sowie die wirtschaftliche und finanzielle Lage (vgl. auch § 106 Abs. 3 Nr. 1 BetrVG). Die Generalklausel umfaßt nicht nur die Jahresbilanz und die Gewinn- und Verlustrechnung, sondern alle wirtschaftlichen und finanziellen Gegebenheiten, die für die unternehmerische Planung von Bedeutung sind, also u. a. auch die Liquiditätslage, Steuerverpflichtungen, Versorgung mit Rohstoffen und Energie sowie deren Kosten bis hin zu Fragen der Konjunktur und der wirtschaftlichen Entwicklung der Branche. Änderungen in der Struktur des Unternehmens oder der Unternehmensgruppe werden in der Regel auch von den Tatbeständen der Nr. 7 bis 9 erfaßt. **5**

Nr. 2.: Die voraussichtliche Entwicklung der Geschäfts-, Produktions- und Absatzlage (vgl. auch § 106 Abs. 3 Nr. 2 BetrVG). Hierzu zählen die Entwicklung der Auftragslage, die gegenwärtige und künftige Auslastung der Produktionskapazitäten sowie die für den Absatz der Erzeugnisse oder Dienstleistungen maßgebenden Gegebenheiten und Entwicklungen, insbesondere die Marktlage innerhalb und außerhalb der EU. **6**

Nr. 3.: Die Beschäftigungslage und ihre voraussichtliche Entwicklung (vgl. auch § 106 Abs. 2 und 3 Nr. 4 BetrVG) einschließlich der Personalplanung, **7**

soweit sie grenzübergreifend erfolgt, wie z. B. bei einer globalen Planung des Personalbedarfs (Zielplanung) durch die zentrale Leitung. Bei Rationalisierungsmaßnahmen, die einen erheblichen Personalabbau zur Folge haben, kann auch der Tatbestand der Nr. 10 gegeben sein.

8 **Nr. 4: Investitionen – Investitionsprogramme** (vgl. auch § 106 Abs. 3 Nr. 3 BetrVG) enthalten Planungen über die langfristige oder auch mittelfristige Anlage von Kapital zum Zwecke der Entwicklung und Beschaffung von Betriebsstätten und Betriebsmitteln im Rahmen der zur Verfügung stehenden Finanzmittel sowie unter Berücksichtigung der Absatz- und Personalplanung.

9 **Nr. 5: Grundlegende Änderungen der Organisation** (vgl. auch § 111 Satz 2 Nr. 4, § 106 Abs. 3 Nr. 9 BetrVG) liegen vor bei einer vollständigen Änderung des Aufbaus des Unternehmens oder der Unternehmensgruppe bzw. der Gliederung der Betriebe oder Unternehmen, bei einer Änderung der Entscheidungsbefugnisse (z. B. Zentralisierung oder Dezentralisierung), wenn zur Organisation nach Sparten bzw. Geschäftsbereichen übergegangen wird oder bei grundlegenden Änderungen der Infrastruktur (z. B. Einführung von Großraumbüros oder EDV-Anlagen, der Übergang zur Gruppenarbeit).

10 **Nr. 6: Die Einführung neuer Arbeits- und Fertigungsverfahren** (vgl. auch § 106 Abs. 3 Nr. 5, § 111 Satz 2 Nr. 5 BetrVG) steht in Zusammenhang mit dem Tatbestand der Nr. 5 und bezieht sich auf eine zweckmäßigere Gestaltung der Arbeitsvorgänge und den Einsatz neuer Technologien (z. B. den Übergang zu moderner Informations- und Datenverarbeitungstechnik), aber auch auf die Einführung von Teilzeitarbeitsplätzen. Abweichend von § 111 Satz 2 Nr. 5 BetrVG ist hier zwar nicht ausdrücklich bestimmt, daß nur grundlegende Neuerungen innerhalb des Unternehmens oder der Unternehmensgruppe die Beteiligungsrechte des EBR auslösen. Eine grenzübergreifende Angelegenheit wird indessen nur vorliegen, wenn Arbeits- und Fertigungsverfahren eingeführt werden sollen, die über die üblichen laufenden Verbesserungen hinausgehen und eine erhebliche Anzahl der Arbeitnehmer betreffen. Nur dann ist eine grenzübergreifende Planung durch die zentrale Leitung oder eine unmittelbar nachgeordnete Leitungsebene zu erwarten.

11 **Nr. 7: Die Verlegung von Unternehmen, Betrieben oder wesentlichen Betriebsteilen sowie Verlagerungen der Produktion** (vgl. auch § 111 Satz 2 Nr. 2, § 106 Abs. 3 Nr. 7 BetrVG). Der Begriff der Verlegung bezieht sich auf jede wesentliche Veränderung der örtlichen Lage eines Unternehmens (vgl. § 3 Rn. 1), eines Betriebs (vgl. § 10 Rn. 2) oder von wesentlichen Betriebsteilen unter Weiterbeschäftigung des größeren Teils der Belegschaft. Der Begriff des wesentlichen Betriebsteils ist hier qualitativ zu verstehen, so daß es auf dessen »wesentliche Bedeutung« innerhalb der betrieblichen Gesamtorganisation ankommt (zu § 111 BetrVG 1972 vgl. BAG AP Nr. 2 und 26). Werden wesentliche Teile der Belegschaft am neuen Arbeitsort nicht weiterbeschäftigt, sind die Tatbestände der Nr. 9 und 10 zu beachten. Der für die Unterrichtung und Anhörung des EBR erforderliche grenzübergreifende Bezug ist dann gegeben, wenn die zentrale Leitung die Verlegung einer in einem anderen MS liegenden Einrichtung plant oder eine inländische Niederlassung

ins Ausland verlegt werden soll. »Verlagerungen der Produktion« können dann eine eigenständige Bedeutung erlangen, wenn die zentrale Leitung im Inland befindliche Produktionseinrichtungen ohne die dort beschäftigten Arbeitnehmer in einen anderen MS verlagern will.

Nr. 8: Zusammenschlüsse oder Spaltungen von Unternehmen oder Betrieben (vgl. auch § 106 Abs. 3 Nr. 8 und § 111 Satz 2 Nr. 3 BetrVG). Der Tatbestand umfaßt Unternehmensfusionen und die Verschmelzung eines Betriebs mit einem anderen sowie die Aufspaltung dieser bisher bestehenden organisatorischen Einheiten. Der EBR ist insbesondere bei grenzübergreifenden Zusammenschlüssen, aber auch dann zu beteiligen, wenn die zentrale Leitung die Aufspaltung eines in einem anderen MS liegenden Unternehmens oder Betriebs plant. 12

Nr. 9: Die Einschränkung oder Stillegung von Unternehmen, Betrieben oder wesentlichen Betriebsteilen (vgl. auch § 111 Satz 2 Nr. 1, § 106 Abs. 3 Nr. 6 BetrVG). Die »Einschränkung« der genannten Einheiten bezieht sich auf eine nicht unerhebliche Herabsetzung ihrer Leistungsfähigkeit, insbesondere durch eine Verringerung der sächlichen Betriebsmittel, wie z. B. die Außerbetriebsetzung von Maschinen. »Stillegung« bezeichnet die nicht nur vorübergehende Aufgabe des Unternehmens- oder Betriebszwecks unter gleichzeitiger Auflösung der Unternehmens- oder Betriebsorganisation oder wesentlicher Betriebsteile (vgl. Rn. 11). Eine grenzübergreifende Angelegenheit liegt dann vor, wenn die zentrale Leitung eine Niederlassung in einem anderen MS einschränken oder stillegen will. 13

Nr. 10: Massenentlassungen (vgl. auch § 111 Satz 2 Nr. 1 BetrVG). Mit diesem Tatbestand wird die Einschränkung oder Stillegung von Unternehmen, Betrieben oder wesentlichen Teilen dieser Einheiten erfaßt, die nicht durch eine Verringerung sächlicher Betriebsmittel (Nr. 9), sondern durch einen reinen Personalabbau gekennzeichnet ist. Weder die Richtlinie noch das EBRG enthalten Regelungen darüber, in welchem Umfang Personal abgebaut werden muß, um von einer »Massenentlassung« ausgehen zu können. Die Erklärung von Rat und Kommission geht von einer erheblichen Zahl von Arbeitnehmern in Relation zu dem Unternehmen oder der Unternehmensgruppe insgesamt, aber auch gemessen an einem zu ihnen gehörenden Betrieb oder Unternehmen aus (vgl. Anh. I Nr. 4 der »Erklärungen für das Ratsprotokoll«). Mangels anderer Anhaltspunkte sind auch hier die Zahlen und Prozentangaben des § 17 Abs. 1 KSchG über die Anzeigepflicht bei Massenentlassungen als Richtschnur heranzuziehen, jedoch mit der Maßgabe, daß mindestens 5 % der Belegschaft eines Betriebs betroffen sein muß (zu § 111 BetrVG vgl. zuletzt BAG v. 7. 8. 1990, NZA 1991, 113 [114]). In Unternehmensgruppen könnte diese Mindestprozentzahl der zu entlassenden Arbeitnehmer auf das jeweils zu ihr gehörende Unternehmen zu beziehen sein, in dem der Personalabbau stattfinden soll. Ein grenzübergreifender Bezug ist jedenfalls bereits dann gegeben, wenn die zentrale Leitung eine »Massenentlassung« in einem anderen MS vornehmen will. 14

2. Sonstige Unterrichtungs- und Anhörungsgegenstände. Im Rahmen des § 32 ist die Unterrichtung und Anhörung des EBR nicht davon abhängig, daß die jeweilige wirtschaftliche Angelegenheit tatsächlich erhebliche Auswirkun- 15 gen auf die Interessen der Arbeitnehmer hat. Insoweit fingiert der Gesetzgeber, daß die Interessen der Arbeitnehmer hinreichend berührt werden (vgl. den 19. Erwägungsgrund der RL, Anh. I). Wie sich schon aus der im Einleitungssatz verwendeten Formulierung »insbesondere« ergibt, ist der Katalog der in § 32 Abs. 2 aufgeführten Unterrichtungs- und Anhörungsgegenstände nicht abschließend. Der EBR ist deshalb auch über solche Angelegenheiten zu unterrichten und anzuhören, **die in engem Zusammenhang mit den vorgenannten Beteiligungsgegenständen stehen**, wie z. B. über grundlegende Änderungen des arbeitstechnischen Zwecks oder der Betriebsanlagen (vgl. Rn. 9 f. zu Nr. 5 und 6). Auch insoweit können die einschlägigen Kommentierungen zu § 106 Abs. 3 und § 111 Satz 2 BetrVG herangezogen werden. Die zentrale Leitung kann eine Unterrichtung des EBR nur verweigern, wenn dadurch Betriebs- oder Geschäftsgeheimnisse des Unternehmens oder der Unternehmensgruppe gefährdet werden (vgl. § 39 Abs. 1).

III. Streitigkeiten

16 Wird der EBR über die Entwicklung der Geschäftslage und die Perspektiven des Unternehmens oder der Unternehmensgruppe nach § 32 Abs. 1 nicht, nicht richtig, nicht vollständig, nicht in der vorgeschriebenen Weise oder nicht rechtzeitig unterrichtet, kann diese **Ordnungswidrigkeit der zentralen Leitung** nach § 45 Abs. 1 Nr. 2 i. V. m. Abs. 2 mit einer Geldbuße bis zu 30 000 Deutsche Mark geahndet werden.

17 Zur aktuellen **Erfüllung ihrer Unterrichtungs- und Anhörungspflichten** kann die zentrale Leitung im arbeitsgerichtlichen Beschlußverfahren (§ 2a Abs. 1 Nr. 3b, §§ 80 ff. ArbGG) – notfalls auch im Wege einer einstweiligen Verfügung nach § 85 Abs. 1 ArbGG (zur Sicherung eines Unterlassungsanspruchs vgl. aber § 33 Rn. 6) – verpflichtet werden (vgl. Däubler, in: DKK, EBR-Richtlinie Rn. 100). Örtlich zuständig ist das Arbeitsgericht, in dessen Bezirk die zentrale Leitung ihren Sitz hat (§ 82 Satz 4 ArbGG).

§ 33 Unterrichtung und Anhörung

(1) Über außergewöhnliche Umstände, die erhebliche Auswirkungen auf die Interessen der Arbeitnehmer haben, hat die zentrale Leitung den Europäischen Betriebsrat rechtzeitig unter Vorlage der erforderlichen Unterlagen zu unterrichten und auf Verlangen anzuhören. Als außergewöhnliche Umstände gelten insbesondere

1. **die Verlegung von Unternehmen, Betrieben oder wesentlichen Betriebsteilen,**
2. **die Stillegung von Unternehmen, Betrieben oder wesentlichen Betriebsteilen,**
3. **Massenentlassungen.**

(2) Besteht ein Ausschuß nach § 26 Abs. 1, so ist dieser anstelle des Europäischen Betriebsrats nach Absatz 1 Satz 1 zu beteiligen. § 27 Abs. 1 Satz 2 bis 5 gilt entsprechend. Zu den Sitzungen des Ausschusses sind auch diejenigen Mitglieder des Europäischen Betriebsrats zu laden, die für die Betriebe oder Unternehmen bestellt worden sind, die unmittelbar von den geplanten Maßnahmen betroffen sind; sie gelten insoweit als Ausschußmitglieder.

ÜBERSICHT

I. Außerordentliche Unterrichtung und Anhörung des EBR (Abs. 1)

1. Außergewöhnliche Umstände. Außer der turnusmäßigen jährlichen Unterrichtung und Anhörung werden dem EBR kraft Gesetzes in § 33 Abs. 1 weitere Mitwirkungsrechte in grenzübergreifenden Angelegenheiten eingeräumt, wenn außergewöhnliche Umstände eintreten, die erhebliche Auswirkungen auf die Interessen der Arbeitnehmer haben. Der Begriff »außergewöhnliche Umstände« ist nicht nur mit einer inhaltlichen, sondern auch mit einer zeitlichen Komponente verbunden. Inhaltlich gelten als außergewöhnliche Umstände nach § 33 Abs. 1 Satz 2 Nr. 1 bis 3 insbesondere die **Verlegung oder Stillegung von Unternehmen, Betrieben oder wesentlichen Betriebsteilen sowie Massenentlassungen** (vgl. Anh. Nr. 3 Satz 1 RL). Dies entspricht im wesentlichen den wirtschaftlichen Angelegenheiten, über die der EBR von der zentralen Leitung gemäß § 32 Abs. 2 Nr. 7, 9 und 10 auch anläßlich der turnusmäßigen jährlichen Sitzung zu unterrichten und anzuhören ist (vgl. § 32 Rn. 11, 13 und 14). Aus der Formulierung »insbesondere« ergibt sich, daß auch dieser Katalog der Unterrichtungs- und Anhörungsgegenstände nicht erschöpfend ist (vgl. § 32 Rn. 15). Als außergewöhnliche Umstände kommen deshalb auch die übrigen, in § 32 Abs. 2 Nr. 5 bis 10 genannten Planungssachverhalte in Betracht, die in etwa den sich aus § 111 Satz 2 BetrVG ergebenden Betriebsänderungen entsprechen (vgl. Däubler, in: DKK, EBR-Richtlinie Rn. 26; Rademacher, S. 129). Plant die zentrale Leitung oder eine andere entscheidungsbefugte Managementebene eine grundlegende Änderung der Organisation, die Einführung – grundlegend – neuer Arbeits- und Fertigungsverfahren, den Zusammenschluß oder die Spaltung von Unternehmen oder Betrieben oder deren Einschränkung (vgl. § 32 Rn. 9 f. und 12 f.), so ist regelmäßig davon auszugehen, daß auch diese Maßnahmen erhebliche Auswirkungen auf die Interessen der Arbeitnehmer haben. Eine außerordentliche Unterrichtung und Anhörung des EBR kann unter Berücksichtigung der zeitlichen Komponente jedoch nur verlangt werden, wenn der EBR zu der jeweiligen grenzübergreifenden Angelegenheit nicht anläßlich der turnusmäßigen jährlichen Sitzung unterrichtet und angehört worden ist. Es muß sich also um **Sachverhalte** handeln, **die sich erst nach der Jahressitzung zu einem konkreten Planungsstadium verdichtet haben** und die die zentrale Leitung noch vor der nächsten turnusmäßigen Unterrichtung und Anhörung des EBR realisieren will. Maßnahmen der laufenden Geschäftsführung der zentralen Leitung kommen hingegen als außergewöhnliche Umstände nicht in Betracht (zu § 111 BetrVG vgl. FKHE Rn. 28; Däubler, in: DKK, Rn. 85). Dasselbe ist im Regelfall für die allgemein gehaltenen Unterrichtungs- und Anhörungsgegenstände des § 32 Abs. 2 Nr. 1 bis 4 anzunehmen (vgl. § 32 Rn. 5 ff.). 1

2 **2. Verfahren zur Unterrichtung und Anhörung.** Tritt ein »außergewöhnlicher Umstand« ein, so hat die zentrale Leitung oder eine andere entscheidungsbefugte Leitungsebene den EBR zunächst unter Vorlage der erforderlichen Unterlagen zu unterrichten (vgl. Anh. Nr. 3 Satz 4 RL). Die Unterrichtung ist auch in diesen Fällen schriftlich und in sprachlich verständlicher Form vorzunehmen (vgl. § 32 Rn. 3). Der EBR ist so **rechtzeitig** zu informieren, daß etwaige Vorschläge oder Bedenken der Arbeitnehmervertreter noch berücksichtigt werden können, **bevor eine unternehmerische Entscheidung getroffen wird** (vgl. Engels/Müller DB 1996, 981 [987]; Rademacher, S. 129 f.; Hromadka DB 1995, 1125 [1130]; Bachner/Kunz ArbuR 1996, 81 [83]). Eine unzumutbare Verzögerung unternehmerischer Entscheidungen ist schon deshalb nicht zu erwarten, weil auch das Betriebsverfassungsgesetz in wirtschaftlichen Angelegenheiten keine »Eilfälle« anerkennt, welche die – vorläufige – Durchführung von Maßnahmen rechtfertigen könnten, ohne daß die Beteiligungsrechte der Arbeitnehmervertretung beachtet worden sind (kritisch Wienke EuroAS 1996, 120 [121 f.]). Im übrigen dürfte auch der zentralen Leitung im Interesse einer vertrauensvollen Zusammenarbeit an einer effizienten Unterrichtung und Anhörung des EBR gelegen sein.

3 Die Anhörung setzt bei außergewöhnlichen Umständen entsprechend Anhang Nr. 3 Satz 2 RL stets voraus, daß der **EBR** von der zentralen Leitung oder einer anderen entscheidungsbefugten Leitungsebene **eine außerordentliche Sitzung verlangt**, in der »Meinungsaustausch und Dialog« stattfinden können (zur Legaldefinition der Anhörung vgl. § 1 Rn. 14 f.). Der EBR ist deshalb im eigenen Interesse und unter Beachtung des Grundsatzes der vertrauensvollen Zusammenarbeit (§ 38) gehalten, unverzüglich nach seiner Unterrichtung zu erklären, ob er eine außerordentliche Sitzung wünscht und ggf. Ort und Zeitpunkt sowohl dieser als auch der vorbereitenden Sitzung mit der zentralen Leitung abzustimmen (§ 27 Abs. 1 Sätze 1 bis 3). Bei der Festlegung der Termine ist dem EBR eine angemessene Vorbereitungszeit einzuräumen (vgl. § 32 Rn. 2).

II. Beteiligung des – erweiterten – EBR-Ausschusses (Abs. 2)

4 Besteht der EBR aus neun oder mehr Mitgliedern und ist deshalb ein dreiköpfiger Ausschuß zu bilden (§ 26 Abs. 1), so ist nach § 33 Abs. 2 bei »außergewöhnlichen Umständen« der **Ausschuß anstelle des Gesamtgremiums** zu beteiligen. Im Unterschied zu der den EBR unterstützenden Funktion der Führung der laufenden Geschäfte (vgl. § 26 Rn. 4) handelt es sich vorliegend um eine originäre Aufgabe des Ausschusses, mit der entsprechend Anhang Nr. 3 RL eine kostengünstige, aber dennoch effektive Unterrichtung und Anhörung der Arbeitnehmer gewährleistet wird (vgl. Mayer BB 1995, 1794 [1796]). Der **Ausschuß ist** deshalb nach demselben Verfahren **über außergewöhnliche Umstände zu unterrichten und – auf Verlangen – anzuhören**, wie dies für das Gesamtgremium in § 33 Abs. 1 vorgesehen ist (vgl. Rn. 2 f.). Durch analoge Anwendung des § 27 Abs. 1 Sätze 2 bis 5 wird dem Ausschuß deshalb auch das Recht eingeräumt, im Zusammenhang mit der außerordentlichen Unterrichtung und Anhörung eine vorbereitende Sitzung in Abwesenheit des Managements durchzuführen, deren Zeitpunkt und Ort mit der zentralen Leitung abzustimmen ist (vgl. § 27 Rn. 3). Sowohl an der internen

Sitzung des Ausschusses als auch an der anschließenden Sitzung zu seiner Anhörung durch die zentrale Leitung können **auch diejenigen Mitglieder des EBR** teilnehmen, die für die Betriebe oder Unternehmen bestellt worden sind, **die unmittelbar von der geplanten Maßnahme betroffen sind** (vgl. Anh. Nr. 3 Satz 3 RL). Durch diese Regelung soll erreicht werden, daß unabhängig von der jeweiligen Zusammensetzung des dreiköpfigen Ausschusses auch diejenigen Mitglieder des EBR unterrichtet und angehört werden, die aus den MS stammen, in denen sich die grenzübergreifende Maßnahme unmittelbar auswirkt. Der Ausschuß ist deshalb – von Fall zu Fall – entsprechend zu erweitern.

III. Streitigkeiten

1. Arbeitsgerichtliches Beschlußverfahren. Streitigkeiten darüber, ob ein **außergewöhnlicher Umstand** i. S. d. § 33 Abs. 1 vorliegt, der die zentrale Leitung zu einer außerordentlichen Unterrichtung und Anhörung des EBR oder des Ausschusses verpflichtet, sind im arbeitsgerichtlichen Beschlußverfahren zu entscheiden (§ 2a Abs. 1 Nr. 3b, §§ 80 ff. ArbGG). Örtlich zuständig ist das Arbeitsgericht, in dessen Bezirk die zentrale Leitung ihren Sitz hat (§ 82 Satz 4 ArbGG). Der gesetzliche Anspruch auf rechtzeitige Unterrichtung und Anhörung kann der EBR oder der Ausschuß notfalls auch im Wege einer **einstweiligen Verfügung** durchsetzen (vgl. Hanau, in: FS Vieregge, 319 [333]; zu § 111 Satz 1 BetrVG vgl. Ehrich BB 1993, 356 [359]; FKHE Rn. 82). Die zwangsweise Durchsetzung erfolgt durch Verhängung eines Zwangsgeldes nach § 888 Abs. 1 ZPO. 5

2. Keine Untersagungsverfügung – Geldbuße. Über die Durchsetzung der Unterrichtungs- und Anhörungspflichten hinaus ist die Frage zu klären, ob der zentralen Leitung durch eine einstweilige Verfügung gemäß § 85 Abs. 2 ArbGG i. V. m. §§ 935, 940 ZPO untersagt werden kann, bis zum Abschluß des Verfahrens die geplante Maßnahme durchzuführen. Dabei geht es vor allem um das Verbot, betriebsbedingte Kündigungen auszusprechen, Betriebsanlagen zu entfernen oder in anderer Weise vollendete Tatsachen zu schaffen. Die Frage ist zu verneinen (vgl. Rademacher, S. 131 f.; a. A. Bachner/Nielebock ArbuR 1997, 129 [134 f.], die annehmen, daß der Zugang des Verlangens auf Anhörung bei der zentralen Leitung einen Unterlassungsanspruch begründe). Zwar wird im Rahmen von Betriebsänderungen nach §§ 111 f. BetrVG ein (Verfügungs-)Anspruch auf Unterlassung der Durchführung von Maßnahmen von einem Teil der Instanzgerichte und des Schrifttums bejaht (zum Streitstand vgl. GK-Fabricius, BetrVG § 111 Rn. 358 ff.; Däubler, in: DKK, BetrVG §§ 112, 112a Rn. 23). Dies läßt sich jedoch allenfalls mit einem aufgrund des Interessenausgleichsverfahrens bestehenden Verhandlungsanspruch des Betriebsrats begründen, der im Wege einer einstweiligen Verfügung – jedenfalls zeitweise – gesichert werden soll. Das EBRG sieht aber keinen Interessenausgleich vor und gewährt gerade kein suspensives Veto, nach dem der EBR oder der Ausschuß verlangen könnte, daß bis zum Abschluß der Anhörung die in Frage stehende Maßnahme unterbleibt (vgl. § 1 Rn. 7). Die beteiligungswidrige Durchführung von Maßnahmen der zentralen Leitung kann deshalb nur nach § 45 Abs. 1 Nr. 2 i. V. m. Abs. 2 mit einer Geldbuße geahndet werden, wenn der EBR oder 6 der Ausschuß nicht oder nicht in der vorgeschriebenen Weise unterrichtet worden ist (vgl. § 32 Rn. 16).

§ 34 Tendenzunternehmen

Auf Unternehmen und herrschende Unternehmen von Unternehmensgruppen, die unmittelbar und überwiegend den in § 118 Abs. 1 Satz 1 Nr. 1 und 2 des Betriebsverfassungsgesetzes genannten Bestimmungen oder Zwecken dienen, finden nur § 32 Abs. 2 Nr. 5 bis 10 und § 33 Anwendung mit der Maßgabe, daß eine Unterrichtung und Anhörung nur über den Ausgleich oder die Milderung der wirtschaftlichen Nachteile erfolgen muß, die den Arbeitnehmern infolge der Unternehmens- oder Betriebsänderungen entstehen.

ÜBERSICHT

1 **1. Rechtsgrundlage.** In § 34 ist für Presseunternehmen und andere sog. Tendenzunternehmen eine Einschränkung der Unterrichtungs- und Anhörungsrechte des EBR kraft Gesetzes und des EBR-Ausschusses vorgesehen, die der im nationalen Arbeitnehmervertretungsrecht bestehenden Wertung des § 118 Abs. 1 BetrVG Rechnung trägt (Engels/Müller DB 1996, 981 [987]). Die Regelung basiert auf **Art. 8 Abs. 3 RL**, nach dem jeder MS besondere Bestimmungen für die zentrale Leitung von in seinem Hoheitsgebiet ansässigen Unternehmen vorsehen kann, die in bezug auf Berichterstattung und Meinungsäußerung unmittelbar und überwiegend eine bestimmte weltanschauliche Tendenz verfolgen, falls die innerstaatlichen Rechtsvorschriften solche besonderen Bestimmungen zum Zeitpunkt der Annahme der Richtlinie bereits enthalten. Konkretisiert wird der Inhalt dieser Richtlinienbestimmung durch **Nr. 3 des Ratsprotokolls** vom 22. 9. 1994 (Ratsdok. Nr. 9067/94), in dem Rat und Kommission gemeinsam erklären, daß unter den von Art. 8 Abs. 3 erfaßten Unternehmen und Betrieben solche zu verstehen sind, »die unmittelbar und hauptsächlich die nachstehenden Zwecke verfolgen: politische, berufsständische, konfessionelle, karitative, erzieherische, wissenschaftliche und künstlerische Zwecke sowie Zwecke der Berichterstattung oder Meinungsäußerung« (vgl. Anh. I).

2 Aufgrund der Diskrepanz zwischen dem Wortlaut des Art. 8 Abs. 3 und der Erklärung für das Ratsprotokoll liegen kritische Stellungnahmen vor, die der Protokollerklärung die Verbindlichkeit für die Auslegung der Richtlinie absprechen und eine ausreichende **Ermächtigung zum Erlaß der vorliegenden Tendenzschutzbestimmungen** in Abrede stellen. Art. 8 Abs. 3 RL erstrecke sich ausschließlich auf Unternehmen, die der Berichterstattung und Meinungsäußerung dienten (vgl. Lörcher ArbuR 1996, 297 [300 f.]; Däubler AuA 1995, 153 [155]; Rademacher, S. 141) und zwar nur insoweit, als sie unmittelbar und überwiegend eine bestimmte weltanschauliche Tendenz verfolgten (vgl. Blanke AiB 1996, 204 [205 f.]; Kohte EuroAS 1996, 115 [119]). Die Regelungen des § 118 BetrVG könnten nicht nachträglich in die Richt-

linie hineininterpretiert werden (Däubler/Klebe AiB 1995, 557 [571 f.]). Demgegenüber ist jedoch zu berücksichtigen, daß mit dem Tendenzschutzvorbehalt in Art. 8 Abs. 3 Systemwidersprüche zum Recht der MS vermieden werden sollten (vgl. Wirmer DB 1994, 2134 [2136]; Zügel, S. 249). MS, deren nationales Arbeitnehmervertretungsrecht wie in Deutschland, Österreich und Schweden bereits einen Tendenzschutz vorsieht, sollen deshalb legitimiert sein, diesen Schutzvorschriften **auch im Bereich der europäischen Arbeitnehmermitwirkung** Rechnung zu tragen. Eine nur am Wortlaut des Art. 8 Abs. 3 RL orientierte Auslegung des Tendenzschutzvorbehalts würde diesem Zweck nicht gerecht, weil der durch § 118 Abs. 1 BetrVG etablierte Tendenzschutz sich nicht nur auf Presseunternehmen erstreckt und unabhängig davon besteht, ob eine bestimmte weltanschauliche Tendenz verfolgt wird oder nicht. Die Reichweite des Tendenzschutzvorbehalts des Art. 8 Abs. 3 ist deshalb im Sinne eines teleologischen Verständnisses zu interpretieren, wie es – ersichtlich auf § 118 Abs. 1 Satz 1 Nr. 1 und 2 BetrVG zugeschnitten – in der Erklärung von Rat und Kommission zum Ausdruck kommt (vgl. Oetker DB 1996, Beil. Nr. 10, S. 11). Sofern die Relevanz der Protokollerklärung davon abhängen sollte, daß sie veröffentlicht wurde (zum Meinungsstand vgl. Oetker a. a. O.; Rademacher, S. 140 Fn. 649 bis 651), ist die Gegenäußerung der Bundesregierung zur Stellungnahme des Bundesrates vom 21. 6. 1996 zu beachten, in welcher der Wortlaut der Protokollerklärung – nach Genehmigung der Veröffentlichung durch den Rat der EU – wiedergegeben ist (vgl. BT-Drucks. 13/5021 [zu Drucks. 13/4520], S. 8).

2. Anwendungsbereich. Der Tendenzschutz findet Anwendung auf gemeinschaftsweit tätige **Unternehmen und herrschende Unternehmen von Unternehmensgruppen des Inlands**, die unmittelbar und überwiegend den in § 118 Abs. 1 Satz 1 Nr. 1 und 2 BetrVG genannten geistig-ideellen Bestimmungen und Zwecken der Berichterstattung oder Meinungsäußerung dienen (vgl. Rn. 1). Damit wird an die gesetzliche Wertung des § 7 angeknüpft, welche die Errichtung eines EBR kraft Gesetzes auf der Ebene der zentralen Leitung (vgl. § 1 Rn. 10) auch dann vorsieht, wenn eine Unternehmensgruppe aus einem oder mehreren Unternehmen besteht, die ihrerseits eine gemeinschaftsweite Struktur aufweisen (vgl. § 7 Rn. 1 f.). Da der EBR als Arbeitnehmervertretung die Interessen aller in den MS beschäftigten Arbeitnehmer vertritt, ist für den **Tendenzcharakter** auf den Zweck und die Tätigkeit des gesamten Unternehmens bzw. der gesamten Unternehmensgruppe abzustellen. Ein Tendenzunternehmen i. S. d. § 34 ist dann gegeben, wenn der Unternehmenszweck selbst auf eine Tendenz ausgerichtet ist und in ihm ein Übergewicht tendenzbezogener Tätigkeit zum Ausdruck kommt (zu § 1 Abs. 4 MitbestG vgl. Fitting/Wlotzke/Wißmann Rn. 37). Insbesondere in Unternehmen mit gemischten Betrieben kommt es auf die überwiegende Zielsetzung im Vergleich der dem Unternehmen angehörenden Betriebe an, wobei nach der Rechtsprechung des Bundesarbeitsgerichts nicht mehr das Gepräge, sondern mehr **quantitative Gesichtspunkte maßgebend** sind, wie Umsatz oder Anzahl der für Tendenzzwecke eingesetzten Arbeitnehmer (zu § 118 BetrVG 1972 vgl. BAG AP Nr. 3, 43 und 51; Wlotzke, S. 449). In Unternehmensgruppen kann der Tendenzzweck des herrschenden Unternehmens ausschlaggebend sein, sofern nicht dessen wirtschaftlich gewichtigere Tochterunternehmen tendenzfreie Zwecke verfolgen, und damit bei quantitativer Betrachtung nicht nur den Zweck der Unternehmensgruppe kennzeichnen, sondern auch bei 3

Abwägung der unternehmerischen Gesamttätigkeit des herrschenden Unternehmens gegenüber dessen Tendenzverfolgung überwiegen (zu § 1 Abs. 4 MitbestG vgl. Fitting/Wlotzke/Wißmann, Rn. 41 ff.). Ist das herrschende Unternehmen kein Tendenzunternehmen, überwiegt jedoch demgegenüber die Tendenzbezogenheit der von ihm abhängigen Unternehmen, ist § 34 anzuwenden, da andernfalls durch die uneingeschränkten Beteiligungsrechte des EBR die Tendenzverfolgung beeinträchtigt werden könnte. Eine abwägende Gesamtschau ist auch dann anzustellen, wenn die zentrale Leitung in einem Drittstaat liegt und der EBR kraft Gesetzes bei dem im Inland liegenden Vertreter zu errichten ist (vgl. § 2 Rn. 3 ff.). In diesem Fall können freilich nur die in den MS ansässigen Niederlassungen berücksichtigt werden. Der Inhalt der geschützten politischen, koalitionspolitischen, konfessionellen, karitativen, erzieherischen, wissenschaftlichen und künstlerischen Bestimmungen sowie die Reichweite des für die Praxis bedeutenderen Schutzes von Presseunternehmen, die unmittelbar und überwiegend Zwecken der Berichterstattung oder Meinungsäußerung dienen, richtet sich nach § 118 Abs. 1 Satz 1 Nr. 1 und 2 BetrVG (zu § 118 BetrVG vgl. GK-Fabricius Rn. 160 ff.; FKHE Rn. 16 ff.; HSG Rn. 12 ff.; Löwisch Rn. 4 ff.; GL Rn. 8 ff.; DR Rn. 42 ff.).

4 **3. Einschränkung der Beteiligungsrechte.** Eine Unterrichtung und Anhörung des EBR hat nach § 34 in tendenzgeschützten Unternehmen oder Unternehmensgruppen nur über den **Ausgleich oder die Milderung der wirtschaftlichen Nachteile** zu erfolgen, **die den Arbeitnehmern infolge der** in § 32 Abs. 2 Nr. 5 bis 10 und § 33 beispielhaft genannten **Unternehmens- oder Betriebsänderungen entstehen** (vgl. § 33 Rn. 1). Durch diese Einschränkung der Beteiligungsrechte werden die Wertungen des § 118 Abs. 1 Satz 2 BetrVG übernommen, nach denen in Tendenzunternehmen kein Wirtschaftsausschuß zu bilden ist und die bei Betriebsänderungen bestehenden Beteiligungsrechte nur insoweit anzuwenden sind, als sie den Ausgleich oder die Milderung der wirtschaftlichen Nachteile für die Arbeitnehmer infolge von Betriebsänderungen regeln (Engels/Müller DB 1996, 981 [987]; vgl. auch Oetker DB 1996, Beil. Nr. 10, S. 11 f.; Berger-Delhey, Anm. zu ArbG Frankfurt a. M., BB 1996, 1064). Der Gesetzgeber hat die bereits vorhandenen »besonderen Bestimmungen« des Betriebsverfassungsgesetzes zum Tendenzschutz hinsichtlich der Intensität der Beteiligung kongruent in das EBRG übernommen und damit dem materiellen Gehalt des Tendenzschutzvorbehalts nach Art. 8 Abs. 3 Rechnung getragen. Da die Unterrichtung und Anhörung des EBR kraft Gesetzes nicht auf das Ob der Betriebs- oder Unternehmensänderungen (vgl. § 32 Rn. 9 ff.), sondern lediglich auf die damit verbundenen sozialen Ausgleichsmaßnahmen bezogen ist, widerspricht § 34 auch nicht dem **Gewährleistungsgehalt der Pressefreiheit** (eingehend Oetker DB 1996, Beil. Nr. 10, S. 12 ff.). Dieses Ergebnis ist nicht schon deshalb selbstverständlich, weil der EBR weder ein Interessenausgleichsverfahren noch Mitbestimmungsrechte für sich in Anspruch nehmen kann. Das Bundesverfassungsgericht hat ausdrücklich festgestellt, daß dem Betriebsrat unter verfassungsrechtlichen Aspekten kein Einfluß auf die Tendenz einer Zeitung zustehe. Ein solcher Einfluß wäre ein »fremder«; seine Begründung würde zu einer Einschränkung der Pressefreiheit des Verlegers führen (vgl. BVerfG v. 6. 11. 1979, AP Nr. 14 zu § 118 BetrVG 1972; vgl. auch BAG v. 7. 4. 1981, AP Nr. 10 zu § 118 BetrVG 1972). Unter Berücksichtigung der Legaldefinition der Anhörung in § 1 Abs. 4 könnte eine fremde Einflußnahme auf die Ten-

denzverwirklichung auch hier gegeben sein, wenn die zentrale Leitung zu einem unbeschränkten Meinungsaustausch und Dialog mit dem EBR verpflichtet wäre.

4. Streitigkeiten. Meinungsverschiedenheiten **über Art und Umfang der Beteiligungsrechte** des EBR kraft Gesetzes sind von den Arbeitsgerichten im Beschlußverfahren zu entscheiden (§ 2 Abs. 1 Nr. 3b, §§ 80 ff. ArbGG). Es muß sich dabei um einen konkreten Streitfall handeln (vgl. BAG v. 13. 7. 1955, AP Nr. 2 zu § 81 BetrVG 1952). Eine abstrakte Feststellung der Tendenzeigenschaft kann nicht verlangt werden. Die zentrale Leitung trägt die (objektive) Beweislast dafür, daß das Unternehmen oder die Unternehmensgruppe unter die Tendenzbestimmung des § 118 Abs. 1 Satz 1 Nr. 1 oder 2 BetrVG fällt (zu § 118 BetrVG vgl. Blanke, in: DKK, Rn. 115; GK-Fabricius Rn. 677; WW Rn. 58; GL Rn. 96 m. w. N.). Örtlich zuständig ist das Arbeitsgericht, in dessen Bezirk die zentrale Leitung ihren Sitz hat (§ 82 Satz 4 ArbGG). 5

§ 35 Unterrichtung der örtlichen Arbeitnehmervertreter

(1) Der Europäische Betriebsrat oder der Ausschuß (§ 33 Abs. 2) berichtet den örtlichen Arbeitnehmervertretern oder, wenn es diese nicht gibt, den Arbeitnehmern der Betriebe oder Unternehmen über die Unterrichtung und Anhörung.

(2) Das Mitglied des Europäischen Betriebsrats oder des Ausschusses, das den örtlichen Arbeitnehmervertretungen im Inland berichtet, hat den Bericht in Betrieben und Unternehmen, in denen Sprecherausschüsse der leitenden Angestellten bestehen, auf einer gemeinsamen Sitzung im Sinne des § 2 Abs. 2 des Sprecherausschußgesetzes zu erstatten. Dies gilt nicht, wenn ein nach § 23 Abs. 6 bestimmter Angestellter an der Sitzung zur Unterrichtung und Anhörung des Europäischen Betriebsrats teilgenommen hat. Wird der Bericht nach Absatz 1 nur schriftlich erstattet, ist er auch dem zuständigen Sprecherausschuß zuzuleiten.

ÜBERSICHT

I. Unterrichtung der örtlichen Arbeitnehmervertreter oder der Belegschaften (Abs. 1)

1. Bericht des EBR oder des Ausschusses. Der EBR oder der anstelle des Gesamtgremiums beteiligte Ausschuß (§ 33 Abs. 2) hat gemäß § 35 Abs. 1 den örtlichen Arbeitnehmervertretern in den Betrieben oder Unternehmen **über alle Unterrichtungen und Anhörungen** (vgl. § 32 Abs. 2 und § 33 Abs. 1 Satz 2) zu berichten, **welche die zentrale Leitung** oder eine andere geeignete Leitungsebene ihm gegenüber **vorgenommen hat.** Gibt es keine örtlichen 1

Arbeitnehmervertreter, sind die jeweiligen Belegschaften der in den MS liegenden Betriebe oder Unternehmen entsprechend zu unterrichten. Dadurch soll in Anlehnung an Anhang Nr. 5 RL gewährleistet werden, daß grenzübergreifende wirtschaftliche Angelegenheiten und ihre Auswirkungen soweit wie möglich auch den Arbeitnehmern in den einzelnen Niederlassungen transparent gemacht werden (vgl. Engels/Müller DB 1996, 981 [987]). Über **Betriebs- oder Geschäftsgeheimnisse**, die den Mitgliedern des EBR nach § 39 Abs. 2 Satz 1 bekanntgeworden sind, darf jedoch nur den örtlichen Arbeitnehmervertretern berichtet werden, weil diese – im Gegensatz zu den Arbeitnehmern – ihrerseits zur Vertraulichkeit verpflichtet sind (vgl. § 39 Abs. 3 Nr. 4). § 35 Abs. 1 ist der nach § 108 Abs. 4 BetrVG bestehenden Verpflichtung des Wirtschaftsausschusses vergleichbar, dem Betriebsrat über jede Sitzung des Wirtschaftsausschusses unverzüglich und vollständig zu berichten (vgl. Oetker DB 1996, Beil. Nr. 10, S. 6; Rademacher, S. 130). Der EBR oder der Ausschuß sind in ähnlicher Weise zur Berichterstattung verpflichtet, wobei allerdings spezielle Verfahren zu beachten sind.

2 **2. Form und Verfahren der Berichterstattung.** Die Form, wie die Berichterstattung zu erfolgen hat, ist im Gesetz nicht geregelt. Der Bericht kann deshalb grundsätzlich **sowohl mündlich als auch schriftlich** erstattet werden (vgl. auch § 35 Abs. 2). Dabei sollten folgende Verfahrensmodalitäten berücksichtigt werden, die der EBR in einer Geschäftsordnung konkreter regeln kann (vgl. § 28 Rn. 2):

3 **Ansprechpartner oder Adressat des Berichts** sind zunächst die örtlichen Arbeitnehmervertreter in den Betrieben oder Unternehmen. Im Inland sind dies die Betriebsräte oder Gesamtbetriebsräte, soweit in ihnen die Betriebsräte vertreten sind. In anderen MS sind die nach den dort bestehenden Rechtsvorschriften oder Gepflogenheiten vorhandenen **örtlichen Arbeitnehmervertreter** entsprechend zu unterrichten. Soll mündlich berichtet werden, ist es mit Blick auf § 35 Abs. 2 Satz 1 ausreichend, aber auch erforderlich, daß pro MS nur ein Mitglied des EBR oder des Ausschusses die Unterrichtung vornimmt. Dabei sollte es sich möglichst um ein Mitglied handeln, das aus dem MS in den EBR entsandt worden ist, in dem der Bericht zu erstatten ist. Sprachliche Verständigungsschwierigkeiten können so vermieden werden (zur Kostentragungspflicht der zentralen Leitung vgl. § 30 Rn. 4).

4 In »**betriebsratslosen**« **Betrieben oder Unternehmen** ist den Arbeitnehmern unmittelbar über die Unterrichtung und Anhörung durch die zentrale Leitung zu berichten. Da auch insoweit keine Formvorschriften bestehen, kann grundsätzlich auch ein mündlicher Bericht auf einer **Belegschaftsversammlung** erstattet werden. Insoweit ist jedoch zu beachten, daß die zentrale Leitung auch im Rahmen der Berichterstattung nur die erforderlichen Kosten zu tragen hat (vgl. § 30 Rn. 4). Der EBR oder der Ausschuß können deshalb gehalten sein, von einer mündlichen Unterrichtung der Belegschaften abzusehen, wenn damit ein unverhältnismäßig hoher Organisations- und Kostenaufwand verbunden wäre. Die statt dessen vorzunehmende **schriftliche Unterrichtung** der Arbeitnehmer kann z. B. durch eine Sitzungsniederschrift an einem sog. »Schwarzen Brett« erfolgen, das an einer geeigneten, allen Arbeitnehmern zugänglichen Stelle des Betriebs aufzuhängen ist. Der EBR

oder der Ausschuß hat Anspruch auf die Bereitstellung der für eine schriftliche Berichterstattung erforderlichen Sachmittel (vgl. § 30 Rn. 5).

II. Unterrichtung der im Inland bestehenden Sprecherausschüsse (Abs. 2)

5 § 35 Abs. 2 stellt unter bestimmten Voraussetzungen sicher, daß der nach § 5 Abs. 3 BetrVG eng begrenzte Personenkreis der **leitenden Angestellten**, der nicht zu den Arbeitnehmern i. S. d. EBRG zählt (vgl. § 4 Rn. 3), ebenfalls über die Unterrichtung und Anhörung des EBR oder des Ausschusses durch die zentrale Leitung oder eine andere geeignete Leitungsebene informiert wird. Erforderlich dafür ist zunächst, daß in inländischen Betrieben oder Unternehmen Sprecherausschüsse der leitenden Angestellten gewählt worden sind (vgl. § 35 Abs. 2 Satz 1 Hs. 2 und 3). Eine **Berichterstattung seitens des EBR oder des Ausschusses** setzt nach § 35 Abs. 2 Satz 2 weiter voraus, daß die Sprecherausschüsse nicht durch einen von ihnen nach § 23 Abs. 6 bestimmten leitenden Angestellten vertreten sind, der an der Sitzung zur Unterrichtung und Anhörung teilgenommen hat und die Sprecherausschüsse daher »aus erster Hand« informieren kann (vgl. § 23 Rn. 4). War die Teilnahme eines leitenden Angestellten an der Sitzung aus rechtlichen oder tatsächlichen Gründen (z. B. Krankheit) nicht möglich, ist den Sprecherausschüssen folgendermaßen zu berichten: Soll **mündlich berichtet** werden, so hat nach § 35 Abs. 2 Satz 1 das Mitglied des EBR oder des Ausschusses, das den örtlichen Arbeitnehmervertretungen des Inlands berichtet, den Bericht auf einer gemeinsamen Sitzung des Sprecherausschusses (Unternehmenssprecherausschusses) und des Betriebsrats zu erstatten (vgl. § 2 Abs. 2 SprAuG). Auf Unternehmensebene kann die Berichterstattung ggf. auf einer gemeinsamen Sitzung des Gesamtsprecherausschusses (Unternehmenssprecherausschusses) und des Gesamtbetriebsrats erfolgen (vgl. Löwisch, SprAuG § 2 Rn. 16). Sofern der EBR oder der Ausschuß nur **in schriftlicher Form** berichten will, ist der Bericht auch den zuständigen Sprecherausschüssen zuzuleiten (§ 35 Abs. 2 Satz 3). Ein schriftlicher Bericht wird auch dann geboten sein, wenn in dem jeweiligen Betrieb oder Unternehmen kein Betriebsrat oder Gesamtbetriebsrat besteht und deshalb eine gemeinsame Sitzung mit dem jeweils zuständigen Sprecherausschußgremium nicht durchgeführt werden kann.

6 Die Modalitäten der Berichtspflicht gegenüber den Sprecherausschüssen der leitenden Angestellten gelten auch dann, wenn die **zentrale Leitung nicht im Inland** liegt (vgl. § 2 Abs. 4). Wenn dadurch auch diejenigen EBR oder Ausschüsse zur Unterrichtung der im Inland bestehenden Sprecherausschußgremien verpflichtet würden, die in einem anderen MS errichtet worden sind, wäre dies europarechtlich nicht unbedenklich, weil sich deren Berichtspflicht in der Regel nach dem dort geltenden Umsetzungsrecht bestimmt. Deshalb sind aus kollisionsrechtlichen Gründen nur die Mitglieder des EBR oder des Ausschusses zur Berichterstattung verpflichtet, die aus dem Inland in die Gremien entsandt worden sind.

III. Streitigkeiten

7 Streitigkeiten **im Zusammenhang mit der Berichterstattung** des EBR oder des Ausschusses sind im arbeitsgerichtlichen Beschlußverfahren zu entscheiden (§ 2a Abs. 1 Nr. 3b, §§ 80 ff. ArbGG). Antragsbefugt sind die nach dem Recht des jeweiligen MS vorgesehenen Arbeitnehmervertreter (z. B. Betriebsrat oder Gesamtbetriebsrat), Arbeitnehmer vertretungsloser Betriebe oder Unternehmen sowie die im Inland zuständigen Sprecherausschußgremien der leitenden Angestellten, die eine Berichterstattung gegenüber dem EBR oder dem Ausschuß geltend machen (vgl. § 10 ArbGG). Örtlich zuständig ist das Arbeitsgericht, in dessen Bezirk der bei der zentralen Leitung errichtete EBR seinen Sitz hat (vgl. § 82 Satz 4 ArbGG).

8 Verlangt ein **Sprecherausschußgremium** eine Berichterstattung von einem aus dem Inland entsandten Mitglied eines EBR oder Ausschusses, der in einem anderen MS errichtet worden ist (vgl. Rn. 6), dürfte das Arbeitsgericht am Sitz des Betriebs oder des Unternehmens örtlich zuständig sein, in dem das Vertretungsorgan der leitenden Angestellten errichtet worden ist (vgl. § 82 Sätze 1 bis 3 ArbGG).

Vierter Abschnitt. **Änderung der Zusammensetzung, Übergang zu einer Vereinbarung**

§ 36 Dauer der Mitgliedschaft, Neubestellung von Mitgliedern

(1) Die Dauer der Mitgliedschaft im Europäischen Betriebsrat beträgt vier Jahre, wenn sie nicht durch Abberufung oder aus anderen Gründen vorzeitig endet. Die Mitgliedschaft beginnt mit der Bestellung.

(2) Alle zwei Jahre, vom Tage der konstituierenden Sitzung des Europäischen Betriebsrats (§ 25 Abs. 1) an gerechnet, hat die zentrale Leitung zu prüfen, ob sich die Arbeitnehmerzahlen in den einzelnen Mitgliedstaaten derart geändert haben, daß sich eine andere Zusammensetzung des Europäischen Betriebsrats nach § 22 Abs. 2 bis 4 errechnet. Sie hat das Ergebnis dem Europäischen Betriebsrat mitzuteilen. Ist danach eine andere Zusammensetzung des Europäischen Betriebsrats erforderlich, veranlaßt dieser bei den zuständigen Stellen, daß die Mitglieder des Europäischen Betriebsrats in den Mitgliedstaaten neu bestellt werden, in denen sich eine gegenüber dem vorhergehenden Zeitraum abweichende Anzahl der Arbeitnehmervertreter ergibt; mit der Neubestellung endet die Mitgliedschaft der bisher aus diesen Mitgliedstaaten stammenden Arbeitnehmervertreter im Europäischen Betriebsrat. Die Sätze 1 bis 3 gelten entsprechend bei Berücksichtigung eines bisher im Europäischen Betriebsrat nicht vertretenen Mitgliedstaats.

ÜBERSICHT

1. Dauer und Erlöschen der Mitgliedschaft im EBR (Abs. 1). Der EBR ist – wie Gesamt- oder Konzernbetriebsrat – als Dauereinrichtung ohne feste Amtszeit konzipiert (Engels/Müller DB 1996, 981 [986]; Däubler, in: DKK, EBR-Richtlinie Rn. 82; Hromadka DB 1995, 1125 [1130]; zum Ende des Gesamtgremiums vgl. § 37). Während die Mitgliedschaft im Gesamt- oder Konzernbetriebsrat an das Mandat in den Entsendungsgremien (Betriebsrat, Gesamtbetriebsrat) gebunden ist (vgl. §§ 49, 57 BetrVG), wird in § 36 Abs. 1 die Dauer der Mitgliedschaft im EBR **zeitlich auf vier Jahre begrenzt**. Die Mitgliedschaft beginnt mit der Bestellung durch die im jeweiligen Umsetzungsrecht vorgesehenen Gremien oder Stellen (vgl. § 23 Rn. 2). Endet die Mitgliedschaft nach Ablauf der vierjährigen Amtszeit, sind die im jeweiligen MS frei gewordenen Sitze von den nationalen Bestellungsgremien neu zu besetzen. Dadurch wird die Legitimation der Mitglieder des EBR auf Dauer gewährleistet. Die erneute Bestellung eines EBR-Mitglieds ist zulässig (vgl. Engels/Müller a. a. O.). 1

Die Mitgliedschaft im EBR kann aber auch **vorzeitig erlöschen**, insbesondere durch Beendigung des Arbeitsverhältnisses (vgl. § 22 Abs. 1 Satz 1), Abberufung (vgl. § 36 Abs. 1 Satz 1 Hs. 2 und § 23 Rn. 3) oder Niederlegung des Amtes (Engels/Müller DB 1996, 981 [986]; Schmidt NZA 1997, 180 [182]). Sie kann auch im Zuge einer Neubestellung nach § 36 Abs. 2 enden, wenn das bisherige Mitglied nicht wieder in den EBR entsandt wird (vgl. Rn. 4). Auch bei vorzeitigem Erlöschen der Mitgliedschaft sind die frei gewordenen Sitze neu zu besetzen, sofern in dem jeweiligen MS keine Ersatzmitglieder (mehr) vorhanden sind (vgl. § 22 Abs. 1 Satz 2), die in den EBR nachrücken könnten (vgl. § 10 Rn. 4). 2

2. Neubestellung bei erheblichen Änderungen der Arbeitnehmerzahlen (Abs. 2). Neben einer fortdauernden Legitimation seiner Mitglieder muß in der Dauereinrichtung EBR dafür gesorgt werden, daß die **personelle Zusammensetzung des EBR** über den Zeitpunkt seiner Errichtung hinaus den in § 22 Abs. 2 bis 4 konkretisierten Grundsätzen der Repräsentativität und der Proportionalität entspricht. Im Laufe der Zeit können sich nämlich die für die Gesamtzahl der Sitze und ihre Verteilung maßgebenden Beschäftigtenzahlen durch Erweiterungen, Verkleinerungen oder Strukturänderungen des gemeinschaftsweit tätigen Unternehmens oder der Unternehmensgruppe erheblich ändern (vgl. § 18 Rn. 10). Die zentrale Leitung hat deshalb nach § 36 Abs. 2 **alle zwei Jahre zu prüfen**, ob sich die Arbeitnehmerzahlen in den MS absolut und/oder in ihrem Verhältnis zueinander derart geändert haben, daß die bisherige Zusammensetzung des EBR mit der jetzt durch § 22 Abs. 2 bis 4 ausgewiesenen Zusammensetzung des EBR nicht mehr in Einklang steht (zur Zählweise vgl. § 4 Rn. 1). 3

Die zentrale Leitung hat die Prüfung erstmals zwei Jahre nach der konstituierenden Sitzung des EBR (§ 25 Abs. 1) und sodann im zweijährigen Turnus vorzunehmen. Das positive oder negative **Prüfergebnis ist dem EBR mitzuteilen** (§ 36 Abs. 2 Satz 2). Die zentrale Leitung sollte dem EBR dazu die entsprechenden Unterlagen vorlegen, insbesondere wenn sich in einzelnen MS eine abweichende Sitzverteilung errechnet und deshalb eine Neubestellung von Mitgliedern erforderlich wird (vgl. Engels/Müller DB 1996, 981 [986]). In diesem Falle hat der EBR dafür zu sorgen, daß in denjenigen MS, für die sich eine **geänderte Zahl der EBR-Sitze** ergibt, sämtliche auf diese MS jetzt entfallenden **EBR-Mitglieder neu bestellt** werden (§ 36 Abs. 2 Satz 3). Hat z. B. ein 4

Unternehmen bis zu 10000 Arbeitnehmer und sind in einem MS jetzt mindestens 30 % – statt vormals 20 % – der Arbeitnehmer beschäftigt, sind in diesem MS insgesamt drei Mitglieder – statt bisher zwei Mitglieder – neu zu bestellen (vgl. § 22 Abs. 2 und 3). Zu diesem Zweck hat der EBR die betreffenden **nationalen Bestellungs- oder Wahlgremien** zur Neubesetzung der ihrem Land zustehenden Sitze aufzufordern. Mit der Neubestellung endet die Mitgliedschaft der bisher aus dem jeweiligen MS stammenden Arbeitnehmervertreter, sofern diese nicht erneut in den EBR entsandt werden. Entsprechendes gilt, wenn ein Betrieb aus einem MS, in dem bislang keine Niederlassung bestand, in das gemeinschaftsweit tätige Unternehmen oder die Unternehmensgruppe einbezogen worden ist (z. B. durch Erwerb). Der EBR hat insoweit die erstmalige Bestellung der auf diesen MS entfallenden EBR-Mitglieder zu veranlassen (vgl. § 36 Abs. 2 Satz 4; vgl. auch Gaul NJW 1996, 3378 [3382]).

5 Demgegenüber sind die Mitglieder des EBR in den MS **nicht neu zu bestellen**, in denen sich im Vergleich zu dem vorhergehenden Zweijahreszeitraum keine abweichende Anzahl von Sitzen errechnet (arg. § 36 Abs. 2 Satz 3). Ist ein MS nicht mehr in das Unternehmen oder die Unternehmensgruppe einbezogen (z. B. durch Veräußerung der dort bisher ansässigen Betriebe oder Unternehmen), so führt dies zum ersatzlosen Wegfall der ihm bisher im EBR zustehenden Sitze.

§ 37 Aufnahme von Verhandlungen

Vier Jahre nach der konstituierenden Sitzung (§ 25 Abs. 1) hat der Europäische Betriebsrat mit der Mehrheit der Stimmen seiner Mitglieder einen Beschluß darüber zu fassen, ob mit der zentralen Leitung eine Vereinbarung nach § 17 ausgehandelt werden soll. Beschließt der Europäische Betriebsrat die Aufnahme von Verhandlungen, hat er die Rechte und Pflichten des besonderen Verhandlungsgremiums; die §§ 8, 13, 14 und 15 Abs. 1 sowie die §§ 16 bis 19 gelten entsprechend. Das Amt des Europäischen Betriebsrats endet, wenn eine Vereinbarung nach § 17 geschlossen worden ist.

ÜBERSICHT

1 **1. Beschluß über die Aufnahme von Verhandlungen.** Der als Dauerinstitution konzipierte EBR kraft Gesetzes geht nach dem EBRG in zwei Fällen unter: Werden die für eine gemeinschaftsweite Tätigkeit i. S. d. § 3 erforderlichen Beschäftigtenschwellen dauerhaft unterschritten, entfällt der EBR sofort und ersatzlos (vgl. Engels/Müller DB 1996, 981 [986]; Schmidt NZA 1997, 180 [182]; vgl. auch Rademacher, S. 125 f.). Im Falle des § 37 kann der kraft Gesetzes errichtete EBR (vgl. §§ 21 ff.) durch eine Vereinbarungslösung ersetzt werden. Nach dieser Vorschrift hat der EBR vier Jahre nach seiner Konstituierung (§ 25 Abs. 1) darüber zu beschließen, ob nochmals versucht werden soll, die zentrale Leitung für den Abschluß einer Vereinbarung nach §§ 17 ff. zu gewinnen und damit einen **Wechsel vom EBR kraft Gesetzes zu einer »maßgeschneiderten« transnationalen Unterrichtung und Anhörung**

der Arbeitnehmer anzustreben (vgl. Anh. Nr. 1f RL sowie § 1 Rn. 3). Der befürwortende Beschluß des EBR bedarf, abweichend vom Regelfall, einer absoluten Mehrheit (§ 37 Satz 1).

2. Rechtsfolgen des Verhandlungsbeschlusses. Beschließt der EBR, in Verhand- 2
lungen mit der zentralen Leitung einzutreten, so nimmt er ab diesem Zeitpunkt eine **doppelte Rechtsstellung** ein: Der EBR erhält nach § 37 Satz 2 zusätzlich die Rechsstellung eines BVG mit allen Rechten und Pflichten, die für das Aushandeln einer Vereinbarung mit der zentralen Leitung erforderlich sind. Deshalb gelten die Regelungen über die Aufgabe des BVG (§ 8), die Verfahrens- und Verhandlungsmodalitäten einschließlich der Kostentragungspflicht der zentralen Leitung (§§ 13, 14, 15 und 16) für den EBR entsprechend, wie auch die nach §§ 17 bis 19 im Rahmen einer Vereinbarung gewährleistete Gestaltungsfreiheit der Parteien. Der EBR führt also anstelle des BVG die Verhandlungen mit der zentralen Leitung nach den für das BVG geltenden Regeln (vgl. Engels/Müller DB 1996, 981 [986]; Hromadka DB 1995, 1125 [1130]). Der EBR behält auch während der Verhandlungen seine im EBRG vorgesehene Rechtsstellung und ist insbesondere auch weiterhin nach §§ 32 und 33 zu unterrichten und anzuhören (vgl. Engels/Müller a.a.O.). Gelingt eine Vereinbarungslösung, so endet die Amtszeit des EBR kraft Gesetzes (§ 37 Satz 3) und zwar in dem Zeitpunkt, in dem die vereinbarte grenzübergreifende Unterrichtung und Anhörung der Arbeitnehmer wirksam wird. Gelingt sie nicht, bleibt der EBR bestehen (Engels/Müller a.a.O.; a.A. Rademacher, S. 125). Für die Errichtung eines »neuen« EBR kraft Gesetzes besteht wegen der nach § 36 bestehenden Änderungs- und Anpassungsmöglichkeiten kein Bedarf. Der Status quo bleibt auch dann erhalten, wenn der EBR analog § 15 Abs. 1 beschließt, die Verhandlungen mit der zentralen Leitung abzubrechen.

Fünfter Teil **Grundsätze der Zusammenarbeit und Schutzbestimmungen**

§ 38 Vertrauensvolle Zusammenarbeit

Zentrale Leitung und Europäischer Betriebsrat arbeiten vertrauensvoll zum Wohl der Arbeitnehmer und des Unternehmens oder der Unternehmensgruppe zusammen. Satz 1 gilt entsprechend für die Zusammenarbeit zwischen zentraler Leitung und Arbeitnehmervertretern im Rahmen eines Verfahrens zur Unterrichtung und Anhörung.

ÜBERSICHT

1. Anwendungsbereich. Im Fünften Teil des EBRG (§§ 38 bis 40) werden 1
Grundsätze der Zusammenarbeit und Schutzbestimmungen normiert, die mit Ausnahme freiwilliger Vereinbarungen nach § 41 (vgl. dort Rn. 8) insbeson-

dere für alle Formen der grenzübergreifenden Unterrichtung und Anhörung der Arbeitnehmer gelten. Demgemäß werden in § 38 nicht nur die für die zentrale Leitung handelnden Personen und der EBR kraft Gesetzes, sondern alle im Rahmen einer grenzübergreifenden Unterrichtung und Anhörung beteiligten Arbeitnehmervertreter verpflichtet, vertrauensvoll zum Wohl der Arbeitnehmer und des Unternehmens oder der Unternehmensgruppe zusammenzuarbeiten. Das **Gebot der vertrauensvollen Zusammenarbeit** mit der zentralen Leitung (zum BVG vgl. § 8 Rn. 3) ist also von den Mitgliedern eines vereinbarten oder eines kraft Gesetzes errichteten EBR (vgl. §§ 18, 21) und den im Rahmen eines dezentralen Verfahrens zur Unterrichtung und Anhörung beteiligten Arbeitnehmervertretern (vgl. § 19) gleichermaßen zu beachten (Engels-Müller DB 1996, 981 [987 f.]). Damit wird der Richtlinienvorgabe des Art. 9 in ähnlicher Weise entsprochen, wie dies im nationalen Arbeitnehmervertretungsrecht in § 2 Abs. 1 BetrVG und § 2 Abs. 1 Satz 1 SprAuG vorgesehen ist (vgl. Wirmer DB 1994, 2134 [2137]; Rademacher, S. 142).

2 **2. Regelungsgehalt der »vertrauensvollen Zusammenarbeit«.** Durch das Gebot der vertrauensvollen Zusammenarbeit sollen Interessengegensätze zwischen der zentralen Leitung und den beteiligten europäischen Arbeitnehmervertretern nicht ausgeschlossen oder verdeckt werden, sondern in gegenseitiger Ehrlichkeit und Offenheit ausgeglichen werden (zu § 23 BetrVG 1952 vgl. BAG AP Nr. 3). Über das EBRG hinausgehende Beteiligungsrechte können mit § 38 nicht begründet werden. Die **Generalklausel enthält** aber **unmittelbar geltendes Recht** und wirkt direkt auf Inhalt und Abgrenzung aller nach dem EBRG bestehenden Rechte und Pflichten der Beteiligten ein (zu § 74 BetrVG 1972 vgl. BAG AP Nr. 1). So sind etwa Zeitpunkt und Ort der Sitzungen zur Unterrichtung und Anhörung des EBR kraft Gesetzes einschließlich der vorbereitenden Sitzungen zwischen den Parteien einvernehmlich zu bestimmen (vgl. § 27 Rn. 1). Dem EBR ist dabei von der zentralen Leitung eine angemessene Vorbereitungszeit einzuräumen (vgl. § 32 Rn. 2). Bei außergewöhnlichen Umständen i. S. d. § 33 Abs. 1 ist der EBR seinerseits gehalten, sich unverzüglich nach seiner Unterrichtung dazu zu äußern, ob er eine außerordentliche Anhörungssitzung wünscht und ggf. einen Termin mit der zentralen Leitung festzulegen (vgl. § 33 Rn. 3), der den Interessen beider Parteien gerecht wird. Eine Verzögerungstaktik widerspricht der Pflicht zur gegenseitigen Rücksichtnahme und zur Legalität (zu § 2 BetrVG vgl. FKHE Rn. 9 m. w. N.). Die nach dem EBRG bestehenden Auskunfts- und Unterrichtungspflichten der zentralen Leitung (vgl. § 5 Abs. 1, § 32 Abs. 1, § 33) sind stets rechtzeitig und umfassend zu erfüllen. Auch im Rahmen einer Vereinbarung nach §§ 17 ff. darf die zentrale Leitung im Zweifel keine vollendeten Tatsachen schaffen, bevor sie die grenzübergreifende Unterrichtung und Anhörung der Arbeitnehmer vornimmt. Durch das Gebot der vertrauensvollen Zusammenarbeit werden inzidenter auch Arbeitskampfmaßnahmen der Beteiligten ausgeschlossen (Engels/Müller DB 1996, 981 [987]; vgl. auch Weiss ArbuR 1995, 438 [439]). Ferner sind Betätigungen zu unterlassen, durch die der Arbeitsablauf oder der »Betriebsfrieden« beeinträchtigt werden (vgl. § 74 Abs. 2 BetrVG). Der Regelungsgehalt des § 38 geht deutlich über die Absage an ein konfliktorientiertes, im Sinne eines Klassenkampfes verstandenen Modells der Beziehungen zwischen Arbeitgebern und Arbeitnehmervertretern (so Blanpain/Windey, Rn. 187) hinaus.

§ 39 Geheimhaltung, Vertraulichkeit

(1) Die Pflicht der zentralen Leitung, über die im Rahmen der §§ 18 und 19 vereinbarten oder die sich aus den §§ 32 und 33 Abs. 1 ergebenden Angelegenheiten zu unterrichten, besteht nur, soweit dadurch nicht Betriebs- oder Geschäftsgeheimnisse des Unternehmens oder der Unternehmensgruppe gefährdet werden.

(2) Die Mitglieder und Ersatzmitglieder eines Europäischen Betriebsrats sind verpflichtet, Betriebs- oder Geschäftsgeheimnisse, die ihnen wegen ihrer Zugehörigkeit zum Europäischen Betriebsrat bekannt geworden und von der zentralen Leitung ausdrücklich als geheimhaltungsbedürftig bezeichnet worden sind, nicht zu offenbaren und nicht zu verwerten. Dies gilt auch nach dem Ausscheiden aus dem Europäischen Betriebsrat. Die Verpflichtung gilt nicht gegenüber Mitgliedern eines Europäischen Betriebsrats. Sie gilt ferner nicht gegenüber den örtlichen Arbeitnehmervertretern der Betriebe oder Unternehmen, wenn diese auf Grund einer Vereinbarung nach § 18 oder nach § 35 über den Inhalt der Unterrichtungen und die Ergebnisse der Anhörungen zu unterrichten sind, den Arbeitnehmervertretern im Aufsichtsrat sowie gegenüber Dolmetschern und Sachverständigen, die zur Unterstützung herangezogen werden.

(3) Die Pflicht zur Vertraulichkeit nach Absatz 2 Satz 1 und 2 gilt entsprechend für
1. die Mitglieder und Ersatzmitglieder des besonderen Verhandlungsgremiums,
2. die Arbeitnehmervertreter im Rahmen eines Verfahrens zur Unterrichtung und Anhörung (§ 19),
3. die Sachverständigen und Dolmetscher sowie
4. die örtlichen Arbeitnehmervertreter.

(4) Die Ausnahmen von der Pflicht zur Vertraulichkeit nach Absatz 2 Satz 3 und 4 gelten entsprechend für
1. das besondere Verhandlungsgremium gegenüber Sachverständigen und Dolmetschern,
2. die Arbeitnehmervertreter im Rahmen eines Verfahrens zur Unterrichtung und Anhörung gegenüber Dolmetschern und Sachverständigen, die vereinbarungsgemäß zur Unterstützung herangezogen werden und gegenüber örtlichen Arbeitnehmervertretern, sofern diese nach der Vereinbarung (§ 19) über die Inhalte der Unterrichtungen und die Ergebnisse der Anhörungen zu unterrichten sind.

ÜBERSICHT

I. Allgemeines

Die im EBRG geregelten und die im Rahmen einer Vereinbarung nach §§ 17 ff. ausgehandelten Informationsrechte sowie das Gebot der vertrauens- 1 vollen Zusammenarbeit (vgl. § 38 Rn. 2) bringen es mit sich, daß die an den Verhandlungen und am Verfahren der grenzübergreifenden Unterrichtung und Anhörung beteiligten Arbeitnehmervertreter sowie weitere zu beteiligende Stellen und Personen **Mitteilungen und Kenntnisse über Betriebs- oder Geschäftsgeheimnisse** erhalten können. Im Interesse der zentralen Leitung und der im Unternehmen oder der Unternehmensgruppe beschäftigten Arbeitnehmer gewährt § 39 der zentralen Leitung das Recht, unter bestimmten Voraussetzungen Betriebs- oder Geschäftsgeheimnisse nicht preiszugeben oder nur unter dem Siegel der Verschwiegenheit zu offenbaren, so daß sie nicht an unberechtigte Dritte weitergegeben werden dürfen. Die Regelungen gelten im Verhältnis zwischen zentraler Leitung und dem BVG sowie für alle Formen einer grenzübergreifenden Unterrichtung und Anhörung der Arbeitnehmer (vgl. § 17 Rn. 9), mit Ausnahme freiwilliger Vereinbarungen nach § 41 (vgl. dort Rn. 8).

II. Geheimhaltungsrecht der zentralen Leitung (Abs. 1)

2 In § 39 Abs. 1 wird der zentralen Leitung das Recht eingeräumt, die Auskunftserteilung zu verweigern, soweit dadurch Betriebs- oder Geschäftsgeheimnisse gefährdet werden. Dadurch wird gleichermaßen der Umfang der im Rahmen der §§ 18, 19 vereinbarten oder der sich für den EBR kraft Gesetzes aus § 32 und § 33 Abs. 1 ergebenden **Unterrichtungsrechte eingeschränkt**. Die Geheimhaltungsbefugnis der zentralen Leitung basiert auf Art. 8 Abs. 2 Satz 1 RL, nach dem solche Informationen nicht preisgegeben werden müssen, »wenn diese die Arbeitsweise der betroffenen Unternehmen nach objektiven Kriterien erheblich beeinträchtigen oder ihnen schaden könnten.« Ihre Ausgestaltung ist deshalb an den betriebsverfassungsrechtlichen Regelungen des § 106 Abs. 2 und des § 43 Abs. 2 Satz 3 BetrVG orientiert, nach denen zunächst ein **Betriebs- oder Geschäftsgeheimnis im objektiven Sinne** (materielles Geheimnis) vorliegen muß (Engels/Müller DB 1996, 981 [988]; vgl. auch Hromadka DB 1995, 1125 [1129]; kritisch Weiss ArbuR 1995, 438 [443]). Betriebs- oder Geschäftsgeheimnisse sind Tatsachen, die im Zusammenhang mit dem technischen Betrieb oder der wirtschaftlichen Betätigung des Unternehmens oder der Unternehmensgruppe stehen, nur einem begrenzten Personenkreis bekannt, also nicht offenkundig sind, nach dem bekundeten Willen der zentralen Leitung oder einer anderen befugten Managementebene geheim gehalten werden sollen und an denen ein berechtigtes Geheimhaltungsinteresse besteht (zu § 79 BetrVG 1972 vgl. BAG AP Nr. 2; GK-Wiese Rn. 7; HSG Rn. 3 jeweils m.w.N.). Ein objektives Geheimhaltungsinteresse kann z.B. bestehen an neuen technischen Verfahren, Erfindungen, Konstruktionszeichnungen und Rezepturen, aber auch an Tatsachen und Erkenntnissen von wirtschaftlicher und kaufmännischer Bedeutung, wie etwa Kalkulationsunterlagen, Kundenlisten und -karteien, wichtige Verträge und Vertragsverhandlungen, unveröffentlichte Jahresabschlüsse sowie die Liquidität des Unternehmens oder der Unternehmensgruppe (zu § 79 BetrVG vgl. FKHE Rn. 4; GK-Wiese Rn. 8; Buschmann, in: DKK, Rn. 8 f.; GL Rn. 6; SW Rn. 1). Die zentrale Leitung darf eine Auskunft aber nicht verweigern, wenn bereits ein Interesse an der Geheimhaltung objektiv nicht feststellbar ist.

Die zentrale Leitung muß nach pflichtgemäßer Prüfung der objektiv begründeten Ansicht sein, daß durch die Mitteilung an die zu beteiligenden Arbeitnehmervertreter oder sonstigen Funktionsträger des EBRG (z.B. Sachverständige, Dolmetscher) eine **Gefährdung der Betriebs- oder Geschäftsgeheimnisse** eintreten könnte, obwohl diese nach § 39 Abs. 2 Sätze 1 und 2 sowie Abs. 3 zur Geheimhaltung verpflichtet sind. Eine objektive Gefährdung kann sowohl im Hinblick auf die Bedeutung der völligen Geheimhaltung einer bestimmten Tatsache für den Bestand oder die Entwicklung des gemeinschaftsweit tätigen Unternehmens oder der Unternehmensgruppe als auch in der Person eines oder mehrerer im Rahmen der grenzübergreifenden Unterrichtung und Anhörung Beteiligten bestehen (vgl. Rademacher, S. 137; Hromadka DB 1995, 1125 [1129]; zu § 106 BetrVG vgl. FKHE Rn. 21 m.w.N.; GL Rn. 35; Löwisch Rn. 10; Wlotzke, S. 387; a.A. WW Rn. 11, die nur den letztgenannten Gefährdungsgrund anerkennen; vgl. auch Däubler, in: DKK, Rn. 58, der das Vorliegen beider Gründe verlangt). Eine Gefährdung dürfte im Hinblick auf die heterogene Zusammensetzung der zu beteiligenden Arbeitnehmervertreter häufiger anzunehmen sein als im Rahmen des Betriebsverfassungsgesetzes. Aber auch hier müssen konkrete Anhaltspunkte für die Unzuverlässigkeit einzelner Funktionsträger vorliegen. 3

III. Vertraulichkeit (Abs. 2 bis 4)

1. Gegenstand der Verschwiegenheitspflicht. § 39 Abs. 2 Satz 1 verpflichtet zunächst sämtliche Mitglieder und Ersatzmitglieder eines EBR (§ 18, §§ 21 ff.) dazu, Betriebs- oder Geschäftsgeheimnisse vertraulich zu behandeln. Neben einem materiellen Geheimnis (vgl. Rn. 2) erfordert die Verschwiegenheitspflicht, daß die zentrale Leitung oder eine andere befugte Leitungsebene durch **ausdrückliche Erklärung** darauf hingewiesen hat, daß eine bestimmte Angelegenheit als Geschäfts- oder Betriebsgeheimnis zu betrachten und darüber **Stillschweigen zu bewahren** ist (formelles Geheimnis). Art. 8 Abs. 1 RL wird damit in einer § 79 BetrVG vergleichbaren Weise umgesetzt. Fehlt es an einer Erklärung der zentralen Leitung, entfällt die Verschwiegenheitspflicht. Die Erklärung bedarf zwar keiner bestimmten Form, sie muß aber hinsichtlich des Gegenstandes und des Umfangs der Schweigepflicht klar und eindeutig sein (zu § 79 BetrVG vgl. Buschmann, in: DKK, Rn. 11; SW Rn. 2; FKHE Rn. 5; DR Rn. 6; GK-Wiese Rn. 11; HSG Rn. 4). Die bloße Bezeichnung einer Mitteilung als »vertraulich« vermag keine Pflicht zu begründen, die erhaltenen Informationen nicht an Dritte weiterzugeben (vgl. Däubler, in: DKK, EBR-Richtlinie Rn. 93; a.A. Wienke EuroAS 1996, 120 [124]). Die Mitteilung über die Geheimhaltungsbedürftigkeit hat gegenüber den in § 39 Abs. 2 Satz 1 und Abs. 3 genannten Gremien und Personen zu erfolgen (EBR, BVG, Arbeitnehmervertreter im Rahmen des § 19, Sachverständige, Dolmetscher sowie örtliche Arbeitnehmervertreter). Diese haben ihrerseits dafür Sorge zu tragen, daß andere Mitglieder der betreffenden Gremien bzw. die anderen an einem Verfahren zur Unterrichtung und Anhörung beteiligten Arbeitnehmervertreter (§ 19), die von der Erklärung bisher keine Kenntnis haben (z.B. Ersatzmitglieder), über die Geheimhaltungspflicht unterrichtet werden (zu § 79 BetrVG vgl. FKHE Rn. 6; Buschmann, in: DKK, Rn. 11). Dies gilt insbesondere auch dann, wenn 4 den örtlichen Arbeitnehmervertretern in den Betrieben oder Unternehmen aufgrund einer Vereinbarung nach § 18 oder nach § 35 über den Inhalt der Unterrichtungen und die Ergebnisse der Anhörungen zu berichten ist (vgl. § 39 Abs. 2 Satz 4).

5 Die Verschwiegenheitspflicht setzt weiter voraus, daß die zur Geheimhaltung verpflichteten Personen von den als geheimhaltungsbedürftig bezeichneten Betriebs- oder Geschäftsgeheimnissen in ihrer im EBRG vorgesehenen Eigenschaft **als Amts- oder Funktionsträger Kenntnis erlangt** haben (vgl. § 39 Abs. 2 Satz 1 Hs. 2). Nicht erforderlich ist, daß die Kenntnis unmittelbar von der zentralen Leitung oder einer anderen Leitungsebene vermittelt worden ist (zu § 79 BetrVG vgl. GL Rn. 10; GK-Wiese Rn. 16; HSG Rn. 5; SW Rn. 3; FKHE Rn. 7). Wird das Betriebs- oder Geschäftsgeheimnis von einem Dritten im Rahmen seiner Aufgabenerfüllung mitgeteilt (z. B. von einem Sachverständigen, der nach § 29 hinzugezogen worden ist), so besteht die Schweigepflicht auch dann, wenn die zentrale Leitung nachträglich erklärt, die Tatsache sei geheimhaltungsbedürftig, oder der Dritte selbst auf eine entsprechende Erklärung der zentralen Leitung hinweist (zu § 79 BetrVG vgl. GL Rn. 10). Erfahren Amts- oder Funktionsträger von Betriebs- oder Geschäftsgeheimnissen ohne Zusammenhang mit ihrer im EBRG vorgesehenen Tätigkeit, besteht keine Schweigepflicht.

6 **2. Verpflichteter Personenkreis.** Die Pflicht zur Verschwiegenheit trifft gemäß § 39 Abs. 2 Satz 1 sämtliche Mitglieder und Ersatzmitglieder eines EBR, unabhängig davon, ob dieser durch Vereinbarung (§ 18) oder kraft Gesetzes (§§ 21 ff.) errichtet worden ist. Die Schweigepflicht gilt nach § 39 Abs. 3 Nr. 1 und 2 entsprechend für die Mitglieder und Ersatzmitglieder des BVG und die Arbeitnehmervertreter im Rahmen eines dezentralen Verfahrens zur Unterrichtung und Anhörung nach § 19. Sie gilt nach § 39 Abs. 3 Nr. 3 und 4 auch für Dolmetscher und Sachverständige (vgl. § 13 Abs. 4, § 29), die zur Unterstützung herangezogen werden, sowie für die örtlichen Arbeitnehmervertreter aus den Niederlassungen der einzelnen Länder (z. B. Betriebsräte, Gesamtbetriebsräte), wenn ihnen nach § 35 (EBR kraft Gesetzes), im Rahmen des § 18 (Vereinbarungs-EBR) oder im Rahmen eines dezentralen Verfahrens nach § 19 über die Unterrichtung und Anhörung der europäischen Arbeitnehmervertreter zu berichten ist (vgl. Engels/Müller DB 1996, 981 [988]). Zur Verschwiegenheit verpflichtet ist nach § 23 Abs. 6 Satz 2 auch der vom zuständigen Sprecherausschuß bestimmte leitende Angestellte, der als Gast an den Sitzungen zur Unterrichtung und Anhörung des EBR kraft Gesetzes teilgenommen hat (vgl. § 23 Rn. 5). Obwohl den Arbeitnehmervertretern im Aufsichtsrat Betriebs- oder Geschäftsgeheimnisse zulässigerweise mitgeteilt werden dürfen (vgl. § 39 Abs. 2 Satz 4), unterliegen diese lediglich einer gesellschaftsrechtlich begründeten Verschwiegenheitspflicht (zu § 76 BetrVG 1952 vgl. FKHE Anh. 2 Rn. 125a ff.).

7 **3. Umfang und Dauer der Verschwiegenheitspflicht.** Aufgrund der Verschwiegenheitspflicht dürfen die von ihr erfaßten Personen Betriebs- oder Geschäftsgeheimnisse **nicht offenbaren und nicht verwerten** (§ 39 Abs. 2 Satz 1). Offenbaren ist die Weitergabe des Geheimnisses an unberechtigte Dritte, zu denen auch die Arbeitnehmer des gemeinschaftsweit tätigen Unternehmens oder der Unternehmensgruppe zählen (zu § 79 BetrVG vgl. FKHE

Rn. 15; vgl. auch § 35 Rn. 1). Verwertung ist die Ausnutzung des Geheimnisses zu eigenen wirtschaftlichen Zwecken, ohne es anderen zu offenbaren (zu § 79 BetrVG vgl. GK-Wiese Rn. 23; FKHE Rn. 15). Die Pflicht zur Vertraulichkeit beginnt mit der Übernahme der in § 39 Abs. 2 Satz 1 und Abs. 3 genannten Funktionen und besteht über deren Ende hinaus fort (vgl. § 39 Abs. 2 Satz 2 auch i. V. m. Abs. 3). Sie entfällt nur, wenn die Angelegenheit kein Betriebs- oder Geschäftsgeheimnis mehr ist oder die Geheimhaltungsbedürftigkeit von der zentralen Leitung oder einer anderen befugten Leitungsebene aufgehoben wird (vgl. BAG AP Nr. 5 zu § 611 BGB Betriebsgeheimnis).

4. Ausnahmen von der Verschwiegenheitspflicht. Um den Kommunikations- 8
fluß sowohl innerhalb der Gremien (EBR, BVG) und der im Rahmen eines dezentralen Verfahrens beteiligten Arbeitnehmervertreter (§ 19) als auch zwischen den im EBRG vorgesehen Amts- und Funktionsträgern zu gewährleisten, gelten bestimmte Ausnahmen von dem grundsätzlichen Verbot, Betriebs- oder Geschäftsgeheimnisse zu offenbaren (vgl. Engels/Müller DB 1996, 981 [988]). Keine Pflicht zur Verschwiegenheit besteht deshalb zunächst **im Innenverhältnis** zwischen den Mitgliedern eines EBR, unabhängig davon, ob dieser im Vereinbarungsweg (§ 18) oder kraft Gesetzes (§§ 21 ff.) errichtet worden ist (§ 39 Abs. 2 Satz 3). Der EBR und seine Mitglieder sind auch nicht gehindert, **im Außenverhältnis** Betriebs- oder Geschäftsgeheimnisse gegenüber den örtlichen Arbeitnehmervertretern (z. B. Betriebsräten oder Gesamtbetriebsräten) in den nationalen Niederlassungen zu offenbaren, wenn ihnen aufgrund einer Vereinbarung nach § 18 oder nach § 35 über die transnationale Unterrichtung und Anhörung zu berichten ist (vgl. Rn. 6; vgl. auch Weiss ArbuR 1995, 438 [443]; Wunsch-Semmler, S. 129). Dasselbe gilt gegenüber Arbeitnehmervertretern im Aufsichtsrat sowie gegenüber Dolmetschern und Sachverständigen, die zur Unterstützung herangezogen werden (§ 39 Abs. 2 Satz 4). Auch die Mitglieder des BVG oder die an einem dezentralen Verfahren zur Unterrichtung und Anhörung beteiligten Arbeitnehmervertreter (§ 19) können sich untereinander über die ihnen bekannt gewordenen Betriebs- oder Geschäftsgeheimnisse informieren (vgl. § 39 Abs. 4 i. V. m. Abs. 2 Satz 3 analog). Sie können im Außenverhältnis Betriebs- oder Geschäftsgeheimnisse an Dolmetscher und Sachverständige weitergeben, sofern diese gemäß § 13 Abs. 4 oder im Rahmen des § 19 vereinbarungsgemäß zur Unterstützung herangezogen werden (vgl. § 39 Abs. 4 Nr. 1 und 2). Die Arbeitnehmervertreter, die an einem dezentralen Verfahren nach § 19 beteiligt sind, sind auch nicht zur Verschwiegenheit gegenüber den daran nicht beteiligten örtlichen Arbeitnehmervertretern verpflichtet, wenn diese aufgrund der Vereinbarung über die von der zentralen Leitung vorgenommene Unterrichtung und Anhörung zu informieren sind. Den Arbeitnehmern selbst dürfen Betriebs- oder Geschäftsgeheimnisse jedoch nicht mitgeteilt werden (vgl. Rn. 7).

IV. Streitigkeiten und Verstöße

Streitigkeiten darüber, ob und inwieweit die zentrale Leitung nach § 39 9
Abs. 1 unter **Berufung auf ein Betriebs- oder Geschäftsgeheimnis** die für den EBR kraft Gesetzes bestehenden Unterrichtungspflichten (§§ 32, 33 Abs. 1)

nicht erfüllen muß, entscheiden die Arbeitsgerichte im Beschlußverfahren (vgl. § 32 Rn. 17, § 33 Rn. 5). Dasselbe gilt bei einer Einschränkung der im Rahmen der §§ 17 ff. vereinbarten Unterrichtungspflichten (vgl. § 17 Rn. 11). Gegenüber dem EBR kraft Gesetzes kann die Verweigerung einer Auskunft, zu deren Erteilung die zentrale Leitung verpflichtet ist, nach § 45 Abs. 2 i. V. m. Abs. 1 Nr. 2 als **Ordnungswidrigkeit** mit einer Geldbuße bis zu 30 000 DM geahndet werden (vgl. § 32 Rn. 16).

10 Meinungsverschiedenheiten über **Bestehen und Umfang der Verschwiegenheitspflicht** (§ 39 Abs. 2 bis 4) entscheiden die Arbeitsgerichte ebenfalls im Beschlußverfahren (§ 2a Abs. 1 Nr. 3b, §§ 80 ff. ArbGG). Zur Durchsetzung der Verschwiegenheitspflicht kommt ein **Unterlassungsanspruch** der zentralen Leitung in Betracht (zu § 79 BetrVG 1972 vgl. BAG AP Nr. 2). Bei schuldhafter Verletzung kann die zentrale Leitung **Schadensersatzansprüche** nach § 823 Abs. 2 BGB geltend machen, da § 39 Abs. 2 Satz 1 oder 2 – jeweils auch i. V. m. Abs. 3 – Schutzgesetze im Sinne dieser Vorschrift sind. Die vorsätzliche Offenbarung oder Verwertung von Betriebs- oder Geschäftsgeheimnissen ist nach § 44 Abs. 1 Nr. 1, Abs. 2 oder nach § 43 Abs. 1 strafbar. Die Tat wird nur auf Antrag der zentralen Leitung verfolgt (vgl. § 44 Abs. 3 Satz 1, § 43 Abs. 2).

§ 40 Schutz inländischer Arbeitnehmervertreter

(1) Für die Mitglieder eines Europäischen Betriebsrats, die im Inland beschäftigt sind, gelten § 37 Abs. 1 bis 5 und die §§ 78 und 103 des Betriebsverfassungsgesetzes sowie § 15 Abs. 1 und 3 bis 5 des Kündigungsschutzgesetzes entsprechend.

(2) Absatz 1 gilt entsprechend für die Mitglieder des besonderen Verhandlungsgremiums und die Arbeitnehmervertreter im Rahmen eines Verfahrens zur Unterrichtung und Anhörung.

ÜBERSICHT

I. Geschützter Personenkreis und Geltungsbereich

1 Der in § 40 vorgesehene **Schutz der Arbeitnehmervertreter** erstreckt sich gleichermaßen auf die Mitglieder eines vereinbarten oder kraft Gesetzes errichteten EBR (§ 18, §§ 21 ff.), die im Rahmen eines Verfahrens zur Unterrichtung und Anhörung beteiligten Arbeitnehmervertreter (§ 19) und die Mitglieder des BVG, **sofern sie im Inland beschäftigt sind.** Dies entspricht der Richtlinienvorgabe des Art. 10 Satz 1 RL, nach der die genannten Funktionsträger bei der Wahrnehmung ihrer Aufgaben den gleichen Schutz und gleichartige Sicherheiten haben müssen, wie er für nationale Arbeitnehmervertreter nach den innerstaatlichen Rechtsvorschriften und/oder Gepflogenheiten des Landes besteht, in dem der Funktionsträger beschäftigt ist. Der Verweis auf die im jeweiligen MS geltenden Schutzbestimmungen führt zwangsläufig dazu, daß z. B. die Mitglieder desselben EBR je nach Herkunftsland unterschiedlichen Schutz genießen (kritisch zu Art. 10 RL deshalb Hohenstatt EuZW 1995, 169 [170]; Klinkhammer/Welslau AG 1994, 488 [495]; Wunsch-Semmler, S. 113 f. und Weiss ArbuR 1995, 438 [440], der die Kohärenz der Gremien und Verfahren durch ein unterschiedliches Schutzniveau gefährdet sieht). Dieses Ergebnis mag kritikwürdig sein. Gerade mit Blick auf die unterschiedlichen Schutzbestimmungen in den einzelnen MS muß jedoch bezweifelt werden, daß sich der Rat der Arbeits- und Sozialminister der EU auf ein einheitliches Schutzniveau hätte verständigen können, auch wenn sich diese Harmonisierung nur auf den Bereich der EBR-Richtlinie beschränkt hätte.

Die Schutzbestimmungen erstrecken sich auch auf leitende Angestellte, wenn **2** sie zu Mitgliedern des BVG bestellt worden sind (vgl. § 11 Abs. 4). Der Schutz der im Inland beschäftigten Funktionsträger gilt nach § 2 Abs. 4 auch dann, wenn die zentrale Leitung in einem anderen MS liegt. Die **Schutzbestimmungen gelten nicht** im Rahmen freiwilliger Vereinbarungen nach § 41 (vgl. dort Rn. 8).

II. Rechtsstellung im Inland beschäftigter Arbeitnehmervertreter

Durch die in § 40 Abs. 1 – auch i. V. m. Abs. 2 – vorgesehene entsprechende **3** Anwendung des § 37 Abs. 1 bis 5 und der §§ 78 und 103 BetrVG sowie des § 15 Abs. 1, 3 bis 5 KSchG gelten für die im Inland beschäftigten Mitglieder eines EBR (§ 18, §§ 21 ff.) und des BVG sowie für die Arbeitnehmervertreter im Rahmen eines Verfahrens zur Unterrichtung und Anhörung (§ 19) Schutzbestimmungen, wie sie nach geltendem Recht u. a. den Betriebsratsmitgliedern gewährt werden (Engels/Müller DB 1996, 981 [988]).

1. Entgelt- und Tätigkeitsschutz sowie Schutz vor Behinderungen und Benachteiligungen. **4** Die geschützten Funktionsträger führen ihr Amt unentgeltlich als Ehrenamt (§ 37 Abs. 1 BetrVG analog) und genießen den in § 37 Abs. 2 bis 5 BetrVG vorgesehenen Entgelt- und Tätigkeitsschutz (vgl. Art. 10 Satz 2 RL). Die aus dem Inland entsandten Arbeitnehmervertreter sind deshalb aus konkretem Anlaß (z. B. zur Teilnahme an einer Sitzung) von ihrer nach dem Arbeitsvertrag bestehenden Pflicht zur Arbeitsleistung zu befreien, wenn und soweit dies zur ordnungsgemäßen Durchführung ihrer Amtspflichten und sonstigen im Rahmen des EBRG bestehenden Aufgaben (z. B. im Rahmen der Geschäftsführung) erforderlich ist (§ 37 Abs. 2 BetrVG analog). In dieser Zeit haben sie Anspruch gegen ihren inländischen Arbeitgeber auf das Arbeitsentgelt, das sie erzielt haben würden, wenn sie gearbeitet hätten (Lohnausfallprinzip). Ist ein Arbeitnehmervertreter aus sachlichen (organisatorischen) Gründen gehalten, eine ihm obliegende Aufgabe außerhalb seiner persönlichen Arbeitszeit durchzuführen, so ist ihm dafür ein bezahlter Freizeitausgleich zu gewähren. Ist dies innerhalb eines Monats aus betriebsbedingten Gründen nicht möglich, so ist die aufgewendete Zeit wie Mehrarbeit zu vergüten (vgl. § 37 Abs. 3 BetrVG analog). Durch analoge Anwendung des

§ 37 Abs. 4 und 5 BetrVG soll sichergestellt werden, daß die im Inland beschäftigten Arbeitnehmervertreter sowohl während ihrer Amtszeit als auch ein Jahr nach deren Beendigung bei der Bemessung ihres Arbeitsentgelts einschließlich allgemeiner Zuwendungen und grundsätzlich auch hinsichtlich der zugewiesenen beruflichen Tätigkeit nicht schlechter gestellt werden als vergleichbare Arbeitnehmer des Betriebs mit betriebsüblicher Entwicklung. Analog § 78 BetrVG genießen die inländischen Arbeitnehmervertreter Schutz vor Störungen, Behinderungen und Benachteiligungen (vgl. den 21. Erwägungsgrund der RL, Anh. I). Sie dürfen wegen ihrer Tätigkeit aber auch nicht begünstigt werden (vgl. § 42 Rn. 4).

5 **2. Schulungs- und Bildungsanspruch.** Für die im Rahmen des EBRG beteiligten inländischen Arbeitnehmervertreter besteht **kein eigenständiger Schulungs- und Bildungsanspruch**, wie er in § 37 Abs. 6 und 7 BetrVG für Mitglieder des Betriebsrats vorgesehen ist. § 40 Abs. 1 nimmt § 37 BetrVG insoweit nicht in Bezug, so daß die zentrale Leitung nicht verpflichtet ist, die Teilnahme an Schulungsveranstaltungen zu ermöglichen und die damit verbundenen Kosten zu tragen (vgl. § 30 Rn. 2). Obwohl eine grenzübergreifende Unterrichtung und Anhörung an die Arbeitnehmervertreter neue Qualifikationsanforderungen im Hinblick auf Fremdsprachen, unterschiedliche Rechtssysteme und europaweite wirtschaftliche Zusammenhänge stellt (vgl. Engelen-Kefer AiB 1996, 137 [138 f.]; Bachner/Kunz ArbuR 1996, 81 [86] und Einl. Rn. 32), wurde ein entsprechender Ergänzungsvorschlag des Bundesrates nicht berücksichtigt. Die Bundesregierung hat ihre ablehnende Haltung damit begründet, daß in Art. 10 Satz 2 RL und im 21. Erwägungsgrund der Richtlinie (vgl. Anh. I) lediglich die bezahlte Freistellung für die Teilnahme an Sitzungen, ein Diskriminierungsverbot sowie ein angemessener Schutz gegen Entlassungen und andere Sanktionen vorgesehen sei (vgl. BT-Drucks. 13/5021 v.21. 6. 1996 [zu Drucks. 13/4520], S. 5 und 9). Ein Schulungs- und Bildungsanspruch sei in diesem Zusammenhang aber nicht vorgesehen. Es bleibt abzuwarten, ob das Bundesarbeitsgericht gleichwohl in bestimmten Fällen einen Schulungsanspruch gewähren wird (vgl. Kothe EuroAS 1996, 115 [120]) und ob zumindest den inländischen Arbeitnehmervertretern, die zugleich nationale Betriebsräte sind, eine auf das EBRG bezogene Qualifizierung nach § 37 Abs. 6 BetrVG ermöglicht wird (befürwortend Bachner/Nielebock ArbuR 1997, 129 [132]; ablehnend Gaul NJW 1996, 3378 [3384]).

6 **3. Besonderer Kündigungsschutz.** Die nach § 40 geschützten Funktionsträger genießen einen besonderen Kündigungsschutz, der die erforderliche Unabhängigkeit für die Ausübung ihres Amtes und die Kontinuität ihrer Amtsführung sicherstellen soll. Eine **außerordentliche Kündigung** ihres Arbeitsverhältnisses ist analog § 15 Abs. 1 KSchG – auch innerhalb eines Jahres nach Beendigung ihrer Amtszeit – nur zulässig, wenn Tatsachen vorliegen, die den Arbeitgeber zur Kündigung aus wichtigem Grund ohne Einhaltung einer Kündigungsfrist berechtigen (vgl. § 626 BGB). Darüber hinaus setzt die außerordentliche Kündigung entsprechend § 103 BetrVG die **vorherige Zustimmung des Betriebsrats** voraus, die nur durch eine arbeitsgerichtliche Entscheidung im Beschlußverfahren ersetzt werden kann. Zuständig ist der Betriebsrat des Betriebs, in dem der betroffene Funktionsträger beschäftigt ist. Zu den einzelnen Wirksamkeitsvoraussetzungen und dem Zustimmungs-

verfahren bei außerordentlichen Kündigungen können die einschlägigen Kommentierungen zu § 15 KSchG und § 103 BetrVG herangezogen werden. Die Inbezugnahme des § 15 Abs. 3 KSchG dürfte den besonderen Kündigungsschutz der nationalen Betriebsratsmitglieder insoweit ergänzen, als sie innerhalb der nationalen Bestellungsgremien an der Bestellung der auf das Inland entfallenden Arbeitnehmervertreter beteiligt sind (vgl. §§ 11, 23). Den durch § 40 geschützten Funktionsträgern kann entsprechend § 15 Abs. 4 und 5 KSchG in Fällen der **Stillegung eines Betriebs oder einer Betriebsabteilung** nur unter Einhaltung der Kündigungsfristen und in der Regel frühestens zum Zeitpunkt der Stillegung gekündigt werden. Nur insoweit kommt eine ordentliche Kündigung ihrer Arbeitsverhältnisse in Betracht, die analog § 102 Abs. 1 BetrVG der vorherigen Anhörung des zuständigen Betriebsrats bedarf (zu § 15 KSchG 1969 vgl. BAG AP Nr. 8, 16; zu § 102 BetrVG 1972 vgl. BAG AP Nr. 11).

III. Streitigkeiten

Streitigkeiten zwischen einem inländischen Funktionsträger und seinem Arbeitgeber, die **aus dem Arbeitsverhältnis** resultieren, also insbesondere über die Fortzahlung und die Höhe des Arbeitsentgelts bei Arbeitsbefreiung zur Durchführung seiner Aufgaben oder die Gewährung von Freizeitausgleich sind individualrechtliche Streitigkeiten, die im **Urteilsverfahren** zu entscheiden sind (zu § 37 BetrVG 1972 vgl. die ständige Rspr. des BAG AP Nr. 16, 17 und 20 sowie FKHE Rn. 204 m. w. N.). Hat dagegen der Streit allein die generelle Frage zum Inhalt, ob eine Arbeitsbefreiung des Funktionsträgers zur ordnungsgemäßen Durchführung seiner aus dem EBRG abzuleitenden Aufgaben erforderlich ist oder ob sachliche (organisatorische) Gründe für die Wahrnehmung dieser Aufgaben außerhalb seiner persönlichen Arbeitszeit vorliegen (vgl. § 37 Abs. 2 und 3 BetrVG analog), ohne daraus vergütungsmäßige Folgerungen zu ziehen, so hat das Arbeitsgericht darüber im Beschlußverfahren zu entscheiden (vgl. § 2a, §§ 80 ff. ArbGG). 7

Im **arbeitsgerichtlichen Beschlußverfahren** ist auch dann zu entscheiden, wenn über die Unterlassung einer Störung, Behinderung, Benachteiligung oder Begünstigung der Tätigkeit eines inländischen Funktionsträgers gestritten wird (vgl. § 78 BetrVG analog). Insoweit ist der Erlaß einer einstweiligen Verfügung möglich (vgl. § 85 Abs. 2 ArbGG). Eine vorsätzliche Benachteiligung oder Begünstigung ist gemäß § 44 Abs. 1 Nr. 2 i. V. m. § 42 Nr. 3 strafbar. 8

Ein im Inland beschäftigtes Mitglied des BVG oder eines EBR oder ein im Rahmen eines Verfahrens zur Unterrichtung und Anhörung beteiligter Arbeitnehmervertreter (§ 19) kann die **Unwirksamkeit einer gegen § 15 KSchG verstoßenden Kündigung** insbesondere im Wege der Feststellungsklage geltend machen. Im Fall einer außerordentlichen Kündigung muß das Fehlen eines wichtigen Grundes sowie die Versäumung der Kündigungserklärungsfrist des § 626 Abs. 2 BGB durch Kündigungsschutzklage innerhalb der in § 4 Satz 1 KSchG vorgesehenen dreiwöchigen Ausschlußfrist geltend gemacht werden (h. M., vgl. BAG AP Nr. 11 zu § 13 KSchG; Hueck/von Hoyningen-Huene KSchG § 15 Rn. 138 m. w. N.). Die Klageerhebungsfrist muß aber 9 nicht beachtet werden, wenn die außerordentliche Kündigung bereits wegen Nichteinhaltung des Verfahrens nach § 103 BetrVG unwirksam ist.

Sechster Teil **Bestehende Vereinbarungen**

§ 41 Fortgeltung

(1) Auf die in den §§ 2 und 3 genannten Unternehmen und Unternehmensgruppen, in denen vor dem 22. September 1996 eine Vereinbarung über grenzübergreifende Unterrichtung und Anhörung besteht, sind die Bestimmungen dieses Gesetzes nicht anwendbar, solange die Vereinbarung wirksam ist. Die Vereinbarung muß sich auf alle in den Mitgliedstaaten beschäftigten Arbeitnehmer erstrecken und den Arbeitnehmern aus denjenigen Mitgliedstaaten eine angemessene Beteiligung an der Unterrichtung und Anhörung ermöglichen, in denen das Unternehmen oder die Unternehmensgruppe einen Betrieb hat.

(2) Der Anwendung des Absatzes 1 steht nicht entgegen, daß die Vereinbarung auf seiten der Arbeitnehmer nur von einer im Betriebsverfassungsgesetz vorgesehenen Arbeitnehmervertretung geschlossen worden ist. Das gleiche gilt, wenn für ein Unternehmen oder eine Unternehmensgruppe anstelle einer Vereinbarung mehrere Vereinbarungen geschlossen worden sind.

(3) Sind die Voraussetzungen des Absatzes 1 deshalb nicht erfüllt, weil die an dem in Absatz 1 Satz 1 genannten Stichtag bestehende Vereinbarung nicht alle Arbeitnehmer erfaßt, können die Parteien deren Einbeziehung innerhalb einer Frist von sechs Monaten nachholen.

(4) Bestehende Vereinbarungen können auch nach dem in Absatz 1 Satz 1 genannten Stichtag an Änderungen der Struktur des Unternehmens oder der Unternehmensgruppe sowie der Zahl der beschäftigten Arbeitnehmer angepaßt werden.

(5) Ist eine Vereinbarung befristet geschlossen worden, können die Parteien ihre Fortgeltung unter Berücksichtigung der Absätze 1, 3 und 4 beschließen.

(6) Eine Vereinbarung gilt fort, wenn vor ihrer Beendigung das Antrags- oder Initiativrecht nach § 9 Abs. 1 ausgeübt worden ist. Das Antragsrecht kann auch ein auf Grund der Vereinbarung bestehendes Arbeitnehmervertretungsgremium ausüben. Die Fortgeltung endet, wenn die Vereinbarung durch eine grenzübergreifende Unterrichtung und Anhörung nach § 18 oder 19 ersetzt oder ein Europäischer Betriebsrat kraft Gesetzes errichtet worden ist. Die Fortgeltung endet auch dann, wenn das besondere Verhandlungsgremium einen Beschluß nach § 15 Abs. 1 faßt; § 15 Abs. 2 gilt entsprechend.

ÜBERSICHT

I. Anwendbarkeit des EBRG und Rechtsnatur einer »freiwilligen Vereinbarung«

Nach Art. 13 Abs. 1 RL gilt die EBR-Richtlinie nicht für gemeinschaftsweit operierende Unternehmen und Unternehmensgruppen, in denen zu dem aus Art. 14 Abs. 1 RL sich ergebenden Umsetzungszeitpunkt (22. 9. 1996) bereits eine für alle Arbeitnehmer geltende Vereinbarung besteht, in der eine ländergreifende **Unterrichtung und Anhörung** der Arbeitnehmer vorgesehen ist (vgl. den Überblick von Mozet DB 1997, S. 477 ff.; zu Fallbeispielen aus der Praxis vgl. Blank/Geissler/Jaeger, S. 33 ff.). Damit sollen diejenigen Unternehmen und Unternehmensgruppen privilegiert werden, die bereits **vor der Umsetzung der Richtlinie in nationales Recht** und zum Teil bereits weit vor dem Zeitpunkt ihrer Verabschiedung (22. 9. 1994) eine grenzübergreifende Unterrichtung und Anhörung der Arbeitnehmer auf freiwilliger Basis ermöglicht haben (vgl. Goos NZA 1994, 776 [778]; Wienke EuroAS 1996, 120 [122]). Durch die Fortgeltung dieser sog. freiwilligen Vereinbarungen wird das Subsidiaritätsprinzip des Art. 3b EG-Vertrag nochmals und zusätzlich auf einer zweiten Ebene verwirklicht (vgl. § 1 Rn. 3). 1

Zu beachten ist jedoch, daß Art. 13 RL ebensowenig außerhalb der Richtlinie steht, wie § 41 außerhalb des EBRG, der dessen Fünften Teil bildet und entsprechend der Richtlinienvorgabe auf gemeinschaftsweit tätige Unternehmen und Unternehmensgruppen Bezug nimmt (§ 41 Abs. 1 Satz 1 i. V. m. §§ 2, 3). Nur wenn ein Unternehmen oder das herrschende Unternehmen einer Unternehmensgruppe seinen Sitz im Inland hat, kommt unter den in § 41 geregelten Voraussetzungen eine **weitgehende Verdrängung des EBRG** in Betracht (vgl. Rn. 12). Liegt die zentrale Leitung nicht in einem MS, findet § 41 nur Anwendung, wenn eine im Inland liegende nachgeordnete Leitung oder der inländische Vertreter des exterritorialen Multis die Vereinbarung abgeschlossen hat und keine abweichende Rechtswahl getroffen worden ist (vgl. § 17 Rn. 2). Andernfalls bleibt es den Arbeitnehmern oder ihren Vertretern unter den Voraussetzungen des § 9 Abs. 1 und 2 unbenommen, einen Antrag auf Bildung des BVG durchzusetzen und Verhandlungen über eine grenzübergreifende Unterrichtung und Anhörung einzuleiten. Die exterritoriale Leitung kann bzw. konnte selbst keine Vereinbarung i. S. d. Art. 13 RL abschließen, weil für sie die Richtlinie nicht gilt und deshalb kein nationales Umsetzungsrecht zur Verfügung steht. 2

Nach der Richtlinienvorgabe muß auch die freiwillige Vereinbarung eine für alle »Arbeitnehmer« geltende »länderübergreifende Unterrichtung und Anhörung« vorsehen. Infolge dessen sind auch die aus dem EBRG abzuleitenden Begriffsbestimmungen anwendbar (vgl. § 1 Abs. 4). Vereinbarungen vor dem 22. 9. 1996 und nach der Umsetzung der Richtlinie (1. 11. 1996) haben deshalb nicht nur denselben Geltungsbereich; es gelten für sie auch dieselben 3

Grundsätze über den Mindestinhalt der Arbeitnehmermitwirkung (vgl. Hromadka DB 1995, 1125 [1128]; vgl. Rn. 7). Der wesentliche Unterschied zu Vereinbarungen nach §§ 17ff. liegt darin, daß für das Aushandeln und den Abschluß einer freiwilligen Vereinbarung **kein BVG zu bilden** ist, sondern die Arbeitnehmerseite durch ein gewillkürtes Verhandlungsgremium vertreten sein kann (vgl. Wuttke DB 1995, 774; zur Abschlußlegitimation vgl. Rn. 5). Gleichermaßen ist allerdings davon auszugehen, daß das gewillkürte Verhandlungsgremium der Arbeitnehmervertreter mit dem Abschluß einer Vereinbarung nach § 41 seine Funktion ebenso verliert wie das BVG, dessen Amt und Kompetenz mit Abschluß der Vereinbarung nach §§ 17 ff. endet (vgl. Hromadka DB 1995, 1125 [1130]). Die im Rahmen einer freiwilligen Vereinbarung beteiligten Arbeitnehmervertreter können die vereinbarten Rechte und Pflichten unmittelbar in eigener Verantwortung wahrnehmen und ihre Unterrichtung und Anhörung ggf. auch gerichtlich geltend machen (vgl. § 17 Rn. 3). Auch bei Vereinbarungen nach § 41 handelt es sich deshalb um **besondere Kollektivverträge mit normativer Wirkung** (vgl. § 17 Rn. 3; vgl. auch Rademacher, S. 160 f.).

II. Fortgeltung freiwilliger Vereinbarungen

4 **1. Voraussetzungen. a) Stichtag: 22. 9. 1996.** Nach Art. 13 Abs. 1 RL muß die freiwillige Vereinbarung bereits vor dem 22. 9. 1996, dem nach Art. 14 Abs. 1 RL spätestmöglichen Termin für die Umsetzung der Richtlinie, oder zu einem früheren Umsetzungszeitpunkt »in dem betreffenden MS« vereinbart worden sein. Dies bedeutet, daß die Vereinbarung vor der Umsetzung der Richtlinie in dem MS abgeschlossen worden sein muß, in dem sich die zentrale Leitung befindet (vgl. Rademacher, S. 153; Hohenstatt EuZW 1995, 169 [171]; Hornung-Draus Arbeitgeber 1994, 759 [764]; Willemsen/Hohenstatt NZA 1995, 399 [401]; Weiss ArbuR 1995, 438; a. A. Hromadka DB 1995, 1125 [1127], der auf die Umsetzung in allen MS abstellt). Obwohl der deutsche Gesetzgeber mit der Umsetzung der Richtlinie, die mit Inkrafttreten des EBRG am 1. 11. 1996 erfolgte, nur unwesentlich in Verzug geraten ist, hat er an dem **nach der Richtlinie spätestmöglichen Umsetzungstermin** als Stichtag für Vereinbarungen nach § 41 festgehalten. Daraus ergibt sich die Besonderheit, daß in dem Zeitraum zwischen dem 22. 9. 1996 und dem 1. 11. 1996 Vereinbarungen nach § 41 nicht mehr und Vereinbarungen nach §§ 17 ff. noch nicht möglich gewesen sind (vgl. Rademacher, S. 182). Um eine Bestandssicherung der freiwilligen Vereinbarung über den Stichtag hinaus zu gewährleisten, werden in § 41 Abs. 3 bis 5 Nachbesserungen, Anpassungen und Verlängerungen ermöglicht (vgl. Engels/Müller DB 1996, 981 [988]).

5 **b) Verhandlungs- und Abschlußlegitimation (§ 41 Abs. 2 Satz 1).** Auf seiten des Unternehmens oder der Unternehmensgruppe ist grundsätzlich die zentrale Leitung in die Verhandlungen und den Abschluß einer freiwilligen Vereinbarung einzubeziehen (vgl. Rn. 10), weil im Zweifel auch hier die grenzübergreifende Unterrichtung und Anhörung der Arbeitnehmer auf der obersten Ebene einzurichten ist, von der eine gemeinschaftsweite Tätigkeit abgeleitet werden kann (vgl. § 7 Rn. 2; vgl. auch Le Friant NZA 1994, 158 [159]). Art. 13 und § 41 enthalten keine Vorgaben darüber, wer **auf seiten der Arbeitnehmer** berechtigt ist, die Verhandlungen zu führen und die Vereinba-

rung abzuschließen. Die Frage der Verhandlungs- und Abschlußlegitimation stellt sich deshalb, weil vor dem 22. 9. 1996 kein BVG gebildet werden konnte, das eine repräsentative Vertretung aller in den MS beschäftigten Arbeitnehmer hätte gewährleisten können (vgl. § 10 Abs. 1 und 2). § 41 Abs. 2 Satz 1 stellte insoweit lediglich klar, daß eine Vereinbarung auch dann wirksam ist, wenn sie auf seiten der Arbeitnehmer ausschließlich von einer **im Betriebsverfassungsgesetz vorgesehenen Arbeitnehmervertretung** abgeschlossen worden ist (so schon Wuttke DB 1995, 774 [775]; kritisch Kothe EuroAS 1996, 115 [118 f.]). Verständlich wird diese Regelung, wenn man bedenkt, daß die vor Verabschiedung der Richtlinie und ihrer Umsetzung bestehenden Vereinbarungen wohl in keinem Fall von Arbeitnehmervertretern ausgehandelt worden sind, die alle Arbeitnehmer repräsentierten. Häufig waren Arbeitnehmervertreter anderer MS überhaupt nicht beteiligt. In Deutschland wurden die Verhandlungen fast durchweg nur mit dem Gesamt- oder Konzernbetriebsrat geführt, in anderen MS mit den nationalen Arbeitnehmervertretungen oder Gewerkschaften (vgl. Kolvenbach RdA 1994, 279; Hromadka DB 1995, 1125 [1127]). Art. 13 RL und § 41 gehen erkennbar von diesem Ist-Zustand aus und wollen durch eine **weitgehend freie Vereinbarungslegitimation** auf Arbeitnehmerseite vermeiden, daß die bestehenden Vereinbarungen nach der Umsetzung der Richtlinie keine Fortgeltung beanspruchen können und ihre gesetzesverdrängende Wirkung entfällt (vgl. Hromadka a. a. O.). Auf Arbeitnehmerseite konnten deshalb sowohl »gewillkürte« Verhandlungsgremien, Gewerkschaften, aber auch die nationalen Betriebsverfassungsorgane die Verhandlungen führen und die Vereinbarung abschließen (ebenso Heinze AG 1995, 385 [400]; Willemsen/Hohenstatt NZA 1995, 399 [402]; Klinkhammer/Welslau AG 1994, 488 [494]; Blanpain/Windey, Rn. 294; Goos NZA 1994, 776 [778]). Eine Beteiligung ausländischer Arbeitnehmervertreter ist insoweit nicht erforderlich gewesen (vgl. Hromadka a. a. O.; Rademacher, S. 152). Nicht legitimiert sind indessen solche Personen oder Gremien, die nach dem EBRG nicht als »Vertreter der Arbeitnehmer« qualifiziert werden können, wie z. B. die Sprecherausschüsse der leitenden Angestellten (vgl. § 4 Rn. 3).

Als **Korrektiv** dafür, daß ein nationales Betriebsverfassungsorgan als Ver- **6**
handlungspartner ausreicht, stellt § 41 Abs. 1 Satz 2 Hs. 2 sicher, daß im Rahmen der auszuhandelnden Vereinbarung den Arbeitnehmern aus allen MS eine angemessene Beteiligung an der Unterrichtung und Anhörung ermöglicht wird, in denen das Unternehmen oder die Unternehmensgruppe einen Betrieb hat (vgl. Rn. 11). Im Hinblick auf eine transnationale Beteiligung der Arbeitnehmervertreter kommt es also auf das in der Vereinbarung dokumentierte Ergebnis, nicht aber auf die Art und Weise ihres Zustandekommens an (zu dieser finalen Betrachtungsweise vgl. Heinze AG 1995, 396 [400]; Hromadka DB 1995, 1125 [1127]; Hanau, in: FS Vieregge, 319 [330]).

c) **Mindestinhalt einer oder mehrerer Vereinbarungen (§ 41 Abs. 2 Satz 2).** **7**
aa) Grenzübergreifende Unterrichtung und Anhörung. § 41 Abs. 1 Satz 1 setzt voraus, daß in den unter das EBRG fallenden Unternehmen oder Unternehmensgruppen vor dem 22. 9. 1996 eine grenzübergreifende Unterrichtung und Anhörung der Arbeitnehmer vereinbart worden ist. Ebenso wie bei Vereinbarungen nach §§ 17 ff. müssen die vereinbarten **Unterrichtungsge-**

genstände zumindest auch im Interesse der Arbeitnehmer liegen. Dies sind insbesondere solche Angelegenheiten, die transnationale Auswirkungen auf die Arbeitnehmer haben (vgl. die Vereinbg. bei Bayer, Anh. II 1). Die Anhörung ist im Sinne von »**Meinungsaustausch und Dialog**» mit der vorgesehenen Leitungsebene zu regeln (vgl. Buschak AiB 1996, 208 [213]). Dies setzt voraus, daß die beteiligten Arbeitnehmervertreter zunächst gemeinsam über die ihnen mitgeteilten Angelegenheiten beraten können, bevor sie das Gespräch mit dem Management aufnehmen (vgl. § 1 Rn. 14, § 17 Rn. 7 sowie § 19 Rn. 5; vgl. auch Willemsen/Hohenstatt NZA 1995, 399 [402]). Das Verfahren zur Unterrichtung und Anhörung sollte so ausgestaltet worden sein, daß die Vorschläge oder Bedenken der beteiligten Arbeitnehmervertreter noch berücksichtigt werden können, bevor die unternehmerische Entscheidung getroffen wird (vgl. § 18 Rn. 7, § 19 Rn. 6 sowie die Vereinbg. bei Volkswagen, Anh. II 2). Zwingend ist dies jedoch nicht, zumal die im 20. Erwägungsgrund und im Anhang Nr. 3 RL angesprochene Rechtzeitigkeit der Unterrichtung und Anhörung nur auf den EBR kraft Gesetzes Bezug nimmt (a. A. Hromadka DB 1995, 1125 [1130]; vgl. auch Däubler, in: DKK, EBR-Richtlinie Rn. 102; Willemsen/Hohenstatt a. a. O.). Das Zeitmoment der »Rechtzeitigkeit« läßt sich dem Anhörungsbegriff des § 1 Abs. 4 nicht entnehmen und mußte daher für den EBR kraft Gesetzes ausdrücklich geregelt werden (vgl. § 32 Abs. 1 und § 33 Abs. 1 Satz 1).

8 Im übrigen konnten die Vertragspartner die **freiwillige Vereinbarung** im wesentlichen **privatautonom ausgestalten**, sofern sie sich auf alle Arbeitnehmer erstreckt und eine angemessene Beteiligung der in den einzelnen MS beschäftigten Arbeitnehmer gewährleistet ist (vgl. Rn. 9 ff.). Ein zentrales Unterrichtungs- und Anhörungsgremium der Arbeitnehmervertreter (EBR) konnte ebenso vereinbart werden, wie ein dezentrales Verfahren (vgl. § 19 Rn. 1) oder eine Kombination beider Grundmodelle. Die transnationale Mitwirkung der Arbeitnehmer kann auch hier durch ein gemischt besetztes Gremium gewährleistet werden, das aus Vertretern der Arbeitnehmer und Vertretern des Managements besteht (vgl. Heinze AG 1995, 385 [397] und die Vereinbg. bei Bayer, Anh. II 1). Die Parteien konnten frei darüber entscheiden, ob sie lediglich eine turnusmäßige Unterrichtung und Anhörung pro Kalenderjahr vorsehen wollen oder ob – ggf. zusätzlich – eine Unterrichtung und Anhörung aus konkretem Anlaß erfolgen soll, z. B. wenn außerordentliche grenzübergreifende Maßnahmen geplant werden (vgl. § 33 Abs. 1). Auch die übrigen Inhalte und Verfahrensmodalitäten der freiwilligen Vereinbarung konnten eigenständig von den Parteien gestaltet werden. Hierzu zählen Regelungen über den Geltungsbereich und die Geltungsdauer der Vereinbarung, die Aufgaben und Befugnisse der beteiligten Arbeitnehmervertreter sowie ihre Bestellung, die Geschäftsführung, die Hinzuziehung von Sachverständigen und die Kostentragungspflicht, aber auch Abreden über die Unterstützung durch Gewerkschaftsbeauftragte sowie Schulungs- und Bildungsmaßnahmen (vgl. § 17 Rn. 8 f. sowie die Vereinbg. bei Bayer und Volkswagen, Anh. II). Als sinnvoll erweisen sich auch Regelungen über eine vertrauensvolle Zusammenarbeit, die Wahrung von Betriebs- oder Geschäftsgeheimnissen sowie Schutzbestimmungen für die beteiligten Arbeitnehmervertreter, da die insoweit einschlägigen Regelungen der §§ 38 bis 40 auf freiwillige Vereinbarungen keine Anwendung finden (vgl. Heinze AG 1995, 385 [398]; Däubler, in: DKK, EBR-Richtlinie Rn. 109 sowie die Vereinbg. bei

Bayer und Volkswagen, Anh. II). Ist ein zentrales Arbeitnehmervertretungsgremium (EBR) vereinbart worden, so stand es den Parteien auch frei, sich an den für den EBR kraft Vereinbarung vorgeschlagenen Regelungsinhalten zu orientieren (vgl. Art. 6 Abs. 2 RL – § 18 Abs. 1), sofern dies im Zeitpunkt des Vertragsabschlusses bereits möglich war (vgl. § 18 Rn. 3 ff. und die dort genannten praktischen Beispiele). Dasselbe gilt hinsichtlich der für den EBR kraft Gesetzes normierten Unterrichtungs- und Anhörungsgegenstände (vgl. Anh. Nr. 2 RL – § 32 Abs. 2), die als Orientierungshilfe herangezogen werden konnten, ohne die Parteien insoweit zu binden (vgl. Weiss, in: FS Stahlhacke, 657 [669]).

bb) Erstreckung auf alle Arbeitnehmer – mehrere Vereinbarungen. Der Geltungsbereich der freiwilligen Vereinbarung muß sich nach § 41 Abs. 1 Satz 2 Hs. 1 auf **alle in den MS beschäftigten Arbeitnehmer** des gemeinschaftsweit tätigen Unternehmens oder der Unternehmensgruppe erstrecken (vgl. § 1 Rn. 9). Der Begriff des Arbeitnehmers ist auch hier nach dem Recht des jeweiligen MS zu bestimmen (vgl. Däubler, in: DKK, EBR-Richtlinie Rn. 101; § 4 Rn. 1). Die freiwillige Vereinbarung muß sich daher nicht auf die im Inland beschäftigten leitenden Angestellten i. S. d. § 5 Abs. 3 BetrVG erstrekken (vgl. § 4 Rn. 3). Deren fakultative Einbeziehung konnte aber auch hier entweder auf seiten des Managements oder auf Arbeitnehmerseite vereinbart werden (vgl. Däubler/Klebe AiB 1995, 557 [564]; vgl. auch § 17 Rn. 5 f.). Auch Arbeitnehmer, die in Drittstaaten beschäftigt sind, konnten in den Anwendungsbereich der Vereinbarung einbezogen werden (vgl. § 14). Es reicht aber nicht aus, wenn die Vereinbarung nur Betriebsstätten ab einer bestimmten Beschäftigtenschwelle, z. B. ab mindestens 500 Arbeitnehmern, berücksichtigt (vgl. Hanau, in: FS Vieregge, 319 [327]; Däubler, a. a. O.). Auch reine Vertriebsgesellschaften müssen erfaßt werden (Hornung-Draus Arbeitgeber 1994, 759 [764]). Anderenfalls kann eine gesetzesverdrängende Wirkung der freiwilligen Vereinbarung nicht angenommen werden. 9

§ 41 Abs. 2 Satz 2 stellt klar, daß die grenzübergreifende Unterrichtung und Anhörung der Arbeitnehmer auch durch mehrere Vereinbarungen sichergestellt werden kann. Durch ein **System aufeinander bezogener Vereinbarungen** soll es Unternehmen und Unternehmensgruppen mit besonderen Strukturen, z. B. infolge von Spartenorganisation, Bildung regionaler Schwerpunkte oder unterschiedlicher Organisation, ermöglicht werden, an bereichsspezifischen Gremien oder Verfahren für eine grenzübergreifende Mitwirkung der Arbeitnehmer festhalten zu können (vgl. Willemsen/Hohenstatt NZA 1995, 399 [400]; Hohenstatt EuZW 1995, 169 [171]). Möglich ist daher auch die Aufrechterhaltung einer zunächst auf der Ebene einer Tochtergesellschaft getroffenen Vereinbarung im Rahmen einer später ausgehandelten Gesamtvereinbarung. Aufgrund der erforderlichen Erstreckung auf alle in den MS beschäftigten Arbeitnehmer dürfen aber keine Arbeitnehmer »zwischen« die Vereinbarungen fallen. Wichtig ist insbesondere, daß die **zentrale Leitung einbezogen** worden ist, auch wenn dort nur wenige Arbeitnehmer beschäftigt sind (vgl. Bachner/Nielebock ArbuR 1997, 129 [136]; Däubler, in: DKK, EBR-Richtlinie Rn. 101 m. w. N.). Insoweit genügt es nicht, wenn lediglich mit sämtlichen Tochtergesellschaften Vereinbarungen abgeschlossen worden sind. Werden alle Arbeitnehmer durch die Summe der getroffenen Vereinbarungen erfaßt, so können auf seiten des Managements aber auch unterschied- 10 liche Leitungsebenen zur Unterrichtung und Anhörung der Arbeitnehmer verpflichtet werden (vgl. Heinze AG 1995, 385 [396]).

11 cc) »**Angemessene Beteiligung« der MS im Rahmen der Vereinbarung (§ 41 Abs. 1 Satz 2 Hs. 2).** In Anbetracht der für die zentrale Leitung weitgehend freien Wahl ihres Verhandlungspartners auf Arbeitnehmerseite (vgl. Rn. 5) ist in § 41 Abs. 1 Satz 2 Hs. 2 ausdrücklich normiert, daß die ausgehandelte Vereinbarung den Arbeitnehmern aus denjenigen MS eine angemessene Beteiligung an der Unterrichtung und Anhörung ermöglichen muß, in denen das Unternehmen oder die Unternehmensgruppe einen Betrieb hat (zum Betriebsbegriff vgl. § 10 Rn. 2). Eine **transnationale Beteiligung der Arbeitnehmervertreter ist im Rahmen der freiwilligen Vereinbarung sicherzustellen** (vgl. die Vereinbg. bei Bayer, Anh. II 1). Deshalb muß jeder MS durch einen Arbeitnehmervertreter unmittelbar, zumindest aber mittelbar repräsentiert sein. Es genügt daher nicht, wenn die Arbeitnehmer eines MS, in dem die Voraussetzungen des jeweiligen nationalen Betriebsbegriffs erfüllt sind, deshalb nicht an der grenzübergreifenden Unterrichtung und Anhörung beteiligt sind, weil die insoweit vereinbarten Beschäftigtenschwellen (z. B. mindestens 300 Beschäftigte) nicht erreicht werden (vgl. Däubler, in: DKK, EBR-Richtlinie Rn. 106; sehr weitgehend Hromadka DB 1995, 1125 [1127], der unter bestimmten Voraussetzungen eine rein national besetzte Arbeitnehmervertretung genügen lassen will). Dieser Mangel kann auch nicht dadurch geheilt werden, indem die Vereinbarung vorsieht, daß den dort beschäftigten Arbeitnehmern lediglich über die grenzübergreifende Unterrichtung und Anhörung zu berichten ist (vgl. § 35), ohne daß die Arbeitnehmer selbst an dem Dialog mit der zentralen Leitung angemessen beteiligt sind. Allerdings muß nicht jeder MS, in dem sich z. B. nur ein kleinerer Verkaufs- oder Servicebetrieb befindet, durch einen dort beschäftigten Arbeitnehmer vertreten sein, um eine »angemessene Beteiligung« zu ermöglichen. Insoweit ist es als ausreichend anzusehen, wenn beispielsweise mehrere MS zu regionalen (z. B. »Benelux«) oder fachlichen (z. B. »Vertrieb«) **Entsendekreisen** zusammengefaßt werden mit der Folge, daß die dort beschäftigten Arbeitnehmer durch einen gemeinsamen Vertreter repräsentiert sind (vgl. Däubler, a. a. O.; Bachner/Nielebock ArbuR 1997, 129 [135 f.]; vgl. auch BT-Drucks. 13/5608 v. 25. 9. 1996, S. 33). Ein völliger Ausschluß einzelner MS ist mit § 41 Abs. 1 Satz 2 Hs. 2 aber nicht vereinbar.

12 **2. Rechtsfolgen.** Erfüllt eine vor dem 22. 9. 1996 getroffene Vereinbarung die in § 41 vorgesehenen Voraussetzungen, so sind die **Bestimmungen des EBRG weitgehend nicht anwendbar** (zu den Ausnahmen vgl. Rn. 3). Dies gilt jedenfalls solange die Vereinbarung wirksam ist, also nicht durch Zeitablauf oder Kündigung endet. Solange die Vereinbarung besteht, können die Arbeitnehmer oder ihre Vertreter auch nach Inkrafttreten des EBRG am 1. 11. 1996 keinen rechtswirksamen Antrag auf Bildung des BVG stellen (vgl. § 9), um mit der zentralen Leitung eine Vereinbarung nach §§ 17 ff. auszuhandeln (vgl. Rademacher, S. 158; Wuttke DB 1995, 774 [775]). Nicht anwendbar sind auch die Vorschriften über den EBR kraft Gesetzes (§§ 21 bis 36) sowie die »Grundsätze der Zusammenarbeit und Schutzbestimmungen« (§§ 38 bis 40). Vereinbarungen, welche die Voraussetzungen nicht erfüllen, bestehen nach schuldrechtlichen Grundsätzen nach Inkrafttreten des EBRG zunächst ebenfalls fort (vgl. aber Hromadka DB 1995, 1125 [1130], der einen wichti-

gen Grund zur Kündigung annimmt). Sie können aber nicht verhindern, daß die Arbeitnehmer nach § 9 Verhandlungen über eine Vereinbarung nach §§ 17 ff. einleiten können (vgl. Däubler, in: DKK, EBR-Richtlinie Rn. 103; Rademacher a. a. O.). Läßt sich die zentrale Leitung nicht auf Verhandlungen mit dem BVG ein, ist unter den Voraussetzungen des § 21 Abs. 1 ein EBR kraft Gesetzes zu errichten.

III. Möglichkeiten zur Nachbesserung, Anpassung und Verlängerung der Vereinbarung (Abs. 2 bis 5)

§ 41 Abs. 3 sieht **Nachbesserungsmöglichkeiten** für den Fall vor, daß am 13
Stichtag, dem 22. 9. 1996, nicht alle Arbeitnehmer vom Anwendungsbereich der freiwilligen Vereinbarung erfaßt sind (dafür schon Hromadka DB 1995, 1125 [1127]). Eine Nachbesserung ist z.B. dann möglich, wenn ein MS, in dem sich ein kleinerer Betrieb befindet, versehentlich nicht einbezogen worden ist oder neue Betriebe oder Unternehmen erst kurz vor dem Stichtag erworben wurden und deshalb bei Vertragsschluß noch nicht berücksichtigt werden konnten. Innerhalb der vorgesehenen **Frist von sechs Monaten** nach dem Stichtag können auch bislang nur auf der Ebene einer Tochtergesellschaft bestehende Vereinbarungen auf die gesamte Unternehmensgruppe und alle dort beschäftigten Arbeitnehmer erstreckt werden. Als Parteien sind insbesondere die zentrale Leitung und die bisher im Rahmen der Vereinbarung beteiligten Arbeitnehmervertreter (vgl. Rn. 3) berufen, die erforderlichen Vertragsänderungen zu vereinbaren (vgl. Bachner/Nielebock ArbuR 1997, 129 [136]).

Nach § 41 Abs. 4 können freiwillige Vereinbarungen auch nach dem 22. 9. 14
1996 an Änderungen der Struktur des Unternehmens oder der Unternehmensgruppe sowie die Zahl der beschäftigten Arbeitnehmer vertraglich angepaßt werden (vgl. § 18 Rn. 10). Durch eine **Anpassung** können die Parteien den Anwendungsbereich der freiwilligen Vereinbarung aktualisieren und dafür Sorge tragen, daß eine »angemessene Beteiligung« der in den einzelnen MS beschäftigten Arbeitnehmer (vgl. Rn. 11) gewährleistet bleibt (vgl. die 2. und 3. Protokollnotiz zur Erweiterung des Europäischen Volkswagen-Konzernbetriebsrats, Anh. II 2).

Ist in der freiwilligen Vereinbarung eine zeitlich begrenzte Laufzeit vorgese- 15
hen, so kann nach § 41 Abs. 5 bis zum Fristablauf vereinbart werden, die **Vereinbarung** zu **verlängern** (vgl. Art. 13 Abs. 2 RL). Im Hinblick auf den Anwendungsbereich und die im Rahmen der Vereinbarung zu beteiligenden Arbeitnehmervertreter ist den aktuellen Gegebenheiten Rechnung zu tragen. Wird keine Fortgeltung vereinbart, so können die Arbeitnehmer ihre grenzübergreifende Unterrichtung und Anhörung nur nach dem im EBRG vorgesehenen Verfahren und unter den dort normierten Voraussetzungen realisieren.

IV. Übergangsbestimmung (Abs. 6)

Wie bei Vereinbarungen nach §§ 17 ff. soll die **Kontinuität der grenzübergrei-** 16
fenden Unterrichtung und Anhörung gewährleistet werden, wenn die freiwil-

lige Vereinbarung z.B. durch Zeitablauf oder durch Kündigung endet (vgl. § 20 Rn. 1 f.). In diesem Fall ordnet § 41 Abs. 6 Satz 1 eine vorübergehende Fortgeltung der Vereinbarung an, wenn vor dem Zeitpunkt ihrer rechtlichen Beendigung das **Antrags- oder Initiativrecht nach § 9 Abs. 1** ausgeübt worden ist (vgl. Engels/Müller DB 1996, 981 [988]). Aus Praktikabilitäts- und Kostengründen wird auch einem aufgrund der Vereinbarung bestehenden Arbeitnehmervertretungsgremium gestattet, die Bildung des BVG zu beantragen (§ 41 Abs. 6 Satz 2). Wird das Antrags- oder Initiativrecht ausgeübt, so endet die Fortgeltung der Vereinbarung, wenn sie durch eine Vereinbarung nach §§ 17 ff. ersetzt worden ist, ein EBR kraft Gesetzes nach § 21 Abs. 1 errichtet worden ist oder das BVG nach § 15 Abs. 1 beschlossen hat, künftig auf eine grenzübergreifende Unterrichtung und Anhörung der Arbeitnehmer zu verzichten (§ 41 Abs. 6 Sätze 3 und 4).

V. Streitigkeiten

17 Meinungsverschiedenheiten **über die rechtliche Wirksamkeit einer freiwilligen Vereinbarung** und ihre Auslegung sowie über Art und Umfang der grenzübergreifenden Unterrichtung und Anhörung sind von den Arbeitsgerichten im Beschlußverfahren zu entscheiden. Auch bei einer Vereinbarung nach § 41 liegt eine Angelegenheit aus dem EBRG vor, für die die Gerichte für Arbeitssachen nach § 2a Abs. 1 Nr. 3b ArbGG ausschließlich zuständig sind (zur Antragsbefugnis und zum vorläufigen Rechtsschutz vgl. § 17 Rn. 11). **Örtlich zuständig** ist nach § 82 Satz 5 ArbGG das Arbeitsgericht am Sitz des Unternehmens, das die jeweilige freiwillige Vereinbarung mit den Arbeitnehmervertretern geschlossen hat. Dabei muß es sich nicht immer um das Arbeitsgericht handeln, in dessen Bezirk die zentrale Leitung liegt (vgl. Rn. 10). Demgegenüber sind Streitigkeiten im Zusammenhang mit einem Antrag auf Bildung des BVG stets am Sitz der zentralen Leitung zu entscheiden (vgl. § 9 Rn. 8).

Siebter Teil **Besondere Vorschriften; Straf- und Bußgeldvorschriften**

§ 42 Errichtungs- und Tätigkeitsschutz

Niemand darf

1. **die Bildung des besonderen Verhandlungsgremiums (§ 9) oder die Errichtung eines Europäischen Betriebsrats (§§ 18, 21 Abs. 1) oder die Einführung eines Verfahrens zur Unterrichtung und Anhörung (§ 19) behindern oder durch Zufügung oder Androhung von Nachteilen oder durch Gewährung oder Versprechen von Vorteilen beeinflussen,**
2. **die Tätigkeit des besonderen Verhandlungsgremiums, eines Europäischen Betriebsrats oder der Arbeitnehmervertreter im Rahmen eines Verfahrens zur Unterrichtung und Anhörung behindern oder stören oder**
3. **ein Mitglied oder Ersatzmitglied des besonderen Verhandlungsgremiums oder eines Europäischen Betriebsrats oder einen Arbeitnehmervertreter im**

Rahmen eines Verfahrens zur Unterrichtung und Anhörung um seiner Tätigkeit willen benachteiligen oder begünstigen.

ÜBERSICHT

1 **1. Allgemeines.** Der Siebte Teil des EBRG enthält Straf- und Bußgeldvorschriften, die neben dem arbeitsgerichtlichen Rechtsschutz (vgl. Art. 2) ein ordnungsgemäßes Funktionieren der grenzübergreifenden Unterrichtung und Anhörung der Arbeitnehmer sicherstellen sollen (vgl. Art. 11 Abs. 1, 3 und 4 RL). Für Straftaten und Ordnungswidrigkeiten nach den §§ 42 bis 45 sind die ordentlichen Gerichte zuständig. Die Vorschriften orientieren sich inhaltlich im wesentlichen an den §§ 119 bis 121 BetrVG, entsprechen aber der heute im Nebenstrafrecht üblichen Bewehrungstechnik, nach der u.a. die höchste Strafandrohung voranzustellen ist und innerhalb der Strafvorschriften eine Aufteilung in Grundtatbestand, Qualifikation und Antragserfordernis vorzunehmen ist. Die **Verbotsnormen des § 42** beziehen sich auf die Behinderung oder rechtswidrige Beeinflussung der Errichtung der Arbeitnehmervertretungsgremien (BVG, EBR) oder der Einführung eines Verfahrens zur grenzübergreifenden Unterrichtung und Anhörung nach § 19, die Störung oder Behinderung der Tätigkeit der Gremien oder des vereinbarten Verfahrens und die Benachteiligung oder Begünstigung der beteiligten Arbeitnehmervertreter. Sie richten sich nicht nur gegen die zentrale Leitung, sondern gegen jedermann, also gegen Arbeitgeber, Arbeitnehmer, leitende Angestellte und auch gegen außenstehende Dritte. **Zuwiderhandlungen** gegen die Verbotsnormen werden unter den Voraussetzungen des § 44 Abs. 1 Nr. 2, Abs. 3 bestraft (vgl. § 44 Rn. 3). Nicht geschützt ist die grenzübergreifende Unterrichtung und Anhörung, soweit sie im Rahmen einer sog. freiwilligen Vereinbarung vorgesehen worden ist, weil § 41 in den Geltungsbereich des § 42 nicht einbezogen worden ist.

2 **2. Die einzelnen Verbotsnormen (Nr. 1 bis 3). § 42 Nr. 1** schützt die unbeeinflußte Bildung des BVG (§ 9), die Errichtung eines EBR kraft Vereinbarung (§ 18) oder kraft Gesetzes (§ 21 Abs. 1) oder die Einführung eines Verfahrens zur grenzübergreifenden Unterrichtung und Anhörung der Arbeitnehmer (§ 19). Verboten ist es z.B., wenn die zentrale Leitung nach einem wirksamen Antrag auf Bildung des BVG ihre nach § 9 Abs. 3 bestehenden Unterrichtungspflichten nicht erfüllt und dadurch die Wahl oder Benennung der auf die einzelnen MS entfallenden Mitglieder des BVG behindert oder sogar verhindert wird. Verboten ist es auch, die Bestellung der Mitglieder des BVG oder eines EBR (§ 11; § 23 – auch i.V.m. § 18 Abs. 2) dadurch zu beeinflussen, daß Mitgliedern der nationalen Bestellungsgremien Nachteile zugefügt oder angedroht werden (z.B. Kündigung, Versetzung auf einen schlechteren Arbeitsplatz). Auch die Gewährung oder das Versprechen von Vorteilen (z.B. Lohn- oder Gehaltserhöhung, Versetzung auf einen besseren Arbeitsplatz, Geschenke) sind zum Zweck der Wahlbeeinflussung verboten. Ferner darf die Konstituierung des BVG und der im Rahmen einer grenzübergreifenden

Unterrichtung und Anhörung beteiligten Arbeitnehmervertreter nicht behindert werden (vgl. § 13 Abs. 1 Satz 1, § 25 Abs. 1 Satz 1).

3 § 42 **Nr. 2** verbietet es, die Tätigkeit der dort genannten Gremien (BVG, EBR) oder die Durchführung des nach § 19 vereinbarten Verfahrens zur Unterrichtung und Anhörung der Arbeitnehmer zu behindern oder zu stören. Verboten ist demnach jede Maßnahme, die einen unzulässigen Eingriff in die Geschäftsführung dieser Stellen oder eine Behinderung oder Verhinderung der Ausübung ihrer aus dem EBRG abzuleitenden Aufgaben oder Tätigkeiten darstellt (zu § 119 BetrVG vgl. FKHE Rn. 6). Eine Behinderung oder Störung ist z.B. dann anzunehmen, wenn die zentrale Leitung für Sitzungen keine Räume oder keine Dolmetscher zur Verfügung stellt (vgl. § 16 Abs. 1 Satz 3 Hs. 1, § 30 Satz 3) oder einzelne Arbeitnehmervertreter von ihren jeweiligen Arbeitgebern keine Freistellung erhalten, um an den Sitzungen mit den anderen europäischen Arbeitnehmervertretern teilnehmen zu können. Der zentralen Leitung und den an ihrer Stelle handelnden Personen ist es auch verboten, die nach §§ 17 ff. vereinbarten oder die sich aus §§ 32, 33 Abs. 1 ergebenden Mitwirkungsrechte beharrlich zu mißachten (zu § 119 BetrVG vgl. Trümner, in: DKK, Rn. 12; FKHE a.a.O.). Demgegenüber fällt die Verletzung einer Auskunftspflicht nicht unter § 42 Nr. 2. Verletzt die zentrale Leitung ihre nach § 5 Abs. 1 bestehende Auskunftspflicht über die Arbeitnehmerzahlen oder die gegenüber dem EBR kraft Gesetzes nach § 32 Abs. 1 oder § 33 Abs. 1 Satz 1 bestehenden Unterrichtungspflichten, so kann »lediglich« ein Bußgeld nach § 45 verhängt werden. Es kann deshalb auch nicht davon ausgegangen werden, daß die Verletzung einer nach §§ 17 ff. vereinbarten Unterrichtungspflicht, die nicht einmal mit einer Geldbuße nach § 45 sanktioniert wird, gegen die Verbotsnorm verstößt und strafrechtliche Sanktionen nach sich ziehen kann.

4 Nach § **42 Nr. 3** ist es nicht erlaubt, ein Mitglied oder ein Ersatzmitglied der dort genannten Gremien (BVG, EBR) oder einen im Rahmen des Verfahrens zur Unterrichtung und Anhörung nach § 19 beteiligten Arbeitnehmervertreter um seiner Tätigkeit willen zu benachteiligen oder zu begünstigen (vgl. § 40 Rn. 4). Die Verbotsnorm und der damit verbundene Straftatbestand des § 44 Abs. 1 Nr. 2 schützt die innere Unabhängigkeit und die unparteiische Amtsführung der Arbeitnehmervertreter. Diese dürfen im Vergleich zu anderen Arbeitnehmern des Betriebs, in dem sie beschäftigt sind, weder schlechter noch besser gestellt werden, sofern dies nicht aus sachlichen oder in der Person des Betroffenen liegenden Gründen, sondern wegen ihrer aus dem EBRG abzuleitenden Funktion erfolgt. Verboten ist z. B. sowohl eine sachlich nicht gerechtfertigte Zuweisung einer weniger angenehmen Arbeit oder die Versetzung auf einen geringer bezahlten Arbeitsplatz als auch eine sachlich unbegründete tarifliche Höhergruppierung oder die Gewährung zusätzlichen Urlaubs.

§ 43 Strafvorschriften

(1) Mit Freiheitsstrafe bis zu zwei Jahren oder mit Geldstrafe wird bestraft, wer entgegen § 39 Abs. 2 Satz 1 oder 2, jeweils auch in Verbindung mit Absatz 3, ein Betriebs- oder Geschäftsgeheimnis verwertet.

(2) Die Tat wird nur auf Antrag verfolgt.

Die Strafvorschrift steht im Zusammenhang mit der in § 44 Abs. 1 Nr. 1 strafbewehrten Offenbarung eines Betriebs- oder Geschäftsgeheimnisses (vgl. § 44 Rn. 1). § 43 Abs. 1 sieht eine erhöhte Strafandrohung in den Fällen vor, in denen der Täter ein **Betriebs- oder Geschäftsgeheimnis verwertet**, d. h. das Geheimnis für eigene wirtschaftliche Zwecke ausnutzt, ohne es zu offenbaren (zu § 120 BetrVG vgl. GK-Oetker Rn. 43; FKHE Rn. 3; SW Rn. 9). Offenbart der Täter das Betriebs- oder Geschäftsgeheimnis zum Zwecke der Verwertung, so handelt er in der Absicht sich zu bereichern, so daß der Qualifikationstatbestand des § 44 Abs. 2 eingreift (zu § 120 BetrVG vgl. GK-Oetker a. a. O.). Ebenso wie die Offenbarung ist auch die Verwertung nur strafbar, wenn sie unbefugt erfolgt, also ohne Zustimmung des Geheimnisträgers vorgenommen wird (vgl. § 44 Rn. 1). Mit Freiheitsstrafe bis zu zwei Jahren oder Geldstrafe kann nur bestraft werden, wer das Betriebs- oder Geschäftsgeheimnis vorsätzlich verwertet (vgl. § 44 Rn. 2). Die Strafverfolgung setzt gemäß § 43 Abs. 2 einen **Strafantrag** voraus (vgl. § 158 StPO), der von der durch die Tat betroffenen zentralen Leitung gestellt werden kann.

§ 44 Strafvorschriften

(1) Mit Freiheitsstrafe bis zu einem Jahr oder mit Geldstrafe wird bestraft, wer
1. **entgegen § 39 Abs. 2 Satz 1 oder 2, jeweils auch in Verbindung mit Absatz 3, ein Betriebs- oder Geschäftsgeheimnis offenbart oder**
2. **einer Vorschrift des § 42 über die Errichtung der dort genannten Gremien oder die Einführung des dort genannten Verfahrens, die Tätigkeit der dort genannten Gremien oder der Arbeitnehmervertreter oder über die Benachteiligung oder Begünstigung eines Mitglieds oder Ersatzmitglieds der dort genannten Gremien oder eines Arbeitnehmervertreters zuwiderhandelt.**

(2) Handelt der Täter in den Fällen des Absatzes 1 Nr. 1 gegen Entgelt oder in der Absicht, sich oder einen anderen zu bereichern oder einen anderen zu schädigen, so ist die Strafe Freiheitsstrafe bis zu zwei Jahren oder Geldstrafe.

(3) Die Tat wird nur auf Antrag verfolgt. In den Fällen des Absatzes 1 Nr. 2 sind das besondere Verhandlungsgremium, der Europäische Betriebsrat, die Mehrheit der Arbeitnehmervertreter im Rahmen eines Verfahrens zur Unterrichtung und Anhörung, die zentrale Leitung oder eine im Betrieb vertretene Gewerkschaft antragsberechtigt.

ÜBERSICHT

1. Strafbarkeit bei Offenbarung eines Betriebs- oder Geschäftsgeheimnisses (Abs. 1 Nr. 1, Abs. 2 und Abs. 3 Satz 1). Die Strafvorschrift des § 44 Abs. 1 Nr. 1 bezieht sich auf die Verschwiegenheitspflicht nach § 39 Abs. 2 Sätze 1 und 2 sowie Abs. 3. Es muß also zunächst ein Betriebs- oder Geschäftsgeheimnis vorliegen (§ 39 Rn. 2), das die zentrale Leitung oder eine andere befugte Leitungsebene ausdrücklich als geheimhaltungsbedürftig bezeichnet hat (§ 39 Rn. 4) und das einem Mitglied des EBR, des BVG oder einem 1 anderen in § 39 Abs. 3 genannten Funktionsträger (§ 39 Rn. 6) in seiner amtlichen Eigenschaft mitgeteilt worden ist (§ 39 Rn. 5). Bestraft wird die **unbefugte Offenbarung** (§ 39 Rn. 7), d. h. die ohne Zustimmung des Geheimnisträgers erfolgte Mitteilung an Personen (unberechtigte Dritte), auf die sich die in § 39 Abs. 2 Sätze 3 und 4 – auch i. V. m. Abs. 4 – geregelten Ausnahmen von der Schweigepflicht nicht erstrecken (§ 39 Rn. 8). Nimmt die zentrale Leitung oder eine andere befugte Leitungsebene ihre Erklärung der Geheimhaltungsbedürftigkeit zurück, kommt eine Strafbarkeit nicht mehr in Betracht.

2 Die Strafbarkeit setzt eine **vorsätzliche Begehung der Straftat** voraus, weil eine strafrechtliche Ahndung wegen Fahrlässigkeit nicht ausdrücklich angeordnet ist (vgl. § 15 StGB). Vorsätzliche Verstöße gegen die Verschwiegenheitspflicht werden als Vergehen mit Freiheitsstrafe bis zu einem Jahr oder mit Geldstrafe geahndet. Der Versuch ist straflos (vgl. § 23 Abs. 1 StGB). Eine Strafverschärfung ist im **Qualifikationstatbestand des § 44 Abs. 2** in den Fällen vorgesehen, in denen der Täter gegen Entgelt oder in der Absicht handelt, sich oder einer anderen Person einen Vermögensvorteil zu verschaffen (zur Strafbarkeit bei Verwertung eines Betriebs- oder Geschäftsgeheimnisses vgl. Erl. zu § 43). Gleiches gilt, wenn der Täter in der Absicht handelt, einem anderen, insbesondere dem Unternehmen oder der Unternehmensgruppe Schaden zuzufügen. In diesen Fällen kann auf Freiheitsstrafe bis zu zwei Jahren oder Geldstrafe erkannt werden. Die Strafverfolgung erfolgt auch hier nicht von Amts wegen, sondern setzt nach § 44 Abs. 3 Satz 1 einen **Strafantrag** voraus (vgl. § 158 StPO), der von der durch die Tat betroffenen zentralen Leitung gestellt werden kann.

3 **2. Strafbarkeit bei Verstößen gegen die Verbotsnormen des § 42 (Abs. 1 Nr. 2, Abs. 3).** Wer gegen eine der in § 42 Nr. 1 bis 3 geregelten Verbotsnormen (§ 42 Rn. 2 ff.) verstößt, wird gemäß § 44 Abs. 1 Nr. 2 mit Freiheitsstrafe bis zu einem Jahr oder mit Geldstrafe bestraft. Die Strafbarkeit setzt eine **vorsätzliche Begehung der Straftat** voraus. Fahrlässigkeit und Versuch bleiben straflos. Die Strafverfolgung erfordert auch hier einen **Strafantrag.** Antragsberechtigt sind nach § 44 Abs. 3 Satz 2 die jeweils von der Straftat betroffenen Arbeitnehmervertretungsgremien (BVG, EBR) oder die Mehrheit der im Rahmen eines Verfahrens zur Unterrichtung und Anhörung (§ 19) beteiligten Arbeitnehmervertreter. Die Strafverfolgung kann aber auch durch Strafantrag der zentralen Leitung oder einer im Betrieb vertretenen Gewerkschaft eingeleitet werden.

§ 45 Bußgeldvorschriften

(1) Ordnungswidrig handelt, wer

1. **entgegen § 5 Abs. 1 eine Auskunft nicht, nicht richtig, nicht vollständig oder nicht rechtzeitig erteilt oder**
2. **entgegen § 32 Abs. 1 oder § 33 Abs. 1 Satz 1 oder Abs. 2 Satz 1 den Europäischen Betriebsrat oder den Ausschuß nach § 26 Abs. 1 nicht, nicht richtig, nicht vollständig, nicht in der vorgeschriebenen Weise oder nicht rechtzeitig unterrichtet.**

(2) Die Ordnungswidrigkeit kann mit einer Geldbuße bis zu dreißigtausend Deutsche Mark geahndet werden.

ÜBERSICHT

1 **1. Normzweck und Normadressat.** Der Tatbestand faßt die **Aufklärungs- und Unterrichtungspflichten der zentralen Leitung** in einer besonderen Vorschrift zusammen, **deren Verletzung als Ordnungswidrigkeit mit einer Geldbuße geahndet wird.** Die Sanktionsnorm dient dem Schutz der in § 45 Abs. 1 aufgeführten Informationsrechte einer – betrieblichen – Arbeitnehmervertretung (§ 5 Rn. 2), des EBR kraft Gesetzes oder des an seiner Stelle handelnden Ausschusses (§ 33 Abs. 2 Satz 1). Die Sanktionierung erklärt sich zum einen daraus, daß die Arbeitnehmer die aktuellen Beschäftigtenzahlen erhalten müssen, um beurteilen zu können, ob das Verfahren zu ihrer grenzübergreifenden Unterrichtung und Anhörung eingeleitet werden kann (vgl. § 5 Rn. 1). Darüber hinaus berücksichtigt der Ordnungswidrigkeitentatbestand, daß eine Verletzung der für den EBR kraft Gesetzes oder seinen Ausschuß bestehenden Unterrichtungsrechte (§ 32 Abs. 1, § 33 Abs. 1 Satz 1 – auch i.V.m. Abs. 2 Satz 1) nicht die zivilrechtliche Unwirksamkeit der von der zentralen Leitung durchgeführten Maßnahmen zur Folge hat (vgl. § 33 Rn. 6). Die Aufzählung der Unterrichtungspflichten, deren Verletzung ordnungswidrig ist, ist abschließend und kann wegen des auch im Ordnungswidrigkeitenrecht geltenden strafrechtlichen Analogieverbots nicht auf die Verletzung anderer, nicht genannter Informationspflichten ausgedehnt werden (zu § 121 BetrVG vgl. Trümner, in: DKK, Rn. 2; GK-Oetker, Rn. 10 jeweils m.w.N.). Ordnungswidrig können nur die im Inland ansässige zentrale Leitung, ihre Organmitglieder und vertretungsberechtigten Gesellschafter oder die von ihr beauftragten Personen (§ 9 Abs. 2 OWiG) handeln, da die Auskunfts- und Unterrichtungspflichten allein die zentrale Leitung treffen.

2 **2. Verletzung der Auskunfts- und Unterrichtungspflichten.** Die Verhängung einer Geldbuße kann zunächst dann in Betracht kommen, wenn die im Inland liegende zentrale Leitung ihre Auskunftspflicht **über die durchschnittliche Gesamtzahl der Arbeitnehmer** und ihre Verteilung auf die MS, die Unternehmen und Betriebe sowie über die Struktur des Unternehmens oder der Unternehmensgruppe verletzt (§ 5 Abs. 1). Dies gilt auch dann, wenn diese Auskünfte von einer in einem anderen MS bestehenden Arbeitnehmervertretung verlangt werden (vgl. § 5 Rn. 2). Eine Ordnungswidrigkeit kann auch dann vorliegen, wenn die zentrale Leitung im Rahmen einer turnusmäßigen Unterrichtung und Anhörung oder, wenn außergewöhnliche Umstände eintreten, gegen die **für den EBR kraft Gesetzes** oder den Ausschuß nach § 32 Abs. 1 oder § 33 Abs. 1 Satz 1 – auch i.V.m. Abs. 2 Satz 1 – **gesetzlich geregelten Unterrichtungspflichten** verstößt (vgl. § 32 Rn. 4 ff., § 33 Rn. 1 f. und Rn. 4). Demgegenüber kann die Verletzung der nach §§ 17 ff. oder im Rahmen einer freiwilligen Vereinbarung nach § 41 vorgesehenen Unterrichtungspflichten nicht mit einer Geldbuße geahndet werden. Dasselbe gilt für Verstöße der zentralen Leitung gegen ihre nach § 12 Satz 2 und § 24 Satz 2 bestehenden Informationspflichten.

3 **Ordnungswidrig** ist nach § 45 Abs. 1 das völlige Unterlassen der Informationen, die wahrheitswidrige, die unvollständige und die verspätete Unterrichtung. Die Auskunft oder Unterrichtung muß so vollständig sein, wie es deren Zweck erfordert (zu § 121 BetrVG vgl. FKHE Rn. 4). Die Angaben über die Beschäftigtenzahlen nach § 5 Abs. 1 müssen innerhalb einer angemessenen Frist erteilt werden und eine zuverlässige Beurteilung darüber ermöglichen, ob das Unternehmen oder die Unternehmensgruppe i. S. d. § 3 gemeinschaftsweit tätig ist und ein Antrag der Arbeitnehmer oder ihrer Vertreter auf Bildung des BVG nach § 9 sinnvoll ist. § 32 Abs. 1 und § 33 Abs. 1 Satz 1 verlangen ausdrücklich eine rechtzeitige Information des EBR kraft Gesetzes oder des Ausschusses, die es den Arbeitnehmervertretungsgremien ermöglicht, etwaige Vorschläge oder Bedenken vorzutragen, bevor eine unternehmerische Entscheidung getroffen wird (vgl. § 32 Rn. 2, § 33 Rn. 2). Ordnungswidrig handelt die zentrale Leitung auch dann, wenn sie den EBR oder den Ausschuß »nicht in der vorgeschriebenen Weise unterrichtet« (§ 45 Abs. 1 Nr. 2), insbesondere die zur Beurteilung einer geplanten Maßnahme erforderlichen Unterlagen nicht vorgelegt werden.

4 Es wird nur eine **vorsätzliche Verletzung** der Auskunfts- und Unterrichtungspflichten geahndet. Der versuchte Verstoß (§ 13 Abs. 2 OWiG) bleibt ebenso straflos wie Fahrlässigkeit (§ 10 OWiG; zur fahrlässigen Verletzung von Aufsichtspflichten vgl. § 130 OWiG). Fehlendes Unrechtsbewußtsein schließt die Ordnungswidrigkeit nach § 45 nur aus, wenn der Irrtum nicht vorwerfbar ist (§ 11 Abs. 2 OWiG). Der zentralen Leitung wird aber regelmäßig die Unkenntnis der ihr obliegenden Informationspflichten zum Vorwurf gemacht werden können (zu § 121 BetrVG vgl. Trümner, in: DKK, Rn. 20; FKHE Rn. 5; DR Rn. 15). Die **Verfolgung der Ordnungswidrigkeit** liegt im pflichtgemäßen Ermessen (§ 47 Abs. 1 OWiG) der zuständigen Verwaltungsbehörde (§§ 35 ff. OWiG). Um eine Ahndung tatsächlich herbeizuführen, ist den in ihren Informationsrechten verletzten Arbeitnehmervertretungsgremien zu raten, eine Anzeige zu erstatten (§ 158 Abs. 1 StPO i. V. m. § 46 Abs. 1 OWiG).

5 **3. Verhängung der Geldbuße.** Die **Höhe der Geldbuße** beträgt mindestens 5 DM (§ 17 Abs. 1 OWiG) und höchstens 30 000 DM (§ 45 Abs. 2). Die Verwaltungsbehörde hat bei der Zumessung der Geldbuße die Bedeutung der Ordnungswidrigkeit, die Schwere des Vorwurfs und die wirtschaftlichen Verhältnisse des Täters zu berücksichtigen (§ 17 Abs. 3 OWiG). Liegt im Ausnahmefall gleichzeitig eine strafbare Handlung vor (vgl. § 42 Rn. 3), so ist eine Geldbuße nur zu verhängen, wenn keine Bestrafung erfolgt (§ 21 OWiG). Gegen den **Bußgeldbescheid** (§§ 65, 66 OWiG) kann innerhalb von zwei Wochen nach Zustellung schriftlich oder zur Niederschrift bei der Verwaltungsbehörde, die den Bußgeldbescheid erlassen hat, Einspruch eingelegt werden (§ 67 Abs. 1 Satz 1 OWiG). In diesem Falle entscheidet das Amtsgericht, in dessen Bezirk die Verwaltungsbehörde ihren Sitz hat (§ 68 Abs. 1 Satz 1 OWiG).

Artikel 2 **Änderung des Arbeitsgerichtsgesetzes**

Das Arbeitsgerichtsgesetz in der Fassung der Bekanntmachung vom 2. Juli 1979 (BGBl. I S. 853, 1036), zuletzt geändert durch Artikel 3 Abs. 12 des Gesetzes vom 28. Oktober 1996 (BGBl. I S. 1546), wird wie folgt geändert:

1. **In § 2a Abs. 1 wird nach Nummer 3a folgende Nummer 3b eingefügt:**
   »3b. Angelegenheiten aus dem Gesetz über Europäische Betriebsräte, soweit nicht für Maßnahmen nach seinen §§ 43 bis 45 die Zuständigkeit eines anderen Gerichts gegeben ist;«.
2. **§ 10 wird wie folgt geändert:**
   a) **Die Angabe »3a« wird durch die Angabe »3b« ersetzt.**
   b) **Nach dem Wort »Rechtsverordnungen« werden die Wörter »sowie dem Gesetz über Europäische Betriebsräte« eingefügt.**
3. **In § 82 werden nach Satz 3 folgende Sätze 4 und 5 angefügt:**
   »In Angelegenheiten eines Europäischen Betriebsrats, im Rahmen eines Verfahrens zur Unterrichtung und Anhörung oder des besonderen Verhandlungsgremiums ist das Arbeitsgericht zuständig, in dessen Bezirk das Unternehmen oder das herrschende Unternehmen nach § 2 des Gesetzes über Europäische Betriebsräte seinen Sitz hat. Bei einer Vereinbarung nach § 41 des Gesetzes über Europäische Betriebsräte ist der Sitz des vertragschließenden Unternehmens maßgebend.«
4. **In § 83 Abs. 3 werden nach dem Wort »Rechtsverordnungen« die Wörter »sowie dem Gesetz über Europäische Betriebsräte« eingefügt.**

Artikel 2 des Artikelgesetzes enthält die erforderlichen Änderungen und Ergänzungen des Arbeitsgerichtsgesetzes, durch die der arbeitsgerichtliche Rechtsweg eröffnet und systemgerecht ausgestaltet wird (vgl. Engels/Müller DB 1996, 981 [988]). Durch die Nr. 1 bis 4 wird Artikel 11 Abs. 3 und Abs. 4 Satz 1 RL entsprochen, der verlangt, daß ein **gerichtlicher Rechtsschutz** vorhanden sein muß, mit dessen Hilfe die Erfüllung der sich aus dem EBRG ergebenden Verpflichtungen durchgesetzt werden kann. **1**

Nr. 1: Durch die Einfügung der Nr. 3b in § 2a Abs. 1 ArbGG wird die ausschließliche **Zuständigkeit der Gerichte für Arbeitssachen** in Angelegenheiten aus dem EBRG begründet, soweit nicht für die in Artikel 1 §§ 42 bis 45 normierten Straf- und Bußgeldvorschriften die Zuständigkeit der ordentlichen Gerichte gegeben ist (vgl. § 42 Rn. 1). Wie in Angelegenheiten aus dem Betriebsverfassungsgesetz und aus Gesetzen im Bereich der unternehmensbezogenen Mitbestimmung findet das **Beschlußverfahren** (§§ 80ff. ArbGG) Anwendung. **2**

Nr. 2: Mit den in Buchstaben a) und b) vorgesehenen Änderungen des § 10 ArbGG wird sichergestellt, daß auch die nach dem EBRG beteiligten Personen und Stellen, z.B. das BVG und der EBR, **Beteiligte** im arbeitsgerichtlichen Beschlußverfahren sein können. **3**

Nr. 3: In Angelegenheiten eines EBR (Art. 1 §§ 18, 21 ff.), im Rahmen eines Verfahrens zur grenzübergreifenden Unterrichtung und Anhörung der Arbeitnehmer (Art. 1 § 19) oder des BVG (Art. 1 §§ 8 ff.) ist nach der Ergänzung des § 82 ArbGG das **Arbeitsgericht örtlich zuständig**, in dessen Bezirk das inländische Unternehmen oder das im Inland liegende herrschende Unternehmen einer Unternehmensgruppe (Art. 1 § 2 Abs. 1 und 2) seinen Sitz hat. Bei einer freiwilligen Vereinbarung nach Artikel 1 § 41 ist der Sitz des Unterneh- **4**

mens maßgebend, das die grenzübergreifende Unterrichtung und Anhörung mit den Arbeitnehmervertretern vereinbart hat.

5 **Nr. 4:** Durch die Einfügung in § 83 Abs. 3 ArbGG wird für das Beschlußverfahren klargestellt, daß auch nach dem EBRG der Arbeitgeber, die Arbeitnehmer und die Stellen **anzuhören** sind, die im einzelnen Falle beteiligt sind.

Artikel 3 **Inkrafttreten**

Dieses Gesetz tritt am Tage nach der Verkündung in Kraft.

Das unter dem 28. 10. 1996 ausgefertigte **Artikelgesetz** ist am 31. 10. 1996 im Bundesgesetzblatt verkündet worden (BGBl. I S. 1548 ff.) und **am 1. 11. 1996 in Kraft getreten** (zur Anwendbarkeit des EBRG, wenn die Richtlinie in einzelnen MS noch nicht umgesetzt worden ist, vgl. § 3 Rn. 2).

Anhang

Anhang I

RICHTLINIE
94/45/EG DES RATES
vom 22. September 1994
über die Einsetzung eines Europäischen Betriebsrats oder
die Schaffung eines Verfahrens zur Unterrichtung
und Anhörung der Arbeitnehmer in gemeinschaftsweit
operierenden Unternehmen und Unternehmensgruppen
(ABl. EG Nr. L vom 30. 9. 1994, S. 64ff.)

DER RAT DER EUROPÄISCHEN UNION –

gestützt auf das Abkommen über die Sozialpolitik im Anhang zu Protokoll (Nr. 14) zum Vertrag zur Gründung der Europäischen Gemeinschaft ist, insbesondere auf Artikel 2 Absatz 2,

auf Vorschlag der Kommission[1],

nach Stellungnahme des Wirtschafts- und Sozialausschusses[2],

gemäß dem Verfahren des Artikels 189c des Vertrags[3],

in Erwägung nachstehender Gründe[4]:

1. In Anbetracht des Protokolls über die Sozialpolitik im Anhang des Vertrags zur Gründung der Europäischen Gemeinschaft haben das Königreich Belgien, das Königreich Dänemark, die Bundesrepublik Deutschland, die Griechische Republik, das Königreich Spanien, die Französische Republik, Irland, die Italienische Republik, das Großherzogtum Luxemburg, das Königreich der Niederlande und die Portugiesische Republik (im folgenden »die Mitgliedstaaten« genannt) in dem Wunsch, die Sozialcharta von 1989 umzusetzen, miteinander ein Abkommen über die Sozialpolitik geschlossen.
2. Gemäß Artikel 2 Absatz 2 dieses Abkommens kann der Rat im Wege von Richtlinien Mindestvorschriften erlassen.
3. Gemäß Artikel 1 des genannten Abkommens haben die Gemeinschaft und die Mitgliedstaaten das Ziel, den sozialen Dialog zu fördern.
4. Nach Nummer 17 der Gemeinschaftscharta der sozialen Grundrechte der Arbeitnehmer müssen u. a. »Unterrichtung, Anhörung und Mitwirkung der Arbeitnehmer in geeigneter Weise, unter Berücksichtigung der in den verschiedenen Mitgliedstaaten herrschenden Gepflogenheiten, weiterentwickelt werden.« »Dies gilt insbesondere für Unternehmen und Unternehmensgruppen mit Betriebsstätten bzw. Unternehmen in mehreren Mitgliedstaaten.«
5. Trotz der breiten Übereinstimmung zwischen der Mehrzahl der Mitgliedstaaten war der Rat nicht in der Lage, zu einer Entscheidung in bezug auf den Vorschlag für eine Richtlinie über die Einsetzung eines Europäischen Betriebsrats zur Unterrich-

---

1 ABl. Nr. C 135 vom 18. 5. 1994, S. 8, und ABl. Nr. C 199 vom 21. 7. 1994, S. 10.
2 Stellungnahme vom 1. Juni 1994 (noch nicht im Amtsblatt veröffentlicht).
3 Stellungnahme des Europäischen Parlaments vom 4. Mai 1994 (ABl. Nr. C 205 vom 25. 7. 1994), Gemeinsamer Standpunkt des Rates vom 18. Juli 1994 (ABl. Nr. C 244 vom 31. 8. 1994, S. 37).
4 Die folgenden Erwägungsgründe sind abweichend vom Originaltext nummeriert (1. bis 24.), um eine exakte Zitierweise zu ermöglichen.

tung und Anhörung der Arbeitnehmer in gemeinschaftsweit operierenden Unternehmen und Unternehmensgruppen[5] in der geänderten Fassung vom 3. Dezember 1991[6] zu gelangen.

6. Die Kommission hat gemäß Artikel 3 Absatz 2 des Abkommens über die Sozialpolitik die Sozialpartner auf Gemeinschaftsebene zu der Frage angehört, wie eine Gemeinschaftsaktion im Bereich der Unterrichtung und Anhörung der Arbeitnehmer in gemeinschaftsweit operierenden Unternehmen und Unternehmensgruppen gegebenenfalls ausgerichtet werden sollte.
7. Die Kommission war nach dieser Anhörung der Auffasssung, daß eine Gemeinschaftsaktion wünschenswert ist, und hat gemäß Artikel 3 Absatz 3 des genannten Abkommens die Sozialpartner erneut zum Inhalt des in Aussicht genommenen Vorschlags angehört. Die Sozialpartner haben der Kommission ihre Stellungnahme übermittelt.
8. Nach dieser zweiten Anhörung haben die Sozialpartner der Kommission nicht mitgeteilt, ob sie beabsichtigen, das in Artikel 4 des Abkommens vorgesehene Verfahren einzuleiten, das zum Abschluß einer Vereinbarung führen könnte.
9. Im Rahmen des Binnenmarktes findet ein Prozeß der Unternehmenszusammenschlüsse, grenzübergreifenden Fusionen, Übernahmen und Joint-ventures und damit einhergehend eine länderübergreifende Strukturierung von Unternehmen und Unternehmensgruppen statt. Wenn die wirtschaftlichen Aktivitäten sich in harmonischer Weise weiterentwickeln sollen, so müssen Unternehmen und Unternehmensgruppen, die in mehreren Mitgliedstaaten tätig sind, die Vertreter ihrer von den Unternehmensentscheidungen betroffenen Arbeitnehmer unterrichten und anhören.
10. Die Verfahren zur Unterrichtung und Anhörung der Arbeitnehmer nach den Rechtsvorschriften und Gepflogenheiten der Mitgliedstaaten werden häufig nicht an die länderübergreifende Struktur der Unternehmen angepaßt, welche die Arbeitnehmer berührende Entscheidungen treffen. Dies kann zu einer Ungleichbehandlung der Arbeitnehmer führen, die von Entscheidungen ein und desselben Unternehmens bzw. ein und derselben Unternehmensgruppe betroffen sind.
11. Es sind geeignete Vorkehrungen zu treffen, damit die Arbeitnehmer gemeinschaftsweit operierender Unternehmen oder Unternehmensgruppen angemessen informiert und konsultiert werden, wenn Entscheidungen, die sich auf sie auswirken, außerhalb des Mitgliedstaats getroffen werden, in dem sie beschäftigt sind.
12. Um zu gewährleisten, daß die Arbeitnehmer von Unternehmen und Unternehmensgruppen, die in mehreren Arbeitsgruppen tätig sind, in angemessener Weise unterrichtet und angehört werden, muß ein Europäischer Betriebsrat eingerichtet oder müssen andere geeignete Verfahren zur länderübergreifenden Unterrichtung und Anhörung der Arbeitnehmer geschaffen werden.
13. Hierzu ist eine Definition des Begriffs »herrschendes Unternehmen« erforderlich, die sich ausschließlich auf diese Richtlinie bezieht und nicht die Definitionen der Begriffe »Unternehmensgruppe« und »beherrschender Einfluß« präjudiziert, die in künftigen Texten angenommen werden könnten.
14. Die Verfahren zur Unterrichtung und Anhörung der Arbeitnehmer in derartigen Unternehmen oder Unternehmensgruppen müssen unabhängig davon, ob sich die zentrale Leitung des Unternehmens oder, im Fall einer Unternehmensgruppe, des herrschenden Unternehmens außerhalb der Gemeinschaft befindet, für alle in der Gemeinschaft angesiedelten Betriebe oder gegebenenfalls Unternehmen von Unternehmensgruppen gelten.
15. Getreu dem Grundsatz der Autonomie der Sozialpartner legen die Arbeitnehmervertreter und die Leitung des Unternehmens oder des herrschenden Unternehmens einer Unternehmensgruppe die Art, Zusammensetzung, Befugnisse,

5 ABl. Nr. C 39 vom 15. 2. 1991, S. 10.
6 ABl. Nr. C 336 vom 31. 12. 1991, S. 11.

Arbeitsweise, Verfahren und finanzielle Ressourcen des Europäischen Betriebsrats oder anderer Verfahren zur Unterrichtung und Anhörung der Arbeitnehmer einvernehmlich dergestalt fest, daß diese den jeweiligen besonderen Umständen entsprechen.

16. Nach dem Grundsatz der Subsidiarität obliegt es den Mitgliedstaaten, die Arbeitnehmervertreter zu bestimmen und insbesondere – falls sie dies für angemessen halten – eine ausgewogene Vertretung der verschiedenen Arbeitnehmerkategorien vorzusehen.
17. Für den Fall, daß die zentrale Leitung die Aufnahme von Verhandlungen ablehnt oder bei den Verhandlungen kein Einvernehmen erzielt wird, ist es jedoch angezeigt, bestimmte subsidiäre Vorschriften vorzusehen, die auf Beschluß der Parteien in diesen Fällen Anwendung finden.
18. Die Arbeitnehmervertreter können entweder vereinbaren, auf die Einrichtung eines Europäischen Betriebsrats zu verzichten, oder die Sozialpartner können andere Verfahren zur länderübergreifenden Unterrichtung und Anhörung der Arbeitnehmer beschließen.
19. Unbeschadet des Rechts der Parteien, anderslautende Vereinbarungen zu treffen, ist der Europäische Betriebsrat, der in Ermangelung einer Vereinbarung zwischen ihnen zur Erreichung des Ziels dieser Richtlinie eingesetzt wird, in bezug auf die Tätigkeiten des Unternehmens oder der Unternehmensgruppe zu unterrichten und anzuhören, damit er mögliche Auswirkungen auf die Interessen der Arbeitnehmer in mindestens zwei Mitgliedstaaten abschätzen kann. Deshalb sollte das Unternehmen oder das herrschende Unternehmen verpflichtet sein, den Arbeitnehmervertretern allgemeine Informationen, die die Interessen der Arbeitnehmer berühren, sowie Informationen, die sich konkret auf diejenigen Aspekte der Tätigkeiten des Unternehmens oder der Unternehmensgruppe beziehen, welche die Interessen der Arbeitnehmer berühren, mitzuteilen. Der Europäische Betriebsrat muß eine Stellungnahme abgeben können.
20. Bevor bestimmte Beschlüsse mit erheblichen Auswirkungen auf die Interessen der Arbeitnehmer ausgeführt werden, sind die Arbeitnehmervertreter unverzüglich zu unterrichten und anzuhören.
21. Es ist vorzusehen, daß die Arbeitnehmervertreter, die im Rahmen der Richtlinie handeln, bei der Wahrnehmung ihrer Aufgaben den gleichen Schutz und gleichartige Sicherheiten genießen wie die Arbeitnehmervertreter nach den Rechtsvorschriften und/oder Gepflogenheiten des Landes, in dem sie beschäftigt sind. Sie dürfen nicht aufgrund der gesetzlichen Ausübung ihrer Tätigkeit diskriminiert werden und müssen angemessen gegen Entlassungen und andere Sanktionen geschützt werden.
22. In Unternehmen oder herrschenden Unternehmen im Fall einer Unternehmensgruppe, deren zentrale Leitung sich außerhalb der Gemeinschaft befindet, sind die in dieser Richtlinie festgelegten Bestimmungen über die Unterrichtung und Anhörung der Arbeitnehmer von dem gegebenenfalls benannten Vertreter des Unternehmens in der Gemeinschaft oder, in Ermangelung eines solchen Vertreters, von dem Betrieb oder dem kontrollierten Unternehmen mit der größten Anzahl von Arbeitnehmern in der Gemeinschaft durchzuführen.
23. Es ist zweckmäßig, besondere Bestimmungen für die gemeinschaftsweit operierenden Unternehmen und Unternehmensgruppen vorzusehen, in denen zum Zeitpunkt des Beginns der Anwendung dieser Richtlinie eine für alle Arbeitnehmer geltende Vereinbarung über eine länderübergreifende Unterrichtung und Anhörung der Arbeitnehmer besteht.
24. Werden die sich aus dieser Richtlinie ergebenden Verpflichtungen nicht eingehalten, so müssen die Mitgliedstaaten geeignete Maßnahmen treffen –

HAT FOLGENDE RICHTLINIE ERLASSEN:

TEIL I ALLGEMEINE BESTIMMUNGEN

Artikel 1 Gegenstand

(1) Das Ziel dieser Richtlinie ist die Stärkung des Rechts auf Unterrichtung und Anhörung der Arbeitnehmer in gemeinschaftsweit operierenden Unternehmen und Unternehmensgruppen.

(2) Es wird in allen gemeinschaftsweit operierenden Unternehmen und Unternehmensgruppen auf Antrag gemäß dem Verfahren nach Artikel 5 Absatz 1 zum Zweck der Unterrichtung und Anhörung der Arbeitnehmer entsprechend den in dieser Richtlinie niedergelegten Bedingungen und Modalitäten und mit den darin vorgesehenen Wirkungen ein Europäischer Betriebsrat eingesetzt oder ein Verfahren zur Unterrichtung und Anhörung der Arbeitnehmer geschaffen.

(3) Abweichend von Absatz 2 wird der Europäische Betriebsrat in den Fällen, in denen eine gemeinschaftsweit operierende Unternehmensgruppe im Sinne von Artikel 2 Absatz 1 Buchstabe c) ein oder mehrere Unternehmen oder Unternehmensgruppen umfaßt, die gemeinschaftsweit operierende Unternehmen oder Unternehmensgruppen im Sinne von Artikel 2 Absatz 1 Buchstabe a) oder c) sind, auf der Ebene der Unternehmensgruppe eingesetzt, es sei denn, daß in der Vereinbarung gemäß Artikel 6 etwas anderes vorgesehen wird.

(4) Ist in der Vereinbarung gemäß Artikel 6 kein größerer Geltungsbereich vorgesehen, so erstrecken sich die Befugnisse und Zuständigkeiten der Europäischen Betriebsräte und die Verfahren zur Unterrichtung und Anhörung der Arbeitnehmer, die zur Erreichung des in Absatz 1 festgelegten Ziels vorgesehen sind, im Fall eines gemeinschaftsweit operierenden Unternehmens auf alle in den Mitgliedstaaten ansässigen Betriebe und im Fall einer gemeinschaftsweit operierenden Unternehmensgruppe auf alle in den Mitgliedstaaten ansässigen Unternehmen dieser Gruppe.

(5) Die Mitgliedstaaten können vorsehen, daß diese Richtlinie nicht für das seefahrende Personal der Handelsmarine gilt.

Artikel 2 Begriffsbestimmungen

(1) Im Sinne dieser Richtlinie bezeichnet der Ausdruck

a) »gemeinschaftsweit operierendes Unternehmen«: ein Unternehmen mit mindestens 1000 Arbeitnehmern in den Mitgliedstaaten und mit jeweils mindestens 150 Arbeitnehmern in mindestens zwei Mitgliedstaaten;
b) »Unternehmensgruppe«: eine Gruppe, die aus einem herrschenden Unternehmen und den von diesem abhängigen Unternehmen besteht;
c) »gemeinschaftsweit operierende Unternehmensgruppe«: eine Unternehmensgruppe, die folgende Voraussetzungen erfüllt:
   - sie hat mindestens 1000 Arbeitnehmer in den Mitgliedstaaten,
   - sie umfaßt mindestens zwei der Unternehmensgruppe angehörende Unternehmen in verschiedenen Mitgliedstaaten, und
   - mindestens ein der Unternehmensgruppe angehörendes Unternehmen hat mindestens 150 Arbeitnehmer in einem Mitgliedstaat, und ein weiteres der Unternehmensgruppe angehörendes Unternehmen hat mindestens 150 Arbeitnehmer in einem anderen Mitgliedstaat;

d) »Arbeitnehmervertreter«: die nach den Rechtsvorschriften und/oder den Gepflogenheiten der Mitgliedstaaten vorgesehenen Vertreter der Arbeitnehmer;
e) »zentrale Leitung«: die zentrale Unternehmensleitung eines gemeinschaftsweit operierenden Unternehmens oder bei gemeinschaftsweit operierenden Unternehmensgruppen die zentrale Unternehmensleitung des herrschenden Unternehmens;
f) »Anhörung«: den Meinungsaustausch und die Einrichtung eines Dialogs zwischen den Arbeitnehmervertretern und der zentralen Leitung oder einer anderen, angemesseneren Leitungsebene;
g) »Europäischer Betriebsrat«: den Betriebsrat, der gemäß Artikel 1 Absatz 2 oder den Bestimmungen des Anhangs zur Unterrichtung und Anhörung der Arbeitnehmer eingesetzt werden kann;
h) »besonderes Verhandlungsgremium«: das gemäß Artikel 5 Absatz 2 eingesetzte Gremium, das die Aufgabe hat, mit der zentralen Unternehmensleitung die Einsetzung eines Europäischen Betriebsrats oder die Schaffung eines Verfahrens zur Unterrichtung und Anhörung der Arbeitnehmer nach Artikel 1 Absatz 2 auszuhandeln.

(2) Für die Zwecke dieser Richtlinie werden die Beschäftigtenschwellen nach der entsprechend den einzelstaatlichen Rechtsvorschriften und/oder Gepflogenheiten berechneten Zahl der im Durchschnitt während der letzten zwei Jahre beschäftigten Arbeitnehmer, einschließlich der Teilzeitbeschäftigten, festgelegt.

Artikel 3 **Definition des Begriffs »herrschendes Unternehmen«**

(1) Im Sinne dieser Richtlinie gilt als »herrschendes Unternehmen« ein Unternehmen, das zum Beispiel aufgrund von Eigentum, finanzieller Beteiligung oder sonstiger Bestimmungen, die die Tätigkeit des Unternehmens regeln, einen beherrschenden Einfluß auf ein anderes Unternehmen (»abhängiges Unternehmen«) ausüben kann.

(2) Die Fähigkeit, einen beherrschenden Einfluß auszuüben, gilt bis zum Beweis des Gegenteils als gegeben, wenn ein Unternehmen in bezug auf ein anderes Unternehmen direkt oder indirekt
a) die Mehrheit des gezeichneten Kapitals dieses Unternehmens besitzt oder
b) über die Mehrheit der mit den Anteilen am anderen Unternehmen verbundenen Stimmrechte verfügt oder
c) mehr als die Hälfte der Mitglieder des Verwaltungs-, Leitungs- oder Aufsichtsorgans des anderen Unternehmens bestellen kann.

(3) Für die Anwendung von Absatz 2 müssen den Stimm- und Ernennungsrechten des herrschenden Unternehmens die Rechte aller abhängigen Unternehmen sowie aller natürlichen oder juristischen Personen, die zwar in eigenen Namen, aber für Rechnung des herrschenden Unternehmens oder eines anderen abhängigen Unternehmens handeln, hinzugerechnet werden.

(4) Ungeachtet der Absätze 1 und 2 ist ein Unternehmen kein »herrschendes Unternehmen« in bezug auf ein anderes Unternehmen, an dem es Anteile hält, wenn es sich um eine Gesellschaft im Sinne von Artikel 3 Absatz 5 Buchstabe a) oder c) der Verordnung (EWG) Nr. 4064/89 des Rates vom 21. September 1989 über die Kontrolle von Unternehmenszusammenschlüssen[7] handelt.

(5) Ein beherrschender Einfluß gilt nicht allein schon aufgrund der Tatsache als gegeben, daß eine beauftragte Person ihre Funktionen gemäß den in einem Mitgliedstaat für die Liquidation, den Konkurs, die Zahlungsunfähigkeit, die Zahlungseinstel-

7 ABl. Nr. L 395 vom 30. 12. 1989, S. 1.

lung, den Vergleich oder ein ähnliches Verfahren geltenden Rechtsvorschriften ausübt.

(6) Maßgebend für die Feststellung, ob ein Unternehmen ein »herrschendes Unternehmen« ist, ist das Recht des Mitgliedstaats, dem das Unternehmen unterliegt.
Unterliegt das Unternehmen nicht dem Recht eines Mitgliedstaats, so ist das Recht des Mitgliedstaats maßgebend, in dem der Vertreter des Unternehmens oder, in Ermangelung eines solchen, die zentrale Leitung desjenigen Unternehmens innerhalb einer Unternehmensgruppe ansässig ist, das die höchste Anzahl von Arbeitnehmern aufweist.

(7) Ergibt sich im Fall einer Normenkollision bei der Anwendung von Absatz 2, daß zwei oder mehr Unternehmen ein und derselben Unternehmensgruppe eines oder mehrere der in Absatz 2 festgelegten Kriterien erfüllen, so gilt das Unternehmen, welches das unter Absatz 2 Buchstabe c) genannte Kriterium erfüllt, als herrschendes Unternehmen, solange nicht der Beweis erbracht ist, daß ein anderes Unternehmen einen beherrschenden Einfluß ausüben kann.

TEIL II EINRICHTUNG DES EUROPÄISCHEN BETRIEBSRATS ODER SCHAFFUNG EINES VERFAHRENS ZUR UNTERRICHTUNG UND ANHÖRUNG DER ARBEITNEHMER

Artikel 4 Verantwortung für die Einrichtung eines Europäischen Betriebsrats oder die Schaffung eines Verfahrens zur Unterrichtung und Anhörung der Arbeitnehmer

(1) Die zentrale Leitung ist dafür verantwortlich, daß die Voraussetzungen geschaffen und die Mittel bereitgestellt werden, damit nach Maßgabe des Artikels 1 Absatz 2 für gemeinschaftsweit operierende Unternehmen und Unternehmensgruppen der Europäische Betriebsrat eingesetzt oder das Verfahren zur Unterrichtung und Anhörung der Arbeitnehmer geschaffen werden kann.

(2) Ist die zentrale Leitung nicht in einem Mitgliedstaat ansässig, so ist ihr gegebenenfalls benannter Vertreter in der Gemeinschaft für die Maßnahmen nach Absatz 1 verantwortlich.
In Ermangelung eines solchen ist die Leitung des Betriebs oder des zur Unternehmensgruppe gehörenden Unternehmens mit der höchsten Anzahl von Beschäftigten in einem Mitgliedstaat für die Maßnahmen nach Absatz 1 verantwortlich.

(3) Zum Zweck dieser Richtlinie gelten der oder die Vertreter oder, in Ermangelung dieser Vertreter, die Leitung nach Absatz 2 Unterabsatz 2 als zentrale Leitung.

Artikel 5 Besonderes Verhandlungsgremium

(1) Zur Erreichung des Ziels nach Artikel 1 Absatz 1 nimmt die zentrale Leitung von sich aus oder auf schriftlichen Antrag von mindestens 100 Arbeitnehmern oder ihrer Vertretern aus mindestens zwei Betrieben oder Unternehmen in mindestens zwei verschiedenen Mitgliedstaaten Verhandlungen zur Einrichtung eines Europäischen Betriebsrats oder zur Schaffung eines Unterrichtungs- und Anhörungsverfahrens auf.

(2) Zu diesem Zweck wird ein besonderes Verhandlungsgremium nach folgenden Leitlinien eingesetzt:

a) Die Mitgliedstaaten legen das Verfahren für die Wahl oder die Benennung der Mitglieder des besonderen Verhandlungsgremiums fest, die in ihrem Hoheitsgebiet zu wählen oder zu benennen sind.
Die Mitgliedstaaten sehen vor, daß die Arbeitnehmer der Betriebe und/oder Unternehmen, in denen unabhängig vom Willen der Arbeitnehmer keine Arbeitnehmervertreter vorhanden sind, selbst Mitglieder für das besondere Verhandlungsgremium wählen oder benennen dürfen.
Durch Absatz 2 werden die einzelstaatlichen Rechtsvorschriften und/oder Gepflogenheiten, die Schwellen für die Einrichtung eines Gremiums zur Vertretung der Arbeitnehmer vorsehen, nicht berührt.

b) Das besondere Verhandlungsgremium setzt sich aus mindestens 3 und höchstens 17 Mitgliedern zusammen.

c) Bei dieser Wahl oder Benennung ist sicherzustellen:
   - zunächst die Vertretung durch ein Mitglied für jeden Mitgliedstaat, in dem sich ein oder mehrere Betriebe des gemeinschaftsweit operierenden Unternehmens oder das herrschende Unternehmen oder ein oder mehrere abhängige Unternehmen der gemeinschaftsweit operierenden Unternehmensgruppe befinden;
   - sodann die Anzahl der zusätzlichen Mitglieder im Verhältnis zur Zahl in den Betrieben, dem herrschenden Unternehmen oder den abhängigen Unternehmen beschäftigten Arbeitnehmer, wie in den Rechtsvorschriften des Mitgliedstaats, in dessen Hoheitsgebiet die zentrale Leitung ansässig ist, vorgesehen.

d) Die Zusammensetzung des besonderen Verhandlungsgremiums wird der zentralen Leitung und den örtlichen Unternehmensleitungen mitgeteilt.

(3) Aufgabe des besonderen Verhandlungsgremiums ist es, mit der zentralen Leitung in einer schriftlichen Vereinbarung den Tätigkeitsbereich, die Zusammensetzung, die Befugnisse und die Mandatsdauer des Europäischen Betriebsrats oder der Europäischen Betriebsräte oder die Durchführungsmodalitäten eines Verfahrens zur Unterrichtung und Anhörung der Arbeitnehmer festzulegen.

(4) Die zentrale Leitung beruft eine Sitzung mit dem besonderen Verhandlungsgremium ein, um eine Vereinbarung gemäß Artikel 6 zu schließen. Sie setzt die örtlichen Unternehmensleitungen hiervon in Kenntnis.
Das besondere Verhandlungsgremium kann sich bei den Verhandlungen durch Sachverständige seiner Wahl unterstützen lassen.

(5) Das besondere Verhandlungsgremium kann mit mindestens zwei Dritteln der Stimmen beschließen, keine Verhandlungen gemäß Absatz 4 zu eröffnen oder die bereits eröffneten Verhandlungen zu beenden.
Durch einen solchen Beschluß wird das Verfahren zum Abschluß der in Artikel 6 genannten Vereinbarung beendet. Ist ein solcher Beschluß gefaßt worden, finden die Bestimmungen des Anhangs keine Anwendung.
Ein neuer Antrag auf Einberufung des besonderen Verhandlungsgremiums kann frühestens zwei Jahre nach dem vorgenannten Beschluß gestellt werden, es sei denn, die betroffenen Parteien setzen eine kürzere Frist fest.

(6) Die Kosten im Zusammenhang mit den Verhandlungen nach den Absätzen 3 und 4 werden von der zentralen Leitung getragen, damit das besondere Verhandlungsgremium seine Aufgaben in angemessener Weise erfüllen kann.
Die Mitgliedstaaten können unter Wahrung dieses Grundsatzes Regeln für die Finanzierung der Arbeit des besonderen Verhandlungsgremiums festlegen. Sie können insbesondere die Übernahme der Kosten auf die Kosten für einen Sachverständigen begrenzen.

Artikel 6 Inhalt der Vereinbarung

(1) Die zentrale Leitung und das besondere Verhandlungsgremium müssen im Geiste der Zusammenarbeit verhandeln, um zu einer Vereinbarung über die Modalitäten der Durchführung der in Artikel 1 Absatz 1 vorgesehenen Unterrichtung und Anhörung der Arbeitnehmer zu gelangen.

(2) Unbeschadet der Autonomie der Parteien wird in der schriftlichen Vereinbarung nach Absatz 1 zwischen der zentralen Leitung und dem besonderen Verhandlungsgremium folgendes festgelegt:

a) Die von der Vereinbarung betroffenen Unternehmen der gemeinschaftsweit operierenden Unternehmensgruppe oder Betriebe des gemeinschaftsweit operierenden Unternehmens;
b) die Zusammensetzung des Europäischen Betriebsrats, die Anzahl der Mitglieder, die Sitzverteilung und die Mandatsdauer;
c) die Befugnisse und das Unterrichtungs- und Anhörungsverfahren des Europäischen Betriebsrats;
d) der Ort, die Häufigkeit und die Dauer der Sitzungen des Europäischen Betriebsrats;
e) die für den Europäischen Betriebsrat bereitzustellenden finanziellen und materiellen Mittel;
f) die Laufzeit der Vereinbarung und das bei ihrer Neuaushandlung anzuwendende Verfahren.

(3) Die zentrale Leitung und das besondere Verhandlungsgremium können in schriftlicher Form den Beschluß fassen, daß anstelle eines Europäischen Betriebsrats ein oder mehrere Unterrichtungs- und Anhörungsverfahren geschaffen werden.
In der Vereinbarung ist festzulegen, unter welchen Voraussetzungen die Arbeitnehmervertreter das Recht haben, zu einem Meinungsaustausch über die ihnen übermittelten Informationen zusammenzutreten.
Diese Informationen erstrecken sich insbesondere auf länderübergreifende Angelegenheiten, welche erhebliche Auswirkungen auf die Interessen der Arbeitnehmer haben.

(4) Sofern in den Vereinbarungen im Sinne der Absätze 2 und 3 nichts anderes bestimmt ist, gelten die subsidiären Vorschriften des Anhangs nicht für diese Vereinbarungen.

(5) Für den Abschluß der Vereinbarungen im Sinne der Absätze 2 und 3 ist die Mehrheit der Stimmen der Mitglieder des besonderen Verhandlungsgremiums erforderlich.

Artikel 7 Subsidiäre Vorschriften

(1) Um die Verwirklichung des in Artikel 1 Absatz 1 festgelegten Ziels zu gewährleisten, werden die subsidiären Rechtsvorschriften des Mitgliedstaats, in dem die zentrale Leitung ihren Sitz hat, angewandt,

- wenn die zentrale Leitung und das besondere Verhandlungsgremium einen entsprechenden Beschluß fassen
- oder wenn die zentrale Leitung die Aufnahme von Verhandlungen binnen sechs Monaten nach dem ersten Antrag nach Artikel 5 Absatz 1 verweigert
- oder wenn binnen drei Jahren nach dem entsprechenden Antrag keine Vereinbarung gemäß Artikel 6 zustandekommt und das besondere Verhandlungsgremium keinen Beschluß nach Artikel 5 Absatz 5 gefaßt hat.

(2) Die subsidiären Vorschriften nach Absatz 1 in der durch die Rechtsvorschriften der Mitgliedstaaten festgelegten Fassung müssen den im Anhang niedergelegten Bestimmungen genügen.

TEIL III SONSTIGE BESTIMMUNGEN

Artikel 8 Vertrauliche Informationen

(1) Die Mitgliedstaaten sehen vor, daß den Mitgliedern des besonderen Verhandlungsgremiums und des Europäischen Betriebsrats sowie den sie gegebenenfalls unterstützenden Sachverständigen nicht gestattet wird, ihnen ausdrücklich als vertraulich mitgeteilte Informationen an Dritte weiterzugeben.
Das gleiche gilt für die Arbeitnehmervertreter im Rahmen eines Unterrichtungs- und Anhörungsverfahrens.
Diese Verpflichtung besteht unabhängig von ihrem Aufenthaltsort und selbst nach Ablauf ihres Mandats weiter.

(2) Jeder Mitgliedstaat sieht vor, daß die in seinem Hoheitsgebiet ansässige zentrale Leitung in besonderen Fällen und unter den in den einzelstaatlichen Rechtsvorschriften festgelegten Bedingungen und Beschränkungen Informationen nicht weiterleiten muß, wenn diese die Arbeitsweise der betroffenen Unternehmen nach objektiven Kriterien erheblich beeinträchtigen oder ihnen schaden könnten.
Der betreffende Mitgliedstaat kann diese Befreiung von einer vorherigen behördlichen oder gerichtlichen Genehmigung abhängig machen.

(3) Jeder Mitgliedstaat kann besondere Bestimmungen für die zentrale Leitung von in seinem Hoheitsgebiet ansässigen Unternehmen vorsehen, die in bezug auf Berichterstattung und Meinungsäußerung unmittelbar und überwiegend eine bestimmte weltanschauliche Tendenz verfolgen, falls die innerstaatlichen Rechtsvorschriften solche besonderen Bestimmungen zum Zeitpunkt der Annahme dieser Richtlinie bereits enthalten.

Artikel 9 Arbeitsweise des Europäischen Betriebsrats und Funktionsweise des Verfahrens zur Unterrichtung und Anhörung der Arbeitnehmer

Die zentrale Leitung und der Europäische Betriebsrat arbeiten mit dem Willen zur Verständigung unter Beachtung ihrer jeweiligen Rechte und gegenseitigen Verpflichtungen zusammen.
Gleiches gilt für die Zusammenarbeit zwischen der zentralen Leitung und den Arbeitnehmervertretern im Rahmen eines Verfahrens zur Unterrichtung und Anhörung der Arbeitnehmer.

Artikel 10 Schutz der Arbeitnehmervertreter

Die Mitglieder des besonderen Verhandlungsgremiums, die Mitglieder des Europäischen Betriebsrats und die Arbeitnehmervertreter, die bei dem Unterrichtungs- und Anhörungsverfahren nach Artikel 6 Absatz 3 mitwirken, genießen bei der Wahrnehmung ihrer Aufgaben den gleichen Schutz und gleichartige Sicherheiten wie die Arbeitnehmervertreter nach den innerstaatlichen Rechtsvorschriften und/oder Gepflogenheiten des Landes, in dem sie beschäftigt sind.
Dies gilt insbesondere für die Teilnahme an den Sitzungen des besonderen Verhandlungsgremiums, des Europäischen Betriebsrats und an allen anderen Sitzungen im Rahmen der Vereinbarungen nach Artikel 6 Absatz 3 sowie für die Lohn- und Gehaltsfortzahlung an die Mitglieder, die Beschäftigte des gemeinschaftsweit operierenden Unternehmens oder der gemeinschaftsweit operierenden Unternehmensgruppe sind, für die Dauer ihrer durch die Wahrnehmung ihrer Aufgaben notwendigen Abwesenheit.

Artikel 11 Einhaltung der Richtlinie

(1) Jeder Mitgliedstaat trägt dafür Sorge, daß die Leitung der in seinem Hoheitsgebiet befindlichen Betriebe eines gemeinschaftsweit operierenden Unternehmens und die Leitung eines Unternehmens, das Mitglied einer gemeinschaftsweit operierenden Unternehmensgruppe ist, und ihre Arbeitnehmervertreter oder, je nach dem betreffenden Einzelfall, deren Arbeitnehmer den in dieser Richtlinie festgelegten Verpflichtungen nachkommen, unabhängig davon, ob die zentrale Leitung sich in seinem Hoheitsgebiet befindet.

(2) Die Mitgliedstaaten stellen sicher, daß die Angaben zu der in Artikel 2 Absatz 1 Buchstaben a) und c) erwähnten Beschäftigtenzahl auf Anfrage der Parteien, auf die die Richtlinie Anwendung findet, von den Unternehmen vorgelegt werden.

(3) Für den Fall der Nichteinhaltung dieser Richtlinie sehen die Mitgliedstaaten geeignete Maßnahmen vor; sie sorgen insbesondere dafür, daß Verwaltungs- oder Gerichtsverfahren vorhanden sind, mit deren Hilfe die Erfüllung der sich aus dieser Richtlinie ergebenden Verpflichtungen durchgesetzt werden kann.

(4) Bei der Anwendung des Artikels 8 sehen die Mitgliedstaaten Verfahren vor, nach denen die Arbeitnehmervertreter auf dem Verwaltungs- oder Gerichtsweg Rechtsbehelfe einlegen können, wenn die zentrale Leitung sich auf die Vertraulichkeit der Informationen beruft oder diese – ebenfalls nach Artikel 8 – nicht weiterleitet.
Zu diesen Verfahren können auch Verfahren gehören, die dazu bestimmt sind, die Vertraulichkeit der betreffenden Informationen zu wahren.

Artikel 12 Zusammenhang zwischen der Richtlinie und anderen Bestimmungen

(1) Von dieser Richtlinie nicht berührt werden Maßnahmen, die gemäß der Richtlinie 75/120/EWG des Rates vom 17. Februar 1975 zur Angleichung der Rechtsvorschriften der Mitgliedstaaten über Massenentlassungen[8] und gemäß der Richtlinie 77/187/ EWG des Rates vom 14. Februar 1977 zur Angleichung der Rechtsvorschriften der Mitgliedstaaten über die Wahrung von Ansprüchen der Arbeitnehmer beim Übergang von Unternehmen, Betrieben oder Betriebsteilen[9] getroffen werden.

(2) Die Richtlinie berührt nicht die den Arbeitnehmern nach einzelstaatlichem Recht zustehenden Rechte auf Unterrichtung und Anhörung.

Artikel 13 Geltende Vereinbarungen

(1) Unbeschadet des Absatzes 2 gilt diese Richtlinie nicht für gemeinschaftsweit operierende Unternehmen und Unternehmensgruppen, in denen zu dem Zeitpunkt nach Artikel 14 Absatz 1 oder zu einem früheren Zeitpunkt der Durchführung dieser Richtlinie in dem betreffenden Mitgliedstaat bereits eine für alle Arbeitnehmer geltende Vereinbarung besteht, in der eine länderübergreifende Unterrichtung und Anhörung der Arbeitnehmer vorgesehen ist.

(2) Laufen die in Absatz 1 erwähnten Vereinbarungen aus, so können die betreffenden Parteien gemeinsam beschließen, sie weiter anzuwenden.
Kommt es nicht zu einem solchen Beschluß, so findet diese Richtlinie Anwendung.

---

8 ABl. Nr. L 48 vom 22. 2. 1975, S. 29, Richtlinie geändert durch die Richtlinie 92/ 56/EWG (ABl. Nr. L 245 vom 26. 8. 1992, S. 3).
9 ABl. Nr. L 61 vom 5. 3. 1977, S. 26.

Artikel 14 **Schlußbestimmungen**

(1) Die Mitgliedstaaten erlassen die erforderlichen Rechts- und Verwaltungsvorschriften, um dieser Richtlinie spätestens zum 22. September 1996 nachzukommen, oder vergewissern sich spätestens zu diesem Zeitpunkt, daß die Sozialpartner mittels Vereinbarungen die erforderlichen Bestimmungen einführen, wobei die Mitgliedstaaten verpflichtet sind, alle erforderlichen Vorkehrungen zu treffen, damit sie jederzeit gewährleisten können, daß die in dieser Richtlinie vorgeschriebenen Ziele erreicht werden. Sie setzen die Kommission hiervon unverzüglich in Kenntnis.

(2) Wenn die Mitgliedstaaten diese Vorschriften erlassen, nehmen sie in den Vorschriften selbst oder durch einen Hinweis bei der amtlichen Veröffentlichung auf diese Richtlinie Bezug. Die Mitgliedstaaten regeln die Einzelheiten.

Artikel 15 **Überprüfung durch die Kommission**

Spätestens zum 22. September 1999 überprüft die Kommission im Benehmen mit den Mitgliedstaaten und den Sozialpartnern auf europäischer Ebene die Anwendung dieser Richtlinie und insbesondere die Zweckmäßigkeit der Schwellenwerte für die Beschäftigtenzahl, um dem Rat erforderlichenfalls entsprechende Änderungen vorzuschlagen.

Artikel 16

Diese Richtlinie ist an die Mitgliedstaaten gerichtet.

Geschehen zu Brüssel am 22. September 1994.

Im Namen des Rates
Der Präsident
N. BLÜM

ANHANG **SUBSIDIÄRE VORSCHRIFTEN nach Artikel 7**

1. Um das Ziel nach Artikel 1 Absatz 1 zu erreichen, wird in den in Artikel 7 Absatz 1 vorgesehenen Fällen ein Europäischer Betriebsrat eingesetzt, für dessen Zuständigkeiten und Zusammensetzung folgende Regeln gelten:
   a) Die Zuständigkeiten des Europäischen Betriebsrats beschränken sich auf die Unterrichtung und Anhörung über Angelegenheiten, die das gemeinschaftsweit operierende Unternehmen oder die gemeinschaftsweit operierende Unternehmensgruppe insgesamt oder mindestens zwei der Betriebe oder der zur Unternehmensgruppe gehörenden Unternehmen in verschiedenen Mitgliedstaaten betreffen.
   Bei Unternehmen oder Unternehmensgruppen gemäß Artikel 4 Absatz 2 beschränken sich die Zuständigkeiten des Europäischen Betriebsrats auf die Angelegenheiten, die sämtlich zu der Unternehmensgruppe gehörenden Betriebe oder Unternehmen in den Mitgliedstaaten oder zumindest zwei Betriebe oder zu der Unternehmensgruppe gehörende Unternehmen in verschiedenen Mitgliedstaaten betreffen.
   b) Der Europäische Betriebsrat setzt sich aus Arbeitnehmern des gemeinschaftsweit operierenden Unternehmens oder der gemeinschaftsweit operierenden Unternehmensgruppe zusammen, die von den Arbeitnehmervertretern aus ihrer

Mitte oder, in Ermangelung solcher Vertreter, von der Gesamtheit der Arbeitnehmer gewählt oder benannt werden.
Die Mitglieder des Europäischen Betriebsrats werden entsprechend den einzelstaatlichen Rechtsvorschriften und/oder Gepflogenheiten gewählt oder benannt.

c) Der Europäische Betriebsrat besteht aus mindestens 3 und höchstens 30 Mitgliedern.
Sofern es die Zahl seiner Mitglieder rechtfertigt, wählt er aus seiner Mitte einen engeren Ausschuß mit höchstens 3 Mitgliedern.
Er gibt sich eine Geschäftsordnung.

d) Bei der Wahl oder Benennung der Mitglieder des Europäischen Betriebsrats ist sicherzustellen:
   - zunächst die Vertretung durch ein Mitglied für jeden Mitgliedstaat, in dem sich ein oder mehrere Betriebe des gemeinschaftsweit operierenden Unternehmens oder das herrschende Unternehmen oder ein oder mehrere abhängige Unternehmen der gemeinschaftsweit operierenden Unternehmensgruppe befinden;
   - sodann die Anzahl der zusätzlichen Mitglieder im Verhältnis zur Zahl der in diesen Betrieben, dem herrschenden Unternehmen oder den abhängigen Unternehmen beschäftigten Arbeitnehmer, wie in den Rechtsvorschriften des Mitgliedstaats, in dessen Hoheitsgebiet die zentrale Leitung ansässig ist, vorgesehen.

e) Die Zusammensetzung des Europäischen Betriebsrats wird der zentralen Leitung oder einer anderen geeigneteren Leitungsebene mitgeteilt.

f) Vier Jahre nach der Einrichtung des Europäischen Betriebsrats prüft dieser, ob die in Artikel 6 genannte Vereinbarung ausgehandelt werden soll oder ob die entsprechend diesem Anhang erlassenen subsidiären Vorschriften weiterhin angewendet werden sollen.
Wird der Beschluß gefaßt, eine Vereinbarung gemäß Artikel 6 auszuhandeln, so gelten die Artikel 6 und 7 entsprechend, wobei der Begriff »besonderes Verhandlungsgremium« durch den Begriff »Europäischer Betriebsrat« ersetzt wird.

2. Der Europäische Betriebsrat ist befugt, einmal jährlich mit der zentralen Leitung zum Zwecke der Unterrichtung und Anhörung, auf der Grundlage eines von der zentralen Leitung vorgelegten Berichts, über die Entwicklung der Geschäftslage und die Perspektiven des gemeinschaftsweit operierenden Unternehmens oder der gemeinschaftsweit operierenden Unternehmensgruppe zusammenzutreten. Die örtlichen Unternehmensleitungen werden hiervon in Kenntnis gesetzt.
Diese Unterrichtung bezieht sich insbesondere auf die Struktur des Unternehmens, seine wirtschaftliche und finanzielle Situation, die voraussichtliche Entwicklung der Geschäfts-, Produktions- und Absatzlage sowie auf die Beschäftigungslage und ihre voraussichtliche Entwicklung, auf die Investitionen, auf grundlegende Änderungen der Organisation, auf die Einführung neuer Arbeits- und Fertigungsverfahren, auf Verlagerungen der Produktion, auf Fusionen, Verkleinerungen oder Schließungen von Unternehmen, Betrieben oder wichtigen Teilen dieser Einheiten und auf Massenentlassungen.

3. Treten außergewöhnliche Umstände ein, die erhebliche Auswirkungen auf die Interessen der Arbeitnehmer haben, insbesondere bei Verlegung oder Schließung von Unternehmen oder Betrieben oder bei Massenentlassungen, so hat der engere Ausschuß oder, falls nicht vorhanden, der Europäische Betriebsrat das Recht, darüber unterrichtet zu werden. Er hat das Recht, auf Antrag mit der zentralen Leitung oder anderen, geeigneteren, mit Entscheidungsbefugnissen ausgestatteten Leitungsebenen innerhalb des gemeinschaftsweit operierenden Unternehmens oder der gemeinschaftsweit operierenden Unternehmensgruppe zusammenzutreten, um hinsichtlich der Maßnahmen mit erheblichen Auswirkungen auf die Interessen der Arbeitnehmer unterrichtet und angehört zu werden.

An der Sitzung mit dem engeren Ausschuß dürfen auch die Mitglieder des Europäischen Betriebsrats teilnehmen, die von den Betrieben und/oder Unternehmen gewählt worden sind, welche unmittelbar von diesen Maßnahmen betroffen sind.
Diese Sitzung zur Unterrichtung und Anhörung erfolgt unverzüglich auf der Grundlage eines Berichts der zentralen Leitung oder einer anderen geeigneten Leitungsebene innerhalb der gemeinschaftsweit operierenden Unternehmensgruppe, zu dem der Europäische Betriebsrat binnen einer angemessenen Frist seine Stellungnahme abgeben kann.
Diese Sitzung läßt die Vorrechte der zentralen Leitung unberührt.

4. Die Mitgliedstaaten können Regeln bezüglich des Vorsitzes der Sitzungen zur Unterrichtung und Anhörung festlegen.
Vor Sitzungen mit der zentralen Leitung ist der Europäische Betriebsrat oder der engere Ausschuß, der gegebenenfalls gemäß Nummer 3 Absatz 2 erweitert ist, berechtigt, in Abwesenheit der betreffenden Unternehmensleitung zu tagen.
5. Unbeschadet des Artikels 8 informieren die Mitglieder des Europäischen Betriebsrats die Arbeitnehmervertreter der Betriebe oder der zur gemeinschaftsweit operierenden Unternehmensgruppe gehörenden Unternehmen oder, in Ermangelung solcher Vertreter, die Belegschaft über Inhalt und Ergebnisse der gemäß diesem Anhang durchgeführten Unterrichtung und Anhörung.
6. Der Europäische Betriebsrat und der engere Ausschuß können sich durch Sachverständige ihrer Wahl unterstützten lassen, sofern dies zur Erfüllung ihrer Aufgaben erforderlich ist.
7. Die Verwaltungsausgaben des Europäischen Betriebsrats gehen zu Lasten der zentralen Leitung.
Die betreffende zentrale Unternehmensleitung stattet die Mitglieder des Europäischen Betriebsrats mit den erforderlichen finanziellen und materiellen Mitteln aus, damit diese ihre Aufgaben in angemessener Weise wahrnehmen können.
Insbesondere trägt die zentrale Leitung die für die Veranstaltung der Sitzungen anfallenden Kosten einschließlich der Dolmetschkosten sowie die Aufenthalts- und Reisekosten für die Mitglieder des Europäischen Betriebsrats und des engeren Ausschusses, soweit nichts anderes vereinbart wurde.
Die Mitgliedstaaten können unter Wahrung dieses Grundsatzes Regeln für die Finanzierung der Arbeit des Europäischen Betriebsrats festlegen. Sie können insbesondere die Übernahme der Kosten auf die Kosten für einen Sachverständigen begrenzen.

ANLAGE — ERKLÄRUNGEN FÜR DAS RATSPROTOPKOLL (Ratsdokument Nr. 9067/94, S. 8)

1. zu Artikel 2 Abs. 2

Der Rat und die Kommission erklären:
»Entsprechend den einzelstaatlichen Rechtsvorschriften und/oder Gepflogenheiten kann vorgesehen werden, daß Teilzeitbeschäftigte für die Berechnung der Zahl der im Durchschnitt während der letzten zwei Jahre beschäftigten Personen nach der »pro rata temporis«-Regel berücksichtigt werden.«

2. zu Artikel 5 Buchstabe c zweiter Gedankenstrich und zu Nummer 1 Buchstabe d zweiter Gedankenstrich des Anhangs

Der Rat und die Kommission erklären:
»Unter Wahrung des im ersten Gedankenstrich verankerten Prinzips legt der Mitgliedstaat, in dessen Hoheitsgebiet die zentrale Leitung ansässig ist, zur Durchführung dieser Bestimmungen die Modalitäten für die Bestimmung der genauen Zahl der Mitglieder des besonderen Verhandlungsgremiums und des Europäischen Betriebsrates, erforderlichenfalls einschließlich der Zahl der zusätzlichen Mitglieder, sowie den

Schlüssel für die Aufteilung dieser Zahl auf die betroffenen Mitgliedstaaten nach Artikel 5 Absatz 2 Buchstabe c zweiter Gedankenstrich und nach Nummer 1 Buchstabe d zweiter Gedankenstrich des Anhangs fest.
Sofern die Proportionalitätsregel gewahrt bleibt, muß die Höchstzahl von 17 Mitgliedern für das besondere Verhandlungsgremium und von 30 Mitgliedern für den Europäischen Betriebsrat nicht unbedingt erreicht werden.«

3. zu Artikel 8 Abs. 3

Der Rat und die Kommission erklären:
»Unter dem Ausdruck »Unternehmen und Betriebe, die in bezug auf die Berichterstattung und Meinungsäußerung unmittelbar und überwiegend eine bestimmte weltanschauliche Tendenz verfolgen« sind Unternehmen und Betriebe zu verstehen, die unmittelbar und hauptsächlich die nachstehenden Zwecke verfolgen:
- politische, berufsständische, konfessionelle, karitative, erzieherische, wissenschaftliche oder künstlerische Zwecke,
- Zwecke der Berichterstattung oder Meinungsäußerung.«

4. zum Anhang Nummern 2 und 3

Der Rat und die Kommission erklären:
»Massenentlassungen, bei denen die Unterrichtung und Anhörung vorgeschrieben ist, sind Entlassungen, die eine erhebliche Anzahl von Arbeitnehmern – gemessen an der Größe des gemeinschaftsweit operierenden Unternehmens, des Betriebs, der gemeinschaftsweit operierenden Unternehmensgruppe oder des Unternehmens dieser gemeinschaftsweit operierenden Unternehmensgruppe, in dem bzw. in der die Massenentlassung erfolgt – betreffen.«

5. zur Richtlinie insgesamt

Die italienische Delegation erklärt:
»Nach Einbeziehung der Änderung betreffend die Ausweitung der Frist, über die die Sozialpartner verfügen, um Einvernehmen über die Modalitäten für die Unterrichtung und Anhörung der Arbeitnehmer zu erzielen, ist die Richtlinie für die italienische Delegation annehmbar.«

6. zur gesamten Richtlinie (Erklärung zur Abstimmung)

Die portugiesische Delegation erklärt:
»Die portugiesische Delegation hat stets den Grundsatz der Unterrichtung und Anhörung der Arbeitnehmer befürwortet, namentlich was Fragen anbelangt, die insbesondere deren Interessen berühren.
Ihres Erachtens handelt es sich indessen um eine Materie, bei der es von größter Bedeutung wäre, daß es zwischen den Sozialpartnern auf Gemeinschaftsebene zu einem möglichst breiten Konsens kommt, was leider nicht geschehen ist.
Sie bedauert des weiteren, daß die Richtlinie in ihrer derzeitigen Fassung den unterschiedlichen einzelstaatlichen Praktiken nicht hinreichend Rechnung trägt und eindeutig über die Maßnahmen hinausgeht, die für eine angemessene Unterrichtung und Anhörung der Arbeitnehmer erforderlich wären.
Sie möchte daher ihrer Besorgnis Ausdruck verleihen, daß die Richtlinie unter diesen Umständen
- die Entwicklung des sozialen Dialogs auf Gemeinschaftsebene beeinträchtigen und sogar tendenziell bewirken könnte, daß die Rolle des sozialen Dialogs und der sozialen Konzertierung im Rahmen der von dieser Richtlinie betroffenen Unternehmen und Unternehmensgruppen geschmälert wird;
- Standortverlagerungen begünstigen und sich folglich negativ auf die Beschäftigungslage auswirken könnte, und dies zu einem Zeitpunkt, zu dem in der Union die

Notwendigkeit einer Arbeitsmarktflexibilisierung unter Vermeidung zu starrer Regelungen betont wird.
Die portugiesische Delegation hat schließlich ernste Bedenken hinsichtlich der sich aus der Durchführung dieser Richtlinie ergebenden Folgen, und zwar nicht nur auf gesamtwirtschaftlicher Ebene, sondern auch für die Gestaltung des eigentlichen sozialen Dialogs; die portugiesische Delegation ist stets für das Prinzip der Unterrichtung und Anhörung der Arbeitnehmer eingetreten, das den Zielen dieser Richtlinie zugrunde liegt, sie wird sich indessen bei der Annahme der Richtlinie durch den Rat der Stimme enthalten.«

Anhang II

Zwei Beispiele sog. freiwilliger Vereinbarungen nach § 41 EBRG[10]

Anhang II 1

KONZERNVEREINBARUNG BAYER EUROPA-FORUM

Zwischen Unternehmensleitung und Konzernbetriebsrat der Bayer AG besteht Einvernehmen, das Europa-Forum weiter zu entwickeln.

I. Ziel

Zielsetzung des Europa-Forums ist der soziale Dialog zwischen Arbeitgebern und Arbeitnehmervertretern auf europäischer Ebene. Das Europa-Forum dient also dem europaweiten Informations- und Meinungsaustausch auf der Basis einer vertrauensvollen Zusammenarbeit zwischen Arbeitnehmern und Arbeitgebern der im Bayer-Konzern vertretenen Unternehmen.

II. Geltungsbereich

Der Geltungsbereich der Vereinbarung erstreckt sich auf Unternehmen des Bayer-Konzerns im Mehrheitsbesitz der Bayer AG und im Mehrheitsbesitz ihrer Beteiligungsgesellschaften in Mitgliedsländern der Europäischen Union.

III. Teilnehmer

Für die Bayer-Gruppe in jedem Land wird ein Verteilungsschlüssel festgelegt. Die Anzahl der Teilnehmer pro Land soll die Gesamtzahl der dort tätigen Mitarbeiter des Bayer-Konzerns repräsentieren.

1) Vertreter der Arbeitnehmer:

Jedes Land sollte mit mindestens einem Arbeitnehmervertreter im Europa-Forum repräsentiert sein.
Die Anzahl der Arbeitnehmervertreter pro Land – außer denen der Bayer AG – wird nach folgender Quote bestimmt:

– bis 1.000 Mitarbeiter	= 1 Vertreter
– 1.001 bis 5.000 Mitarbeiter	= 4 Vertreter
– 5.001 bis 10.000 Mitarbeiter	= 5 Vertreter

10 Die Veröffentlichung der beiden folgenden Vereinbarungen erfolgt mit freundlicher Genehmigung der Bayer AG und der Volkswagen AG.

- ab 10.001 Mitarbeiter = 6 Vertreter

Teilnehmer auf Arbeitnehmerseite können nur nach den jeweiligen nationalen Bestimmungen gewählte oder bestimmte betriebliche Arbeitnehmervertreter sein.
Das Verfahren zu ihrer Entsendung ist innerhalb der Bayer-Gruppe des jeweiligen Landes abzusprechen. Soweit sich die Gesellschaften nicht anders einigen, orientiert sich die Aufteilung der Landesquote an der Belegschaftsstärke. Die Teilnehmer aus einem Land können nach dem Rotationsprinzip wechseln.
Zusätzlich stehen den Arbeitnehmervertretern der Bayer AG im Europa-Forum 10 Sitze zur Verfügung.

2) Vertreter der Arbeitgeber

Die Anzahl der Arbeitgebervertreter pro Land – außer denen der Bayer AG – wird nach folgender Quote bestimmt:

- bis 1.000 Mitarbeiter = 1 Vertreter
- 1.001 bis 10.000 Mitarbeiter = 2 Vertreter
- ab 10.001 Mitarbeiter = 3 Vertreter

Zusätzlich stehen den Arbeitgebervertretern der Bayer AG 5 Sitze im Europa-Forum zur Verfügung.

3) Gäste

Der Vorsitzende des Europa-Forums kann im Einvernehmen mit der Unternehmensleitung einen Vertreter der deutschen IG Chemie, Vertreter zuständiger Gewerkschaften aus den teilnehmenden Ländern und einen Vertreter der Europäischen Föderation der Chemiegewerkschaften einladen.
Auf Wunsch der Unternehmensleitung kann ein Vertreter des Konzernsprecherausschusses der Leitenden Angestellten am Europa-Forum teilnehmen.
Einvernehmlich können weitere Gäste eingeladen werden.

IV. Themen

Themen des Europa-Forums sind:

- die Unternehmensstrukturen,
- die wirtschaftliche und finanzielle Lage und Entwicklung des Konzerns und der Konzern-Unternehmen,
- die Investitionspolitik,
- die Beschäftigungssituation der Unternehmen,
- wesentliche Änderungen in der Organisation und Einführung neuer Arbeitsverfahren oder Produktionsprozesse, die für den Bayer-Konzern von Bedeutung sind sowie
- sonstige wesentliche, die Mitarbeiterinteressen berührende Themen, die Auswirkungen auf Unternehmen in wenigstens zwei Ländern haben.

Weitere Themen kann der Vorsitzende des Europa-Forums in Abstimmung mit der Unternehmensleitung für die Beratung vorsehen.

V. Organisation

1) Vorsitz des Europa-Forums

Den Vorsitz des Europa-Forums stellt die Arbeitnehmerseite. Der Vorsitzende und sein Stellvertreter werden von den Arbeitnehmervertretern mit einfacher Mehrheit für grundsätzlich vier Jahre gewählt. Die erste Wahl erfolgt in der Arbeitnehmer-Vorbesprechung des ersten mit erweitertem Teilnehmerkreis stattfindenden Europa-Forums.

stimmung zu erklären, ob diese Änderung zum Bestandteil der Vereinbarung werden soll. Bis zu diesem Zeitpunkt gelten die alten Bestimmungen weiter.
(3) Der besondere Schutz des Mandats und die Verpflichtung zur Verschwiegenheit bei Betriebs- und Geschäftsgeheimnissen erstrecken sich nach dem jeweiligen gültigen nationalen Recht auch auf die Mitwirkung im Europäischen Volkswagen-Konzernbetriebsrat.
(4) Nach jeder Neuwahl der jeweiligen Arbeitnehmervertretung des einbezogenen Konzernunternehmens sind die entsandten Mitglieder im Europäischen Volkswagen-Konzernbetriebsrat von der jeweiligen Arbeitnehmervertretung neu zu benennen.

§ 3 Informationsaustausch

(1) Die Leitung des Volkswagen-Konzerns und der Europäische Volkswagen-Konzernbetriebsrat kommen mindestens einmal im Jahr zu einer gemeinsamen Sitzung zusammen. Beide Seiten können die Teilnehmer an diesem Treffen je nach Thema festlegen. Die Leitungen der nach § 1 (1) und § 2 (1) einbezogenen Unternehmen sollten vertreten sein.
(2) Die in den gemeinsamen Sitzungen zu erörternden Themen, sofern sie von konzernweiter Bedeutung für die europäischen Produktionsstandorte sind, beziehen sich vor allem auf folgende Bereiche:
- Beschäftigungs- und Standortsicherung sowie Standortstrukturen,
- Entwicklung der Konzernstrukturen,
- Produktivität und Kostenstrukturen,
- Entwicklung der Arbeitsbedingungen (z. B. Arbeitszeit, Entlohnung, Arbeitsgestaltung) und Sozialleistungen,
- neue Produktionstechnologien,
- neue Formen der Arbeitsorganisation,
- Arbeitssicherheit, einschließlich betrieblichem Umweltschutz,
- wesentliche Auswirkungen politischer Entwicklungen und Entscheidungen auf den Volkswagen-Konzern.

(3) Die Erörterung dieser Themen soll zugleich einem Informationsaustausch über Entwicklungstendenzen und Strategien dienen und eine Weiterentwicklung zum Vorteil aller Beteiligten fördern.

§ 4 Konsultation

(1) Der Europäische Volkswagen-Konzernbetriebsrat bzw. sein Präsidium ist über geplante grenzüberschreitende Verlagerungen (Investitionsschwerpunkte, Produktionsumfänge, wesentliche Unternehmensfunktionen) frühzeitig zu informieren. Dies betrifft Verlagerungen, die die Interessen der Beschäftigten an Produktionsstandorten des Europäischen Volkswagen-Konzerns wesentlich nachteilig beeinflussen können.
(2) Der Europäische Volkswagen-Konzernbetriebsrat bzw. sein Präsidium erhält ein Recht zur Stellungnahme innerhalb einer jeweils umgehend nach Erhalt der Information einvernehmlich festzulegenden angemessenen Frist.
(3) In seinen Stellungnahmen kann der Europäische Volkswagen-Konzernbetriebsrat bzw. sein Präsidium die Erläuterung der geplanten Verlagerung im Rahmen gemeinsam festzulegender Konsultationsgespräche verlangen. Diese Konsultation hat so rechtzeitig zu erfolgen, daß die Position des Europäischen Volkswagen-Konzernbetriebsrats noch in den Entscheidungsprozeß einbezogen werden kann.
(4) Die Rechte und Pflichten der jeweiligen zuständigen und verantwortlichen Unternehmensorgane bleiben unberührt.

§ 5 Kosten

Der Volkswagen-Konzern verpflichtet sich zur Übernahme der Kosten der Arbeit des Europäischen Volkswagen-Konzernbetriebsrats gemäß der Regelung in Anlage 3.

§ 6 Zukünftige Fortentwicklung

Beide Seiten bekunden ihren Willen, bei Bedarf diese Vereinbarung zu verändern und sie dynamisch neuen Anforderungen des sozialen Dialogs in Europa einvernehmlich anzupassen.

Brüssel, 7. Februar 1992

Anlage

Volkswagen Konzern- Leitung	Europäischer Volkswagen- Konzernbetriebsrat

Anlage 1

Mitglieder des Europäischen Volkswagen-Konzernbetriebsrats

In den Europäischen Volkswagen-Konzernbetriebsrat einbezogene Unternehmen mit Delegiertenzahl der Arbeitnehmervertreter:

Volkswagen AG	(8 Mitglieder)
Audi AG	(2 Mitglieder)
SEAT SA	(5 Mitglieder)
Volkswagen Bruxelles SA	(2 Mitglieder)

Anlage 2

Organisationsstatut des Europäischen Volkswagen-Konzernbetriebsrats

Nach § 2 der Vereinbarung über den Europäischen Volkswagen-Konzernbetriebsrat werden folgende Punkte der Geschäftsordnung durch den Vorstand der Volkswagen AG anerkannt:

I. Name, Geltungsbereich, Sitz

1. Der Name des Gremiums lautet: »Europäischer Volkswagen-Konzernbetriebsrat«.
2. Der Geltungsbereich des Europäischen Volkswagen-Konzernbetriebsrats umfaßt alle Unternehmen von Volkswagen in Europa, die sich im überwiegenden Besitz der Volkswagen AG befinden. Ausnahmen hiervon sind nur im Konsens möglich. Der Beitritt zum Europäischen Volkswagen-Konzernbetriebsrat ist freiwillig. Mit dem Beitritt werden dessen Arbeitsgrundlagen sowie diese Geschäftsordnung anerkannt.
3. Der Sitz des Europäischen Volkswagen-Konzernbetriebsrats ist Wolfsburg.

II. Mitglieder

1. Mitglieder im Europäischen Volkswagen-Konzernbetriebsrat können nur frei gewählte und demokratisch legitimierte betriebliche Arbeitnehmervertreter sein, die in der Gesamtheit der Teilunternehmen des Volkswagen-Konzerns des jeweiligen Landes nach den bestehenden gesetzlichen Regelungen ausreichend vertreten sind.
2. Das Verfahren zur Entsendung in den Europäischen Volkswagen-Konzernbetriebsrat ist in den einzelnen nationalen Teilen des Volkswagen-Konzerns gesondert zu

regeln. Hierzu gehört gegebenenfalls auch die Bildung von nationalen Koordinationsgremien in den nationalen Teilunternehmen.

3. Über die Anzahl der Repräsentanten einzelner Arbeitnehmervertretungen wird einvernehmlich im Europäischen Volkswagen-Konzernbetriebsrat entschieden. Dabei ist die Größe der Belegschaft angemessen zu berücksichtigen.
4. Zu den Sitzungen des Europäischen Volkswagen-Konzernbetriebsrats können durch Beschluß des Präsidiums betriebliche und außerbetriebliche Berater hinzugezogen werden.

III. Struktur

1. Der Europäische Volkswagen-Konzernbetriebsrat wählt einen Präsidenten/eine Präsidentin, der/die gleichzeitig Mitglied und Vorsitzender/Vorsitzende des Präsidiums ist.
2. Der Europäische Volkswagen-Konzernbetriebsrat wählt einen Generalsekretär/eine Generalsekretärin, der/die gleichzeitig Mitglied des Präsidiums ist.
3. Der Europäische Volkswagen-Konzernbetriebsrat wählt ein Präsidium. In diesem Präsidium muß jedes Land mit mindestens einem Mitglied vertreten sein. Das Präsidium kann weitere Mitglieder zu seinen Beratungen hinzuziehen.
4. Der Europäische Volkswagen-Konzernbetriebsrat tagt mindestens einmal im Jahr. Die Sitzungen werden durch das Präsidium vorbereitet und einberufen.

Anlage 3

Kostenübernahme

Nach § 5 der Vereinbarung über den Europäischen Volkswagen-Konzernbetriebsrat gelten folgende Regelungen:

1. Budget
   Die Volkswagen Konzernleitung stellt jährlich ein Budget zur Verfügung, das die Arbeit des Europäischen Volkswagen-Konzernbetriebsrats sicherstellt (einschließlich Dolmetscherkosten und Kosten für die vom Präsidium zu benennenden Gewerkschaftsvertreter). Der Umfang wird einvernehmlich mit dem Präsidium des Europäischen Volkswagen-Konzernbetriebsrats festgelegt. Die Tagungskosten werden von der jeweils gastgebenden Konzerngesellschaft nach Maßgabe gemeinsamer Absprachen übernommen.

2. Reisekosten
   Reisekosten von Angehörigen des Volkswagen Konzerns übernimmt das jeweilige Konzernunternehmen nach seinen dafür geltenden Richtlinien.

3. Infrastruktur
   Die einbezogenen Konzernunternehmen verpflichten sich, den Mitgliedern des Europäischen Volkswagen-Konzernbetriebsrats eine angemessene Infrastruktur zur Verfügung zu stellen, die für eine Mitarbeit im Europäischen Volkswagen-Konzernbetriebsrat erforderlich ist.

4. Drittleistungen
   Der Anspruch auf Übernahme der Kosten besteht in den Fällen der Anlage 3 nur insoweit, als kein Anspruch auf Leistungen von Dritten geltend gemacht werden kann. Zuschußleistungen von Dritten vermindern entsprechend den Kostenübernahmeanspruch.

2. Protokollnotiz zur Erweiterung des Europäischen Volkswagen-Konzernbetriebsrats

Die Konzernleitung der Volkswagen AG und der Europäische Volkswagen-Konzernbetriebsrat vereinbaren die Aufnahme der Arbeitnehmervertretungen von Skoda a. s. und VW-Bratislava spol. s. r. o.
Die Anzahl der Mitglieder wird einvernehmlich entsprechend der Geschäftsordnung über den Europäischen Volkswagen-Konzernbetriebsrat festgelegt.

Bratislava, 9. Juni 1995

Volkswagen Konzernleitung Europäischer Volkswagen-Konzernbetriebsrat

3. Protokollnotiz zur Erweiterung des Europäischen Volkswagen-Konzernbetriebsrats

Die Konzernleitung der Volkswagen AG und der Europäische Volkswagen-Konzernbetriebsrat vereinbaren die Aufnahme der Arbeitnehmervertretung der Volkswagen-Sachsen GmbH.
Mit der Aufnahme der Volkswagen-Sachsen GmbH ergibt sich folgende Mandatsaufteilung im Europäischen Volkswagen-Konzernbetriebsrat:

Länder	**Gesellschaften**	**Mitglieder**
Deutschland	Volkswagen AG	8
	Audi AG	2
	VW Sachsen	1
Spanien	SEAT	3
	VW Navarra	2
Belgien	VW Brüssel	2
Tschechische Republik	Skoda	2
Slowakische Republik	VW Bratislava	1
	Gesamt	**21**

Berlin, 22. November 1995

Volkswagen-Konzernleitung Europäischer Volkswagen-Konzernbetriebsrat

4. Protokollnotiz zur Vereinbarung über die Zusammenarbeit zwischen der Volkswagen-Konzernleitung und dem Europäischen Volkswagen-Konzernbetriebsrat

»Ausschuß Finanz- und Vertriebsgesellschaften«

Die Volkswagen-Konzernleitung und der Europäische Volkswagen-Konzernbetriebsrat kommen überein, § 2 (1) der Vereinbarung über die Zusammenarbeit zwischen der Volkswagen-Konzernleitung und dem Europäischen Volkswagen-Konzernbetriebsrat vom 07. Februar 1992 um folgende Punkte zu ergänzen:

1. Unter Berücksichtigung der Gesellschaften des Konzerns, im Interesse der Arbeitsfähigkeit und zur Sicherstellung des Verfahrens der grenzübergreifenden Information und Konsultation aller Arbeitnehmer wird der Europäische Volkswagen-Konzernbetriebsrat um einen Ausschuß erweitert, dessen Struktur und Mitgliedschaft in Anlage 4 der o. g. Vereinbarung definiert ist.
2. Der Sprecher des Ausschusses ist Mitglied des Europäischen Volkswagen-Konzernbetriebsrats und wird durch diesen ernannt. Er vertritt die Belange der Arbeitnehmervertretungen der im Ausschuß vertretenen Gesellschaften aus dem Geltungsbereich der o. g. Vereinbarung.
3. Der Ausschuß ist Bestandteil des Europäischen Volkswagen-Konzernbetriebsrats.
   Er tagt mindestens einmal jährlich, unabhängig von den Sitzungen des Europäischen Volkswagen-Konzernbetriebsrats.
4. Der Volkswagen Konzern wird durch die beauftragten Konzern-Geschäftsbereiche sowie die Leitungen der im Ausschuß repräsentierten Gesellschaften vertreten.
5. Im übrigen richten sich die Rechte und Pflichten der Ausschußmitglieder nach den Grundsätzen der Vereinbarung über die Zusammenarbeit zwischen der Volkswagen-Konzernleitung und dem Europäischen Volkswagen-Konzernbetriebsrat.

Braunschweig, 21.11.1996

Volkswagen Konzernleitung Europäischer Volkswagen-Konzernbetriebsrat

Anlage 4
(21.11.1996)

Mitglieder des »Ausschuß Finanz- und Vertriebsgesellschaften«

In den Ausschuß einbezogene Unternehmen mit Mandatsaufteilung der Arbeitnehmervertretungen:

Land	Gesellschaft	Mitglieder
Deutschland	Volkswagen Financial Services AG	1
Frankreich	VW Finance S. A.	1
	Groupe VW France s. a.	1
Italien	Autogerma	1
Spanien	VW Finance S. A.	1
	Gesamt	**5**

Mitglieder des Europäischen Volkswagen-Konzernbetriebsrats

In den Europäischen Volkswagen-Konzernbetriebsrat einbezogene Unternehmen mit Mandatsaufteilung der Arbeitnehmervertretungen:

Land	Gesellschaft	Mitglieder
Deutschland	Volkswagen AG	8
	Audi AG	2
	Volkswagen Sachsen GmbH	1
Spanien	SEAT	3
	Volkswagen Navarra s. a.	2
Belgien	Volkswagen Bruxelles SA	2
Tschechische Republik	Skoda a. s.	2
Slowakische Republik	VW Bratislava spol. s. r.o	1
»Ausschuß Finanz- und Vertriebsgesellschaften«	Sprecher des Ausschusses	1
	Gesamt	**22**

Anhang III

Gesetzestexte
(Auszüge aus dem Betriebsverfassungs-, dem Sprecherausschuß-, dem Kündigungsschutz- und dem Arbeitsgerichtsgesetz)

Anhang III 1

Betriebsverfassungsgesetz (BetrVG)
vom 15. 1. 1972 (BGBl. I S. 13) in der Fassung der Bekanntmachung vom 23. 12. 1988 (BGBl. I 1989 S. 1, berichtigt S. 902), zuletzt geändert durch Gesetz vom 25. 9. 1996 (BGBl. I S. 1476)

§ 5 Arbeitnehmer

(1) Arbeitnehmer im Sinne dieses Gesetzes sind Arbeiter und Angestellte einschließlich der zu ihrer Berufsausbildung Beschäftigten.

(2) Als Arbeitnehmer im Sinne dieses Gesetzes gelten nicht
1. in Betrieben einer juristischen Person die Mitglieder des Organs, das zur gesetzlichen Vertretung der juristischen Person berufen ist;
2. die Gesellschafter einer offenen Handelsgesellschaft oder die Mitglieder einer anderen Personengesamtheit, soweit sie durch Gesetz, Satzung oder Gesellschaftsvertrag zur Vertretung der Personengesamtheit oder zur Geschäftsführung berufen sind, in deren Betrieben;
3. Personen, deren Beschäftigung nicht in erster Linie ihrem Erwerb dient, sondern vorwiegend durch Beweggründe karitativer oder religiöser Art bestimmt ist;
4. Personen, deren Beschäftigung nicht in erster Linie ihrem Erwerb dient und die vorwiegend zu ihrer Heilung, Wiedereingewöhnung, sittlichen Besserung oder Erziehung beschäftigt werden;
5. der Ehegatte, Verwandte und Verschwägerte ersten Grades, die in häuslicher Gemeinschaft mit dem Arbeitgeber leben.

(3) Dieses Gesetz findet, soweit in ihm nicht ausdrücklich etwas anderes bestimmt ist, keine Anwendung auf leitende Angestellte. Leitender Angestellter ist, wer nach Arbeitsvertrag und Stellung im Unternehmen oder im Betrieb
1. zur selbständigen Einstellung und Entlassung von im Betrieb oder in der Betriebsabteilung beschäftigten Arbeitnehmern berechtigt ist oder
2. Generalvollmacht oder Prokura hat und die Prokura auch im Verhältnis zum Arbeitgeber nicht unbedeutend ist oder
3. regelmäßig sonstige Aufgaben wahrnimmt, die für den Bestand und die Entwicklung des Unternehmens oder eines Betriebs von Bedeutung sind und deren Erfüllung besondere Erfahrungen und Kenntnisse voraussetzt, wenn er dabei entweder die Entscheidungen im wesentlichen frei von Weisungen trifft oder sie maßgeblich beeinflußt; dies kann auch bei Vorgaben insbesondere auf Grund von Rechtsvorschriften, Plänen oder Richtlinien sowie bei Zusammenarbeit mit anderen leitenden Angestellten gegeben sein.

(4) Leitender Angestellter nach Absatz 3 Nr. 3 ist im Zweifel, wer
1. aus Anlaß der letzten Wahl des Betriebsrats, des Sprecherausschusses oder von Aufsichtsratsmitgliedern der Arbeitnehmer oder durch rechtskräftige gerichtliche Entscheidung den leitenden Angestellten zugeordnet worden ist oder
2. einer Leitungsebene angehört, auf der in dem Unternehmen überwiegend leitende Angestellte vertreten sind, oder
3. ein regelmäßiges Jahresarbeitsentgelt erhält, das für leitende Angestellte in dem Unternehmen üblich ist, oder,

4. falls auch bei der Anwendung der Nummer 3 noch Zweifel bleiben, ein regelmäßiges Jahresarbeitsentgelt erhält, das das Dreifache der Bezugsgröße nach § 18 des Vierten Buches Sozialgesetzbuch überschreitet.

§ 37 Ehrenamtliche Tätigkeit, Arbeitsversäumnis

(1) Die Mitglieder des Betriebsrats führen ihr Amt unentgeltlich als Ehrenamt.

(2) Mitglieder des Betriebsrats sind von ihrer beruflichen Tätigkeit ohne Minderung des Arbeitsentgelts zu befreien, wenn und soweit es nach Umfang und Art des Betriebs zur ordnungsgemäßen Durchführung ihrer Aufgaben erforderlich ist.

(3) Zum Ausgleich für Betriebsratstätigkeit, die aus betriebsbedingten Gründen außerhalb der Arbeitszeit durchzuführen ist, hat das Betriebsratsmitglied Anspruch auf entsprechende Arbeitsbefreiung unter Fortzahlung des Arbeitsentgelts. Die Arbeitsbefreiung ist vor Ablauf eines Monats zu gewähren; ist dies aus betriebsbedingten Gründen nicht möglich, so ist die aufgewendete Zeit wie Mehrarbeit zu vergüten.

(4) Das Arbeitsentgelt von Mitgliedern des Betriebsrats darf einschließlich eines Zeitraums von einem Jahr nach Beendigung der Amtszeit nicht geringer bemessen werden als das Arbeitsentgelt vergleichbarer Arbeitnehmer mit betriebsüblicher beruflicher Entwicklung. Dies gilt auch für allgemeine Zuwendungen des Arbeitgebers.

(5) Soweit nicht zwingende betriebliche Notwendigkeiten entgegenstehen, dürfen Mitglieder des Betriebsrats einschließlich eines Zeitraums von einem Jahr nach Beendigung der Amtszeit nur mit Tätigkeiten beschäftigt werden, die den Tätigkeiten der in Absatz 4 genannten Arbeitnehmer gleichwertig sind.

(6) Absatz 2 gilt entsprechend für die Teilnahme an Schulungs- und Bildungsveranstaltungen, soweit diese Kenntnisse vermitteln, die für die Arbeit des Betriebsrats erforderlich sind. Der Betriebsrat hat bei der Festlegung der zeitlichen Lage der Teilnahme an Schulungs- und Bildungsveranstaltungen die betrieblichen Notwendigkeiten zu berücksichtigen. Er hat dem Arbeitgeber die Teilnahme und die zeitliche Lage der Schulungs- und Bildungsveranstaltungen rechtzeitig bekanntzugeben. Hält der Arbeitgeber die betrieblichen Notwendigkeiten für nicht ausreichend berücksichtigt, so kann er die Einigungsstelle anrufen. Der Spruch der Einigungsstelle ersetzt die Einigung zwischen Arbeitgeber und Betriebsrat.

(7) Unbeschadet der Vorschrift des Absatzes 6 hat jedes Mitglied des Betriebsrats während seiner regelmäßigen Amtszeit Anspruch auf bezahlte Freistellung für insgesamt drei Wochen zur Teilnahme an Schulungs- und Bildungsveranstaltungen, die von der zuständigen obersten Arbeitsbehörde des Landes nach Beratung mit den Spitzenorganisationen der Gewerkschaften und der Arbeitgeberverbände als geeignet anerkannt sind. Der Anspruch nach Satz 1 erhöht sich für Arbeitnehmer, die erstmals das Amt eines Betriebsratsmitglieds übernehmen und auch nicht zuvor Jugend- und Auszubildendenvertreter waren, auf vier Wochen. Absatz 6 Satz 2 bis 5 findet Anwendung.

§ 47 Voraussetzungen der Errichtung, Mitgliederzahl, Stimmengewicht

(1) Bestehen in einem Unternehmen mehrere Betriebsräte, so ist ein Gesamtbetriebsrat zu errichten.

(2) In den Gesamtbetriebsrat entsendet jeder Betriebsrat, wenn ihm Vertreter beider Gruppen angehören, zwei seiner Mitglieder, wenn ihm Vertreter nur einer Gruppe angehören, eines seiner Mitglieder. Werden zwei Mitglieder entsandt, so dürfen sie nicht derselben Gruppe angehören. Ist der Betriebsrat nach § 14 Abs. 2 in getrennten Wahlgängen gewählt worden und gehören jeder Gruppe mehr als ein Zehntel der Mitglieder des Betriebsrats, jedoch mindestens drei Mitglieder an, so wählt jede Gruppe den auf sie entfallenden Gruppenvertreter; dies gilt auch, wenn der Betriebsrat

nach § 14 Abs. 2 in gemeinsamer Wahl gewählt worden ist und jeder Gruppe im Betriebsrat mindestens ein Drittel der Mitglieder angehört. Die Sätze 1 bis 3 gelten entsprechend für die Abberufung.

(3) Der Betriebsrat hat für jedes Mitglied des Gesamtbetriebsrats mindestens ein Ersatzmitglied zu bestellen und die Reihenfolge des Nachrückens festzulegen; § 25 Abs. 3 gilt entsprechend. Für die Bestellung gilt Absatz 2 entsprechend.

(4) Durch Tarifvertrag oder Betriebsvereinbarung kann die Mitgliederzahl des Gesamtbetriebsrats abweichend von Absatz 2 Satz 1 geregelt werden.

(5) Gehören nach Absatz 2 Satz 1 dem Gesamtbetriebsrat mehr als vierzig Mitglieder an und besteht keine tarifliche Regelung nach Absatz 4, so ist zwischen Gesamtbetriebsrat und Arbeitgeber eine Betriebsvereinbarung über die Mitgliederzahl des Gesamtbetriebsrats abzuschließen, in der bestimmt wird, daß Betriebsräte mehrerer Betriebe eines Unternehmens, die regional oder durch gleichartige Interessen miteinander verbunden sind, gemeinsam Mitglieder in den Gesamtbetriebsrat entsenden.

(6) Kommt im Falle des Absatzes 5 eine Einigung nicht zustande, so entscheidet eine für das Gesamtunternehmen zu bildende Einigungsstelle. Der Spruch der Einigungsstelle ersetzt die Einigung zwischen Arbeitgeber und Gesamtbetriebsrat.

(7) Jedes Mitglied des Gesamtbetriebsrats hat so viele Stimmen, wie in dem Betrieb, in dem es gewählt wurde, wahlberechtigte Angehörige seiner Gruppe in der Wählerliste eingetragen sind. Entsendet der Betriebsrat nur ein Mitglied in den Gesamtbetriebsrat, so hat es so viele Stimmen, wie in dem Betrieb wahlberechtigte Arbeitnehmer in der Wählerliste eingetragen sind.

(8) Ist ein Mitglied des Gesamtbetriebsrats für mehrere Betriebe entsandt worden, so hat es so viele Stimmen, wie in den Betrieben, für die es entsandt ist, wahlberechtigte Angehörige seiner Gruppe in den Wählerlisten eingetragen sind. Sind für eine Gruppe mehrere Mitglieder des Betriebsrats entsandt worden, so stehen diesen die Stimmen nach Absatz 7 Satz 1 anteilig zu. Absatz 7 Satz 2 gilt entsprechend.

§ 54 Errichtung des Konzernbetriebsrats

(1) Für einen Konzern (§ 18 Abs. 1 des Aktiengesetzes) kann durch Beschlüsse der einzelnen Gesamtbetriebsräte ein Konzernbetriebsrat errichtet werden. Die Errichtung erfordert die Zustimmung der Gesamtbetriebsräte der Konzernunternehmen, in denen insgesamt mindestens 75 vom Hundert der Arbeitnehmer der Konzernunternehmen beschäftigt sind.

(2) Besteht in einem Konzernunternehmen nur ein Betriebsrat, so nimmt dieser die Aufgaben eines Gesamtbetriebsrats nach den Vorschriften dieses Abschnitts wahr.

§ 78 Schutzbestimmungen

Die Mitglieder des Betriebsrats, des Gesamtbetriebsrats, des Konzernbetriebsrats, der Jugend- und Auszubildendenvertretung, der Gesamt-Jugend- und Auszubildendenvertretung, des Wirtschaftsausschusses, der Bordvertretung, des Seebetriebsrats, der in § 3 Abs. 1 Nr. 1 und 2 genannten Vertretungen der Arbeitnehmer, der Einigungsstelle, einer tariflichen Schlichtungsstelle (§ 76 Abs. 8) und einer betrieblichen Beschwerdestelle (§ 86) dürfen in der Ausübung ihrer Tätigkeit nicht gestört oder behindert werden. Sie dürfen wegen ihrer Tätigkeit nicht benachteiligt oder begünstigt werden; dies gilt auch für ihre berufliche Entwicklung.

§ 103 Außerordentliche Kündigung in besonderen Fällen

(1) Die außerordentliche Kündigung von Mitgliedern des Betriebsrats, der Jugend- und Auszubildendenvertretung, der Bordvertretung und des Seebetriebsrats, des Wahlvorstands sowie von Wahlbewerbern bedarf der Zustimmung des Betriebsrats.

(2) Verweigert der Betriebsrat seine Zustimmung, so kann das Arbeitsgericht sie auf Antrag des Arbeitgebers ersetzen, wenn die außerordentliche Kündigung unter Berücksichtigung aller Umstände gerechtfertigt ist. In dem Verfahren vor dem Arbeitsgericht ist der betroffene Arbeitnehmer Beteiligter.

§ 118 Geltung für Tendenzbetriebe und Religionsgemeinschaften

(1) Auf Unternehmen und Betriebe, die unmittelbar und überwiegend
1. politischen, koalitionspolitischen, konfessionellen, karitativen, erzieherischen, wissenschaftlichen oder künstlerischen Bestimmungen oder
2. Zwecken der Berichterstattung oder Meinungsäußerung, auf die Artikel 5 Abs. 1 Satz 2 des Grundgesetzes Anwendung findet,

dienen, finden die Vorschriften dieses Gesetzes keine Anwendung, soweit die Eigenart des Unternehmens oder des Betriebs dem entgegensteht. Die §§ 106 bis 110 sind nicht, die §§ 111 bis 113 nur insoweit anzuwenden, als sie den Ausgleich oder die Milderung wirtschaftlicher Nachteile für die Arbeitnehmer infolge von Betriebsänderungen regeln.

(2) Dieses Gesetz findet keine Anwendung auf Religionsgemeinschaften und ihre karitativen und erzieherischen Einrichtungen unbeschadet deren Rechtsform.

Anhang III 2

Gesetz über Sprecherausschüsse der leitenden Angestellten (Sprecherausschußgesetz – SprAuG)

vom 20. 12. 1988 (BGBl. I S. 2312)

§ 2 Zusammenarbeit

(1) Der Sprecherausschuß arbeitet mit dem Arbeitgeber vertrauensvoll unter Beachtung der geltenden Tarifverträge zum Wohl der leitenden Angestellten und des Betriebs zusammen. Der Arbeitgeber hat vor Abschluß einer Betriebsvereinbarung oder sonstigen Vereinbarung mit dem Betriebsrat, die rechtliche Interessen der leitenden Angestellten berührt, den Sprecherausschuß rechtzeitig anzuhören.

(2) Der Sprecherausschuß kann dem Betriebsrat oder Mitgliedern des Betriebsrats das Recht einräumen, an Sitzungen des Sprecherausschusses teilzunehmen. Der Betriebsrat kann dem Sprecherausschuß oder Mitgliedern des Sprecherausschusses das Recht einräumen, an Sitzungen des Betriebsrats teilzunehmen. Einmal im Kalenderjahr soll eine gemeinsame Sitzung des Sprecherausschusses und des Betriebsrats stattfinden.

(3) Die Mitglieder des Sprecherausschusses dürfen in der Ausübung ihrer Tätigkeit nicht gestört oder behindert werden. Sie dürfen wegen ihrer Tätigkeit nicht benachteiligt oder begünstigt werden; dies gilt auch für ihre berufliche Entwicklung.

(4) Arbeitgeber und Sprecherausschuß haben Betätigungen zu unterlassen, durch die der Arbeitsablauf oder der Frieden des Betriebs beeinträchtigt werden. Sie haben jede parteipolitische Betätigung im Betrieb zu unterlassen; die Behandlung von Angelegenheiten tarifpolitischer, sozialpolitischer und wirtschaftlicher Art, die den Betrieb oder die leitenden Angestellten unmittelbar betreffen, wird hierdurch nicht berührt.

Anhang III 3

Kündigungsschutzgesetz (KSchG) in der Fassung der Bekanntmachung vom 25. 8. 1969 (BGBl. I S. 1317), zuletzt geändert durch Gesetz vom 25. 9. 1996 (BGBl. I S. 1476)

§ 15 Unzulässigkeit der Kündigung

(1) Die Kündigung eines Mitglieds eines Betriebsrats, einer Jugend- und Auszubildendenvertretung, einer Bordvertretung oder eines Seebetriebsrats ist unzulässig, es sei denn, daß Tatsachen vorliegen, die den Arbeitgeber zur Kündigung aus wichtigem Grund ohne Einhaltung einer Kündigungsfrist berechtigen, und daß die nach § 103 des Betriebsverfassungsgesetzes erforderliche Zustimmung vorliegt oder durch gerichtliche Entscheidung ersetzt ist. Nach Beendigung der Amtszeit ist die Kündigung eines Mitglieds eines Betriebsrats, einer Jugend- und Auszubildendenvertretung oder eines Seebetriebsrats innerhalb eines Jahres, die Kündigung eines Mitglieds einer Bordvertretung innerhalb von sechs Monaten, jeweils vom Zeitpunkt der Beendigung der Amtszeit an gerechnet, unzulässig, es sei denn, daß Tatsachen vorliegen, die den Arbeitgeber zur Kündigung aus wichtigem Grund ohne Einhaltung einer Kündigungsfrist berechtigen; dies gilt nicht, wenn die Beendigung der Mitgliedschaft auf einer gerichtlichen Entscheidung beruht.

(2) Die Kündigung eines Mitglieds einer Personalvertretung, einer Jugend- und Auszubildendenvertretung oder einer Jugendvertretung ist unzulässig, es sei denn, daß Tatsachen vorliegen, die den Arbeitgeber zur Kündigung aus wichtigem Grund ohne Einhaltung einer Kündigungsfrist berechtigen, und daß die nach dem Personalvertretungsrecht erforderliche Zustimmung vorliegt oder durch gerichtliche Entscheidung ersetzt ist. Nach Beendigung der Amtszeit der in Satz 1 genannten Personen ist ihre Kündigung innerhalb eines Jahres, vom Zeitpunkt der Beendigung der Amtszeit an gerechnet, unzulässig, es sei denn, daß Tatsachen vorliegen, die den Arbeitgeber zur Kündigung aus wichtigem Grund ohne Einhaltung einer Kündigungsfrist berechtigen; dies gilt nicht, wenn die Beendigung der Mitgliedschaft auf einer gerichtlichen Entscheidung beruht.

(3) Die Kündigung eines Mitglieds eines Wahlvorstands ist vom Zeitpunkt seiner Bestellung an, die Kündigung eines Wahlbewerbers vom Zeitpunkt der Aufstellung des Wahlvorschlags an, jeweils bis zur Bekanntgabe des Wahlergebnisses unzulässig, es sei denn, daß Tatsachen vorliegen, die den Arbeitgeber zur Kündigung aus wichtigem Grund ohne Einhaltung einer Kündigungsfrist berechtigen, und daß die nach § 103 des Betriebsverfassungsgesetzes oder nach dem Personalvertretungsrecht erforderliche Zustimmung vorliegt oder durch eine gerichtliche Entscheidung ersetzt ist. Innerhalb von sechs Monaten nach Bekanntgabe des Wahlergebnisses ist die Kündigung unzulässig, es sei denn, daß Tatsachen vorliegen, die den Arbeitgeber zur Kündigung aus wichtigem Grund ohne Einhaltung einer Kündigungsfrist berechtigen; dies gilt nicht für Mitglieder des Wahlvorstands, wenn dieser durch gerichtliche Entscheidung durch einen anderen Wahlvorstand ersetzt worden ist.

(4) Wird der Betrieb stillgelegt, so ist die Kündigung der in den Absätzen 1 bis 3 genannten Personen frühestens zum Zeitpunkt der Stillegung zulässig, es sei denn, daß ihre Kündigung zu einem früheren Zeitpunkt durch zwingende betriebliche Erfordernisse bedingt ist.

(5) Wird eine der in den Absätzen 1 bis 3 genannten Personen in einer Betriebsabteilung beschäftigt, die stillgelegt wird, so ist sie in eine andere Betriebsabteilung zu übernehmen. Ist dies aus betrieblichen Gründen nicht möglich, so findet auf ihre Kündigung die Vorschrift des Absatzes 4 über die Kündigung bei Stillegung des Betriebs sinngemäß Anwendung.

Anhang III 4

Arbeitsgerichtsgesetz (ArbGG)
in der Fassung der Bekanntmachung vom 2. 7. 1979 (BGBl. I S. 853, berichtigt S. 1036), zuletzt geändert durch Artikel 2 des Gesetzes vom 28. 10. 1996 (BGBl. I S. 1548, berichtigt S. 2022)

§ 2a Zuständigkeit im Beschlußverfahren

(1) Die Gerichte für Arbeitssachen sind ferner ausschließlich zuständig für

1. Angelegenheiten aus dem Betriebsverfassungsgesetz, soweit nicht für Maßnahmen nach seinen §§ 119 bis 121 die Zuständigkeit eines anderen Gerichts gegeben ist;
2. Angelegenheiten aus dem Sprecherausschußgesetz, soweit nicht für Maßnahmen nach seinen §§ 34 bis 36 die Zuständigkeit eines anderen Gerichts gegeben ist;
3. Angelegenheiten aus dem Mitbestimmungsgesetz, dem Mitbestimmungsergänzungsgesetz und dem Betriebsverfassungsgesetz 1952, soweit über die Wahl von Vertretern der Arbeitnehmer in den Aufsichtsrat und über ihre Abberufung mit Ausnahme der Abberufung nach § 103 Abs. 3 des Aktiengesetzes zu entscheiden ist;

3a. Angelegenheiten aus § 54c des Schwerbehindertengesetzes;

3b. Angelegenheiten aus dem Gesetz über Europäische Betriebsräte, soweit nicht für Maßnahmen nach seinen §§ 43 bis 45 die Zuständigkeit eines anderen Gerichts gegeben ist;

4. die Entscheidung über die Tariffähigkeit und die Tarifzuständigkeit einer Vereinigung.

(2) In Streitigkeiten nach diesen Vorschriften findet das Beschlußverfahren statt.

§ 10 Parteifähigkeit

Parteifähig im arbeitsgerichtlichen Verfahren sind auch Gewerkschaften und Vereinigungen von Arbeitgebern sowie Zusammenschlüsse solcher Verbände; in den Fällen des § 2a Abs. 1 Nr. 1 bis 3b sind auch die nach dem Betriebsverfassungsgesetz, dem Sprecherausschußgesetz, dem Mitbestimmungsgesetz, dem Mitbestimmungsergänzungsgesetz, dem Betriebsverfassungsgesetz 1952, dem § 54c des Schwerbehindertengesetzes und den zu diesen Gesetzen ergangenen Rechtsverordnungen sowie dem Gesetz über Europäische Betriebsräte beteiligten Personen und Stellen Beteiligte, in den Fällen des § 2a Abs. 1 Nr. 4 auch die beteiligten Vereinigungen von Arbeitnehmern oder von Arbeitgebern sowie die oberste Arbeitsbehörde des Bundes oder derjenigen Länder, auf deren Bereich sich die Tätigkeit der Vereinigung erstreckt.

§ 82 Örtliche Zuständigkeit

Zuständig ist das Arbeitsgericht, in dessen Bezirk der Betrieb liegt. In Angelegenheiten des Gesamtbetriebsrats, des Konzernbetriebsrats, der Gesamtjugendvertretung oder der Gesamt-Jugend- und Auszubildendenvertretung, des Wirtschaftsausschusses und der Vertretung der Arbeitnehmer im Aufsichtsrat ist das Arbeitsgericht zuständig, in dessen Bezirk das Unternehmen seinen Sitz hat. Satz 2 gilt entsprechend in Angelegenheiten des Gesamtsprecherausschusses, des Unternehmenssprecherausschusses und des Konzernsprecherausschusses. In Angelegenheiten eines Europäischen Betriebsrats, im Rahmen eines Verfahrens zur Unterrichtung und Anhörung oder des besonderen Verhandlungsgremiums ist das Arbeitsgericht zuständig, in dessen Bezirk das Unternehmen oder das herrschende Unternehmen nach § 2 des Gesetzes über

Europäische Betriebsräte seinen Sitz hat. Bei einer Vereinbarung nach § 41 des Gesetzes über Europäische Betriebsräte ist der Sitz des vertragschließenden Unternehmens maßgebend.

§ 83 Verfahren

(1) Das Gericht erforscht den Sachverhalt im Rahmen der gestellten Anträge von Amts wegen. Die am Verfahren Beteiligten haben an der Aufklärung des Sachverhalts mitzuwirken.

(2) Zur Aufklärung des Sachverhalts können Urkunden eingesehen, Auskünfte eingeholt, Zeugen, Sachverständige und Beteiligte vernommen und der Augenschein eingenommen werden.

(3) In dem Verfahren sind der Arbeitgeber, die Arbeitnehmer und die Stellen zu hören, die nach dem Betriebsverfassungsgesetz, dem Sprecherausschußgesetz, dem Mitbestimmungsgesetz, dem Mitbestimmungsergänzungsgesetz, dem Betriebsverfassungsgesetz 1952, dem § 54c des Schwerbehindertengesetzes und den zu diesen Gesetzen ergangenen Rechtsverordnungen sowie dem Gesetz über Europäische Betriebsräte im einzelnen Fall beteiligt sind.

(4) Die Anhörung erfolgt vor der Kammer; die Beteiligten können sich schriftlich äußern. Bleibt ein Beteiligter auf Ladung unentschuldigt aus, so ist der Pflicht zur Anhörung genügt; hierauf ist in der Ladung hinzuweisen. Mit Einverständnis der Beteiligten kann das Gericht ohne mündliche Verhandlung entscheiden.

(5) Gegen Beschlüsse und Verfügungen des Arbeitsgerichts oder seines Vorsitzenden findet die Beschwerde nach Maßgabe des § 78 statt.

Stichwortverzeichnis

Die erste, **halbfette** Zahl bezeichnet den Paragraphen, die Zahl bzw. nachfolgenden Zahlen die Randnummern in den Erläuterungen.

A

D

F

H

I

J

K

L

M

T

U

W

Z